Helmuth Matzner

Eure Rückkehr in das Paradies

J

Verlag Peter Jentschura

Der Verfasser gibt weder direkt noch indirekt medizinische Ratschläge, noch verordnet er eine Diät ohne medizinische Beratung als Behandlungsform für Krankheiten.

Ernährungsfachleute und andere Experten auf dem Gebiet der Gesundheit und Ernährung vertreten unterschiedliche Meinungen.

Es liegt nicht in der Absicht des Verfassers, Diagnosen zu stellen oder Verordnungen zu erteilen. Seine Zielsetzung besteht lediglich darin, Informationen aus dem Gesundheitsbereich anzubieten und die Zusammenarbeit mit Ärzten und anderen Therapeuten bei dem Streben nach Gesundheit zu unterstützen.

Wenn Sie die vorliegenden Informationen ohne Einschaltung eines Arztes oder Heilpraktikers anwenden, so verordnen Sie sich eine Selbstbehandlung – ein Recht, das Ihnen zusteht. Verlag und Autor übernehmen jedoch keine Verantwortung.

Die deutsche Bibliothek - CIP Einheitsaufnahme

Matzner, Helmuth

Eure Rückkehr in das Paradies, Helmuth Matzner

1. Auflage 2002

2. unveränderte Auflage 2004

ISBN 3-933874-44-0

Der Autor

Helmuth Matzner wurde im April 1953 in Traun/Oberösterreich geboren. Nach der Reifeprüfung im Stiftsgymnasium Kremsmünster studierte er zwei Jahre Betriebswirtschaft in Linz. Gleichzeitig begann seine erfolgreiche Sportkarriere als Leichtathlet im Weit- und Dreisprung. Er brachte es zwischen 1973 und 1975 sechsmal zu Staatsmeisterschaftsehren. Er wurde auch in beiden Disziplinen österreichischer Rekordhalter. 1973 studierte er in Wien Sport und Geschichte.

Nach einem längeren Aufenthalt in Amerika wurde er Unternehmer und Managementberater. 1981 begann er mit der Jenseitsforschung, die in seinen Gesprächen mit Gott ihren Höhepunkt finden.

Helmuth Matzner ist verheiratet und lebt mit seiner Frau Heidi und seinen fünf Kindern in Hall/Admont in der Obersteiermark.

Das Buch

Unsere Welt befindet sich derzeit in einem gewaltigen Umbruch. Noch nie war das Interesse für geistige Dinge so groß wie heute. Seit Jahrtausenden versuchen die Menschen herauszufinden, warum sie hier sind, von woher sie kommen und wohin sie gehen.

Unzählige Religionen und Kirchen versuchten und versuchen, ihren Anhängern Erklärungen zu bieten, um entweder Trost für das harte Leben hier auf Erden zu spenden oder die verzweifelte Suche nach dem Ursprung des Lebens etwas zu lindern.

Mit diesem Buch, innerhalb eines Monats geschrieben, wurden dem Autor Einblicke in die materiellen und geistigen Welten eröffnet, die in dieser Tiefe bisher nicht möglich waren.

Inhalt

Vorwort

26. Juli 2002

Ich wünsche Dir einen schönen guten Morgen und gratuliere Dir zur Fertigstellung unseres Buches.

Vielen Dank. Ich habe ja nicht sehr viel dazu beigetragen, außer daß ich die Zeit aufbrachte, die Wörter und Sätze in den Computer zu tippen.

Da magst Du schon recht haben. Aber immerhin hast Du Dich durch Dein ständiges Beschäftigen mit mir für dieses Gespräch bereit gemacht. Das ist nicht alltäglich. Von einem Managementberater ist das nicht unbedingt zu erwarten. Außerdem riskierst Du Deinen guten Ruf, wenn nämlich bekannt wird, daß Du mit mir sprichst. Das ist nicht für jeden Menschen leicht verständlich und akzeptierbar. Du wirst dafür auch Einiges an Kritik einstecken müssen.

Das macht mir nichts. Was will mir diese Welt schon geben? Während dieses Monats intensiver Schreibarbeit ist mir immer bewußter geworden, wie null und nichtig viele unserer Tätigkeiten sind. Und Kritik ist für mich immer etwas Gutes, weil diese erst eine weitere Entwicklung möglich macht. Außerdem hast Du mir ja schon das nächste Buch in den Kopf gesetzt, auf das ich schon ganz gespannt bin. Die letzten Nächte waren für mich jedenfalls äußerst aufregend.

Ja, das waren sie für Dich ganz bestimmt. Du wolltest aus den Geheimarchiven der Bibliotheken im Himalajagebiet überhaupt nicht mehr zurückkehren, so gefesselt warst Du von den uralten Büchern, die Du dort aufgefunden hast. Shilaton hat Dir alles gezeigt und hat Dich mit den dortigen Menschen in Verbindung gebracht. Jetzt steht Dir diese Quelle des Wissens immer offen. Du kannst in Zukunft dorthin gehen, wann immer Du willst.

Bist Du dann nicht dabei?

Wo denkst Du hin? Ich bin immer bei Dir. Das haben wir doch schon ausführlich besprochen.

Entschuldige bitte. Das war nicht so gemeint.

Du brauchst Dich dafür nicht zu entschuldigen. Jeder kann einmal etwas vergessen. Ich werde Dich nie verlassen, habe Dich auch nie verlassen und war immer bei Dir, in jeder Sekunde Deines Lebens. Ich werde Dich weiterhin in allen Lernangelegenheiten unterstützen, Dir alle Türen öffnen und Dich mit allem, was Du willst, bekannt machen. Ich kann Dir nur empfehlen, dieses Angebot reichlich zu nutzen.

Vielen herzlichen Dank. Du bist wirklich ein umsorgender Freund in allen Dingen. Ich kann Dich jedem Mitmenschen nur wärmstens weiterempfehlen.

Dafür danke ich Dir auch. Obwohl ich bei allen Deinen Mitmenschen auch anwesend bin, haben leider nur sehr wenige von ihnen einen direkten Kontakt zu mir. Die meisten haben einfach Angst, ich könnte ihnen etwas tun, sie beschimpfen, sie bestrafen oder sie vor ein niederschmetterndes Gericht zerren.

Seit Jahrbillionen sage ich ihnen immer wieder, daß ich die Liebe bin und nicht der Haß, nicht der Tod, und auch nicht der ewige Verflucher. Ich hoffe, daß dieses Buch einigen Deiner Mitmenschen diese Angst nimmt, so daß sie, so wie Du, auch offenen Herzens zu mir kommen.

Darum empfehle ich Dir auch, dieses Gespräch als Vorwort für unser Buch zu verwenden. Es soll den Menschen die Angst vor mir nehmen. Angst bedeutet immer Trennung. Und die Auswirkungen dieser Trennung werden auf den nachfolgenden Seiten sehr genau erklärt.

Das werde ich gerne tun. Ich habe mir nämlich schon den Kopf zerbrochen, welches Vorwort für dieses ungewöhnliche Buch wohl am geeignetsten wäre. Aber nun hast Du mir schon wieder die Arbeit abgenommen.

Ja, so bin ich. Kümmere Dich nur um meine wirkliche Welt, alles andere wird Dir hinzugegeben. Auch das habe ich Dir im Rahmen unserer Gespräche schon gesagt. Du siehst, es funktioniert genau so und nicht anders. Darum sage allen Menschen, daß sie zu mir kommen sollen, um alles zu bekommen, was sie brauchen.

Das Wichtigste von allem jedoch ist, daß sie ihre Angst verlieren, um dadurch die Liebe wieder zu entdecken. Nur die Liebe macht wirklich frei. Nur die Liebe macht wirklich glücklich. Ich werde Dir in den nächsten Wochen und Monaten genau zeigen, warum die Liebe das alles macht.

Ich werde Dir auch die Zusammensetzung Eurer Welt bis ins kleinste Detail kundgeben, so daß jeder sieht, wie Ihr Eure Welt gemäß meines Planes gemacht habt. Das hast Du teilweise schon in den uralten Bücher nachgelesen.

Heißt das, daß wir in der nächsten Zeit mit unseren Gesprächen fortfahren?

Natürlich, von mir aus gerne. Aber wie schaut es bei Dir aus? Willst Du weiter mit mir sprechen und das Gesagte niederschreiben?

Was für eine Frage?! Nichts lieber als das, habe ich doch in den letzten Wochen und Monaten so unglaublich viel gelernt. Es ist momentan für mich eine sehr ungewöhnliche Zeit. Ich habe zwar immer darum gebeten, aber innerlich stark gezweifelt, ob es jemals wirklich so eintreten würde. Du kannst über meine Zeit verfügen, wie Du willst. Für mich gibt es nichts Spannenderes mehr als diese Gespräche mit Dir.

Das freut mich.

Darf ich Dich jetzt um einen Gefallen bitten, den Du ja ohnehin schon weißt?

Das stimmt. Aber sprich Deine Bitte ruhig aus.

Wir schreiben gerade das Vorwort zu diesem Buch. Wäre es möglich, daß Du einige persönliche Worte direkt an die Leser und alle Interessierten sprichst? Ein ungewöhnliches Buch braucht einen ungewöhnlichen Beginn, oder?

Das mache ich sehr gerne. Ich liebe meine Geschöpfe oder Kinder über alles. Ich will, daß es allen himmlisch gut geht und daß sie nie irgendeinen Mangel haben sollen. Aber lasse uns ganz formell beginnen.

Meine lieben Kinder, es freut mich ganz besonders, auf diese Art und Weise zu Euch sprechen zu können. Immer wieder ist es mir bis heute in den vergangenen Zeiten gelungen, Menschen dafür zu gewinnen, mit mir persönlich in Kontakt zu treten und ein Gespräch aufzunehmen. Aufgrund der überaus großen Angst mir gegenüber ist dies leider nicht sehr häufig. Außerdem herrscht diesbezüglich überaus große Skepsis vor, weil die meisten glauben, daß alles Gesagte unweigerlich, wiederum aus Angst, in kleineren oder größeren Katastrophen enden muß.

Die meisten Vertreter der verschiedenen Religionen machten aus mir einen Rächergott, einen strafenden, drohenden und mordenden Gott. Das bin ich nicht. Ich bin ein Gott der Liebe. Ich habe nie eine Strafe ausgesprochen, strafe nie und werde nie eine Strafe aussprechen. Alle Erzählungen in diese Richtung sind nur aus dem Unverständnis der Menschen heraus entstanden.

Alle Katastrophen sind entweder ganz natürliche geologische Abläufe oder wurden und werden von Euch Menschen selbst herbeigeführt. Meine Absicht und mein Wille bestehen nur darin, Euch alle wieder für mich zu begeistern und zu gewinnen. Das einzige, was wirklich passiert ist, ist, daß ihr glaubt, Euch von mir getrennt zu haben. Das ist auch die wichtigste Aussage auf den folgenden Seiten.

Ich werde immer und ewig bemüht sein, diesen Euren kleinen Fehler korrigieren zu helfen. Es bedarf nämlich wirklich nur einer kleinen Korrektur, sonst nichts.

Lasst Euch von der Größe der Welt und des Kosmos nicht irritieren. Sie ist im Vergleich zu meiner wirklichen Welt ein unbedeutendes Nichts. Laßt Euch auch von den täglichen Sorgen nicht beirren. Diese sind meist nur hausgemacht und in Wirklichkeit banal. Sorgt Euch nicht zu viel um Euren irdischen Körper. Er wird bald wieder seinem natürlichen

Kreislauf zurückgegeben. Alles, was wirklich nötig ist, ist auf den nächsten Seiten sehr deutlich angesprochen. Aber hier gilt auch wieder ein uralter Satz, den ein deutscher Literat in seinem großartigsten Werk verwendet hat, nämlich „Wer strebsam sich bemüht, den können wir erlösen“. Ich kann jedem Goethe's Faust nur wärmstens ans Herz legen. Er war für mich ein sehr wichtiges Werkzeug zu seiner Zeit und ist es auch noch heute für Eure Zeit.

Darf ich hier eine Zwischenfrage stellen?

Natürlich, mache nur.

Du weißt doch, daß ich mich um Goethes Werk sehr bemüht habe.

Ja, das weiß ich. Und?

Du warst doch sicherlich bei den vielen Seminaren mit dabei, wo ich versucht habe, den Teilnehmern die Tiefe dieses Werkes vorzustellen. Warum bin ich eigentlich nicht so richtig auf die heutige Kernaussage, auf die Trennung von Dir, gestoßen?

Das hat einen ganz einfachen Grund. Goethe war ein begeisterter Verehrer des großen und genialen Emanuel Swedenborg. Er wollte so wie er immer mit dem Jenseits Kontakt aufnehmen, was ihm aber immer verwehrt wurde, da er sich sonst nicht auf seine Art der Literatur konzentriert hätte. Damals durften die Dinge noch nicht so offen gesagt werden wie heute, da die Entwicklung in den Naturwissenschaften und in der Technik noch nicht so fortgeschritten war. Es mußte alles noch etwas verdeckt sein.

Aber wenn Du genau hineinschaust, so wirst Du den Trennungsgedanken darin entdekken. Gehe noch einmal im ersten Teil des Faust das Kapitel „Nacht“ durch. Du wirst darin die Ansätze der heutigen Aussagen schon sehr klar erkennen. Goethe hat sich nach seinem Ableben mit Swedenborg darüber ausführlich unterhalten. Wenn Du willst, so werde ich Dich mit beiden zusammenbringen. Beide sind mittlerweile im Goldenen Saal angelangt, den ich Dir am Ende dieses Buches gezeigt habe. Willst Du das?

Was soll ich Dir sagen? Ein unglaublich schönes Gefühl steigt in mir auf, da ich beide sehr hoch schätze.

Nun, sei nicht so. Respekt ist immer sehr gut und für Euer Zusammenleben äußerst wichtig. Du sollst auch jedem Mitmenschen höflich und respektvoll entgegentreten, aber deswegen nicht in Abgötterei verfallen. Bereite Dich daher auf eine baldige Zusammenkunft mit beiden vor. Du kannst Eure Begegnung, oder auch mehrere, dann schriftlich festhalten. Einverstanden?

Ja, danke. Verzeih mir. Ich wollte Dich nicht unterbrechen. Deine Mitteilungen sind sicherlich noch nicht zu Ende. Was möchtest Du uns im Vorwort noch mitteilen?

Am liebsten alles, aber alles Schritt für Schritt. Ich wünsche Euch alles Liebe und Gute, Wahre und Schöne, Herrliche und Geistreiche. Meine Welt steht jedem offen. Verschließt Euch ihr nicht. Kommt alle offenen Herzens zu mir. Fragt mich. Ich gebe Euch die Antwort direkt in Euer Herz. Zweifelt nicht, denn in meiner Welt gibt es keinen Zweifel. Habt keine Angst. Sie ist nur das Produkt Eurer Einbildung. Ich kann es nicht oft genug sagen, daß Ihr alle freie Wesen seid, meine Kinder, ausgestattet mit aller Macht und Kraft in alle Ewigkeit und in aller Unendlichkeit. Begrenzt Euch nicht. Denkt in anderen Dimensionen. Lebt in anderen Dimensionen.

Verlasst Eure kleine Welt der Trennungen. Trennt Euch nicht von meiner Liebe. Trennt Euch nicht von Euren Eltern, von Euren Kindern, von Euren Mitmenschen, von Eurem Verstand, von Eurem Körper, von der Natur. Jede Trennung verursacht Krankheit, Leid und Schmerz, Ärger, Wut und Zorn, emotionale, familiäre und gesellschaftliche Störungen. Jede Andersgesinntheit als die Einsgesinntheit führt automatisch zu einer Parteienstellung, einem Gegeneinander.

Euer Ziel soll aber das All-Einander, das Miteinander für das Einssein mit mir, sein. Für dieses Ziel lohnt es sich zu kämpfen. Alle anderen Ziele sind diesem untergeordnet. In und mit mir habt Ihr alles. Hier gibt es keinen Mangel. Hier gibt es keine Not. Hier gibt es keine Depressionen und auch keine Krankheiten. Alles ist perfekt, so wie auch bei Euch alles perfekt ist. Aber das werdet Ihr in der Folge noch alles ausführlich lesen können.

Nun habe ich am Schluß dieses Vorworts noch eine Bitte. Arbeitet an Euch, täglich, stündlich, immer. Laßt keinen Schlendrian zu. Verscheucht die Trägheit und Bequemlichkeit. Seid unermüdlich in Eurem Streben, das höchste Ziel so rasch als möglich zu erreichen. Aber bedenket immer eines dabei. Ihr könnt es nicht allein schaffen. Es ist nur gemeinsam möglich. Nur wenn Ihr Euch gegenseitig helft und unterstützt, dann werdet Ihr rasch bei mir in meiner wirklichen Welt sein. Allein geht es nicht. Teilt Eure Erkenntnisse untereinander. Teilt Euch mit, sprecht miteinander, strebt miteinander. Meine wirkliche Welt ist eine Welt der Einheit, einer für alle, alle für einen. Bei mir gibt es keine Trennung. Nur in diesem Sinne ist das Wiedererwachen Eures Geistes in meinem Geist möglich. Bildet daher viele Gruppen, die letztlich in der Weltgruppe Ihr Ende finden sollen und werden. Unterstützt Euch unermüdlich gegenseitig.

Ihr alle seid Brüder und Schwestern. Ihr alle seid untereinander verwandt. Ihr alle seid eins. Bedenket das immer, wenn Ihr die folgenden Zeilen in Euch aufnehmt. Nun wünsche ich Euch alles Liebe und ein gutes Gelingen.

Danke für Deine herrlichen Worte.

Eure Rückkehr in das Paradies

Meine Gespräche mit Gott

24. Juni 2002

Der Beginn

Hallo, Helmuth. Es freut mich, daß unser Gespräch letzte Nacht auf fruchtbaren Boden gefallen ist. Gemeinsam wollen wir ein Buch verfassen, das die Gespräche der letzten Jahre auf Papier bringen soll. Ich weiß, daß es Dich jetzt einige Zeit kosten wird, alle Gedanken zu ordnen und so einfach aufzubereiten, daß auch alle Deine Leser und Freunde diese schnell auffassen können. Doch jede Arbeit hat auch Ihr Ende. Darum wünsche ich Dir am Beginn des Sommers nicht immer nur heißes Wetter, sondern auch einige Regentage, so daß es für Dich leichter sein wird, die vielen Stunden vor dem Computer auszuhalten.

Wie ich Dir in der Nacht vorgeschlagen habe, wollen wir die ganze Sache in Form eines Frage-Antwort-Gespräches ablaufen lassen. Es muß Dir dabei klar sein, daß ich manchmal etwas weiter und langatmiger ausholen muß, um eine komplexere Frage zu ihrem Ende zu bringen. Ich werde mich auch nicht scheuen, sehr konkret auf gewisse Themenkreise einzugehen, so daß unsere Ausführungen auch einen sehr praktischen Nutzen bekommen. Informationen sind nur dann wirklich wertvoll, wenn sie auch nützlich in das tägliche Leben integriert werden können.

Mein allerliebster Freund. Vielen Dank, daß Du mich dafür ausgewählt hast. Doch würde ich sehr gerne wissen, warum gerade ich Deinerseits dafür bestimmt wurde?

Vorbereitung in der Jugend

Nun, an und für sich ist jeder dazu aufgerufen und bestimmt, mit mir zu kommunizieren bzw. zu verkehren. Du bemühst Dich ja schon seit Deinem 12. Lebensjahr darum. Warum sollte ich also dem Strebenden nicht den Erfolg gönnen? Ich weiß nicht, ob Du Dich noch daran erinnern kannst, wie Du sehnsüchtig und hoffnungsvoll aus dem Fenster des Stiftskonvikts hinausgeschaut hast und mich mit vielen anderen Geistseelen hast wandeln sehen. Wir haben Dich auch alle gegrüßt, doch Du konntest uns nicht hören, sondern nur sehen. Du kamst uns als Junge schon ziemlich nahe. Ich mußte damals unsere Begegnung unterbrechen, weil Du für eine Begegnung dieser Art noch nicht richtig vorbereitet warst. Du hättest danach Dein Leben nicht mehr meistern können. Zu groß wäre Deine Sehnsucht nach mir und meinen Mitbrüdern und Mitschwestern gewesen.

Darum habe ich Deinem Abteilungsvorstand intuitiv einen Hinweis gegeben, daß Du schon wieder einmal nicht bei der Lernsache seiest. Er gab Dir dann den dementsprechenden Klaps auf den Rücken, um Dich wieder in die Welt zurückzuholen. Doch hast Du dieses Erlebnis der besonderen Art nie mehr vergessen. Es war der Start für Deine Entfaltung bis zum heutigen Punkt. 37 Jahre mußtest Du warten, um jetzt für viele Menschen tätig zu werden. Ich glaube aber, daß es Dir in der Zwischenzeit nicht schlecht ergangen ist, oder?

Ja, da hast Du vollkommen recht. Aber warum durfte ich Dir damals in der Begegnung nicht zu nahe kommen?

Das wäre Dir damals wirklich nicht bekommen, warst Du doch in einem erzkonservativen Kloster interniert. In jedem Internat gibt es gewisse soziale Regeln, die der Gemeinschaft wegen nicht verletzt werden dürfen. Du hättest bei Deinen Mitschülern und auch bei den Lehrern einen sehr schweren Stand gehabt, wenn Du ihnen von Deinen Erlebnissen mit den geistigen Welten erzählt hättest. So war für Dich der Startschuß gegeben, so wie wir es vor Deiner Geburt ausgemacht hatten. Du weißt ja noch, wie Du mit Deinen Freunden Dein irdisches Ziel definiert hast, oder?

Ja, ich ahne es jetzt wieder. Ich wollte mich immer voll für die Aufklärung der Mitmenschen einsetzen, und zwar in allen Belangen der Wahrheit. Jetzt bin ich mit der Hilfe von Dir und von allen anderen Geistwesen so weit, diesen Auftrag durchführen zu können. Es war bis heute wirklich eine sehr aufregende und erkenntnisreiche Zeit, für die ich Dir sehr dankbar bin. Ich kann mich aber nur noch sehr dunkel an die Abmachung erinnern. Kannst Du mir dabei bitte schnell einen Hinweis geben?

Die Flucht

Schnell ist nicht notwendig. Aber auf die Sprünge helfe ich Dir gerne. Es freut mich ganz besonders, daß Du im letzten Jahr so viele Erkenntnisse über mich und die Welt gemacht hast. Natürlich habe ich alles in Deinem Leben sorgsam für Dich eingerichtet, auch wenn Du hie und da kräftig dagegen gearbeitet hast. Denke nur an die frühen 80er Jahre, als ich Dich schon mit einer vernünftigen Ernährung konfrontiert habe, Du aber den aufgezeigten Weg aus Sturheit wieder verlassen hast.

Die Korrekturmaßnahme mit dem Herzinfarkt hast Du sehr gut hingekriegt, wobei der echte Reinigungsprozess erst im letzten Jahr von Dir durchgezogen wurde. Ich weiß, daß ich auch dabei etwas „schuld“ bin, da ich Dich mit Informationen füttern ließ, die nicht gerade mein Naturgesetz darstellten. Ich habe Dir aber immer wieder geholfen, trotz nicht optimaler Ernährung, mit viel Sport und Bewegung, über die Runden zu kommen.

Doch nun zu Deiner Frage. Du hast, wie Du ja schon genau weißt, viele Stationen in diesem Kosmos durchwandert. Es gibt nur wenige Galaxien und Planeten, die Du nicht schon bereist und besucht hast. Du hast auch von mir seit langem gewußt, daß ich mich auf diesem, Deinem jetzigen Planeten selbst inkarnieren werde, was ich vor 2000 Jahren auch wirklich getan habe.

Auch wenn Du es niemals zu jemandem ausgesprochen hast, so war Dein Bemühen immer dasjenige, auch einmal auf diesem Planeten leben zu können. In geheimen Gedankengängen hast Du dieses Unterfangen schon jahrtausendelang vorbereitet.

Vom ursprünglichen Kosmotom hast Du Dich vor undenklich langer Zeit heimlich hinweggestohlen, obwohl Du wußtest, wie „gefährlich“ Dein Unterfangen war. Doch Du hast Dich damals mit einigen Geistern verbunden, um aus dem Ur-Kosmotom zu entfliehen. Natürlich waren wir alle dabei. Doch in Deiner Verborgenheit blieben auch wir verborgen.

Erschaffene Verborgenheit erschafft automatisch Blindheit. So warst Du in der Zukunft für unser Dasein geblendet und glaubtest, Du würdest alles allein unternehmen. Keine Sorge, Helmuth, wir waren immer mit Dir, auch wenn Du davon nichts gemerkt hast. In der Unendlichkeit bleibt nichts verborgen und ist nichts verborgen.

Jedenfalls hattest Du mit Deiner Bemühung persönlich Erfolg. Obwohl es eigentlich, von unserer Warte aus gesehen, ein gewaltiger Mißerfolg ist, hast Du Dich doch vom Himmel, von der Glückseligkeit davongestohlen. Doch Deine Absicht war und ist eine reine, so daß sich niemand von uns bemühte, Dich über Deinen Umweg aufzuklären, den Du bereit warst zu gehen.

Es war damals schon immer Dein Wunsch, mich persönlich kennenzulernen. Das war vor der Zeit des Kosmotoms nicht möglich. Aber jetzt, nach meiner Inkarnation, ist es sehr wohl möglich. So hast Du Dich, wir werden später noch ausführlicher darauf zu sprechen kommen, von einem Kosmotom zum anderen geschlichen, um dann schließlich und endlich in dem jetzigen Kosmotom eine Heimat zu finden, in dem Du Dich nun auch schon über einige Billionen Jahre befindest.

Ich habe zwar versucht, Dich im Zentrum dieses Kosmotoms zu schulen und Dich zum höchstmöglichen Punkt zu führen, was auch gelang. Doch Dein Bestreben, mich persönlich kennenzulernen, war einfach zu groß. So hast Du jeden Vertrag unterzeichnet, der Dich diesem Sonnensystem immer näher brachte. Selbst die großartigsten menschlichen Gesellschaften mit allen technischen Raffinessen konnten Dich nicht daran hindern, immer niedrigere Formen des menschlichen Lebens anzunehmen, bis Du eben in dieses erbärmliche Sonnensystem eingetaucht bist, in dem sich diese Erde befindet.

Einige Jahrtausende verbrachtest Du auf den verschiedenen Planeten dieses Systems, immer Ausschau haltend, wann endlich meine Inkarnation auf Erden stattfinden würde bzw. stattgefunden hat. Es wäre Dir sogar beinahe geglückt, mich anzutreffen. Doch bei einem hinterlistigen Schachzug auf dem Jupiter wurde Dir die Möglichkeit geraubt, auf die Erde zu flüchten. So wurdest Du dort wegen Deiner Hinterhältigkeit festgehalten. Es konnte aber einige Jahre später nicht mehr bewirkt werden, Dich länger festzuhalten.

Angekommen auf dieser Erde, hast Du Dich sofort um die Sache gekümmert. Mit einem Fluchthelfer hast Du damals einen Vertrag gemacht, daß Du Dich ausschließlich nur um die guten Taten kümmern wirst, den Du aber in den folgenden Jahrhunderten nicht immer gehalten hast. Bedenke auch, daß wir immer bei Dir waren, Dich aber in Deinem eigenen freien Willen nicht einschränken wollten. Falls Du Näheres über die einzelnen Episoden Deines Lebens wissen willst, so werde ich Dir gerne behilflich sein.

Ich weiß auch, daß Du manches dafür einsetzt, um Deine Mitmenschen von dem einen oder anderen wissen zu lassen, um ihren eigenen Weg damit zu festigen und Angriffe seitens ungläubiger und schwacher Menschen abzuwehren. Ich hoffe, ich habe Dir darüber nun genug gesagt.

Das ist nicht schlecht. Während Du mir das mitteilst, erlebe ich das wie in einem laufenden Film mit. Ist das wirklich so?

Ja, das ist so, weil ich von Dir nie getrennt war und nicht bin. Ich und Du, wir sind eins, was zumindest meine Warte betrifft. Ich bin der unendliche und ewige Gott. Meine Schöpfung habe ich nie verlassen und kann sie auch nicht verlassen. Darum bin ich immer hier und jetzt da. Alle Deine Erlebnisse sind auch meine Erlebnisse, die Du durch meinen freien Willen frei erleben und erfahren kannst. Das ist Deine Freiheit. Ganz egal, was mit Dir immer geschieht, es geschieht immer in der Unendlichkeit und Ewigkeit, in der nichts verloren gehen kann. Dein Leben ist mein Leben, und mein Leben ist Dein Leben.

Du hast Dich besonders in den letzten Jahren wirklich bemüht, so daß ich Dir dies jetzt ohne Gefahr alles sagen kann. Es ist für Dich normal geworden, in meiner Welt zu leben, ohne Unterschiede zu machen zwischen geistiger und materieller Welt. Du hast damit aufgehört. Darum ist es für Dich klar, daß alles gleichzeitig wie ein Film abläuft, den Du jetzt mit allen Gefühlen und Wahrnehmungen betrachten kannst, da Du die Erkenntnis der Unendlichkeit und Ewigkeit in Dir aufgenommen hast.

Viele Menschen haben diesen Schritt schon geschafft. Noch weit mehr sind gerade dabei, ihn zu machen. Am Ende werden ihn alle geschafft haben. Dann wird die Odyssee des falschen Glaubens seine Kraft verloren haben. Ich rate Dir daher, während unserer gemeinsamen Kommunikationszeit nichts zu übersehen.

Ich werde mich sehr darum bemühen. Aber Du hast mich in den letzten Jahren eine sehr interessante Zeit der Konzentration und Kontemplation erleben lassen. Sehe ich das richtig?

Intensive Schulung im Jenseits

Ja, das siehst Du richtig. Du hast in den 70er Jahren eine sehr intensive Schulung in Konzentration und Zielstrebigkeit erlebt. Du bist im Sport nicht umsonst so weit gekommen, wobei ich Dir ehrlich sagen muß, daß ich Dich auch nicht ganz nach oben kommen ließ, um Dein starkes Ego nicht zu stark werden zu lassen. Du weißt schon, Deine Imponiersucht und Deine Großtuerei. Die ist aber bei allen Menschen hier auf dieser Welt vorhanden und ganz normal. Als Olympiasieger hättest Du diese Entwicklung nicht durchgemacht. Aber so, wie jetzt, schon.

Auch die Zeit in Amerika hast Du sehr gut genutzt. Danach habe ich Dir die Türen ins Jenseits geöffnet, wobei auch diese Gespräche für Dich und besonders für viele andere Geister sehr nützlich waren.

Du warst mir damals wie heute ein sehr gutes Werkzeug. Dann habe ich Dich durch einen inszenierten Unfall mit Deinem Sohn in die Einöde geschickt, um Dich für das vorzubereiten, was Du jetzt und in Zukunft tun wirst. Damals hattest Du von der Schönheit und Herrlichkeit der Natur keine Ahnung. Nichts hätte Dich dorthin gebracht außer Dein unabdingbarer Wunsch, die besten Bedingungen für Deine Familie und für Deinen kranken Sohn zu schaffen. So war mit dem Scheintod Deines Sohnes der Weg in die herrlichste Natur schnell geebnet.

Auch die berufliche Unbeständigkeit und damit die für Dich wichtige Freiheit war inszeniert. Du hast immer wieder gemerkt, daß Du Pionier sein wolltest. Etwas aus dem Nichts aufzubauen, zu etablieren, zum Laufen zu bringen und dann zu gehen, das war immer Dein Weg. So ließ ich Dir auch einiges an Geld zukommen, so daß Du nun die Möglichkeit finden kannst, Dich in der nächsten Zeit mit unserem Buch beschäftigen zu können. Und das sehr konzentriert.

Ich danke Dir für Deine Führung. Es ist ja unglaublich, wie alles von einem ins andere übergeht. Hast Du auch meine gesamte Zukunft schon im voraus geplant? Was kann ich dazu dann noch selbst beitragen?

Keine Sorge, es gibt keine Vorbestimmung. Es ist zwar richtig, daß alle Ziele schon vorbestimmt sind, doch welchen Weg Du einschlagen wirst, das liegt in Deinem freien Willen und Ermessen. Du kannst auch auf verschiedenen Wegen nach Rom fahren, über den Nordpol, über Amerika, über Spanien, mit dem Rad oder mit dem Flugzeug. Du hast die freie Wahl. Hast Du Rom einmal bestimmt, so ist es bestimmt.

So habe ich bestimmt, daß alle meine Geschöpfe wieder zu mir zurückgeführt werden. Welchen Weg sie dabei einschlagen, ist völlig uninteressant. Und wie lange sie dafür brauchen wollen, ist auch uninteressant, denn ich kenne in der Ewigkeit keine Zeit. Für mich ist alles jetzt. Ich kenne keine Vergangenheit, keine Zukunft. Bei mir ist alles Gegenwart. Und wenn Du wieder vollständig bei mir sein wirst, dann wird es auch für Dich so sein.

Herrlich, ich glaube, ich habe das Gefühl schon, obwohl ich manchmal auch Angst vor der Zukunft habe.

Jede kleinste Angst zeigt Dir, daß Du es noch nicht vollständig geschafft hast. Ich kann Dir aber versichern, daß Du am Ende dieses Buches auch diese Angst abgelegt haben wirst. Mache Dir daher keine Sorgen. Sorgen gibt es in meiner Welt nicht. In meiner Welt gibt es nur Friede, Freude, Glück und die herrlichsten und schönsten Gefühle. Das sind Dinge, die sich zwar in der Welt jeder wünscht, aber nicht ernsthaft genug sucht.

Es ist wirklich wunderschön, wie Du die Dinge ausdrückst.

Es ist auch schon Dein Ausdruck geworden. Du hast nicht umsonst Tausende Seiten meiner wichtigsten Mitstreiter gelesen und studiert. Außerdem hast Du unzählige Gespräche mit Verstorbenen geführt, die alle über Deine Bemühungen hoch erfreut sind. Du konntest auf diesem Wege schon viele auf die richtige Fährte bringen.

Besonders interessant sind Deine Ausflüge auf die Friedhöfe gewesen, die Du in Zukunft wieder forcieren solltest, weil manchmal der Prophet im eigenen Land, hier das Jenseits, nicht gehört werden will.

So ist Dein Aufruf aus dem Diesseits besonders für diese Verstockten dringend nötig.

Außerdem hast Du Dir in den letzten 20 Jahren viele Mitstreiter im Jenseits herangezogen, die ausschließlich im Dienste der Aufklärung stehen. Diese Deine Arbeit ist für sie ebenso wichtig, weil sie dadurch in ihrem Bemühen um mich und meine geistige Welt sehr gestärkt werden. Jeder braucht eine Aufgabe, auch ich. Meine ist, alle wieder in mein Haus zurückzuführen, das sie eigentlich nie verlassen haben. Das geht nämlich nicht, wie schon oben erwähnt. Doch der Glaube ist stark. Und so glauben immer noch sehr viele, von mir getrennt zu sein.

Du wirst es schaffen, vielen Menschen diese Botschaft zu bringen und ihnen auch dazu zu verhelfen, die nötigen Schritte einzuleiten, um es nicht nur zu erleben, sondern auch letztlich zu erkennen. Das ist wirklich schön. Kannst Du Dir schon vorstellen, was es heißen wird, wenn alle zurückgekehrt sind?

Ein vages Bild habe ich schon. Doch mußt Du mir bitte verzeihen, wenn ich erst jetzt beginne, diese globale Sicht zu bekommen. Ich weiß mittlerweile auch, daß diese Welt erst dann endgültig verblassen wird, wenn der letzte Geist seinen Irrglauben der Trennung aufgegeben hat. Stimmt das?

Der Beginn der Schöpfung

Ja, das stimmt. Ihr seid alle meine Söhne, meine Schöpfung. Und diese Schöpfung ist einzigartig und unteilbar. Ihr sitzt alle mit mir in einem Boot. In diesem Boot gibt es für Euch schöne und weniger schöne Seiten. Ihr trefft dabei die Wahl. Ich aber kenne nur die schönen Seiten, weil ich nie an eine Trennung geglaubt habe. Ich kann mich nicht von mir trennen. Ich glaube, das verstehst Du. Ihr aber habt es so weit gebracht, daß Ihr sogar glauben könnt, Ihr habt Euch von Euch selbst getrennt.

Die Geisteswissenschaft, die Psychiatrie und andere solche Wissenschaften sind voll von Erklärungen für dieses Phänomen. Tatsache ist, daß es eine Trennung nie gegeben hat. Wenn aber jemand von dieser Glaubenstatsache, die falsch ist, ausgeht, dann darf er sich nicht wundern, wenn alle nachfolgenden Wissenschaften falsch sind. Darum ist alles auf dieser Welt falsch, weil die Welt ein Produkt einer falschen Voraussetzung ist. Dafür gibt es viele Beispiele.

Darum ist es letztlich auch notwendig, daß jeder diesen falschen Glauben aufgibt, um gemeinsam wieder in meiner Herrlichkeit, Schönheit, Wahrheit und Unendlichkeit auf Immer und Ewig leben zu können. Dieses Leben ist mit Eurem Leben in keiner Weise vergleichbar. Selbst das Leben des reichsten Menschen mit dem des ärmsten zu vergleichen, wäre nur ein untröstlicher Abklatsch von dem, was jeden erwartet, wenn er wieder durch Aufgabe seines falschen Glaubens bei mir ist. Verstehst Du das?

Ja, es ist aber nicht leicht, weil bei mir sofort der egoistische Gedanke einschießt, warum ich dann auf alle anderen warten muß, bis ich wieder in Deine Welt eingehen kann. Verzeihe mir bitte diesen Ausdruck. Aber manchmal kommt das Alte noch immer hoch.

Ja, das verstehe ich sehr gut. Du hast ja halbe Ewigkeiten in diesem Egoismus gelebt. Den dann in kürzester Zeit völlig abzulegen, ist auch für Dich nicht einfach. Ich möchte Dir aber einen kleinen Hinweis geben. Aufhören und Beenden von etwas, ist immer eine Entscheidung. Hast Du jedoch die Entscheidung einmal getroffen, so ist es vorbei. Die meisten Menschen aber entscheiden sich nicht. Sie tun nur so, als ob sie eine

Entscheidung getroffen hätten. Und dann wundern sie sich, warum sich etwas noch immer nichts geändert hat. Siehst Du, so einfach ist das.

Ich habe Deine Entscheidung, mir auf diese Erde zu folgen, noch genau vor mir. Unmittelbar nach Deinem Fehler, ebenso den Glauben an die Trennung anzunehmen, wurdest Du im Ur-Kosmotom von einem meiner Diener aufgeklärt, daß ich zur Berichtigung dieses Fehlers selbst in diese Welt kommen werde, um der Welt zu zeigen, daß sie in Wirklichkeit gar nicht existiert. Meine Botschaft war damals zu zeigen, daß es nicht nur keinen Tod gibt, sondern auch das Böse nicht. Tod und das Böse existieren nur dann, wenn jemand daran glaubt. In diesem Glauben kann er dann alles andere weiter erfinden.

Du sagst, erfinden. Ist diese Welt eine Erfindung?

Ja, sie ist eine Erfindung. Erfinden kommt von finden. Und finden kannst Du nur dann etwas, wenn Du es suchst bzw. gesucht hast. Nun, stelle Dir einmal meine unendliche Schöpfungswelt vor. Jeder Bewohner hat die vollste Kenntnis der gesamten Schöpfungswelt. Wenn er aber alles kennt, was will er dann suchen bzw. finden? Also muß er hergehen und einen Raum erfinden, der leer ist. Darin kann er dann zu suchen beginnen. Nur wenn jemand einen Raum in der Unendlichkeit erfindet, so hat er sich aus der Unendlichkeit, die keine Grenzen kennt, in einen Raum, der Grenzen kennt, hineingeschleudert. Das ist Eure Welt. Ihr glaubt daran.

Für mich aber existiert sie nicht.

Siehst Du, jetzt fangen alle im Nichts zu suchen an. Und damit diese Suche nicht zu langweilig wird, werden in dieses Nichts Phantasiegebilde hineinprojiziert, damit die Suche auch irgendwie einen scheinbaren Erfolg hat. So habt Ihr die ganze Welt, den gesamten Kosmos mit seinen unzähligen Kosmotomen gemacht. Und jedes Kosmotom hat seine Galaxien, seine Sonnen, Planeten und Monde, seine unzähligen Lebewesen, die Ihr nach einer gewissen Stufenfolge wieder zu selbständig denkenden Geistern heranzieht, um sie dann suchen und finden zu lassen.

Hier habe ich eine Rückholaktion gestartet. Wenn Du weißt, was ich damit sagen will. Nichts kann in meiner Unendlichkeit verlorengehen bzw. ist verloren gegangen. Ich brauche Euch nur wieder auf die Erkenntnisstufe des Seins zu bringen, und der ganze Spuk hat ein Ende. Genau da stehen wir jetzt. Die Suche hat Ihr Ende gefunden. Jetzt gilt es nur noch, die Ernte hereinzuholen. Dann ist die Welt wieder in ihrem Nichts verschwunden. Unvorstellbar?

Die Trennung

Ganz ehrlich gesagt, ja und nein. In welcher Welt leben wir dann, und wie schaut sie aus?

Ich habe Dir schon gesagt, daß wir darüber keine Worte verlieren werden, weil es in dieser Welt keine Sprache gibt. Ihr braucht dann keine Sprache, weil es nichts Trennendes mehr gibt. Sprache kommt ja aus dem Lateinischen „separare“ und heißt trennen. „Che“ kommt aus dem Hebräischen und heißt Kraft. Du siehst hier schon die Kraft der Trennung, wobei hinter jeder Kraft die Liebe steht. Übrigens, hinter allem steht die Liebe. Alles wird durch die Liebe motiviert, bewegt. So auch die Trennung, weil Ihr die Trennung liebt. Und warum liebt Ihr die Trennung? Was heißt das wirklich? Auch das ist einfach.

Weil Ihr mich nicht mehr lieben wollt, sondern nur noch Euch selbst. Das ist die Trennung. So funktioniert das auch in Eurem Leben. Ziehst Du die Liebe von irgendwo ab, so hört die Sache oder die Person auf, für Dich zu existieren. Das habt Ihr schon sehr oft gemacht. Du hast die Liebe zu mir nur einmal ganz kurz völlig aufgegeben. Doch dann hast Du sofort die Liebe zu mir wieder als wichtigstes Lebensprinzip erfaßt. Doch da war es für Dich schon zu spät.

Deine Schwäche war so groß, daß Du aus Deiner Dunkelheit und Finsternis nicht mehr zu mir zurückkommen konntest. Da bin ich mit allen meinen Dienern eingeschritten, um Dich über die unglaublich lange Zeitapanne bis heute wieder so stark zu machen, daß Du mich wieder zu fassen bekamst. Damals habe ich Dir den Gedanken gegeben, mich persönlich kennenlernen zu dürfen. Diesen Gedanken hast Du Dir bis heute bewahrt. Ich gratuliere Dir ganz herzlich.

Jetzt bringst Du mich in Verlegenheit. Soll ich diese Gratulation annehmen? Du hast ja alles so arrangiert und geordnet, daß es gar nicht anders kommen konnte.

Nein, nein, so ist das auch wieder nicht. Natürlich habe ich alles in die Wege geleitet. Du aber hast die Entscheidungen getroffen, und zu Deinen Entscheidungen gratuliere ich Dir. Die Wege hättest Du in Deiner Schwäche nie selbst machen können. Dafür bin ich mit meinen Dienern verantwortlich und werde es auch immer sein. Du brauchst Dich auch in Zukunft nicht darum zu kümmern, sondern kümmere Dich darum, daß Du und Deine Kollegen die richtigen Entscheidungen treffen. Alles andere ist meine Sache. Glaube mir das.

Ja, danke. Natürlich glaube ich Dir das. Es scheint mir aber alles sehr einfach. Das würde ja bedeuten, wir bräuchten uns wirklich um nichts mehr zu kümmern außer um diese Entscheidungen. Das Leben wäre dann wirklich sehr einfach.

Alles ist perfekt

Ja, das ist es. Ich habe für alles gesorgt. Ich habe die beste Natur geschaffen. Ihr könnt keine bessere schaffen. Darum haben alle wissenschaftlichen Bemühungen, wie die Gentechnologie, die Raumforschung, die Medizin und alles andere keinen wirklichen Sinn. Es ist schon alles perfekt. Perfekter geht es nicht. Jeder Eingriff würde nur eine Zerstörung sein.

Eure Aufgabe ist nicht die Verbesserung der Welt. Eure Aufgabe besteht darin, daß Ihr Euch von Eurem Irrglauben befreit. Kümmert Euch um das Reich Gottes, alles andere wird Euch hinzugeben. Was soll ich Euch noch geben? Ich habe Euch einen perfekten Körper gegeben, eine perfekte Umwelt, einen perfekten Kosmos. Ihr braucht nichts mehr zu machen, außer das oben Erwähnte. Alles andere ist nur vergeudete Zeit und Mühe.

Ich habe Euch auch nicht für die Arbeit erschaffen, denn es gibt außer der Entfernung des Irrglaubens nichts mehr zu tun. Eure Körper sind so konzipiert, daß Ihr außer Früchten und Gemüsen zu ihrer Erhaltung nichts weiter braucht. Das alles habe ich Euch schon in allen anderen Offenbarungen mitgeteilt. Warum haltet Ihr Euch nicht daran?

Das verstehe ich nicht. Wir sollen überhaupt nichts arbeiten? Wir sollen nur Früchte und Gemüse essen? Würden wir dabei nicht verhungern?

Jetzt stellst Du mir gleich zwei Fragen. Bezüglich arbeiten gibt es nur die Arbeit an Dir selbst. Die ist sehr leicht, wenn Du Dich von Deinem Irrglauben, von mir getrennt zu sein, trennst. Alles andere verschlechtert nur Deine Situation, indem sie Dich schwächt.

Jede Verbesserung Deines materiellen Äußeren macht mehr Arbeit. Jeder Besitz macht Arbeit. Außerdem ist Besitzen schon wieder eine Trennung, weil Du einem anderen signalisierst, daß er von dem, was Du besitzt, getrennt ist. Bei mir gibt es keinen Besitz. Alles gehört allen. Ihr würdet sagen, daß das Kommunismus in höchster Form sei. Ja, er ist es.

Hast Du aber einmal Besitz geschaffen, also Trennung, so signalisierst Du Deinem Mitmenschen, daß er hier nichts verloren hat. Der aber hat nichts anderes im Sinn, als nach dem Verlorenen zu suchen. Diese Suche kann sehr gewalttätig und aggressiv sein. Darum mußt Du Dich jetzt auf die Verteidigung Deines Besitzes vorbereiten. So entstehen Mauern, Zäune, Grenzen, Hindernisse, Blockaden. Auch in der Seele.

Abkapselung heißt immer nur eines: Verteidigung seines Nichts. Weil in Eurer Welt nichts Bestand hat. Alles verändert sich, manches sehr schnell, manches eher langsam. Aber es verändert sich. So wird auch Euer Planet wieder verschwinden, auch Eure Sonne mit dem ganzen Sonnensystem. Alles wird ins Nichts zurückkehren, von wo es gekommen ist. Dafür willst Du arbeiten?!

Nun zur zweiten Frage. Ich habe alle Lebewesen perfekt geschaffen. Ich habe auch alle Lebewesen mit der perfekten Nahrung ausgestattet. Niemand muß bei mir verhungern. Alles gibt meine Natur her. Für Euch Menschen habe ich aus meiner perfekten Natur die köstlichsten aller Lebensmittel ausersehen, die Früchte, noch ein paar Kräuter und Samen. Das wäre es auch schon. Doch was habt Ihr Menschen seit nunmehr 10.000 Jahren gemacht?

Nachdem einige sehr hoch entwickelte Menschen diese Erde für einige Jahrtausende bewohnt hatten, wurde unter ihnen wieder der Trennungsgedanke forciert. Viele Menschen, die heute inkarniert sind, haben von damals noch einige Erinnerungen. Ich werde Dir später einiges darüber erzählen, da Du ja selbst nicht dabei warst.

Jedenfalls hat damals eine kleine Gruppe von Menschen trotz vieler Mahnungen damit begonnen, buchstäblich mit dem Feuer zu spielen. Sie entdeckten die Nützlichkeit des Feuers für die Erzeugung von Wärme, die vorher überhaupt nicht nötig war. Wir haben oben schon erwähnt, daß Trennung Dunkelheit und damit Kälte erzeugt. Und Kälte mag der Körper überhaupt nicht. So war das Feuer für die Warmhaltung rasch entdeckt.

Leider begannen diese Menschen auch damit, Wasser zu wärmen und zu trinken, um dem Körper auch innerlich Wärme zuzuführen, bis jemand die unglückseligste aller Ideen hatte, die Lebensmittel im heißen Wasser zu wärmen. So wurden die meisten Nahrungsstoffe für die unmittelbare Ernährung des Körpers zerstört. Danach ging alles Schlag auf Schlag.

Wie haben die Menschen Wasser gewärmt, ohne Gefäße dafür zu besitzen?

Anfangs nahmen sie hohle Steine dafür. Doch sie waren recht erfinderisch. Sie konzentrierten sich ja den ganzen Tag nur mehr auf die äußere Naturwelt. Die geistige Welt war schnell vergessen und innerlich gestorben. Auch wenn die einen oder anderen Mahner ihnen ins Gewissen zu reden versuchten, so war die Faszination der äußeren Welt für sie so stark, daß sie sich nur mehr um die Entdeckung der Geheimnisse der Natur kümmerten. Es war aussichtslos. Der Weg der Zerstörung war einmal eingeschlagen, die Wahl getroffen.

So half ich ihnen, die Geheimnisse der Natur zu entdecken in der Hoffnung, daß ihre Zerstörungswut irgendwann ein Ende finden würde. Dieses Ende steht tatsächlich jetzt in Eurer heutigen Zeit unmittelbar bevor. Ich ließ sie die Metalle entdecken. Doch die Gier wuchs täglich nach Besitz und Eigentum. Schon kurze Zeit später vergriffen sie sich an meinen Tieren, schlachteten diese und zerstörten die Inhaltsstoffe des Fleisches im Feuer.

Der Fluch der Tiere setzt sich bis heute fort, wenn Du nur die Todesraten der Herz- und Kreislaufkranken sowie die Todesraten der Krebskranken genauer betrachtest. Keiner der Verantwortlichen will erkennen, daß alle diese Krankheiten vorwiegend nur von den gekochten Speisen herrühren. Schnell waren die Metalle verarbeitet, schnell ein blühender Handel über die damals bewohnte Erde aufgezogen. Und damit auch die Kriege. Bis heute.

Willst Du damit sagen, daß alle unsere Probleme auf das Feuer und auf das Kochen der Speisen zurückzuführen sind?

Die verhängnisvolle Veränderung der Nahrung

Ja und nein. Das Problem ist der Glaube an die Trennung von mir. Aber die Probleme dieser Welt, außer dem Urproblem, sind tatsächlich auf das Feuer zurückzuführen.

Das nächste Problem ist das Salz. Die meisten gekochten Speisen schmecken nur dann, wenn sie gesalzen sind. Doch Salz habe ich für die Ernährung des Körpers nie vorgesehen. Auch Fleisch, Eier, Milch und deren Produkte nicht. Nicht einmal den Honig, der nur für die Tiere vorgesehen ist. Rohes Fleisch ist für den Menschen auch ungenießbar.

Milch ist für die Menschen ein zu starkes Lebensmittel. Ein Kalb muß zum Beispiel innerhalb von weniger als sieben Wochen auf das Doppelte seines Körpergewichts wachsen. Dafür braucht es natürlich ganz andere Stoffe als ein Menschenkind, das dafür etwas mehr als ein halbes Jahr brauchen darf. Wird ein Menschenkind mit Tiermilch gefüttert, so wird es diese nicht verarbeiten können. Der Sterbeprozess wird daher schon in diesem Alter verfrüht eingeleitet. Doch das wollen die meisten Menschen des Genusses wegen nicht wahr haben, obwohl der Genuß nur vom Salz und von den Gewürzen herrührt.

Früchte brauchen weder gesalzen noch gewürzt zu werden. Sie sind die ideale Nahrung für die Menschen. Jeder, der das beherzigt, wird mit einer unbändigen Gesundheit und mit einem unglaublich langen Leben gesegnet sein. Außerdem werden diese Menschen sehr leicht für geistige Dinge zu gewinnen sein, weil sie durch die vielen Falsch- und Schadstoffe im Körper nicht behindert sind.

Ich sehe schon, mit Dir ist nicht gut Kirschen essen. Du verbietest uns ja jeglichen Genuß. Keine Tafel Schokolade, kein Eis, keinen Braten, keine Rühreier. Ist das wirklich Dein Ernst?

Ja, natürlich. Aber verbieten tue ich niemandem etwas. Jeder ist in seiner Wahl völlig frei. So habe ich auch die Steine geschaffen. Du kannst diese in einer kälteren Umgebung zum Bau eines Hauses verwenden. Du kannst sie aber auch zum Töten von Mensch und Tier benützen. Das gleiche gilt für Metalle.

Du kannst Deine Hand zum Streicheln, aber auch zum Erwürgen gebrauchen. Die Entscheidung liegt ganz allein bei Dir. So kannst Du auch für Deinen Körper optimal sorgen, indem Du ihm nur Früchte und etwas Gemüse oder Kräuter, garniert mit einigen Samen, gibst, oder Du tötest ihn langsam mit tierischen Produkten oder gezüchteten Gräsersamen.

Was sagst Du? Getreide ist auch nicht gut?

Nein, Getreide ist ein Kunstprodukt, das nur Deine Adern verstopft und Dein Wasser im Körper verschlammt. Viele Krankheiten rühren von diesen Grassamen. Beinahe die gesamte Weltbevölkerung lebt schon davon, obwohl der größte Teil an die Tiere verfüttert wird. Darum werden in der nächsten Zukunft, in wenigen Jahren, große Seuchen ausbrechen, die die Menschheit gewaltig dezimieren werden. Das reinigende Gewitter wird einige Menschen aufschrecken. Wenn jemand nicht beginnt, seinen Körper von allen Fremdstoffen zu reinigen, so wird er auch in seiner Seele nichts ausrichten können.

Was meinst Du damit? Was ist die Seele?

Was ist die Seele?

Die Frage stellst Du jetzt aber nur darum, weil Du denkst, daß einige Leser den Begriff nicht richtig zuordnen können. Ich kann Dir dafür nur danken, da es für Dich natürlich weit interessanter wäre, Neues für Dich in Erfahrung zu bringen. Deine Zeit kommt noch, in der ich Dich noch tiefer in meine Welt einführen werde. Darum danke ich Dir um diese Deine Mühe. Nun zu Deiner Frage, die Du eigentlich selbst beantworten könntest.

In Ordnung. Für mich ist die Seele die Umhüllung oder der Körper des Geistes. Und der Geist bin ich selbst. Durch die Seele bin ich ein selbständig lebendes Individuum, das jetzt getrennt von allen anderen Wesen sein Leben führen kann. Aber, jetzt fällt mir ein, ist die Seele dann nicht das Zeichen der Trennung?

Ja, da hast Du recht. Die Seele ist tatsächlich das Symbol für die Trennung. Aber das gilt nur dann, wenn Du Dich als Geist mit Deiner Seele identifizierst. Würdest Du Dich immer als Geist sehen, der von mir ein Kleid bekommen hat, mit dem er jetzt in aller Unendlichkeit und Ewigkeit frei und ungebunden die Schönheit, Gediegenheit und Faszination meiner Schöpfung erkennen kann, so wird es mit dieser leichten Umhüllung, die selbst unendlich und ewig ist, kein Problem geben. Letztendlich ist die Seele die Umhüllung des Geistes, um dem Menschen in der Unendlichkeit und Ewigkeit Individualität zu gewähren. Das wäre dann auch schon alles. Die Seele ist daher nichts Trennendes. Sie ist der Boden für die unendliche Ausdehnungsmöglichkeit, falls Ihr diese wünscht.

Das verstehe ich jetzt nicht. Kannst Du das noch näher erläutern?

Ja, natürlich. Alles, was ich mache, ist Ausdehnung. Ich dehne mich seit Ewigkeiten immer weiter aus. Das ist meine Schöpfung. So werden in meiner Schöpfung immer mehr und mehr Geister geboren, die, genauso wie ich selbst, die größte Freude und Glückseligkeit in der Freude und Glückseligkeit der anderen finden. Was wäre die schönste Welt, wenn Du in Ihr allein wohnen würdest, sie mit niemandem teilen könntest?

Meine größte Freude ist die Freude meiner Geschöpfe an meiner Schöpfung. Darum mache ich unendlich und ewig weiter. Platz ist ja genug vorhanden. Verstehst Du jetzt?

Ja, das ist wirklich sehr aufschlussreich und schön. Die größte Liebe zeigt sich eigentlich nur im Teilen, auch im Mitteilen. Jetzt verstehe ich auch Deine Ernährungsgrundlagen. Du möchtest dem Körper die geballte Kraft der Sonne mitteilen, weil diese in den Früchten in der richtigen Dosis für unsere Körper vorhanden ist. In den tierischen Produkten ist diese Konzentration zu groß, so daß diese zu einer inneren Verbrennung des Körpers führen. Die Mediziner nennen das dann Entzündungen. In den Früchten ist diese Sonneninformation im Wasser gedämpft, so daß mit der Aufnahme des vielen Wassers die Sonnenenergie im Körper nicht explodieren kann.

Ja, Du hast völlig recht. Darum wird Dir auch schon aufgefallen sein, daß Menschen, die tierische Produkte essen, zusätzlich viel trinken müssen, um diese geballte und konzentrierte Sonnenkraft zu besänftigen. Probiere einmal ein Getreideprodukt, so wirst Du sehen, daß es ohne Trinken nicht geht. Du bekommst sofort Durst. Darum trinken die meisten Tiere überhaupt nichts oder nur ganz wenig, weil sie diese geballte Sonnenenergie nicht verarbeiten müssen, außer sie brauchen aufgrund ihrer Größe besonders viel Nahrung und wenn diese Nahrung auch noch trocken ist. Darum sind auch Trockenfrüchte für Menschen nur mit Vorsicht zu genießen, da diese schon zu konzentriert sind und dementsprechend Wasser zur Dämpfung der Sonnenenergie brauchen.

Danke, jetzt weiß ich auch den Grund, warum ich früher immer so viel trinken mußte. Aber das würde dann ja auch bedeuten, daß wir gar nicht mehr so viel Wasser bräuchten, wenn wir uns nur noch von Früchten, Gemüsen und Kräutern ernähren würden?

Die Vorteile naturgemäßer Lebensweise

Ja, das stimmt. Aber nicht nur das. Stelle Dir vor, was es bedeuten würde, wenn auch nicht mehr gekocht würde! Wieviel Energie hier eingespart werden könnte. Und denke einmal an die Tierhaltung. Die Landwirtschaft würde sich nurmehr auf Obst- und Gemüsebau reduzieren. Die Getreidefelder würden alle verschwinden, weil keine Tiere und Menschen mehr Getreide essen würden.

Außerdem bedenke, wieviel Energie gespart werden würde, wenn die Felder nicht mehr bestellt würden, und die Tiertransporte, die Schlachthäuser, alle weg wären. Außerdem wären energieproduzierende Einrichtungen nicht mehr notwendig, weil alle Kochstellen auf dieser Erde stillgelegt würden. Es würde kein Erdöl mehr verschwendet, keine Wälder abgeholzt, um entweder Felder zu bekommen oder Holz zum Kochen zu gewinnen. Es würden auch keine Gasthäuser mehr nötig sein, außer denen, die Obst und Gemüse anbieten. Alle Felder könnten für Obstgärten und Ziergärten verwendet werden. Der ganze Planet könnte wieder aufgeforstet werden. Die Luftqualität würde sich schlagartig verbessern, und die Bedrohung vor dem planetarischen Kollaps wäre von heute auf morgen verschwunden. Was hältst Du von diesem Bild?

Das ist eine herrliche Vision. Ist sie wirklich erreichbar?

Ja, natürlich. Aber dann müßten sich viele Menschen so rasch wie möglich entscheiden. Doch das glaube ich, ehrlich gesagt, selbst nicht. Ich weiß es nicht. Ich kenne nur alle Wege, für die eine oder für die andere Entscheidung. Würden sich in den nächsten fünf Jahren viele Menschen dafür entscheiden, nur noch die für sie richtige Nahrung zu sich zu nehmen, dann würde der Katastrophe sicherlich Einhalt geboten. Doch kann ich die Übersäuerung des Planeten nicht aufhalten, wenn noch mehr Säure in die Luft, in das Wasser und in den Boden, ja selbst in die Gebirge hineingelangt.

Du siehst, daß das Problem komplexer ist als Du denkst, aber wieder nur auf eine einzige Ursache zurückzuführen ist, auf das Feuer. Auch Atomkraft ist Feuer. Alles, was das Atom an Feuer hergibt, holt es sich zurück. In meiner Natur herrscht immer Gleichgewicht. Jede Störung führt zur Katastrophe. Entscheidet Euch!

Ich sehe schon, daß die gesamte Verantwortung in unseren Entscheidungen liegt. Gibt es dafür von Deiner Seite her Entscheidungshilfen?

Im Urkosmotom

Ja, natürlich. Wie ich Dir anfangs schon angedeutet habe, bist Du keinen Schritt Deines Trennungslebens allein gegangen. Wir waren alle immer dabei. Am Anfang Deiner Jenseitsforschung in den 80er Jahren waren wir alle noch im Hintergrund. Doch im letzten Jahr haben wir uns immer mehr in den Vordergrund begeben.

Wenn ich sage wir, so meine ich mich und Deine vielen Begleiter, die Du mit der Zeit auch namentlich kennenlernen wirst, wobei Du meinen lieben Franz, den Albert, den Seth und den Alkapha schon gesprochen hast. Franz und Albert haben Dich irdisch seit Deinem Eintritt begleitet, Seth in diesem Kosmotom, Alkapha seit dem Urkosmotom.

Viele sind meine Diener, die nie in diesen Irrglauben der Trennung gekommen sind. Du hattest auch während Deiner Zeiten in den verschiedenen anderen Kosmotomen jegliche Unterstützung, um Dein hohes Ziel, mich persönlich kennenzulernen, zu erreichen. Zwischenzeitlich hattest Du auch ausgesprochen wunderbare Zeiten, weil Du Dich dem Gedanken meiner wahrhaften Verehrung völlig verschrieben hattest. Nur konnte ich Dir Deinen Wunsch der persönlichen Begegnung, wie er jetzt erfolgt, nicht erfüllen, war ich doch selber noch nicht in meinem materiellen Kleid anwesend.

Aber jetzt ist das ganz anders. Ich bin jeden Tag bei Dir, um Dich für die letzten Phasen aufzurichten, Dich zur höchsten Spitze zu führen, die es nach Deinem beschwerlichen Irrweg zu erklimmen gilt. Bist Du mit diesen Entscheidungshilfen zufrieden?

Ja, vielen herzlichen Dank. Es wäre schön, wenn auch viele andere Menschen auf dem gleichen Weg wären. Haben alle Menschen die gleichen Hilfen?

Ich glaube, daß sich diese Frage wohl erübrigt. Jeder im Kosmotom lebende Geist hat diese umfangreichen Hilfen, ohne die jeder völlig verloren wäre. Nichts im Leben eines Menschen geschieht zufällig. Auch der größte Alkoholiker oder grausamste Mörder hat seinen Nutzen in dieser Welt, die, wie Du schon öfters vernommen hast, für mich in Wirklichkeit gar nicht existiert. Alles, was hier geschieht, ist ein Lernprozess für die vielen Entscheidungen, die es zu fällen gilt. Da alles gleichzeitig abläuft, durchläuft gegenwärtig jeder alle Phasen des Lebens, ob nach Eurer Ansicht gut oder böse. Ich weiß, daß dieser Gedanke nicht leicht umzusetzen ist. Doch in meiner Welt ist es so, auch wenn es für Euch anders erscheint.

Bedenke daher immer bei der Verurteilung oder Beurteilung von Menschen, daß Du, im Kollektiv betrachtet, auch der andere bist, mit all seinen Schwächen und Stärken. Darum solltest Du Dir in aller Zukunft alle Verurteilungen und Beurteilungen genau überlegen, denn Du ver- bzw. beurteilst Dich dabei immer selbst. Ihr seid nicht voneinander getrennt. Ihr alle seid eins, so wie ich eins bin mit allem. Es gibt keine Trennung im Universum, auch wenn Du durch Deinen Irrglauben so zu leben scheinst.

Hat es jemals eine Zeit gegeben, in der wir nicht diesem Irrglauben verfallen waren?

Alte Mythen: Atlantis

Nein, sonst wäret Ihr ja nicht hier. Einzelne Menschen haben es aber schon immer wieder einmal geschafft, diesem Irrglauben zu entrinnen. Einige von ihnen sind Dir auf dieser Erde bekannt. Einige Namen sind Dir aus dem Alten Testament bekannt, einige aus dem Neuen. Auch in anderen Religionsgemeinschaften gab es welche. Buddha war einer. Ganz stark waren diese Menschen vor 10 000 Jahren vertreten. Zu dieser Zeit hat es fast jeder geschafft, wodurch dann bei den nachher Verirrten ein großartiger Mythos entstand, der sich bis in Eure Zeit erhalten hat.

Atlantis ist nur einer der Mythen. Einige dieser Menschen haben sich bis heute daran gehalten. Sie leben verteilt über die ganze Welt, besonders aber im hohen Afrika und im Himalajagebiet. Vereinzelt leben welche in Südamerika, die aber alle untereinander geistig verbunden sind. Sie sind für Euch alle ganz wichtige Entscheidungshelfer. Auch Du bist schon mit dem einen oder anderen in Kontakt gewesen. Sie haben schon viele Namen bekommen. Ich will diese aber der Verwirrung wegen hier nicht angeben, um Vorurteile zu vermeiden. Es ist außerdem auch überhaupt nicht wichtig. Es genügt zu wissen, daß es viele sind, die als Entscheidungshelfer fungieren.

Derzeit strömen viele hoch entwickelte Geistseelen von allen möglichen Kosmotomen zu Eurer Erde, um das Ende des Irrglaubens mitzuerleben. Fälschlicherweise wurde diese Zeit immer als Endzeit mit riesigem Zerstörungsausmaß angegeben. Es ist schon richtig, daß große Umwälzungen außerhalb und innerhalb der Erde stattfinden werden, um alles für die Wartezeit der gänzlichen Erlösung vom Trennungsglauben vorzubereiten.

Doch von einer Zerstörung der Erde war und ist nie die Rede gewesen. Die Erde wird neu gestaltet durch das eine oder andere große Erdbeben, durch große Feuersbrünste und so weiter. Doch diese wären so und so gekommen. Auch wußten die Menschen immer, wo es gut zu wohnen sei und wo nicht. Ich kann wirklich nichts dafür, wenn sich die Menschen gerade dort ihre Häuser hinbauen, wo sie eigentlich nicht bauen sollten. Verheerende Auswirkungen hat es für Euch immer nur dann, wenn Menschen zu Schaden kommen. Über ein Erdbeben in der unbewohnten Wüste, wo es keine für Euch zählbare Schäden gibt, wird im Normalfall gar nicht berichtet, weil es nicht interessant genug für Euch ist. Für mich aber schon, weil gewöhnlich gerade da Gewaltiges in Vorbereitung ist.

Normalerweise schaffe ich hier für die Zukunft neue Lebensräume, in denen sich dann die Menschen ohne jede Arbeit und Mühe aufhalten können, um nur mehr in größter Freude und Heiterkeit mit mir gemeinsam zu leben und für das Ende der materiellen Zeit die nötigen Schritte zu unternehmen. Du siehst, daß bei mir alles einen Sinn hat. Alle materiellen Vorgänge sind bis ins Kleinste vorherbestimmt und sind unabänderlich, außer Ihr beschleunigt oder verlangsamt durch Eure unnatürliche Lebensweise das eine oder andere, wie Ihr es gerade mit der generellen Übersäuerung Eurer Heimaterde macht. Daß dann dementsprechend stärkere Putzbrigaden eingreifen müssen, sollte eigentlich klar sein.

Ja, ich verstehe Dich sehr gut. So wie jeder Mensch mit Krankheiten zu kämpfen haben wird, wenn er seinen Körper nicht sauber hält, so wird es auch mit dem großen Organismus Erde sein. Wenn alle Körper aus den Atomen der Erde zusammengefügt wurden, so hat meiner Meinung nach auch die Erde die gleichen Organe wie der menschliche Körper. Bin ich da mit meiner Ansicht richtig?

Der Aufbau der Erde

Ja, das bist Du. Die Erde hat genau die gleichen Organe wie Dein Körper. Der Magen befinden sich ziemlich genau im Erdmittelpunkt, der Mund am Nordpol, der After am Südpol. Am Nordpol wird die Nahrung für die Erde in Form von Flüssigkeit eingesaugt, am Südpol in Form von Winden und feinster Materie wieder ausgeblasen. Darum ist es auch am Südpol weit stürmischer als am Nordpol. Außerdem ist der Südpol in seiner Form einer Birne weit ähnlicher, als Du annehmen kannst. Eure Forscher werden das auch bald herausgefunden haben.

Die Lungen befinden sich unter der Erdoberfläche. Sie atmen im Sechs-Stunden-Rhythmus ein und aus.

Die früheren Menschen haben das alles noch gewußt. Die Urmenschen vor 10 000 Jahren sind sogar geistig im Inneren der Erde umhergewandelt, um die wunderbare Konstruktion kennenzulernen. Diese Fähigkeit haben auch heute noch die einen oder anderen Menschen. Doch von diesen werden Normalsterbliche nichts erfahren, weil sie sich Unwissenden und damit leicht Verurteilenden nicht aussetzen wollen.

Derzeit werden die Fettvorräte, die sich die Erde in Jahrmillionen angelegt hat, in Form von Erdöl geplündert, um vorwiegend das, was Ihr Wirtschaft nennt, voranzutreiben. Die Auswirkungen dieser Dummheit seht Ihr schon an allen Ecken und Enden. Und? Gibt es deswegen Konsequenzen? Aber nein, es wird hurtig drauf los gefeuert und verbrannt, bis die Erdoberfläche so sauer geworden ist, daß kein Grashalm mehr auf den sauren Böden wachsen kann.

Dann kommen die großen Seuchen, die Pilz- und Bakterienkrankheiten, vor denen Ihr heute schon so viel Angst habt. Denjenigen aber, die sich schon jetzt richtig ernähren, wird kein Haar gekrümmt werden können, da sie selbst für diese wichtigen Lebewesen keinen Nährboden und damit keine Lebensgrundlage bieten werden. Merke Dir, es hat alles seinen Sinn. Darum bin ich mit Dir auch sehr zufrieden, weil Du schon längere Zeit meine Mahnungen befolgst. Dir geht es ja nicht schlecht damit, oder?

Nein, nein. Ich bin heilfroh über diese Deine Mitteilung, bestätigt sie doch mein Vorhaben, so natürlich wie möglich zu leben. Es ist aber sehr schwer, andere Menschen davon zu überzeugen, daß das wirklich so ist, wie Du es beschreibst.

Ja, das glaube ich Dir sehr gerne. Seit Jahrbillionen versuchen wir alle, die Verirrten von ihrem Irrglauben abzubringen. Doch das Resultat ist selbst für uns nicht besonders ergreifend. Daher wundere Dich nicht, wenn Du mit Deinen Aufrufen wenig Wirkung ernten wirst. Die Menschen sind fast ausschließlich auf Zerstörung ausgerichtet. Das hat einen ganz einfachen, aber sehr tiefen Hintergrund.

Seit dem Trennungsglauben haben alle Menschen eine furchtbar große Angst vor mir, weil sie glauben, ich würde sie aufgrund ihres Ungehorsams oder aufgrund ihrer Entscheidung, sich von mir zu trennen, bestrafen. Sie glauben daher, ich würde sie angreifen und vernichten wollen. Aber warum sollte ich das? Für mich sind sie gar nicht von mir getrennt. Ich habe diesen Gedanken nicht. Ich kann ihn nicht einmal haben, da ich sonst alles zerstören würde.

So glauben die Verirrten heute noch immer, ich sei ein strafender, ein zerstörender Gott. Und was ist die Folge? Sie verbarrikadieren sich alle hinter eingebildeten Schutzmauern, die sie nun mit allen Mitteln verteidigen. Darum entsteht das, was Ihr das Angriffs-Verteidigungs-Spiel nennt. Ihr glaubt, ich greife an. Und was macht Ihr? Ihr verteidigt Euch mit allen Mitteln, indem Ihr mir die Schuld für Eure Misere in die Schuhe schiebt. Ich bin nicht schuld an Eurem Zustand, niemand ist schuld.

Warum?

Die große Illusion

Weil die Trennung nie stattgefunden hat. Das hast Du für Dich schon herausgefunden. Dazu gratuliere ich Dir. Aber was ist mit den vielen anderen? Ich weiß, daß Du unentwegt den Wunsch hast, daß alle so schnell wie möglich aus dieser eingebildeten Hölle herauskommen. Doch der Glaube an die ewige Verdammnis ist sehr groß. Die meisten glauben, es gibt kein Entrinnen mehr. Darum geben sie auf, stürzen sich in alle möglichen Abenteuer wie Alkohol, Drogen, Fressen und andere, um ja nicht daran erinnert zu werden, in welch großer Gefahr und Angst sie leben.

Betäubung ist heute das Schlagwort. Betäubung durch allerlei Ablenkungsmanöver, worin Ihr alle heute Weltmeister geworden seid. Doch Ihr müßt eines bedenken: Jeder materielle Fortschritt geht auf Kosten der Natur. Die Mühlen der Natur mahlen zwar langsam, aber sicher. Jede Verfehlung rächt sich. So haben wir alle gemeinsam das Naturgesetz beschlossen.

Was sagst Du? Wir alle haben das Naturgesetz gemeinsam beschlossen?

Ja, Du hast richtig gehört. Jeder von Euch war dabei. Keiner kann sich jetzt davonstehlen und sagen, er hätte davon noch nie etwas gehört. Nach Eurer Trennung seid Ihr alle in ein tiefes Loch gefallen, ein Loch voller Finsternis und Kälte, in ein Nichts. Ihr habt die Augen vor meiner Welt einfach geschlossen. Und in dieses Nichts voller Finsternis und Kälte habt Ihr nach Hilfe geschrieen, die ich mit der Aufforderung beantwortet habe, die Augen wieder aufzumachen, den Trennungsgedanken zu eliminieren.

Doch Eure Angst war schon zu groß, Eure Schuld grenzenlos angewachsen. Alle meine Belehrungen und Aufforderungen haben nichts geholfen. So habe ich Euch in Eurer Not geholfen, indem ich mit Euch ein gemeinsames Gesetz erstellte, um Euch die Rückkehr zu mir zu ermöglichen.

Ich brachte Eure chaotischen Gedanken in eine feste Umlaufbahn. Ja, Du hast richtig gehört. Eure kreisenden Gedanken um die Auswirkungen der Trennung wurden von mir in feste Bahnen geführt, so daß Ihr nun auf fester Grundlage wieder leichter zur Erkenntnis kommen könnt, daß die wirkliche Welt, also meine Welt, keine kreisende Bewegung hat, sondern eine stets sich ausdehnende. Eure Physiker würden vielleicht heute sagen, daß meine Welt in neue Unendlichkeiten explodiert.

Doch diese Begriffe sind leider sehr vage, ist Eure Sprache doch sehr roh und oberflächlich. Nachdem wir nun die Gesetze aufgestellt hatten, begann der materielle Entwicklungsprozess. Durch den Trennungsgedanken habt Ihr natürlich alles zerstört, so auch Eure eigene Umhüllung, die Seele. Als erstes mußte nun die Seelenhülle wieder zusammengesucht und wieder geordnet werden. Diesen natürlichen Evolutionsprozess könnt Ihr heute jeden Tag beobachten.

Da alles auf dieser Welt genau so lebendig sein muß wie meine Welt, so kannst Du leicht annehmen, daß selbst das kleinste Teilchen im Atom ein Lebewesen darstellt, das in Symbiose mit anderen Teilchen auf höchstmöglichem harmonischem Niveau miteinander lebt. Und viele solcher Lebewesen bilden dann höhere Lebensformen, die dann vom Geist schon für höhere Aufgaben verwendet werden können. Die höchstmögliche Organisationsform ist dann Dein menschlicher Körper, der der vollendeten Seele genau nachgebildet ist.

In diesen beiden Formen hast Du nun als freier Geist die Möglichkeit, alle diejenigen Dinge zu tun, die im Rahmen der Naturgesetze, die hier und im Jenseits gleich sind, durchführbar sind. Du kannst Deinen materiellen Körper so lange im optimalen Zustand halten, solange Du keinen Fehler bezüglich des Naturgesetzes machst.

Dasselbe gilt für Deine Seele. Auch diese wird sich im Jenseits in bestem Zustand zeigen, solange die Naturgesetze des Jenseits eingehalten werden. Später werde ich Dich darüber noch genau aufklären. Ist das für Dich leicht verständlich?

Ja und nein. Du bringst in wenigen Worten so viel Neues, daß ich annehmen muß, daß zwischen den einzelnen Zeilen und Wörtern noch Unendlichkeiten an anderen Dingen zu finden sind. Habe ich da grundsätzlich recht?

Und ob Du recht hast! Allein die letzten Sätze würden in ausgeschriebenem Zustand viele Bände an Informationen füllen, die nicht leicht zu begreifen wären. Ich kann Dir aber mitteilen, daß das alles nicht wichtig ist, ist doch die materielle Welt nur eine Scheinwelt, eine von Euch eingebildete Welt, die sich nach der Aufhebung des Trennungsgedankens ins Nichts verabschieden wird. Für mich ist sie nie gewesen, und sie wird auch nie sein.

Ich sehe Euch nur schlafen und träumen, wobei manche Träume so schrecklich sind, daß ich manchmal zu erschrecken glaube, mit welcher Wucht und Heftigkeit Ihr Euch diesen von Euch geschaffenen Angstzuständen hingebt. In diesem Zustand schreit Ihr dann zu mir um Hilfe, die ich Euch gerne gewähren will. Aber selbst dieser Hilfeschrei ist in vielen Fällen nur äußerlich gemeint, da Ihr meine Ratschläge bzw. Hilfestellungen dann doch nicht annehmt. Und wenn Ihr sie annehmt, so werden diese dann mit der schnell erfolgten Besserung Eures Zustandes wieder vergessen.

Ihr dürft Euch dann nicht wundern, wenn das alte Leiden mit noch größerer Heftigkeit auf Euch zurückfällt, wurde doch durch die nicht erfolgte Geistesänderung in Wirklichkeit nichts erreicht. Doch auch das möchte ich Dir in weiterer Folge noch genauer erklären. Wir sollten eigentlich diese Dinge an dieser Stelle überhaupt noch nicht beschreiben, sind wir doch erst bei der Darstellung Deines Weges. Willst Du diesen nicht weiter wissen?

Natürlich möchte ich diesen wissen. Doch das von Dir Ausgeführte ist schon spannend genug, so daß ich Dir stundenlang zuhören könnte. Mir ist es daher gleich, ob Du meinen Weg oder den Weg aller beschreibst. Nach dem oben Gesagten sind wir doch alle eins, und somit sind auch die Wege gleich. Habe ich recht?

Du verstehst wirklich schnell. Wenn Du diese Informationen gründlich pflegst, so wirst Du bald in der Lage sein, alle Wege in jedem Einzelnen genau sehen und erleben zu können. Ich rate Dir aber, Dich dabei nicht zu tief zu verstricken, um nicht wesentlich in das Geschehen der anderen einzugreifen. Du hast nämlich dann auch die Möglichkeit, die Wege der anderen Menschen nachhaltig zu ändern.

Als Ratgeber oder Berater steht Dir das immer frei. Aber ohne das Wissen und den Willen der anderen Menschen wäre das ein schweres Vergehen gegen die Freiheit. Das würde unser gesamtes Bemühen zerstören. Ja, es würde sogar sehr vieles zerstören, weil das höchste Gut des Menschen seine Freiheit ist. Darum wirst Du auch täglich beobachten können, wie die Menschen um diese ihre Freiheit kämpfen. Freiheit ist sehr leicht zu haben. Hebe in Dir den Trennungsgedanken auf und halte das Naturgesetz für Deinen Körper ein. Alles andere ist Nebensache und völlig unwichtig.

Hast Du mich schon früher einmal mit diesen Informationen konfrontiert?

Ein vergangenes Leben in der Antike

Ja, schon oft. Gleich nach meinem scheinbaren Abgang auf dieser Erde warst Du in der heutigen Türkei ein reicher Mann, reich geworden mit dem Handel verschiedenster Waren, wie Stoffe, Gewürze, landwirtschaftliche Produkte und auch mit Sklaven. Ich habe Dich damals reich werden lassen, weil Du die Sklaven und auch die Dienerschaft mit großem Mitgefühl behandelt hast. Du warst durch Deine Großherzigkeit sehr geachtet. Darum habe ich Dir von den östlichen Ländern einige Gelehrte geschickt, die Dich in die Hohe Schule der früheren Initiierten des Himalaja eingeführt haben. Du hast dadurch ...

Darf ich weiterreden?

Ja, natürlich.

Ich habe dadurch die Schranke zum Jenseits überwunden und somit den Tod als besiegt betrachtet. Außerdem wurde mir sehr rasch Dein Tod am Kreuz bekannt, da im ersten Jahrhundert nach heutiger Kalenderrechnung einige Deiner Anhänger in verschiedenen griechischen Städten von Deinem Wirken erzählten. Damals wurde mir schon von Verstorbenen die Mitteilung gemacht, daß es nicht nur den Tod nicht gibt, sondern daß diese Welt ihrer Erfahrung nach auch nur ein Phantasiegebilde sei. Ich war damals sehr verwundert über diese Erkenntnis, konnte aber selbst daraus kein Kapital schlagen, weil ich zu viel Angst vor dem Nichts hatte, das ich damals mit Armut gleichstellte. Die von Dir geschickten Lehrer haben mich zwar immer wieder auf diesen Irrtum hingewiesen, doch ich schaffte es einfach nicht. Außerdem hatte ich die eine oder andere Flause im Kopf, was sich in allen späteren Leben fortsetzte.

Das hast Du sehr gut beobachtet. Selbstkritik ist die Mutter der Erlösung, denn das träumende Ich kann diese Art von Beschau nicht durchstehen. Es ist ein großer Unterschied zwischen dem wirklichen Ich, dem reinen Geist, und dem eingebildeten Ich, dem Menschengeist, der glaubt, von mir getrennt zu sein. Nur eine gesunde Selbstkritik bringt diesen Menschengeist zu Fall. Und Du bist gerade dabei, die letzten Winkel dieses Menschengeistes auszuräumen und dadurch vollständig aufzulösen. Ich freue mich schon, Dich wieder in meiner Wirklichkeit als Sehender begrüßen zu können.

Vielen Dank. Die Freude liegt auch bei mir. Doch wie ist es eigentlich gekommen, daß ich damals nicht schon den Durchbruch zu Dir geschafft habe?

Das lag, wie von Dir schon gesagt, an Deiner von Anfang an festgelegten Zielsetzung. Du hast von den Gelehrten, ob im Diesseits oder im Jenseits, vehement gefordert, mich selbst persönlich schauen zu dürfen. Es wurde Dir immer wieder gesagt, daß man mir nicht befehlen kann. Aufgrund Deines äußeren Wohlstandes hat Bitten nicht unbedingt zu Deinen charakterlichen Stärken gehört, da Dir alles mehr oder weniger vom Mund abgelesen wurde. So warst Du noch viel zu fordernd, was auch heute noch ein Manko, aber wesentlich kleiner als früher, für Dich ist. So konnten auch diese ausgezeichneten Lehrer von damals nichts für Dich tun, als Dich in allen Dingen aufzuklären. Einer dieser Lehrer ist noch immer in Deiner Lebenssphäre um Dich bemüht.

Darfst Du mir sagen, wer es ist?

Die Einweihung auf der Erde

Ja, es ist Shilaton, der Inder. Er hat Dich damals in die Geheimnisse der Natur eingeweiht. Außerdem hat er mit Dir die Seelenreisen in ferne Welten durchgeführt, die er auch heute noch mit Dir des öfteren macht. Wenn Ihr unterwegs seid, dann ist immer große Freude rundherum, weil Ihr beide ein sehr lustiges Gespann seid. Begeisterung ist ja ansteckend, wie Du weißt.

Ich schlage Dir nun vor, das heutige Gespräch zu beenden. Ich glaube, wir hatten eine sehr gute Zeit miteinander. Morgen werden wir uns um weitere Dinge bemühen. Ich brauche Dir auch nicht unbedingt zu sagen, besonders in der Nacht wachsam zu sein, da wir beide noch einiges erleben werden. Bereite Dich also vor für eine großartige Nacht, die uns wieder einmal als Vortragende in fremde Welten führen wird. Einer von den vielen wird sich uns dann anschließen und uns bei der Erstellung der Texte gute Dienste leisten. Gute Nacht, und schlafe gut.

Danke, das werde ich. Habe Dank für das überaus lehrreiche Gespräch.

25. Juni 2002

Einen schönen guten Morgen. Ich hoffe, Du hast gut geruht. Heute haben wir gemeinsam einiges vor.

Vielen Dank. Ich freue mich schon darauf. Die Nacht war ja auch nicht von schlechten Eltern.

Ja, da hast Du recht. Deine Vorträge waren sehr aufrüttelnd und brachten einige Zuhörer zu intensivem Nachdenken. Die Reise zu einem fernen Kosmotom war auch für mich sehr interessant. Du hast Dich dort rasch zurechtgefunden. Gratuliere.

Ja, mit Deiner Hilfe ist wirklich alles sehr leicht. Interessant ist immer das gleiche Muster, auch wenn die Lebensverhältnisse völlig anders sind. Bei der Rückkehr habe ich aber auch ganz andere Bilder von unserer Erde gesehen. Das Eintauchen in die Lebenssphäre unseres Planeten war nicht gerade ermutigend. Die Atmosphäre ist schon sehr vergiftet, die Böden teilweise sehr ausgelaugt. Es gibt nur noch sehr wenige Gebiete, die wirklich gesund erscheinen. Wie soll das nur weitergehen?

Der katastrophale Zustand der Erde in der Gegenwart

Da hast Du völlig recht. Die Menschen haben in sehr kurzer Zeit ihre Lebensgrundlage in größte Gefahr gebracht. Es ist in der nächsten Zukunft auch keine Umkehr abzusehen, so daß alle die Dinge eintreffen müssen, die ich schon angeschnitten habe. Große Teile der Erde werden abbrennen. Dafür wird es keine Hilfe geben. Die Atmosphäre wird dadurch noch schmutziger werden. Die Krankheiten werden rasend schnell zunehmen. Alle Wissenschaft wird versagen, auch wenn die Völker ihre ganze Hoffnung in sie setzen werden.

Die Aggression untereinander wird stark zunehmen. Viele Kriege werden begonnen werden, wobei man nicht genau weiß, um was es eigentlich wirklich geht. Mord und Totschlag wird ein Spiel sein, wie es den Kindern auf kleinen Computern schon gelehrt wird. Die Drogensucht einschließlich Alkohol wird starken Zuspruch finden, weil niemand mehr einen Sinn im Leben sehen wird. Das wird dann das Ende der Zivilisation sein, da die meisten Menschen noch vor vollen Schüsseln verhungern werden. Die Nahrung, die sie zu sich nehmen, ist wertlos geworden und kann die Körper nicht mehr aufrechterhalten. Ich weiß, daß das alles ein sehr düsteres Bild darstellt. Aber ich kann es Dir nicht anders erklären.

Gibt es wirklich keine Hoffnung?

Für den Großteil der Menschheit nicht. Es bilden sich aber schon in vielen Ländern kleine Zellen, die sich auf das Leben nach den großen Katastrophen vorbereiten. Nur ein Geist in einem gereinigten Körper mit einer reinen Seele kann die Wirren der nächsten Jahre überleben. Es werden in der nächsten Zeit viele Menschen zu Dir kommen, um den Weg kennenzulernen, der aus der Misere herausführt. Bereite Dich darauf ernsthaft vor. Es wird von Dir sehr viel verlangt werden. Bilde auch genügend Menschen aus, so daß sie Dir dabei helfen können. Ich werde mit Dir auch noch ein Programm zusammenstellen, um Dir das Ganze zu erleichtern.

Das sind ja schöne Aussichten! Muß wirklich alles so kommen?

Im Grunde genommen nicht, wenn alle Menschen wieder auf den richtigen Weg zurükkehren würden. Interessanterweise ist der richtige Weg weit angenehmer, qualitativ höher und lustiger. Doch die meisten Menschen haben sich so stark in die Genußsucht verbissen, daß ihnen faktisch nicht mehr zu helfen ist. Auch Eure Mediziner haben bewußt und unbewußt diesen Umstand mit allen möglichen Mitteln gefördert, ohne daß ich ihnen dabei die alleinige Schuld zuspräche. Es gibt keine Schuld.

Jeder Verirrte versucht nur, seine Schäfchen ins Trockene zu bringen. Und Eure Schäfchen heißen heute Geld, Macht, Ansehen und so weiter. Die Mediziner sind davon nicht ausgeschlossen. Sie sind, materiell gesehen, auch die Reichsten unter Euch, aber gleichzeitig auch die Ärmsten, weil sie selber nicht wissen, wie sie sich helfen sollen. So suchen sie in meiner Natur nach einem Allheilmittel gegen Krebs und alle möglichen Seuchen, die sie aber nicht finden können, weil es dagegen nur ein einziges Mittel gibt, nämlich ein Leben nach meinem, entschuldige, nach unserem Naturgesetz. Alle Krankheiten würden nach einiger Zeit verschwinden, wenn jemand zur natürlichen Lebensweise zurückkehrt, die übrigens, klar ausgesprochen, weit angenehmer schmeckt als Euer gekochtes Abfallessen.

Solange Euer Gott Geld heißt, was übrigens in den letzten Jahrtausenden immer der Fall war, solange wird es zwischen Euch keinen Frieden geben. Darum sind alle Eure Bemühungen nicht nur mehr oder weniger umsonst, sondern schädigen Euch immer mehr. Jeder wissenschaftliche Fortschritt geht auf Kosten der Natur und damit auf Eure Kosten. Jede neue technische Errungenschaft wird mit einer schlechteren Gesundheit erkauft.

Betrachtet nur Eure Abfallwirtschaft. Bei natürlicher Ernährung gibt es überhaupt keinen Abfall. Alle Reste werden zu Kompost verarbeitet. Ihr würdet auch nicht so viele Geschäfte brauchen, in denen zu 98 Prozent nur noch gesundheitsschädigende Waren angeboten werden. Würdet Ihr natürlich leben, so wären Eure Gasthäuser unter Obstplantagen, wo Ihr bei Musik und Literatur große Freude hättet. So aber sitzen die meisten von Euch in verräucherten Zimmern, verbrauchen Junk-Food (Mistessen) aller Art und töten ihre Nerven mit sündteurem Alkohol. Das nennt Ihr dann Lebensqualität.

Du gehst jetzt stark mit unserer Gesellschaft ins Gericht.

Oh, nein. Ihr selber schreibt das in Euren Zeitungen. Jeden Tag berichtet Ihr Euch selbst über die unmöglichen Zustände, über die starke Zunahme der Krankheiten, über die Teuerungen, über die schlechte Qualität Eurer Nahrungsmittel, über die Schadstoffe in Euren Fleisch-, Milch- und Getreideprodukten, ja sogar in Euren Früchten und Gemüsen.

Es vergeht kein Tag ohne Skandal. Was soll ich da noch aufklärend sagen? Ihr hört nicht auf Eure eigenen Warnungen. Was braucht Ihr da noch Hilfe vom Himmel? Es hilft ja bei den meisten so und so nichts. Wem nicht zu raten ist, dem kann auch nicht geholfen werden. Weißt Du, wie viele Ratgeber ich schon mit Aufträgen zu Euch gesandt habe?

Und was habt Ihr mit ihnen gemacht? Die meisten wurden verjagt, verleugnet, ermordet. So wird es der Gier wegen weitergehen.

Von mir werden immer konkretere Aussagen verlangt. Mit den Aussagen über Liebe und Weisheit allein findet Ihr keine Befriedigung mehr. Doch wenn ich sehr konkret werde, dann habt Ihr alle möglichen Gegenargumente, um Euer Leben ja nicht ändern zu müssen. Verstehst Du mich? Ist das nicht traurig?

Jetzt erwischst Du uns wohl am entscheidenden Punkt. Ja, wir sind wirklich alle so. Gewohnheiten zu ändern, ist wohl das schwierigste Unterfangen, das es gibt. Aber gibt es dafür nicht auch ein Mittel?

Geist schafft Materie

Nein, es gibt kein Mittel außer der Änderung der Geisteshaltung im Denken. Ihr müßt das Denken ändern. Dann ändert sich auch die Welt. Die Welt ist immer nur das Produkt Eures Denkens. Ich kann Euch zum Beispiel ganz konkret über die Wichtigkeit von naturgemäßen Lebensmitteln folgendes sagen: Der ganze materielle Kosmos, Eure Einbildung, ist eine mehr oder weniger verdichtete Struktur von Gedanken, die wir gemeinsam in unserem Naturgesetz festgelegt haben, um Eurer eingebildeten Welt eine scheinbare Festigkeit zu geben. Für Euch ist diese Festigkeit sehr konkret, wie die Schwerkraft tagtäglich zu beweisen scheint. Die Strukturen werden durch Eure Liebe, die im Konkreten Magnetismus genannt wird, zusammengehalten.

Liebe ist das verbindende Element der Gedanken. Jeder Gedanke ist in sich selbst Liebe, das äußerlich als Feuer, sichtbare Begeisterung, erscheint. Darum habt Ihr in Eurem Wort Begeisterung auch das Wort Geist in der Mitte. Be- zeigt Euch die Richtung an, nämlich von Euch nach außen. Und das Band zwischen Euch und den hinausgestellten Gedanken ist reine Liebe, die mehr oder weniger kräftig zwischen Euch und dem Gedanken hin- und herschwingt. Aus diesem Schwingen heraus entsteht das, was Ihr heute als Licht bezeichnet. Jeder Gedanke bewegt sich mehr oder weniger heftig, mit mehr oder weniger Begeisterung. Diese Bewegung nehmt Ihr dann als Licht wahr.

Übrigens ist diese Bewegung in Wirklichkeit Euer Urkonflikt, nämlich das Hin- und Hergerissensein zwischen meiner wirklichen und Eurer scheinbaren Welt. Das könnt Ihr aber erst dann verstehen, wenn Ihr wieder vollständig zu mir zurückgekehrt seid. Verzeih mir bitte diesen Ausdruck. Ihr seid von mir nie weggegangen, so könnt Ihr in Wirklichkeit auch nicht zu mir zurückkehren.

Ich sehe Euch immer nur schlafen und ziemlich furchtbar träumen. Manchmal schreiten wir dann ein, stoppen Eure schrecklichen Träume und lassen Euch gemäß Eures

Wunsches ruhig weiterschlafen. Sehr oft besuche ich Euch mit meinen Dienern, die Ihr Engel nennt, und beschere Euch heitere und fröhliche Träume. So nehmen wir Euch manchmal die unglaublich große Angst, die Ihr Euch selbst aufbürdet.

Wenn man Dir so zuhört, so kommen mir manchmal schon einige seltsame Gedanken über unser Vorgehen. Ist es wirklich wahr, daß wir uns selbst in alle diese Unannehmlichkeiten hineinmanövrieren? Das ist ja unglaublich.

Ja, es ist wirklich unglaublich, in welche Misere sich meine Geschöpfe begeben, nur um ihren eigenen Willen durchzusetzen. Sie verlassen ein gepflegtes, wunderschönes Heim, um mir beweisen zu wollen, daß sie dasselbe auch zusammenbringen, was ich geschaffen habe. Mehr als Vollkommenheit gibt es jedoch nicht, oder? Was kann perfekter sein als perfekt? Würden die Menschen das nur verstehen!

Manchmal kommt es mir so vor, als wollten sie unbedingt in den Pfützen und Sümpfen herumwerkeln, um nur irgendwie ihren Eigenwillen zum Leben zu erwecken. Doch ich habe ihnen niemals den Willen genommen, ganz im Gegenteil. Jeder ist aufgerufen, mit mir gemeinsam, im Team, immer neue Schöpfungen zu beginnen, wenn jemand Gefallen daran findet.

Ihr werdet jetzt schon mit Eurer Welt nicht fertig, forscht und forscht, reist und reist, um Neues kennenzulernen. Was glaubst Du, was sich in meiner wirklichen Welt erst abspielt? Hier wirst Du eine Ewigkeit nicht fertig, an einem Platz die Tiefen meiner Tiefen zu erforschen, auch wenn Du diesen Platz keinen Millimeter verlassen würdest. Hinter jeder neuen Entdeckung stehen Tausende andere Entdeckungsmöglichkeiten.

Lasst Euch daher nicht beirren von Euren Sumpfpredigern. Kommt alle zu mir in meine und Eure wirkliche Welt und seht, wie herrlich und einfach alles ist. Oft sagt Ihr während eines Spazierganges in der Natur, wie herrlich und schön alles ist. Ich sage Dir, das ist nur ein matter Abglanz von dem, was in Wirklichkeit der Fall ist. Sind diese Worte nicht ermunternd, aufheiternd, der Nachfolge wert? Was meinst Du?

Ja, schön wäre es, aber...

Aber es geht nicht, weil ich meine Einstellung ändern müßte, meine Gewohnheiten brechen müßte, mein Leben ändern müßte, meine Beziehungen neu gestalten müßte, meine eigene Trägheit und Bequemlichkeit überwinden müßte, meine......

Die Tragik der Gewohnheiten

Ja, Du hast vollkommen recht. Ich verstehe schon, was Du meinst. Da liegt des Pudels Kern. Es liegt alles nur bei uns selbst. Aber es ist sehr schwer, in unserer Gesellschaft seine Einstellung zu ändern, seine Gewohnheiten zu ändern. Schon bei der Ernährungsänderung stößt Du auf Tausende Widerstände. Niemand lädt Dich mehr ein. Du kannst kein Gasthaus mehr besuchen. Du kannst selbst auch niemanden mehr einladen, weil Du nichts Gekochtes mehr ißt und auch keinen Alkohol mehr trinkst. Keine Party mehr, kein Feuerwehrfest, keine Geburtstagsfeier mit Freunden. Es ist wirklich nicht leicht.

Ausreden über Ausreden, um ja nicht zu mir zu kommen. Du sprichst von Freunden. Was ist für Dich ein Freund? Jemand, der mit Dir Ungesundes, Unnützes frißt – verzeih mir – und Unnatürliches säuft, das in meiner, in unserer Natur nicht vorkommt? Oder sollte ein echter und wahrer Freund nicht der sein, der Dich in Deinem Bemühen, den Trennungsgedanken wieder aufzulösen, stetig unterstützt und Dir dabei hilft, dem großen Ziel immer näherzukommen?

Du siehst, wie stark Deine Bequemlichkeit und Trägheit Dich von Deinem eigenen Ziel abhalten. Ich weiß, daß es nicht leicht ist, gegen den Strom zu schwimmen. Doch mit dem Strom wirst Du Dein Ziel nie erreichen. Du wirst wie alle in der Kloake landen, im ewigen Meer der Trennung.

Was habt Ihr wirklich für einen Spaß? Meistens ist es nur lärmende und grölende Ablenkung ohne höheren geistigen Sinn. Freude ist nur dann eine wahre Freude, wenn sie immer anhält. Dasselbe gilt für das Glück. Wahres Glück ist immerwährend. Es gibt hier keine Tiefs, keine Hochs, keine Aufs und Abs. Wahres Glück, wahre Zufriedenheit, wahre Freude sind immer am höchstmöglichen Punkt. Glück, Freude, Heiterkeit und Fröhlichkeit können sich nur aufgrund eines Trennungsgedankens verflüchtigen. So einfach ist das.

Darum mußt Du auch radikal vorgehen. Du mußt das Problem bei der Wurzel anpakken und vollständig ausreißen. Das ist eine wirkliche Entscheidung, eine wahre Entscheidung. Wenn Du das nicht tust, dann wirst Du in Deiner selbsterschaffenen Kloake weiterdümpeln. Das wäre auch eine Entscheidung.

Es gibt nur einen einzigen Widerstand. Das bist Du selbst. Hast Du Dich einmal entschieden, nach unserem Naturgesetz zu leben, so kann ich Dir andere Menschen zuführen, die entweder diese Entscheidung schon getroffen haben, oder die gerade dabei sind, sie zu treffen. Dann hast Du wirklich wahre Freunde, die sich jetzt gegenseitig unterstützen und helfen können. Ist das nicht ein Angebot?

Ja, Du hast vollkommen recht. Wir machen uns das Leben nur selber so schwer. Die leichte Kost haben wir gegen die schwere getauscht. Wir sagen auch, daß uns das Gegessene schwer im Magen liegt. Wir verwenden sogar den Ausdruck „leichte Küche“, ohne uns wirklich bewußt zu sein, was das in Wahrheit bedeutet. Ich habe auch schon viele Menschen kennengelernt, die mit Früchten und Gemüse viel abgenommen haben, sich toll gefühlt haben und dann Ihr Hochgefühl wieder mit schwerer, verdichteter Kost zu Fall gebracht haben mit der Ausrede, es sei so schwer für sie, den Versuchungen und Verführungen der Gesellschaft nicht zu erliegen.

Betrug an allen Ecken und Enden

Ja, das wundert mich auch. Was ist an der Hölle so interessant, um den Himmel zu verlassen? Ein schlanker und leichter Körper ist doch wohl weit angenehmer zu dirigieren als ein dicker, aufgeblasener und schmerzender Körper, der keine Leistung mehr bringen kann. Aber so ist die Welt der Einbildung und Trennung. Sehr viele Menschen wollen eben diese Erfahrung machen, wie es ist, wenn man todkrank, unbeweglich, pflegebedürftig usw. ist.

Krankheit ist in meiner Natur nie vorgesehen gewesen. Ich habe zwar alle Vorsichtsmaßnahmen getroffen, wie ein Immunsystem usw. Aber gegen diese großangelegte Verschmutzung der Körper und der äußeren Natur habe ich keine Vorbereitungen getroffen. Wenn das Maß voll ist, dann habe ich den dementsprechenden Kleinstlebewesen den Auftrag erteilt, ihr Werk des Recyclings, wie Ihr heute modern sagt, zu vollenden. In jedem Lebewesen habe ich Samen plaziert, die, wenn das Lebewesen in ein bestimmtes Milieu wechselt, zu keimen und zu wachsen beginnen. In Euren Körpern überwiegt das wässrige Milieu mit vielen Mineralstoffen, die, wenn zu viele fremde Stoffe in Form von Säuren ins Wasser kommen, mit den Mineralstoffen unlösliche Salze bilden, die dann da oder dort abgelagert werden.

Sind aber zu viele Säuren vorhanden, so werden gerade diese Samen aktiviert, um den Körper wieder zu säubern bzw. bei einer irreparablen Situation dem Erdboden gleichzumachen. So entstehen aus diesen Samen viele verschiedene Formen von Lebewesen, die Ihr dann Bakterien, Viren, Pilze, Egel, Würmer oder dergleichen nennt.

Wie verkehrt Ihr dabei seid, zeigt allein schon der Umstand, daß Ihr diese für Euch lebensnotwendigen Helfer mit von Euch erfundenen Mitteln bekämpft. So unterbindet Ihr die Genesung Eures eigenen Körpers. Wirklich phantastisch. Selbst wir im Himmel sind über Euer Geschick höchst verwundert, mit welcher Akribie und Heftigkeit Ihr an Eurer eigenen Zerstörung arbeitet.

Nebenbei verseucht Ihr Eure Lebensgrundlage, Eure Ackererde, mit Pflanzenschutzmittel, die in Wirklichkeit nur Pflanzenvertilgungs- und Erdzerstörungsmittel sind. Auch hier hilft kein Rat. Es scheint so, Ihr wollt alles ausprobieren, auch die eigene Zerstörung.

Warum habt Ihr Euch von mir getrennt? Warum habt Ihr einen Raum, einen leeren Raum geschaffen, in den Ihr Phantasiegebilde hineinprojiziert habt, um dann diese Eure Wahngebilde wieder zu zerstören? Seid Ihr nicht so wie die kleinen Kinder, die zuerst eine Sandburg mit aller Hingabe bauen, um sie mit derselben Begeisterung wieder zu zerstören? Ja, so seid Ihr. Und viele Menschen kennen diese Vorgänge nicht einmal und vertrauen anderen Menschen.

So legen sie den Trennungsgedanken in die Hände der Priester, daß diese etwas damit machen sollen. Ihre Körper legen sie in die Hände der Ärzte, damit diese wieder so rasch wie möglich und ohne große Komplikationen den ursprünglichen Zustand der Gesundheit wiederherstellen, ohne dabei nur ein Jota an ihrer falschen Lebensweise zu ändern. Es versteht sich von selbst, daß alle damit befassten Unternehmer nur ein einziges Interesse dabei verfolgen, nämlich möglichst viel und leicht Geld zu verdienen. Nur das verstehen auch die wenigsten. Darum wird Euer sogenanntes Gesundheitssystem immer schwächer und anfälliger werden und für viele Menschen nicht mehr finanzierbar sein. Aber umdrehen will keiner. Verstehst Du mich jetzt?

Das ist ja unglaublich. Ich habe bisher diese Sicht der Dinge nicht gehabt. Ärzte sind doch immer bemüht, unser Bestes für uns zu tun, oder?

Ja, das mag bei dem einen oder anderen schon der Fall sein. Doch die Wirklichkeit ist anders. Kein Arzt kann wirklich heilen. Nur die Natur kann heilen. Und die Natur kann nur dann heilen, wenn alles das weggelassen wird, was für den Körper seit der Bestimmung des Naturgesetzes nicht vorgesehen war. Alles außer Früchte, Kräuter, Gemüse und Samen ist für den Körper nicht vorgesehen. So haben wir alle zusammen das Naturgesetz beschlossen. Und was einmal beschlossen ist, kann nicht mehr geändert werden, weil sonst die gesamte materielle Struktur geändert werden müßte. Das aber steht für diese Scheinwelt wohl nicht dafür. Der Aufwand wäre einfach zu groß.

Würden Eure Ärzte handeln, wie es schon Hippokrates und seine Nachfolger durchgeführt haben, so würde es bei Euch keinen einzigen Kranken geben und alle würden weit über 150 Jahre alt werden. Ja, Ihr würdet sogar wieder das biblische Alter von 1 000 Jahren erreichen können, wenn Euch danach wäre. Niemand bräuchte vor dem Alter Angst zu haben, da im Alter keine Gebrechlichkeiten vorkommen würden.

Doch was machen Eure Ärzte heute? Sie schneiden entweder die angesammelten Fremdstoffe einfach aus dem Körper heraus, verletzen aber dabei unwiderruflich auch gesundes Gewebe, oder sie bekämpfen Eure Freunde, die Kleinstlebewesen, mit allen möglichen Mitteln, die dem Körper noch mehr schaden. Und je länger der Krankheitszustand dauert, desto mehr verdienen sie. Also, was interessiert sie schon an einer schnellen und dauerhaften Gesundheit, wenn sie dafür nichts bekommen?

Wenn Ihr Eure Ärzte nur für den Gesundheitszustand bezahlen würdet, dann wäre die Welt ganz anders. Dann würdet Ihr sofort in einem Paradies leben. Die Forschung und Wissenschaft würde sofort einen ganz anderen Verlauf nehmen, weil diese Gebiete heute nur im Dienst des Geldmachens stehen. Forschung und Wissenschaft ist nur dann lukrativ, wenn die Umsätze damit gesteigert werden können. Und so läuft auch diese Schiene völlig verkehrt. Siehst Du das jetzt?

Dann werden wir also von diesen Leuten belogen und betrogen?

So könntest Du das auch nennen. Aber die meisten Ärzte und damit befaßten Menschen wissen das selber nicht. Sie werden wie Ihr alle in dieses System hineinerzogen. Andere Alternativen werden von vornherein gar nicht angeboten.

Es würde bei Euch auch niemand rauchen, wenn er die Zigarette nicht kennen würde. Es würde niemand Auto fahren, wenn es Autos nicht gäbe. So ist es auch mit Eurem Gesundheitssystem. Jahrhundertelang, ja jahrtausendelang wurde Euch Falsches beigebracht. Die sogenannten Heiligen Bücher wurden verfälscht. Nur manchmal blieb der Urtext erhalten wie im Alten Testament, wo ich durch Moses verkünden ließ, daß nur Früchte und Samen als Nahrung für Euch dienlich seien.

So werden auch Eure Ärzte in dieses System hineinmanövriert. Ja, sie werden sogar von Euch aufgefordert, die einen oder anderen „Heilmittelchen" zu verschreiben, sonst seid Ihr nicht mehr gewillt, zu Eurem „guten Onkel Doktor" zu kommen. So herrscht auch hier Euer todbringendes Wirtschaftssystem von Angebot und Nachfrage. Und wenn der liebe Onkel Doktor das nicht tut, dann muß er sich eben nach einen neuen Job umschauen. So liegen die Tatsachen.

Also liegt die „Schuld" nicht bei den unternehmerisch denkenden Ärzten, sondern allein nur bei Euch. Ihr seid das Angebot. Ihr bietet kranke Körper an. Ihr bietet Unwissenheit an. Ihr bietet Bequemlichkeit an. Ihr bietet die Nichtänderung Eures Denkens an. Und die, die Ihr um Hilfe ruft, bieten Euch genau das an, was Ihr wollt.

Täglich erlebe ich die Gespräche in den Wartezimmern der Arztpraxen, wie schlecht sich die Leute wegen der einen oder anderen Krankheit fühlen. Ja, sie wollen sogar den Nachbarn in der Schwierigkeit und Kompliziertheit der verschiedenen Krankheiten übertrumpfen! Hier kommt das Gefühl des Besserseins und Mehrseinwollens als der andere besonders stark zum Ausdruck. Darum kann man nicht direkt sagen, daß die Ärzte die Leute belügen und betrügen. Das tun die Leute schon selbst.

Der Unwissende oder nicht Wissenwollende wird eben vor der Strafe der Natur nicht geschützt, die in Wirklichkeit überhaupt keine Strafe ist, sondern die, wie schon oben besprochen, nur unter gegeben Umständen ihre Arbeit verrichtet. Also gibt es auch keine Strafe.

Unglaublich, aber leider wahr. Gibt es hier keine Lösung?

Doch, die Lösung liegt in jedem selbst. Euer Wille geschehe. Von meinem Willen wollen die meisten Menschen so und so nichts wissen, obwohl wir alle gemeinsam das Naturgesetz beschlossen haben. Das erlebt Ihr auch in Euren hochgelobten Demokratien jeden Tag. Zuerst beschließt das Volk ein Gesetz, um es dann gemeinsam zu brechen. Ist es nicht so?

Ja, Du hast wieder einmal recht. Wir müßten uns vollkommen ändern. Aber wie sollen wir das anstellen?

Ein Programm zum Umdenken

Das ist eine sehr gute Frage. Wenn ich Dir hier auch ein Programm vorschlage, so bleibt es so lange beim Programm, bis Du Dich definitiv entscheidest, es auch wirklich durchzuführen. Es ist aber gewiß nicht leicht für Dich, aber bei dementsprechender Entscheidung leicht durchzuführen:

1. Erkenne, daß Du Geist bist. Du bist von mir geschaffen. Du hast jede Freiheit, die Du Dir nur denken kannst. Deine Grundsubstanz ist meiner gleich, nämlich nur reinste Liebe. Die Liebe ist gleichzeitig Dein Feuer, mit dem Du erschaffen kannst, was Du willst.

2. Erkenne, daß Du meine wirkliche Welt dadurch verlassen hast, indem Du glaubtest, Du hättest Dich von mir getrennt. Eine wirkliche Trennung ist jedoch unmöglich. Also ist Deine Trennung nur scheinbar. Du brauchst daher überhaupt keine Angst zu haben, daß ich Dich dafür strafe oder strafen werde. Für mich hat die Trennung nie stattgefunden.

3. Erkenne, daß jegliche Angst, jegliches Schuldgefühl nur aus dieser Wahnidee entstanden ist.

4. Erkenne, daß Du mit allen Deinen Freunden Gedanken der Trennung in diesen leeren Raum hineinprojiziert hast, die sich jetzt als Euer Kosmos manifestieren. Dieser Kosmos ist nach der Aufhebung des Trennungsgedankens wiederum nur ein Nichts. Darum wird Eure Vorstellung vom Himmel und von der Erde vergehen, meine Worte aber nicht.

5. Erkenne, daß Du Dich in diesem leeren Raum bzw. hinter den von Dir projizierten Gedanken aus Angst vor mir verstecken willst. Darum fragte ich damals schon den Adam, wo er sei. Habe daher keine Angst. Ich bin immer bei Dir. Wo sollte ich sonst sein als in meiner eigenen Ewigkeit und Unendlichkeit?

6. Erkenne, daß wir gemeinsam den bestmöglichen Körper geschaffen haben, um Dir nach langer Entwicklungszeit wieder eine Stätte zu geben, in der Du befähigt bist, Dich beinahe ausschließlich mit der Kernfrage Deines Daseins auseinandersetzen zu können. Das ist auch schon die einzige Aufgabe des Körpers. Er ist nur als Kommunikationsmittel für die sich Verstehenden gedacht.
7. Erkenne, daß alle nicht optimalen Zustände des Körpers nur auf seine nicht sachgerechte Behandlung zurückzuführen sind. Der Körper braucht als besten Treibstoff nur Früchte, etwas Gemüse und Samen. Alles andere muß er durch verschiedene Aktionen, die Ihr Krankheiten nennt, wieder hinausschaffen.
8. Erkenne, daß Ihr Euch nicht wegen der Arbeit auf dieser Erde inkarniert habt, sondern nur um das Kernproblem zu lösen. Alles andere ist unnötiger Aufwand. Ich habe mit Euch alles so eingerichtet, daß Ihr Euch spielend leicht mit allem Nötigen versorgen könnt.
9. Erkenne, daß alle Probleme, die Ihr derzeit auf dieser Erde habt, nur aus der Verkennung des Kernproblems entstammen. Es sind daher nur zwei Dinge wirklich nötig: Die Ernährung Eures Körpers mit Früchten, viel Sonne und frischer Luft bei ausreichender Bewegung und die Aufhebung des Trennungsgedankens. Alles andere wird Euch Schritt auf Schritt hinzugegeben.

Diese neun Schritte gehen mit den neun Urbuchstaben Eurer Sprache konform, falls Dich das interessiert.

Ja, sage mir das bitte.

Gut, ich werde mich bemühen.

Die Erkenntnisse, näher erklärt

Erkenntnis 1 ist das Aleph, weil der Geist derjenige ist, der das Licht AL offenbart (ph), indem er den Gedanken (he oder e) aus sich hinausstellt. Ihr seid dieser Gedanke. Ich bin das Licht. Ihr seid meine Offenbarung, weil ich nur Offenes schaffen (bar) kann, indem ich mich ausdehne. Dasselbe tut Ihr auch.

Erkenntnis 2 ist das Beth, weil das Beth die Vollkommenheit (thet) schafft (be). In meiner Ewigkeit und Unendlichkeit gibt es nur Vollkommenes, auch wenn Ihr glaubt, Ihr seid unvollkommen. Das ist nicht wahr. Ihr seid und werdet immer vollkommene Geschöpfe sein, wie Eure Planetensonne immer auf Euren Planeten scheinen wird, auch wenn Wolken sie verdecken oder durch die Drehung der Erde eine Seite nicht direkt von ihr bestrahlt wird. So bin ich immer Gott, ganz egal was immer Ihr Euch denken oder einbilden mögt. Ich bin der Ewige, der Unendliche, der Schöpfer aller Geschöpfe und Dinge, die Ihr ewig genießen könnt oder nicht. Eure Trennung ist nur reine Einbildung, ein Akt, der meiner und auch Eurer Vollkommenheit keinen Schaden zufügen kann.

Erkenntnis 3 ist das Gimel, weil durch Eure Wahnidee eine Materie (mem) geschaffen (g) wurde, die nur durch mein Einschreiten ins richtige Licht (l) verwandelt werden konnte. Hätte ich das nicht für Euch gemacht, so wäret Ihr heute noch in der größten Finsternis. Außerdem zeigt Euch dieser Buchstabe, daß der Geist (G) in der Materie (m) gefangen ist, aber jederzeit durch Aufhebung dieses Trennungsgedankens in mein vollkommenes Licht zurückkehren kann.

Erkenntnis 4 ist das Daleth, weil Ihr mit Hilfe dieses Lichtes (l) alle Eure Gedanken, die Ihr in den leeren Raum hineingeboren (da) habt, zur Vollendung (teth) bringen könnt. Das ist Eure Aussage. Es werde Licht! Damit habe ich für Euch den Evolutionsprozeß in Gang gesetzt, so daß Ihr nach einer gewissen Entwicklungszeit über alle möglichen Lebensformen wieder eine Stufe erreichen könnt, die Euch eine absolute Freiheit, eingeschränkt durch einen perfekt gestalteten Körper, gewährt. Wird diese Freiheit dazu genutzt, die Trennung zu mir aufzuheben, so habt Ihr die Möglichkeit, Euer Nichts wieder zu verlassen.

Erkenntnis 5 ist das He, weil der Gedanke He erst durch Euren Trennungsgedanken möglich wurde. In meiner wirklichen Welt brauchen wir keine Gedanken. Hier IST alles so, wie es ist. Niemand braucht darüber einen Gedanken zu verlieren. Ihr habt aber einen Gedanken darüber verloren. Darum glaubt Ihr, verloren zu sein. Aus dem resultiert dann Eure ungeheure Angst, ich könnte Euch dafür bestrafen. Es wird nie eine Bestrafung geben, weil es bei mir überhaupt keine Gedanken gibt. Ich BIN. Ihr seid. Meine Schöpfung IST. Das ist alles.

Erkenntnis 6 ist das Waw, das Dir in diesem Stadium Deinen eigenen Willen in Deiner eigenen Welt gegeben hat. Mit dem Trennungsgedanken hast Du auch Deinen eigenen Willen verloren. Ich habe Dir diesen mit meinem Geist, den Ihr heutzutage Heiliger Geist nennen mögt, wieder zurückgegeben. Mit diesem Willen kannst Du nun wieder Entscheidungen treffen, die Ihr auf Eurer Ebene sogar bewerten mögt. Bei mir gibt es keine Bewertungen. Es gibt kein Gut und kein Böse. Das existiert nur in Eurer dualen Welt. Wie beim Licht schon gesagt, seid Ihr ständig zwischen meiner und Eurer Welt hin- und hergerissen. Euer Wille geschehe.

Erkenntnis 7 ist das Zajin, das die Perfektion der Seele und der Stofflichkeit ausdrückt. In diese Perfektion ist der Geist bis zu seiner eigenen Befreiung eingehüllt. Die Seele und der Körper sind vollkommen, können nur durch Fehlhandlungen des Geistes aus der Perfektion gebracht werden, die aber nach kurzer Zeit wieder zurückkehrt, wenn der

Geist es zuläßt, daß sie sich selbst wieder regeneriert. Darum sollte man nie den Körper oder die Seele behandeln, sie reparieren sich selbst. Behandlungsbedürftig ist nur der Geist.

Erkenntnis 8 ist das Chet, das anzeigt, daß Ihr Euch nicht vom Kernproblem trennen sollt. Jede Trennung vom Kernproblem führt automatisch zu immer größeren Problemen. Darum seid vorsichtig mit dieser Erkenntnis.

Erkenntnis 9 ist das Thet, das vollzogene Werk, der vollendete Weg. Hier bekommt Ihr Schritt auf Schritt alle göttlichen Fähigkeiten wieder zurück. Nach oben hin gibt es keine Grenzen. Ihr seid Götter, auf dieser Stufe werden aus Euch wieder Götter gemacht. Kein Meister ist vom Himmel gefallen.

27. Juni 2002

Warte bitte. Das muß ich erst verdauen. Bei Dir geht alles so schnell und exakt. Da habe ich einige Mühe, den Sinn und Nutzen auf Anhieb zu begreifen. Du sprichst hier von Erkenntnissen, die ich in dieser Form und Reihenfolge noch nicht ganz durchschaue. Die Erklärung an Hand der Urbuchstaben ist höchst interessant. Mir scheint, Du gehst dabei sogar auf die gesamte Evolution des Kosmos und der Seele ein.

Ja, da hast Du recht. Ich will Dich nur auf zwei Punkte aufmerksam machen. Das irdische Leben kann für jeden sehr einfach sein, wenn es dem Naturgesetz nach gelebt wird. Das heißt, daß Du Deinem Körper nur das zuführst, was er wirklich zum optimalen Leben braucht. Du kannst das auch rationales Denken und Handeln nennen, das jetzt in allen Euren Betrieben so modern geworden ist. Alles Unnötige wird hinwegrationalisiert, um den Erfolg, Ertrag oder Gewinn damit noch mehr zu erhöhen. Das ist auch vollkommen in Ordnung, weil dadurch der betrieblichen Verschwendung Einhalt geboten wird.

Warum aber wird dieses Prinzip nicht auch beim Betrieb Körper zur Anwendung gebracht? Das ist mir völlig unverständlich, wenn ich es einmal so ausdrücken darf. An allen Ecken und Enden werden die Führungslinien, die Kommunikationsebenen, die Werbestrategien und der Verkauf, die Finanzen, die Produktionsabläufe und Verbesserungsmaßnahmen für Personal und Produktpalette, die Öffentlichkeitsarbeit und Public Relations verbessert und gestrafft, aber den Körper haben die meisten einfach nicht in ihrem Repertoire. Verstehst Du das?

Das fragst Du mich? Ich kann mir nur vorstellen, daß die wirtschaftlichen Rationalisierungsmaßnahmen der Anfang sind. Ich glaube, sie werden dann automatisch auf das Körperdenken überspringen, oder?

Das hast Du nicht schlecht überlegt. Es ist tatsächlich so, daß wir zuerst die äußeren Dinge beeinflussen und regeln müssen, um dann über Analogieschluß auch den Geist dazu zu bringen, auch seinen Körper als Betriebsstätte zu sehen.

Wen meinst Du mit „wir"?

Ein Heer von Helfern

Das bin ich und meine vielen Helfer. Ich brauche als Gott an und für sich keine Helfer, aber es macht meinen Helfern sehr viel Spaß, in meinem Willen tätig zu werden und für mich die Aufgaben zu erfüllen, die für den großen Plan der Rückführung in mein wirkliches Reich notwendig sind. Es ist so wie bei Euch in einem Unternehmen. Der wirklich gute Mitarbeiter hat die größte Freude, wenn er Seite an Seite mit dem Unternehmer dessen Willen in die Tat umsetzen kann. Haben alle einen gemeinsamen Willen. So spielt es überhaupt keine Rolle, wer in der Öffentlichkeit bei der Umsetzung der Dienstleistung in den Vordergrund tritt. Alle sprechen eine Sprache.

Mittlerweile habe ich auch unter Euch einen großen Mitarbeiterstab. In den letzten 10 – 15 000 Jahren haben sich an die 10 000 Geistseelen auf ein beinahe vollkommenes Niveau entwickelt, wobei 380 unter Euch körperlich Lebenden wirken. Die Macht und Kraft dieser Menschen ist im Vergleich zu den noch nicht Vollendeten so groß, daß es dafür nicht einmal einen Vergleich gibt. Mit diesen 10 000 Geistseelen und natürlich auch mit meinen immer schon vollkommenen Helfern, die sich niemals von mir getrennt glaubten, regiere und regle ich das gesamte Geschehen in Eurer Traumwelt, so daß die Rückkehr für jeden Gläubigen gewährleistet ist.

Nichts in Eurer Welt passiert, das nicht von mir und diesen Helfern des Endzweckes wegen gesteuert ist. Kein Krieg bricht aus, keine Katastrophe, wie Ihr es nennt, geschieht, wo nicht meine und unsere Hände im Spiel wären. Das Äußere spielt für uns überhaupt keine Rolle. Es existiert für uns nicht einmal. So spielt es auch keine Rolle, wenn mehrere Tausende oder sogar Millionen von Körpern·und anderen Formen zugrunde gehen, wie Ihr es auszudrücken pflegt. Für uns gibt es keinen Tod, gab es nie einen, und wird es auch nie einen geben.

Ich selbst habe es Euch vor 2 000 Jahren vorgezeigt. Ich ließ mich körperlich töten, um Euch zu beweisen, daß der Tod nicht existiert. Für Eure Augen bin ich dann sichtbar wieder in meine wirkliche, göttliche Welt zurückgekehrt, die ich in Wirklichkeit aber nie verlassen hatte, da Eure Traumwelt für mich nicht existent ist. Ich möchte Euch in Eurer unendlich langen Zeit nur helfen zu erkennen, daß Eure Traumwelt nur für Euch existent ist und sonst für niemand. Das ist unser ganzes Bestreben.

Nur Ihr gebt dieser Welt durch Projektion und Identifikation Realität, die aber im nächsten Moment schon wieder so verändert ist, daß sie von einer Sekunde auf die andere nicht mehr dieselbe ist. Ihr erlebt nur Eure sich drehenden und bewegenden Traumbilder, die von mir und Euch in eine allgemeine Struktur gebracht wurden, um dadurch wenigstens eine Lebensgrundlage geschaffen zu haben, die nicht nur aus Dunkelheit, Finsternis, grenzenloser Angst und Verzweiflung besteht, Elemente, die Ihr trotz aller Bemühungen täglich in Euch gewahr werdet.

Eure Traumwelt ist ein eingebildetes Nichts, das in meinem unendlichen und ewigen Etwas ebenso Nichts ist. Nur verwechselt Ihr das Etwas mit Eurem Nichts und glaubt dadurch, daß Euer Nichts auch Etwas sei. Da seid Ihr aber unendlich weit davon entfernt. Das ist unser aller Bemühen seit Beginn der Zeiten, die Ihr durch Euren Irrglauben bei Euch scheinbar eingeführt habt. Und, es macht uns einen großen Spaß, Euch in Eurem Traum bis zu Eurem Erwachen begleiten zu dürfen.

Natürlich wäre es weit schöner und angenehmer, wenn Ihr schon alle wieder in meiner wirklichen Welt wäret. Leider ist das nicht der Fall. Doch das tut unserer Freude und Begeisterung keinen Abbruch. Ich bin mit meinen Helfern immer im Himmel, den wir nie verlassen haben. Übrigens, Ihr auch nicht, da niemand den Himmel verlassen kann, wohin auch. Und so sehen wir Euch im Himmel nur schlafen, manchmal ruhig, manchmal ziemlich unruhig. Aber seid getröstet. Wir kümmern uns ständig um Euch in der Hoffnung, Ihr werdet bald aus Eurem Traum erwachen.

Jetzt hast Du mich aber wirklich neugierig gemacht. Das mit dem Träumen wird mir immer klarer, wobei ich noch immer nicht weiß, wie Du es anstellen willst, daß wir alle aus dem Traum erwachen und wie das gehen soll. Auch das mit den Helfern interessiert mich sehr, die hier auf der Erde tätig sind.

Nun, das sind zwei sehr komplexe Fragen. Ich möchte bei der zweiten Frage beginnen, weil diese schneller abgehandelt ist. Es mag Dir die Zahl von ca. 10 000 vielleicht etwas klein erscheinen. Aber hier spielt die Anzahl überhaupt keine Rolle. Es würde schon einer genügen, der durch sein Bemühen, den Trennungsglauben abgelegt zu haben, in meine wirkliche Welt zurückgekehrt, entschuldige, erwacht ist. Die Kraft und Macht eines solchen Zurückgekehrten ist so groß wie meine eigene, da zwischen seinem und meinem Willen kein Unterschied ist. Er allein könnte die Geschicke Eures Planeten, ja Eures ganzen Sonnensystems mit größter Leichtigkeit bewältigen.

Ich habe Euch nicht umsonst immer wieder gesagt, daß Ihr Götter seid. Und einen Gott ohne Allmacht gibt es nicht. Darum ist die Zahl der Helfer, die schon durch die irdische Inkarnation gegangen sind, völlig unerheblich. Nicht zu verachten ist aber die Zahl der noch lebenden 380 Geistseelen, die sich alle natürlich im Verbund mit allen Helfern wissen. Diese sind für Euer Bemühen auf dieser Welt ungemein wichtig, weil sie überall dort auftauchen, wo Not am Mann ist. Niemand kann sie erkennen, wenn derjenige nicht selbst auf dieser Erkenntnisstufe ist.

Ein Fachmann wird einen Fehler bei einer Maschine sofort entdecken, weil er über die Maschine vollständige Klarheit besitzt. So ist es auch bei diesen 380 Personen, die über die „Maschine“ Mensch alle Informationen haben, um bei Bedarf sofort korrigierend einzuschreiten, falls der Plan es zuläßt. Ich möchte Dich hier noch einmal erinnern, daß der Plan nur darin besteht, den Schlafenden zu wecken. Dabei werden alle Mittel zur Anwendung gebracht, um diesen Plan zu erfüllen. Ich betone noch einmal, jedes Mittel.

Stündlich werden über 70 000 Menschen von ihren Körpern befreit, um wieder irgendwo anders so lange einen Körper anzunehmen, bis das Erwachen vollständig ist. In Österreich sind 25 Menschen tätig, wobei 3 in Körpern sind. Euer Land ist sehr bevorzugt, weil es auch von der Natur her viele Voraussetzungen für ein himmlisches Leben hat, um es jetzt mit Euren Worten auszudrücken. Ich werde Dir diese Menschen in den nächsten Zeiten zuführen, um auch hier stärkere Bande für Dein bzw. unser Vorhaben zu knüpfen. Bleibe mir daher treu und weiche von Deinem derzeitigen Weg, den Du nach vielen Überlegungen eingeschlagen hast, nicht mehr ab. Kümmere Dich nur mehr um die wirkliche Welt. Alles andere werde ich Dir völlig frei und reichlich hinzugeben.

Danke, das ist wirklich eine schöne Offenbarung. Ich war selbst immer wieder im Zweifel, ob ich mich wieder verstärkt ins materielle Geschäftsleben begeben soll. Doch nun weiß ich, daß ich mich wirklich nur mehr um die „Heilung“ meiner selbst und der anderen kümmern soll.

Nein, nein, so ist es nun auch wieder nicht. Auch die Geschäftswelt braucht Ratschläge aller Art. Alles gehört zusammen. Geschäfte werden auch von Menschen gemacht. Nicht die Geschäfte brauchen Hilfe, sondern die Menschen, die die Geschäfte machen. Darum ist es notwendig, bei der Rationalisierung der Wirtschaft mitzuhelfen, weil dann die Analogie zum eigenen Körper und natürlich auch zur Seele leicht herzustellen ist. Ich hoffe, Du verstehst mich?

Ja, jetzt ist mir das auch klar. Also kann ich meine Fähigkeiten und Fertigkeiten auch weiterhin im Bereich des Managements nützen und damit Menschen helfen. Das macht die Sache wesentlich leichter.

Bitte, führe nirgendwo Trennungen ein. Alles ist ein Ganzes. Es gibt keine schlechten, keine guten Bereiche. Das sind nur Eure Bewertungen. Alles hat seinen Sinn und Zweck. Das Ziel kennst Du ja schon zur Genüge. Jede Trennung, ganz egal von was, ist verhängnisvoll. Bei mir gibt es nur Einheit. Ihr müßt daher Euer Denken völlig ändern. Weg von der Trennung, hin zur Einheit. Das ist Eure einzige Chance. Darum nütze jede Gelegenheit, jede Situation, um das zu lernen. Ihr alle seid mit mir eine Einheit, auch wenn Ihr Euch in Eurem Traumschlaf noch immer als getrennt betrachtet. Bei mir gibt es keine Parteien, keine Vereine, keine Kirchen, keine Nationen, keine Bünde, keine Schutzzonen und dergleichen mehr. Das muß auch bei Euch so werden, wenn Ihr wirklich aus dem Traum erwachen wollt.

Kannst Du mir agen, wo sich die drei in Österreich befinden?

Ja, einer ist in Tirol, einer in der Steiermark und einer in Wien. Sie sind in den unterschiedlichsten Berufen tätig. Einige sind ganz knapp davor, es auch zu schaffen. Nicht wenige arbeiten intensiv daran. Alle sind mit Dir ständig in Kontakt, und zwar schon über viele Jahre. Shilaton hat Dich seit Deiner Begegnung vor 1900 Jahren nie mehr verlassen. Er treibt Dein Bemühen besonders stark voran. Er ist sozusagen nach mir der wichtigste Helfer. Er ist schon lange wieder in meinen Reihen zurück. Er wird Dich auch noch intensiv über die Zeit vor Deiner irdischen Ankunft aufklären, wobei Du ja ohnehin schon selber darüber Bescheid weißt.

Ja, danke. Ich weiß. Wir begegnen uns sehr oft in der Nacht und neuerdings immer wieder am Tag, wenn ich mich zu sehr in Äußeres verstricke. Ich glaube, er liebt meine vielen Bergausflüge auch so wie ich.

Ja, da hast Du recht. Jetzt lacht er ganz begeistert. Er ist immer mit Dir und teilt Deine Freude in den Bergen. Er selbst war ja lange Zeit in den heiligen Plätzen des Himalaja und anderen heiligen Stätten. Auch war er der Promoter für Deine Großglocknerbegehungen. Du solltest seinem Drängen wieder einmal nachgeben. Er will Dir beim nächsten Mal viele schöne Dinge zeigen, wenn Du mich richtig verstehst.

Richte ihm bitte schöne Grüße von mir aus.

Oh, das kannst Du wirklich selber tun, oder?

Gespräch mit Shilaton

Ja. Also, alles Liebe von mir, Shilaton. Und danke für Deine umfassende Unterstützung. Ich hoffe, wir werden in Zukunft noch viel Freude und Spaß miteinander haben.

Ich danke Dir. Es macht mir wirklich viel Spaß, mit Dir in den Bergen herumzustiefeln. Wandern ist unser gemeinsames Element, schon von Ewigkeit her. Wir kennen uns ja schon sehr lange, wie Du weißt. Wir haben gemeinsam beschlossen, diesen letzten Flecken des Kosmos aufzusuchen, um Gott hier persönlich gegenübertreten zu können. Es freut mich, daß ich Dir nun bei Deinen letzten Schritten behilflich sein kann, so wie Du mir vor einigen Tausenden von Jahren geholfen hast, diesen Schritt zu machen. Nur damals bist Du aufgrund Deiner, entschuldige, Sturheit nicht mitgegangen, weil Du geglaubt hast,

Du könntest unmittelbar bei seinem Hiersein dabei sein. Das hat Deine Aufwachphase etwas verlängert, aber das habe ich Dir im 1. Jahrhundert in der heutigen Türkei ja ohnehin schon weit und breit erklärt.

Deine Enttäuschung war damals aber so groß, daß Du bis heute gebraucht hast, diesen inneren Groll zu überwinden. Darum freut es mich ganz besonders, Dich in den letzten Schlafzügen zu sehen. Ich freue mich jedenfalls schon auf Deine volle Wachsamkeit und auf alle unsere zukünftigen gemeinsamen Unternehmungen. Doch will ich mich nun wieder etwas zurücknehmen, um Deinen Dialog mit unserem liebsten Freund nicht zu lange zu unterbrechen.

Danke noch einmal für Deine liebe Unterstützung. Du hast recht. Wir haben ohnehin viel Zeit miteinander. Am kommenden Wochenende sind wir wieder unterwegs, klar?

Ja, ich freue mich schon. Es wird wahrscheinlich der Mitterberg in den Wildalpen werden. Den hast Du ja in den letzten Jahren wahrlich zu einem heiligen Ort gemacht. Nach wie vor sind dort unzählige Geister versammelt und diskutieren angeregt über die vielen Worte, die Du zu ihnen gesprochen hast. Die werden sich schon freuen, wenn Du wiederkommst.

Ja, Du hast recht. Es ist mir immer wieder ein Anliegen, alle meine Freunde zu besuchen, auch wenn das körperliche Erscheinen nicht unbedingt notwendig wäre. Aber es hat schon seinen eigenen Reiz. Ganz besonders erbauend war das gemeinsame Erstellen der vielen Gedichte, die dort in großer Zahl entstanden sind. Ich hoffe, daß es meinen Freunden allen sehr gut geht.

Ich glaube, das brauche ich Dir nicht extra zu sagen. Sie erleben Deine Schritte alle vollkommen mit. Aber wir können ja bei Deinem Stelldichein eine kleine Feier vorbereiten. Was hältst Du davon?

Ausgezeichnet. Wird auch unser liebster Freund aller Freunde dabei sein?

Ich bin immer dabei

Ja, natürlich bin ich dabei. Ich bin ja immer bei allem dabei. Diese Begegnungen haben mir immer viel bedeutet und bedeuten mir immer noch sehr viel, weil Ihr alle den Gedanken der Einheit gelebt habt und lebt. Du weißt ja: Wo zwei in meinem Namen zusammen sind, bin ich mitten unter ihnen. Ich habe Dir auch immer wieder die Augen geöffnet, so daß Du immer tiefer in meine wirkliche Welt eindringen konntest, wobei ich Dich noch einmal darauf aufmerksam machen will, daß ich Dir das alles in Deinen

Traum hineinprojiziert habe, weil Du nach wie vor noch schläfst, auch wenn nur noch ganz seicht. Darum sind viele Begegnungen dieser Art Hilfen für Dich, auch noch die letzte Phase bis zum endgültigen Erwachen durchzumachen.

Verzeih' mir bitte, wenn ich jetzt Euer Gespräch unterbreche, um in unserem Gespräch noch auf einige allgemein wichtige Dinge zu sprechen zu kommen.

Entschuldige bitte. Aber Du weißt ja, wenn sich zwei alte Freunde treffen,...

...dann sind sie so leicht nicht mehr auseinander zu bringen. Das will ich aber auch nicht, ist es doch ein heiliger Augenblick, der mir, wie Du leicht verstehen wirst, über alles geht. Ihr habt aber später wirklich genügend Zeit. Es war ja auch meine Absicht, daß Ihr Euch kurz unterhaltet, um die schon fast ewige Freundschaft noch enger zu knüpfen. Engste Freundschaften sind mir überaus wichtig, sind sie doch die Essenz der Liebe. In meinem Reich, in der wirklichen Welt, gibt es nur solche Freundschaften. Darum ist jede Förderung solcher Freundschaften von absoluter Wichtigkeit und hat höchste Priorität.

Bei Euch ist es derzeit so, daß solche Freundschaften äußerst selten vorkommen. Die meisten Menschen leben allein und sind in dieser Isolation sehr unglücklich. Die meisten Vereine oder Vereinigungen sind reine Zweckgemeinschaften, so auch Eure Ehen, die sich meist nur in Abhängigkeiten erschöpfen. Wie Du weißt, löst jedes Gefühl der Abhängigkeit Verachtung aus.

So glaubt Ihr auch, Ihr seid von mir abhängig, was absolut nicht der Fall ist. Abhängigkeit würde automatisch Trennung bedeuten. Ihr seid absolut frei, ausgestattet mit dem freiesten Willen. Auch wenn Ihr meine Geschöpfe seid und in meiner Unendlichkeit wohnt, so kann ich Euch nirgends anbinden. Laßt Euch daher von niemandem verrückt machen, der Euch einreden will, Ihr seid von mir abhängig. Ich bin ein unabhängiger Gott, und alle meine Schöpfungen sind ebenso unabhängig. Ich kann daher gar nichts Abhängiges schaffen. Versteht mich doch.

Ich weiß, daß viele Kirchen Abhängigkeiten erzeugen wollen, um ihre Schäfchen ins Trockene zu bringen. Doch das ändert an der Tatsache Eurer Unabhängigkeit überhaupt nichts. Seid frei, seid glücklich, seid heiter, seid fröhlich, seid eins mit allem und jedem. Das ist meine Welt.

Ich könnte Dir stundenlang zuhören, so schön sind Deine Worte.

Das tust Du ja, oder? Hast Du das nicht in den letzten Jahren sehr intensiv betrieben? Du bist wahrlich wirklich einer der wenigen, die zu jeder Zeit und zu jedem Moment ein offenes Ohr für mich haben. Ja, ich kann sogar sagen, daß Du Deine Ohren immer für mich offen hast, obwohl Du auch manche meiner Ratschläge nicht hören willst und dann genau das Gegenteil tust. Du weißt schon, wovon ich rede.

Alles ist dann daneben gegangen. Das ist der harte Weg des Lernens, der dann die einen oder anderen Schmerzen und Leiden verursacht. Aber in letzter Zeit bin ich mit Dir in weiten Teilen sehr zufrieden. Besonders die Beachtung der Naturgesetze bringt Dir sehr viel Freude. Mir auch.

Danke, Komplimente sind immer Geschenke. Wir haben noch die erste der beiden Fragen ausständig.

Richtig, ich bin aber vorher schon mitten drin gewesen. Nur wenn Du Dein Denken völlig änderst, wird sich bei Dir alles ändern.

Und wie muß ich mein Denken ändern?

Wie ändere ich das Denken?

Das ist ganz einfach. Denke Dir, Du hättest meine Welt nie verlassen, Du hättest Dich nie getrennt, was auch der absoluten Wahrheit entspricht. Handele so, als wärest Du schon immer vollkommen gewesen, was Du auch immer warst, bist und sein wirst. Beachte die Traumwelt überhaupt nicht mehr, indem Du ihr keine Wichtigkeit mehr gibst, und Du wirst mit der Zeit von ganz alleine aufwachen. Natürlich mußt Du auch weiterhin in dieser Deiner Traumwelt leben, solange Du noch einen fleischlichen Körper bewohnst. Doch weniges ist dabei zu tun. Die Einhaltung des Naturgesetzes genügt, und schon kannst Du Dich frei und unbekümmert wieder in meiner Welt aufhalten, in der Du bisher geschlafen hast.

Die Konsequenzen einer solchen Änderung der Geisteshaltung sind mannigfaltig, ja großartig. Du wirst nie mehr Angst haben. Kein Groll, kein Zorn steigt in Dir mehr hoch. Alles ist eine Einheit. Kein Geschöpf wird Dir zu niedrig sein, weil es keine Unterschiede in groß und klein mehr gibt. Alles ist eine einzige göttliche Offenbarung der Freude und Liebe, der Weisheit und Klugheit, der absoluten Freiheit mit unendlich großer Willenskraft, die nur in den schönsten und heitersten Ordnungsbahnen ihre Taten vollbringt, getragen von einer unendlichen Geduld und Gelassenheit, die sich ernsthaft bemüht, alles noch schöner, noch gediegener, noch herrlicher und noch faszinierender zu gestalten. Das ist meine Welt.

Du wirst sehen, daß Dein Leben nicht mehr Deinem Traumleben gleicht, in dem Du vor Furcht und Angst ein ewiges Versteckspiel betrieben hast. Es gibt keine Angst mehr vor Strafe, keine Angst mehr vor irgendwelchen Sünden, die man glaubt, begangen zu haben. In meiner Welt gibt es keine Sünde, weil es keine Trennung gibt. Ich habe Euch immer gesagt, vergebt Euren Schuldnern, vergebt Euch selbst. Vergebung ist die einzige Möglichkeit, aus dem Traum zu erwachen. Das klingt sehr leicht, ist sehr leicht, aber mit

Eurem Denksystem sehr schwer. Darum übt Euch in meinem Denksystem, das ich Euch in der Folge noch genau auseinandersetzen werde.

Da kommt einige Arbeit auf uns zu.

Ja, das ist richtig. Es gibt nichts Schwereres, als alte Gewohnheiten aufzugeben und sie durch neue zu ersetzen, weil es sehr wenige Menschen gibt, die überhaupt die neuen schon haben. Darum werden die alten Gewohnheiten des Denkens überall weitergegeben. Besonders die gesamte Kinder- und Jugenderziehung möchte ich hier ansprechen. Würden die Kinder schon von klein auf mit meiner wirklichen Welt in ihrem Denksystem befaßt werden, dann hätten wir es Tausende Male leichter.

Du brauchst ja nur auf Deine eigene Entwicklung zu schauen, wie lange sie bis heute gedauert hat und wie intensiv Du sie in den letzten 25 Jahren betrieben hast. Wenn Du nun mit dem hier beschriebenen Denksystem in die Öffentlichkeit gehst, so wirst Du viel Gelächter auslösen, weil sich niemand so richtig wird vorstellen können, daß Ihr alle in einer Traumwelt lebt, die in Wirklichkeit gar nicht existiert.

Von Einheit reden zwar sehr viele. Doch die meisten haben überhaupt keine Vorstellung davon, was das eigentlich ist. Einheit ist nicht vorstellbar, weil es in meiner Welt keine Vorstellungen gibt. In meiner Welt IST alles. Dieses IST erlebst Du sofort, Du brauchst keine Gedanken, keine Vorstellungen, es IST alles schon da. Es gibt nur Erkenntnis. Wahrnehmung wie bei Euch ist überflüssig. Die Wahrheit IST.

Es gibt auch keine Gegensätze. Und daher gibt es auch keinen Raum und keine Zeit. Einem Träumenden ist das nicht zu erklären, weil er glaubt, er lebe nicht in meiner Welt. Darum muß er in seinem Traum Objekte erschaffen. Dann erschafft er andere Objekte bzw. Körper, die er mit speziellen Wahrnehmungsorganen ausstattet, weil er glaubt, er könnte die erstgeschaffenen Objekte nur mit anderen Objekten wahrnehmen. So habt Ihr Gehirne, Augen, Ohren, Sensoren aller Art usw. gebildet, um dann über Eure Körper die von Euch geschaffenen Phantasiegebilde abtasten, hören, sehen oder fühlen zu können. In meiner Welt ist das alles völlig überflüssig.

Die Einheit IST, die Wahrheit ist, die Erkenntnis ist, das Leben ist, die Freude ist, die Heiterkeit ist, die Fröhlichkeit ist. Nichts kann irgendetwas schmälern, weil es Weites und Schmales nicht gibt. Bei mir gibt es nur ungebrochene Freude, Heiterkeit, Glückseligkeit. Reine Liebe dominiert alles, wobei sogar das Wort überflüssig ist. Es ist eine Welt ohne Gegensätze. Es ist eine Welt geistiger Ausdehnung. Das ist alles.

Aber wie können wir uns das in unserer Begrenztheit und Beschränktheit wirklich vorstellen?

Ich sagte Dir schon, es gibt keine Vorstellung. Es gibt nur ein Sein. Du brauchst in meiner Welt auch keine Worte, keine Sprache. Es gibt keine Umwege. Alles ist direktes

Erleben. Das kannst Du auch schon in Deiner Welt erleben, indem Du Dein beschränkendes und abgrenzendes Denken aufgibst. Du sagst ja auch zu Deinen Nachbarn, „Ihr da drüben“. Indem Du das Wort „drüben“ verwendest, bist Du schon in der Trennung. Bei mir gibt es nur das ICH. Es gibt kein Du, kein Er, kein Sie, kein Es, kein Wir, kein Ihr und auch kein Sie. Ich bin, der ich bin. Darum gibt es zwischen uns beiden auch keinen Unterschied. Du bist ich und ich bin Du.

Ich weiß, daß es in der Welt der Gegensätze nicht leicht ist, die Grenzen aufzuheben, doch üben kannst Du Dich jeden Tag darin. Das ist die wichtigste Übung. Ich sage das deshalb, weil die meisten Menschen immer nach Anleitungen suchen, nach Übungen aller Art, die den Charakter von Ritualen haben, nach Regeln, die man nur noch blind zu befolgen braucht. Das ist reine Abhängigkeit.

Ein freier Geist braucht so etwas nicht. Er kann das eine oder andere schon machen, aber bitte nicht auf Dauer. Dauer ist nur dort gefragt, wo das Leben in der wirklichen Welt stattfindet. Alles andere ist völlig unwichtig. Ein Meister hält sich an die Grundregeln, sonst besteht sein ganzes Leben nur mehr aus schöpferischer Improvisation. Es ist mir natürlich völlig klar, daß das in Eurer eingebildeten Welt nicht so leicht möglich ist. Aber ständiges Streben führt auch zum Ziel. So wie Du Dein Ziel erreicht hast, nämlich auf die Planetenwelt zu kommen, wo ich mich selbst sicht- und fühlbar gemacht habe, um mit dieser Hilfestellung alle Zweifel aus den Köpfen der Träumenden zu löschen.

Aber Du siehst ja selbst, wie lange Du gebraucht hast, um mit mir persönlich in Kontakt zu kommen. Es sind fast 2 000 Jahre vergangen, auch wenn Du zwischen Deinen Inkarnationen auch in Eurem sogenannten Jenseits ständig versucht hast, das Unmögliche möglich zu machen. Mich nur zu sehen und sprechen zu können, ist zu wenig. Nur der Wunsch, wirklich mit mir in Einheit in meiner Welt zu leben und zu lieben, bringt jemanden zum Ziel. Zuschauer zu sein ist einfach zu wenig.

So habe ich Euch immer gesagt, daß die Liebe das Allheilmittel ist. Sie wird es immer bleiben, denn gelebte Liebe ist Leben in Einheit. Du hast erst vor kurzem wirklich verstanden, daß Trennung keine Liebe zuläßt. So stehst Du nun am Anfang einer sich öffnenden Welt, die für Dich nicht so leicht zu beschreiben sein wird. Dafür spreche ich Dir ganz offen meinen größten Dank aus.

Du dankst mir? Ich muß mich bei Dir für diese wunderbare Führung bedanken. Mein Beitrag war und ist zu gering, um überhaupt erwähnt zu werden.

Vorbereitung auf dem Jupiter

Nein, nein, so ist es nun auch wieder nicht. Es stimmt, daß der Plan, das Programm, die Durchführung und alles andere mein Verdienst ist. Aber Dein großes Verdienst war und ist es, daß Du Dich dafür bereit gemacht hast, Dich dafür entschlossen hast. Dieser Entschluß, den muß jeder selbst treffen. Den kann ich niemandem abnehmen. Feste Entschlossenheit öffnet alle Türen. So konnte ich in und durch Dich wirken und werde weiterhin wirken können. Darum lehre alle Menschen die Wichtigkeit und Bedeutung der Entscheidung.

Entscheidungen werden jeden Moment getroffen, einmal dafür, einmal dagegen. Oft hast Du Deine grundsätzliche Entscheidung, mich persönlich zu treffen und mit mir in meiner Welt zu leben, verwässert, abgeschwächt, ja sogar manchmal völlig ins Unterbewußtsein abgedrängt. So mußtest Du Jahre, Jahrhunderte, ja sogar Jahrtausende in den verschiedensten Kosmotomen verweilen, Dich in alle möglichen Weltlichkeiten verstricken. Selbst die letzten 2 000 Jahre sind ein herrlicher Beweis für Deine Entscheidungsfreudigkeit im negativen Sinne.

In Deinem schon angesprochenen ersten irdischen Leben hast Du während Deiner 63 Lebensjahre fünfmal Deine grundsätzliche Entscheidung geändert. Du bist mit großer Euphorie vom Jupiter auf die Erde übersiedelt, nachdem Du dort eine 300 Jahre lange Ausbildung für Dein Unternehmen bekommen hast. Es wurden Dir genau die Fallgruben gezeigt, die auf dieser Erde für jeden Unentschlossenen aufgestellt sind. Es wurde Dir auch gesagt, daß Du Dich nicht nur vor den Menschen hüten mußt, sondern auch vor den Einflüsterungen der vielen nicht inkarnierten Geistwesen.

Die ersten 25 Jahre hast Du Dich auch relativ gut gehalten, weil Du eben eine sehr strenge Erziehung durch Deinen Vater genossen hast, war er doch als Vorsteher eines größeren Gebietes in Kleinasien verantwortlich. Er hat Dich auch immer wieder gemahnt, den göttlichen Grundsätzen treu zu bleiben, war er doch einer, der Dir vom Jupiter vorangegangen war, um Dich auf dieser Erde einzuführen. Nach seinem Ableben ging er wieder zum Jupiter zurück, da er seine Mission erfüllt hatte.

Warum ist er nicht auf der Erde geblieben?

Es war nur seine Aufgabe, Dich einzuführen. Er hat in sich noch nicht den brennenden Wunsch, mit mir in meiner Welt zu leben. Dafür hat er noch zu große Angst und wäre auch in der nächsten Zeit davon noch nicht abzubringen. Er lebt noch immer auf dem Jupiter und fragt hin und wieder nach Deinem Befinden. Wie Du ja weißt, wollen die Bewohner des Jupiters alles sofort erreichen. Wenn es nicht gleich geht, dann verzweifeln sie rasch und lassen davon ab. Jetzt wurde Dein Vater darin bestätigt, weil es bei Dir auch schon so lange dauert. Das könnte er überhaupt nicht ertragen. In den nächsten Monaten kannst Du ihn ja einmal besuchen, um ihm über Deinen derzeitigen Zustand zu berichten. Was meinst Du?

Ja, das ist eine sehr gute Idee. Ich wollte schon immer wieder einmal meine letzte Wohnstätte vor dieser Erde besuchen. Ich glaube, ich könnte ihm einiges sagen.

Aber, warte noch ein wenig. Es gibt noch einige wichtige Dinge vorher zu besprechen, damit Du für ihn gut vorbereitet bist. Du kennst ja die Verhältnisse auf dem Jupiter. „Geduld haben“, haben sie nicht erfunden. Darum muß jedes Wort, jedes Auftreten, jedes Handeln wirklich passen. Dann wird auch die Ernte eine große sein, und Du kannst dann die einen oder anderen zum letzten Schritt auf die Erde mitnehmen. Die Betreuung obliegt dann natürlich auch Dir.

Bin ich dieser Aufgabe schon gewachsen?

Ja, sonst würde ich es Dir nicht sagen. Du hast Deine Arbeiten im Jenseits bisher auch sehr gut gelöst. Seit nunmehr über 20 Jahren hast Du im Jenseits gute Dienste geleistet. Du hast es ja selbst immer wieder erlebt, daß manche, ja viele Verstorbene erst durch Dich als Lebenden davon überzeugt werden konnten, daß sie Eure diesseitige Welt verlassen hatten, daß sie tot sind, wie Ihr sagt.

Du sagst es. Es war wirklich nicht immer leicht, diese Geister davonzu überzeugen, daß sie nicht mehr inmeiner diesseitigen Welt leben. Die Einbildung ist wirklich groß. Nur, ich brauche mich nur selbst bei der Nase zu nehmen. Ich machte ebenfalls genau dasselbe. Darum bin ich so froh, daß ich die Chancen in diesem Leben nutzen konnte und mir diese Möglichkeit eröffnet habe. Es war aber gewiß nicht leicht, das dem einen oder anderen hier auf dieser Erde zu sagen. Viele haben mich einfach als Wahnsinnigen abgestempelt. Und oft habe ich mich selbst gefragt, warum ich mir das überhaupt antue.

Angst - allgegenwärtig

Das stimmt. Aber, es hat sich gelohnt. Feigheit war nie ein Thema für Dich. Nur feige Menschen attackieren, machen jemand nieder, weil sie vor sich selbst die größte Angst haben. Sie glauben nämlich immer noch, sie würden für ihren Fehler, den Gedanken der Trennung zu haben, bestraft. Die Strafe ist aber bis jetzt nie gekommen und wird auch nicht kommen. Darum ist die Angst völlig unbegründet. Erst wenn jemand das erkennt, dann kann er seine Angst abbauen. Ich sage deswegen abbauen, weil diese Angst derart groß ist, daß nur kleinste Dosen des Abbaus möglich sind, ohne daß man dabei wieder in größte Bewußtlosigkeit verfällt. Berücksichtige das immer im Umgang mit Deinen Mitmenschen. Sie haben alle unglaublich große Angst. Angst vor dem Untergang, Angst vor der Armut, Angst vor den Menschen, Angst, Angst, Angst. Darum gehe bitte in Zukunft immer sehr behutsam vor, so wie Du es vorbildlich im Jenseits getan hast.

Das werde ich. Ich verspreche es Dir.

Warum sind wir eigentlich auf die Idee gekommen, uns von Dir trennen?

Das ist wirklich eine sehr gute Frage, die ich Dir nicht einmal beantworten kann. Es gibt wohl sehr wenige Fragen, die ich offen lassen muß. Aber das ist eine davon. Obwohl ich allwissend bin, was meine Schöpfung betrifft, so kann ich Dir beim besten Willen nicht sagen, warum jemand auf eine solche Idee kommen kann. Daß man auf die Idee kommen kann, das ist sehr wohl möglich. Aber diese Idee trotz der lebendigen Vollkommenheit dann zur Ausführung zu bringen, geht sogar über meine göttliche Vorstellungskraft hinaus. Ich hoffe, Du verstehst, daß ich als Gott diese Idee nicht ausführen kann, da ja sonst die gesamte Schöpfung mit einem Schlag mit mir verschwinden würde. Ich kann aber nicht verschwinden, so daß es mir unmöglich ist, dies auch tatsächlich auszuführen.

Ich verstehe natürlich, daß das jetzt für Dich schwer verständlich ist. Aber was mir selbst nicht einleuchten kann, kann ich eben nicht erklären. Die Frage müßtest eigentlich Du selbst beantworten, weil Du diese Idee ja zur Ausführung gebracht hast, da Du ja in der Scheinwelt lebst. Ich muß mich jetzt für Dich so geschwollen ausdrücken, da Eure Traumwelt für mich keinerlei Wirklichkeit besitzt. Also, wie würdest Du diese Frage beantworten?

Das muß ich mir jetzt sehr genau überlegen. Ich kann es einmal probieren. Vielleicht wollten wir mehr sein als die Unendlichkeit? Verrückt, nicht wahr? Oder vielleicht wollten wir eine zweite Ewigkeit sein? Oder vielleicht wollten wir selbst Schöpfer sein, um ebenso vollkommene Welten zu schaffen und zu regieren? Aber ganz ehrlich gesagt, ich weiß es nicht. Jede Erklärung kommt mir einfach nur verrückt vor. Ist doch die Idee der Trennung schon verrückt, so kann alles dahinter Nachkommende auch nur noch verrückt sein, oder?

Ja, da hast Du vollkommen recht. Ist der Grund verrückt, so ist das Gebäude genauso verrückt. Es ist wirklich nicht leicht, Unvollkommenes, das nie unvollkommen wurde, der Vollkommenheit zu erklären. Hier sind wir wahrlich am Ende der Dinge, denn alle Dinge sind nichts als pure Einbildung in einem finsteren und leeren Raum, der in Wirklichkeit gar nicht existiert.

Aber ich habe doch alle meine Existenzen, so wie diese, wirklich erlebt, oder?

Alles ist hier ein Kreislauf

Ja, das hast Du in Deiner Traumwelt wirklich. Nur wenn die Traumwelt nicht die Wirklichkeit ist, wie sollen dann Deine Existenzen wirklich sein? Sie sind nur flüchtige Momente des Traums, die sich sooft wiederholen, bis Du endlich verstanden hast, daß Deine Leben sich im Traum nur im Kreise drehen, so wie sich alles im Kosmos nur im

Kreise dreht. Das wird Dir doch schon aufgefallen sein. Alle Gedanken gehen oder laufen im Kreis. Es gibt in Eurer Welt keine linearen Bewegungen. Alles läuft kreisförmig.

Betrachtet nur Eure Atome, Eure Planeten, die Monde, die Geschichte der Menschheit. Alles kommt immer wieder, auch wenn die äußeren Formen etwas anders aussehen. Ihr habt einen Tageskreislauf, einen Jahreskreislauf, einen Lebenskreislauf der Geburt, des Wachsens, des Todes. Selbst der Teil meiner Schöpfung, der sich in die vermeintliche Trennung begeben hat, kreist mit großer Geschwindigkeit in meiner Schöpfung. Ich nenne diesen Teil der Schöpfung den verlorenen oder träumenden Sohn, der, unendlich geteilt in sich selbst, die Grundlage für Euer materielles Universum bildet. Ihr alle seid Glieder dieses träumenden Sohnes, den Ihr im Christentum Luzifer nennt, der nach wie vor mein Licht (lat. lux, lucis) in sich trägt (lat. ferre).

Es stimmt, ich habe das Licht von mir aus verstärkt, damit es überhaupt zu einer Rückführung in meine wirkliche Welt kommen kann. Aber es ist nach wie vor sein Licht, das jeder von Euch zur Übergenüge zur Verfügung hat. Darum habt Ihr unter Euch Menschen, die hellere, manche dunklere Charaktere haben. Bei dem einen sind Liebe und Weisheit schon stärker ausgeprägt, beim anderen noch nicht.

Eines kann ich Dir aber an dieser Stelle versprechen. Jeder wird es irgendeinmal schaffen, wieder in mein Reich zurückzukehren. Es gibt zwar eine mögliche ewige Stätte der Trennung, aber eine ewige Trennung gibt es nicht. Die ewige Stätte der Trennung wird immer dieser Gedanke sein, der Euch in diesen Umstand geführt hat. Aber wer wird ihn nach durchlebter Erkenntnis noch einmal in die Tat umsetzen wollen? Hast Du Dich einmal auf der Herdplatte ordentlich verbrannt, so wirst Du sie freiwillig wohl nie mehr berühren wollen.

Ja, da hast Du gewiß recht. Heißt das, daß wir dann, wenn einmal aufgewacht, nie mehr wieder schlafen können? Oder, anders ausgedrückt: - einmal den Trennungsgedanken abgelegt, immer abgelegt?

Ja, das heißt es. Es haben in den Jahrbillionen und beinahe Ewigkeiten schon viele Geistwesen den Gedanken der Trennung abgelegt und sind wieder zu mir zurückgekehrt. Keiner von diesen hat je wieder den Gedanken der Trennung aufleben lassen. Auch wenn die Erlösung noch nicht vollständig ist, weil ja noch so viele Geistwesen fehlen, so leben alle diese Erwachten in größter Einheit mit mir und unter sich. Sie sind natürlich alle äußerst bestrebt, alle Geistwesen zum Erwachen zu bringen, so daß alle Bemühungen auf die Weckung der Brüder und Schwestern gerichtet sind. Doch das tut ihrer Begeisterung, ihrer Freude und Glückseligkeit in der Einheit keinen Abbruch, so wie Ihr Euch keine Sorgen über die Schlafenden macht, die Ihr gerade zu bewachen habt. Ihr laßt nicht zu, daß ihnen überhaupt etwas Schlechtes passieren kann. Bei mir in meiner Welt kann schon gar nichts Schlechtes oder Böses passieren, weil es das bekanntlich überhaupt nicht gibt.

So führen Euch diese schon wieder Erwachten durch Eure Träume und Traumwelten. Sie verwenden dabei jede Möglichkeit, Euch dem ewigen Morgen ein Stück näher zu bringen. Jedes Mittel ist ihnen dabei recht. Diese können, von Eurer Warte her betrachtet, auch ziemlich unangenehm und brutal sein. Doch merke Dir, daß die Welt für sie keine Realität hat. Alles dient nur einem einzigen Zweck, nämlich das Wecken aus dem Schlaf. So ist es Dir auch im ersten irdischen Leben ergangen. Du hattest am Schluß Deines Lebens eine Menge Feinde gehabt, die es dann auch in einer Verschwörung geschafft haben, Dir gewaltsam unter grausamsten Bedingungen Deinen Körper zu nehmen.

Das klingt ja nicht sehr erbauend. Darf ich Dich fragen, was passiert ist?

Du kannst alles fragen. Es bringt zwar für den Rückweg nichts, oder sagen wir beinahe nichts, weil Du die damit zusammenhängenden Probleme schon weitestgehend aufgearbeitet hast. Doch ein winziger Rest an Haß und Zorn ist doch noch übrig geblieben, der sich besonders gegen Menschen richtet, die Dir Deinen freien Willen nehmen wollen.

Ja, das stimmt. Aber warum ist das alles so gekommen?

Das erste Leben auf dieser Erde

In Wirklichkeit ist gar nichts passiert, weil Du ja schon weißt, daß Eure Welt nicht wirklich ist. Aber bleiben wir jetzt in Deiner Traumwelt und betrachten wir einmal, was hinter Deinem ersten irdischen Leben an Lernprozessen abgelaufen ist. Wie gesagt, hat Dich Dein Vater sehr streng erzogen, weil er von uns intuitiv wußte, daß Du mit ihm gemeinsam zu diesem Zweck auf diese Welt gekommen bist. Er hat sich natürlich auch für mein irdisches Dasein sehr interessiert und ist deswegen sogar nach Jerusalem gereist, um über mich authentische Erkundigungen einzuholen. Er hat sich über alles Notizen gemacht, die er dann später mit Dir Wort für Wort durchgegangen ist.

Er war auch im Kloster der Essener. Mit großem Bedauern mußte er damals schon feststellen, daß nicht nur mein Leben, sondern auch meine Lehre von großen Verfälschungen betroffen waren. Von den Essenern erfuhr er, daß ich als Nahrung vorwiegend nur Früchte und einige Gemüsesorten, Trockenfrüchte und reines Wasser bevorzugt habe. Meine Lehre war die der Liebe und Weisheit, die nicht von Bedrohung oder Strafe sprach, sondern mit viel Geduld und Einfühlungsvermögen den Menschen dieser Zeit einen Betrachtungsweg vorschlug, ihre Feindseligkeiten untereinander einem Leben in Einheit weichen zu lassen. Ich bin ja nicht umsonst genau zu dieser Zeit gekommen, wo praktisch das religiöse Leben in tiefster Apathie lag. Jedes religiöse Amt war gleichzeitig ein politisches, so daß Willkür und eigene Gesetzesinterpretation der Mächtigen tagtäglich gang und gäbe waren.

Dein Vater war über das Vorgehen der Menschen schlechthin entsetzt. Nach ca. einem halben Jahr war er mit seinen Erkundigungen fertig und kehrte nach Kleinasien zurück. Du warst mittlerweile ein Bürschchen von 14 Jahren geworden, so daß er es schon als angebracht sah, Dich über seine Erkenntnisse aufzuklären. Du warst ein ausgesprochen aufmerksamer Zuhörer.

Auch Du kamst zu dem Ergebnis, daß die Menschen durch und durch schlecht und böse seien, ein Relikt, das Ihr beide vom Jupiter mitgenommen habt. Auch dort gibt es sehr strenge Unterscheidungen zwischen Gut und Böse. Aufgrund dieser Erfahrungen wurdest Du in Deiner Geisteshaltung sehr hart zu Deinen Mitmenschen und trachtetest, alle Menschen nach Deinem strengen Gesetz zu beurteilen, ja sogar zu verurteilen. Du brachtest zwar sehr viel Ordnung in Deinen Verwaltungsbezirk, dem Du dann viele Jahre lang vorstandest, doch Liebe wurde Dir dafür keine entgegengebracht, weil das Gesetz und nicht die Liebe im Vordergrund stand.

So wurdest Du aufgrund Deiner Strenge ein sehr reicher Mann und hattest eine recht große Familie, die Dich Deines Erfolges wegen sehr verehrte, aber nicht liebte. Durch Deine Tätigkeit als Verantwortlicher wurden aber auch Deine Untertanen sehr erfolgreich und damit auch sehr reich. Reiche Menschen haben aber, wie Du ja weißt, meist sehr viel Zeit und neigen früher oder später, besonders die Erben, zu Trägheit und Faulheit. So wurden in Deinen Jahren Intrigen gesponnen, wie man Dir die Macht, die Du nun seit vielen Jahren innehattest, entreißen könnte. So wurdest Du zu einer Versammlung eingeladen mit dem Vorwand, Dich für die vielen Verdienste um die Region speziell zu ehren.

Nach den großen Feierlichkeiten, bei denen auch viel Volk anwesend war, wurdest Du von den Reichsten der Versammlung noch privat in den Weinkeller eingeladen, durftest aber niemand sonst mitnehmen. Hier ergriffen sie Dich und marterten Dich einige Stunde lang mit allen möglichen Foltergeräten zu Tode. Sie waren dabei so schadenfreudig und gemein, daß sie Dich richtig zum Kochen vor lauter Wut brachten. Niemand konnte Dir helfen. Dein Leichnam wurde dann in einer vorbereiteten Feuerstelle eingeäschert, so daß später niemand mehr eine Spur von Dir finden konnte.

Viele Mythen haben sich dann um Dein Verschwinden gerankt. Statuen wurden zu Deiner Erinnerung gefertigt und mit viel Pomp und Glanz auf öffentlichen Plätzen aufgestellt. Einige Zeit später wurde das damals Phrygien genannte Gebiet durch ein gewaltiges Erdbeben völlig zerstört.

Die Schriften Deines Vaters von seiner Reise nach Judäa hast Du sorgsam aufbewahrt. Abschriften davon kamen dann mit Deinen Lehrern, die Dich bis zu Deinem 40. Lebensjahr stets begleitet haben, in den indischen Raum, wo sie dann in einer großen Bibliothek in der Nähe vom Himalaja aufbewahrt und als höchst wichtige Quelle für die Ausbildung großer Geistwesen Verwendung fanden.

Du bist auch mit einigen meiner Jünger und Apostel zusammengetroffen, die Dir von meinem Wirken berichteten, das Du mit großer Inbrunst und Freude, aber immer wieder mit großem innerem Groll wegen Deines Versäumnisses, nicht direkt dabei gewesen zu sein, aufgenommen hast. Übrigens war der Auslöser Deines Versäumnisses wiederum nur Groll.

Ihr habt auf dem Jupiter eine Bildungsreise zu einem weisen Mann unternommen, um von ihm die letzten Informationen über meine bevorstehende Inkarnation einzuholen, wurdet aber durch eigene Fehler beim Anmarsch zu seinem Domizil weit in Eurem Zeitplan zurückgeworfen. Ihr wolltet eine Abkürzung durch eine Schlucht nehmen. Doch die war aufgrund eines Unwetters, das einige Tage vorher in dieser Gegend gewütet hatte, völlig mit Geröll und Schlamm verlegt. So verlort Ihr wertvollste Zeit, die Ihr später nicht mehr einholen konntet. Beim weisen Mann angekommen, mußtet Ihr feststellen, daß er aufgrund Eurer Verspätung nicht mehr zuwarten konnte und auf eine andere Tour gegangen war, von der er erst längere Zeit später zurückkehrte.

Das Warten auf ihn stellte Euch wieder auf eine harte Geduldsprobe. Auch intensive Konsultationen mit den dort ansässigen Berggeistern konnten Euch keine Hilfe sein, obwohl Ihr die vielen Informationen wohlwollend aufgenommen habt. Eure Ausbildung beim zurückgekehrten Weisen dauerte dann auch noch länger, weil Eure Ungeduld wieder einmal die erforderlichen Resultate, um auf die Erde wechseln zu können, dementsprechend verzögerte. Als Ihr dann für den Abreisevertrag bereit ward, war auf der Erde schon meine Zeit voll im Gange. Dein Vater durfte als erster abreisen. Deine Ausbildung dauerte dann fast 30 Jahre länger, was auf dem Jupiter nicht mehr als ungefähr 2½ Jahre im Vergleich bedeutet. Es wurden Dir auch einige Begleitpersonen mitgegeben, die sich nach Deiner Geburt und einigen Monaten darauf wieder zurück auf den Jupiter begaben.

Es war gerade zu dieser Zeit nicht sehr leicht, als Kind wirklich zu überleben. So war diese Hilfe in den ersten Monaten für Dich absolut lebensnotwendig, waren die politischen Wirren zu dieser Zeit besonders groß, auch wenn die Römer versuchten, Frieden und Eintracht zwischen den Völkern zu stiften. Doch ist eine Besatzungsmacht für freiheitsliebende Völker immer ein rotes Tuch. Darum darf es Dich nicht wundern, wenn das Leben gerade in Deiner Gegend nicht ungefährlich war. Außerdem wurden damals viele Kinder aus Deinem Bezirk geraubt und in die Gegend Roms verfrachtet, um dort als Sklaven oder als Sexualobjekte dem Hochadel dienlich zu sein.

Deine Mutter wurde auf offener Straße aufgegriffen und verschleppt, als Du sieben Jahren alt warst. Selbst die höhere Stellung Deines Vaters konnte hier nicht helfen, wodurch er dann besonders hartherzig wurde, wie ich Dir schon erzählt habe. Er nahm sich später noch einmal eine Frau, mit der Du aber nicht richtig zurechtkommen konntest, weil Du ihr rechthaberisches und sarkastisches Getue nicht leiden konntest. Als

Aufgrund Deiner profunden Ausbildung von nicht wenigen Lehrern war Dein Weg nach oben schnell beschritten. Du warst sogar einmal nach Rom zum Kaiser wegen Deiner über alle Grenzen hinweg bekannten Weisheit eingeladen, die Du auch angenommen hast. Entsetzt über die Zustände, hast Du diese Welt des Wahnsinns aber schnell wieder verlassen. Einmal mußtest Du sogar das blutige Treiben gegen die immer mehr werdenden Christen miterleben, die insgeheim alle Deine Freunde waren.

Zu Hause angekommen, gründetest Du einen eigenen Geheimbund, der sich mit der Weisheit aller bekannten Religionen beschäftigte, insbesondere natürlich mit meinen neuen Lehren. Das gab Dir zwar eine große Befriedigung, doch der innere Groll über die verpasste Chance, mich persönlich kennenzulernen, zog sich bis zu Deinem gewaltsamen Ende wie ein roter Faden durch Dein Leben. Im Jenseits angekommen wurdest Du von Deinem Vater in die jenseitigen Welten des Jupiters zurückgeholt. Über 200 Jahre verbliebst Du dort, mehr in Apathie und Bedrücktheit als sonst irgendetwas.

Erst Shilaton konnte Dich wieder so weit animieren, daß Du zur Erde zurückkehrtest, um wiederum einen neuen Anlauf zu nehmen, das hohe Ziel zu erreichen. So wurdest Du in der griechischen Gegend nahe Athen wieder in einen Körper geboren. Bist Du mit meinen Ausführungen zufrieden, oder willst Du noch mehr über den einen oder anderen Punkt wissen?

Momentan bin ich etwas verblüfft über Deine klaren Aussagen. Natürlich interessieren mich alle Details aus diesem Leben. Ja, eigentlich würden mich auch alle folgenden interessieren. Ich weiß aber nicht, ob dadurch nicht der Rahmen unseres Vorhabens gesprengt würde. Diese Beurteilung kann ich beim besten Willen nicht selbst vornehmen.

Oh, nur keine falsche Bescheidenheit. Deine Lebensgeschichte ist gar nicht so einzigartig, wie Du vielleicht glauben magst. Alle Deine Mitbrüder und Mitschwestern haben Ähnliches durchgemacht. Ich könnte Dir aus Deiner unmittelbaren Umgebung die Lebens- und Leidensgeschichten bis ins kleinste Detail schildern, und Du würdest dabei für Deine eigene Entwicklung Unendliches gewinnen. Ihr seid alle eins. Ihr erlebt alles gleichzeitig. Dein Leben ist auch mein Leben, und das Leben irgendeines anderen ist auch mein und Dein Leben. Darum hört Ihr so gerne Geschichten von anderen, weil Ihr in diesen Eure eigene Geschichte wiedererkennt.

Auch Deine jetzigen Freunde und Bekannten sind Dir das eine oder andere Mal schon hie und da als Begleiter, als Freunde oder sogar als Todfeinde untergekommen. Du wirst noch viel Spaß haben, wenn Ihr Euch von Euren gemeinsamen Abenteuern in fernen oder nahen Landen erzählt. Das ist aber erst alles dann möglich, wenn Ihr schon einen hohen Grad der Nichttrennung erreicht habt. Ich sage deswegen Grad, weil das in Eurer Welt stufenweise zu erfolgen hat. Ihr könntet eine plötzliche Wiederherstellung der Wirklichkeit nicht ertragen. Aus diesem Grund werdet Ihr auch von mir und meinen Dienern schrittweise vorbereitet.

Ich glaube, wir haben für heute hier auf dieser Welt genug gearbeitet. Heute Nacht werden wir uns noch auf einen kleinen Ausflug begeben, um einigen Deiner Freunde und Bekannten von früher einen für sie und für Dich wichtigen Besuch abzustatten. Ich wünsche Dir daher einen für Deinen Körper geruhsamen Schlaf und Dir einen aufregenden und lehrreichen Ausflug mit mir und einigen ganz speziellen Freunden. Gute Nacht.

Danke, ich freue mich schon. Dir gute Nacht zu wünschen ist wohl überflüssig.

Ja, das hast Du recht. Meine Ewigkeit und Unendlichkeit kennt im immerwährenden Licht keine Nacht.

27. Juni 2002

Guten Morgen. Habe Dank für die interessante Nacht. Ich habe sehr tief und gut geschlafen.

Ja, das habe ich gemerkt. Aber trotzdem haben wir eine schöne Zeit in Hundarsa verbracht.

Hundarsa? Was ist das?

Besuch eines fernen Kosmotoms

Ein Sonnensystem, ungefähr 95 Milliarden Lichtjahre nach Eurer Rechnung vom Zentrum entfernt, in einem Kosmotom, das etwas oberhalb des Knies liegt.

Was meinst Du damit?

Ich habe Dir ja gesagt, daß ein Teil des Sohnes, meiner Schöpfung, in den Trennungsglauben gefallen ist. Diesen Teil des Sohnes nennt Ihr Luzifer. Er hat natürlich so wie Ihr eine menschliche Form. Sein Körper besteht aus unzähligen Einzelteilen, so wie Euer Körper aus unzähligen Zellen besteht. Diese Einzelteile sind die Kosmotome, gefüllt mit unzähligen Sonnen und Planeten. Jedes Kosmotom ist umgeben von einer Kosmotomenhaut, wie Eure Körperzellen auch von einer Haut umgeben sind. Auch Eure Zellen beinhalten unzählige andere Zellen, so daß der Vergleich miteinander sehr berechtigt ist.

Alle Sonnen und Planeten bewegen sich im ätherischen Wasser, das sehr leicht und für Euch nicht wahrnehmbar ist. Auch in Euren Körperzellen ist das Medium Wasser, das aber natürlich sehr dicht und schwer ist, so daß die Bewegungen der in ihm wohnenden Lebewesen, der Zellen, nur sehr gering ausfallen.

So haben wir in dieser Nacht ein Kosmotom besucht, das Eurem sehr ähnlich ist. Euer Kosmotom befindet sich in der linken kleine Zehe am äußersten Rand, damit Du einen ungefähren örtlichen Begriff hast, obwohl das für unsere Zwecke beinahe völlig unwichtig ist. Mein persönliches Lebenszentrum in Luzifer befindet sich im Herzen, für ihn eingeschlossen in einem kleinen Kämmerchen, also völlig verdrängt und vergessen.

Natürlich weiß Luzifer das, so wie jeder Mensch auf der Erde weiß, daß die Liebe, also ich, im Herzen sitzt. Derzeit wird in allen Kosmotomen der allgemeine Weckvorgang vorangetrieben. Ganz besonders wichtig sind daher die Informationsauftritte von Erdenbewohnern in diesen Gebieten, weil die von meinem irdischen Leben direkt berichten können. Solche Auftritte sind lange vorbereitet und angekündigt, so daß immer sehr viele Geistseelen anwesend sind.

In der heutigen Nacht war ich mit Dir und einigen Deiner Freunde wieder einmal unterwegs, um vielen Wartenden nicht nur die ersehnten Informationen zu bringen, sondern auch mit meiner und Eurer Anwesenheit kräftig zu bezeugen. Wir haben dies schon sehr oft gemacht, wobei Du meistens den einleitenden und abschließenden Teil in Form eines herrlichen Klavierspiels übernommen hast. Meistens konntest Du Dich in der Früh sehr klar und deutlich an das Spielen erinnern, ja es war manchmal so heftig und so schön, daß Du sogar körperlich aufgewacht, auf die Toilette gegangen bist, Dich noch einmal niedergelegt und weitergespielt hast, weil Du noch nicht fertig warst.

Doch heute hast Du eine flammende Rede an die vielen Geistseelen gehalten, die dann in einen förmlichen Freudentaumel geraten sind. Ich selbst war über Deine Worte sehr begeistert, waren es doch auch meine eigenen, die ich Dir treulich gemäß unseres gemeinsamen Willens in den Mund gelegt habe. Das Kernstück Deiner Rede war natürlich der überall vorherrschende Glaube an die Trennung von mir. Du konntest sie von diesem Punkt derart überzeugen, daß sogar einige von den Millionen Zuhörern spontan zu mir zurückgekehrt sind. Diese konnten mich dann auch auf der Bühne neben Dir stehen sehen. Sie bahnten sich daraufhin sofort den Weg zu mir hin und umarmten und begrüßten mich weinend und lachend vor lauter Freude.

Ich selbst bin immer wieder völlig gerührt über dieses freudige Wiedersehen. Nach Deiner Rede wurden diese 35 Geistseelen von Dir noch in ihre Aufgaben in ihrem Sonnensystem eingeweiht und aufgeklärt. Shilaton und Alkapha halfen Dir wie immer dabei. Nach einem gemeinsamen Mahl, natürlich nur natürlich Lebendiges, verabschiedeten wir uns von ihnen und kehrten wieder auf die Erde zurück, wobei dieser Abschied keine Trennung ist, sondern nur eine Änderung der Aufmerksamkeit. Die Verbindung bleibt immer aufrecht, weil Einheit keine Verbindung braucht.

Haben diese Menschen dort ähnliche Probleme wie wir auf unserer Erde?

Absolute Willensfreiheit auf der Erde

Ja und nein. Eure Erde ist der einzige Platz, wo absolute Willensfreiheit gegeben ist. Diese Freiheit gibt es sonst nirgendwo. Aber da die Menschen, die außerhalb der Erde inkarniert sind, mit dieser absoluten Willensfreiheit keine eigenen Erfahrungen haben, können sie auch nicht wissen, was diese Freiheit bedeutet. Sie glauben, in all ihren Entscheidungen völlig frei zu sein. Das ist aber außerhalb der Erde nicht der Fall. Dort ist das Leben mehr oder weniger geführt und gelenkt.

Darum herrschen dort auch mehr Rituale, Zeremonien, Kulte und verpflichtende soziale Umgangsformen vor als bei Euch. Im Vergleich könnte man sagen 1 000 zu 1. Durch diesen äußeren Ordnungszwang gibt es natürlich nicht so viele Lebensformen wie bei Euch. Man könnte sogar sagen, daß bei Euch jeder seine eigene Religion und Lebensphilosophie hat. Auch das Bemühen vieler Menschen, Konformität untereinander zu erlangen, scheitert immer wieder, wie die Menschheitsgeschichte bei Euch ja beweist.

Du als begeisterter Fußballer hast ja die Nationalitätenbildungen bei der derzeitigen Weltmeisterschaft ganz leicht beobachten können. Jetzt sind die Nationen, die noch im Wettbewerb sind, durch das äußere Ziel vereint. Doch wenn alles zu Ende ist, zerfällt diese Zweckgemeinschaft wieder. So ist es überall bei Euch.

In den außerirdischen Lebensgemeinschaften läuft das ganz anders ab. Hier sind Gemeinschaften langfristig, ja beinahe ewig angelegt. Das hat aber den Nachteil, daß nur ganz wenig wirklicher Fortschritt möglich ist, weil die multikulturelle und multipersonelle Komponente wegfällt. Es gibt daher keine großen Revolutionen und Umwälzungen. Ja, man müßte sogar sagen, daß es, mit Euren Augen gesehen, dort ziemlich langweilig und fade dahingeht. Doch das merken die Bewohner dieser Welten nicht.

Ganz anders bei Euch. Hier scheint jeder seine eigenen Wege zu gehen. Gehen viele den Weg zu mir, so werden wenige Katastrophen, Kriege, Krankheiten usw. zu bemerken sein. Gehen aber viele den Weg des Hasses, des Zorns und des zerstörerischen Egoismus, dann wehe Dir, wie die Geschichte schwarz auf weiß beweist. Darum ist es bei Euch hier auf der Erde weit schwieriger und weit leichter, das höchste Ziel, die Aufhebung der Trennung, zu erreichen.

Das klingt ja alles sehr hoffnungsvoll und hoffnungslos zugleich. Eine so große Doppeldeutigkeit habe ich eigentlich nicht erwartet.

Unendliche Meinungsvielfalt

Sei doch froh über diesen großen Rahmen. Dadurch wird Euer Leben wirklich bunt. Meinungen über Meinungen beherrschen Euren Alltag. Und doch suchen alle nach dem großen Glück. Alle wissen von mir Bescheid, auch die Gottlosen, die von sich selbst behaupten, sie glauben an keinen Gott. Sie sprechen aber in dem Moment schon das Wort Gott aus, was schon meine Existenz beweist. Diese sind mir neben den wirklich Gläubigen auch am liebsten, denn sie suchen nach allen möglichen Argumenten, um zu beweisen, daß es mich nicht gibt. Aufgrund dieses Vorgehens kommen sie mir immer näher, bis sie mich vollends erreicht haben. Dann brauchen sie keinen Beweis mehr. Denn wenn ich direkt und unmittelbar vor ihnen stehe, hat sich alles andere erübrigt.

Sehr problematisch sind aber die weder Gläubigen noch Leugnenden. Denn diese machen sich in ihrer Lethargie nicht einmal Gedanken über das Leben. Sie sind am schwersten aus ihrem Trott und aus ihren Gewohnheiten herauszulocken. Hier müssen dann schon andere Mittel zur Anwendung gebracht werden, um sie irgendwann aus ihrem Schlaf zu wecken. Doch keine Sorge, alles hat seine Zeit. Not macht bekanntlich erfinderisch. Und die Not kommt bestimmt in der Leere.

Ja, da hast Du nach meiner Meinung vollkommen recht. Ich sehe es ja auch täglich, wie die Menschen ihre Meinung mit allen Mitteln verteidigen, obwohl sie ganz genau wissen und es auch sagen, daß es falsch von ihnen ist. Der Raucher sagt Dir ins Gesicht, daß Rauchen gesundheitsschädlich ist und raucht weiter. Dabei spielt es überhaupt keine Rolle, welches Bildungsniveau jemand hat. Ob Arzt oder kleiner Arbeiter, jeder macht das Gleiche. Er raucht. Genauso ist es beim Essen. Seit Jahren wird vor gewissen Nahrungsmitteln gewarnt. Was passiert? Die Umsätze dieser besagten Nahrungsmittel steigen und steigen. Ganz egal, wo man hinschaut, immer das gleiche Bild. Warum ist das so?

Ich habe Dir schon früher gesagt, daß dieser Planet der einzige überhaupt ist, dem die völlige Willensfreiheit gegeben ist. Dadurch entstehen alle diese Dinge, die Du täglich beobachtest. Aber lasse Dir darüber keine grauen Haare wachsen. Auch Du hast fast 2000 Jahre gebraucht, bis Du jetzt erst ins Klare darüber gekommen bist, um was es wirklich geht. Also, laß' auch den anderen die nötige Zeit, um zu dieser Erkenntnis zu kommen. Uns Himmlischen läuft nichts davon. Wir sind schon in der höchsten Glückseligkeit, die uns niemand nehmen kann, schon gar nicht die Träume der Schlafenden. Ich hoffe, Du kannst mich verstehen.

Ja, das kann ich. Heißt das, daß ich mich nicht mehr anstrengen soll, meinen Mitmenschen zu sagen, um was es hier wirklich geht?

Ja und nein. Lebe es einfach vor. Und wenn Dich jemand fragt, dann gib ihm die richtige Antwort. Alles andere ist überflüssig. Nur dem Suchenden kann geraten werden. Alle anderen leben meistens nur in ihrer Genußsucht. Diese wird mit allen Mitteln verteidigt. Du brauchst Dich doch nur in der Welt umzusehen. Nach was streben denn die meisten? Nur nach Genuß, nach Rauchartikeln, nach Fleisch, nach Käse, nach Heroin, nach Kaffee, nach Mehlspeisen, nach oberflächlicher Unterhaltung, nach Streitgesprächen, nach Klatsch, nach Bequemlichkeit, nach Sicherheit, die es nie geben wird, weil eine Traumwelt nie sicher sein kann, und nach vielem mehr. Die Liste ließe sich noch lange fortsetzen.

Doch wer will diesen Punkt wirklich verstehen? Einige weise Menschen haben gesagt, daß ihre größte Freude darin besteht, möglichst viele Dinge zu finden, die sie nicht brauchen. Sie haben recht. In meiner Welt gibt es keinen Mangel. Alles ist da. Nur in Eurer Traumwelt glaubt Ihr, einen Mangel zu haben. Es fehlt Euch etwas. Ich sage Euch, was Euch fehlt. Meine Wenigkeit fehlt Euch. Habt Ihr mich, so habt Ihr alles. Aber in Eurer Verblendung, in Eurem Traum habt Ihr nichts als einen leeren Raum, den Ihr mit allerlei Phantasiegebilden vollgestopft habt. Das ist Eure Welt. Eine Welt der Mängel, der Bedürfnisse, der Not, und damit ein Kampf um etwas. Alles völlig unnötig. Es gibt bei mir keinen Mangel und keine Not. Darum ist jeder Kampf überflüssig. Ich hoffe, diese Zeilen helfen Dir, Dich davon zu überzeugen, daß Du jetzt schon alles hast, wenn Du mich hast.

Ja, ich danke Dir. Man muß es immer wieder hören, damit es immer klarer und fester wird. Zu leicht lassen wir uns alle vom Wesentlichen abbringen. Wenn unsere Phantasien auch keine Realität haben, so haben sie doch eine unglaubliche Anziehungskraft. Das können wir täglich dort beobachten, wo es um Film und Fernsehen geht. Magnetisch werden wir von der Traumfabrik Film und Fernsehen angezogen. Auch Bücher sind nach wie vor wahre Magneten. Abenteuer beginnen im Kopf.

Meine Abenteuer sind wirklich, nicht phantastisch. Sie sind lebendig, nicht tote Leinwand oder totes Papier. Eure Abenteuer sind immer dieselben. Geburt – Lebenskampf – Tod. Ein beinahe ewiger Kreislauf. Einmal hier und einmal da. Einmal kurz, einmal lang. Wenn Du das in größeren Zeiträumen betrachtest, so in Jahrtausend- oder Jahrmillionenschritten, so wirst Du das ganz deutlich erkennen. So wie es bei Euch im Wirtschaftsleben immer um das gleiche geht. Geld verdienen, Geld ausgeben, Geld verdienen, Geld ausgeben. Produzieren, konsumieren, produzieren, konsumieren.

Dabei geht Ihr alle zugrunde, weil Ihr dabei nicht nur die Natur zerstört, sondern auch Euch selbst. Wie lange wollt Ihr in diesem Kreislauf noch weiterträumen? Mir macht es nichts aus. Ich kenne keine Zeit. Von mir aus könnt Ihr ewig weiterschlafen. Wenn aber einer von Euch um Hilfe und Beistand ruft, dann bin ich mit meinen Dienern sofort zur Stelle. Glaube mir bitte eines: Es rufen sehr viele Menschen um Hilfe, und das schon von der ersten Minute an. Und darum komme ich immer wieder und lasse von geeigneten Menschen verkünden, was ich Dir in den obigen Zeilen verkündet habe und noch verkündigen werde. Diese Zeilen sind nur für Hilfesuchende gedacht, sonst für niemand anderen. Für die bin ich jetzt da, und Du als mein Gesprächspartner auch. Also lasse Dich nie von anderen stören, die glauben, etwas besser zu wissen. An den Werken werdet Ihr die Leute erkennen, nicht an ihren Worten. In „Worte verlieren" seid Ihr alle ohnehin Weltmeister.

Ja, da kann ich Dir nur beipflichten. Leider. Ich freue mich schon auf morgen. Danke für die vielen Informationen und die vielen Aufmunterungen. Wir brauchen ständig immer wieder die gleichen Anstöße, um endlich auf die Reihe zu kommen. Zu schnell ist man wieder aus der Bahn.

Ja, das weiß ich am besten. Darum schicke ich Euch immer wieder, zu jeder Zeit, besondere Menschen, die sich trotz aller Angriffe von Eurer Seite unentwegt in die Schlacht werfen, ohne dabei auf sich zu schauen. Es gibt sehr viel zu gewinnen. Es gilt, eine Traumwelt gegen meine wirkliche Welt einzutauschen.

Danke. Ich freue mich schon auf morgen.

Ja, ich auch. Heute Nacht werden wir noch das eine oder andere zu erledigen bekommen. Mache Dich darauf gefaßt, es wird auch für Dich ein großartiges Erlebnis.

Da bin ich aber gespannt. Also, bis morgen.

29. Juni 2002

Einen schönen guten Morgen, Helmuth. Die Nacht war heute besonders aufregend, meinst Du nicht auch?

Ja, ich wünsche Dir auch einen guten Morgen. Die frische Luft hier in Hall ist eben ganz anders als in Wien. Außerdem war der abkühlende Regen für den hitzegeplagten Körper nicht unbedingt das Schlechteste. In den ersten Stunden der Nacht konnte ich diesmal nicht von hier wegkommen, weil meine Aufmerksamkeit nach wie vor bei der Genesung des Körpers war, der sich von den körperlichen Strapazen des Fußballspielens am Dienstag noch erholen mußte.

Ich weiß, daß es für Dich nach wie vor wichtig ist, den Körper während eines Spiels ziemlich bis ans Ende seiner Kräfte zu bringen. Ich habe auch nicht unbedingt etwas dagegen, weil es Deinen Körper damit sehr jung und frisch erhält. Mit 49 könntest Du aber etwas kürzer treten, überhaupt darum, weil Du ja noch 100 Jahre auf dieser Erde verweilen willst. Auch gegen dieses Vorhaben habe ich keine Einwände, weil wir beide hier noch einiges zu tun bekommen werden.

Kannst Du das bitte etwas näher erläutern?

Die Not der Menschheit wird immer größer

Die Menschheit wird in den nächsten Jahren in eine große Not kommen. Die größte Not wird dabei der körperliche Zustand sein. Die Menschen, wie Du ja ganz leicht in Deiner nächsten Umgebung sehen kannst, werden immer kränker, weil sie immer unnatürlicher leben. Es wird zwar in den sogenannten zivilisierten Ländern alles unternommen, das äußere Leben immer schöner und bequemer zu machen. Sie vergessen dabei aber ihren Körper und sein Innenleben vollständig.

Auch wenn hie und da sportliche Betätigungen propagiert und durchgeführt werden, so werden die dabei gewonnenen Vorteile und Nutzen unmittelbar danach durch unnatürliche Ernährung wieder aufgehoben. Mehr brauche ich Dir darüber ja nicht zu sagen, weil Du ja täglich von den Zuständen im Gesundheitsbereich in den Medien unterrichtet wirst. Die einzige Diskussion scheint sich dann nur um die Finanzierbarkeit des Gesundheitssystems zu drehen.

Dann darf es Dich nicht wundern, wenn nichts geschieht. Außerdem sind die Verantwortlichen überhaupt nicht daran interessiert, daß sich etwas ändert, würden doch durch positive Veränderungen die riesigen Geldströme eventuell versiegen, was für die sogenannten Verantwortlichen von großem Nachteil wäre. Das Gesundheitssystem hat sich seit 10 000 Jahren nicht geändert.

Seit der Veränderung der Lebensmittel durch Feuer versuchen sogenannte Medizinmänner immer wieder, Mittel anzupreisen, die den Bruch mit dem Naturgesetz heilen sollen. Das hat damals nicht funktioniert und wird auch heute nicht funktionieren. Die einzig mögliche Heilung besteht nur in der Rückkehr zur Natur. Überhaupt ist es z.Zt. beinahe unmöglich, die Massen auf eine natürliche Lebensweise zurückzuführen, weil die Indoktrination oder Gehirnwäsche schon so stark geworden ist, daß die Bildung der öffentlichen Meinung faktisch nur noch in den Händen des Kapitals liegt. Und die größten Kapitalträger sind eben neben den Kirchen die großen medizinischen Industrien, die praktisch das gesamte öffentliche Leben kontrollieren. Sie haben es bei Euch schon so weit gebracht, daß Euch sogar die Kosten eines Arztbesuches nicht mehr kundgegeben werden. Ihr zahlt einen gewissen Prozentsatz Eures Lohnes und habt Euch dadurch scheinbar kostenlos den Zutritt zu einer medizinischen Praxis verschafft. Die weiteren Wege brauche ich nicht extra zu schildern, weil sie allbekannt sind.

An Deiner Gesundheit ist im Grunde genommen niemand interessiert. Nur Geld spielt eine Rolle. Wie viel kann man an Dir verdienen, ist die Frage. Den meisten Menschen ist überhaupt nicht bewußt, daß Ärzte und alle anderen nichts anderes sind als freie Unternehmer, die Geld verdienen müssen. Würde er, der Arzt, das vergessen, müßte er Konkurs anmelden. Das wäre auch das Ende seiner beruflichen Laufbahn. Die meisten von Euch interpretieren eine hohe Ethik des Helfens hinein, dem aber nicht so ist. Bei Geld hört die Ethik auf. Es wird zwar die einen oder anderen Ausnahmen geben. Doch das Gros der Heilerbranche denkt und handelt so. Darum wird sich in Zukunft an Eurem körperlichen Zustand nichts ändern.

Ihr werdet immer kränker und dadurch lebensunfähiger werden. Daß dabei an eine geistige Weiterentwicklung nicht zu denken ist, ist leicht verständlich. Darum wird sich das durchschnittliche Lebensalter von ca. 80 Jahren nicht mehr wesentlich verändern, wobei meistens die letzten 40 Jahre schon von vielen Beeinträchtigungen begleitet sind. Würden aber die Menschen auf eine natürliche Lebensweise umsteigen, so könnten sie in einigen Jahrhunderten, wenn sich dadurch die genetischen Bedingungen auch wieder verbessert haben, Lebensalter von weit über 150 Jahren erreichen. Aber dafür ist es für Millionen von Menschen schon zu spät.

Dieser Bruch des Naturgesetzes wird alle zivilisierten Staaten in den Ruin stürzen. Das wird ganz besonders in den nächsten Jahren passieren. Auch die Selbstmordrate wird dramatisch steigen, weil die Schmerzen für viele unerträglich sein werden. Also, was haben Euch dann die zivilisatorischen Fortschritte gebracht? Sind es in Wirklichkeit nicht Rückschritte?

Wenn man Dir so zuhört, dann läuft es einem ganz kalt über den Rücken. Ich kann Dir auch nicht eine Silbe entgegensetzen, weil bei genauer Beobachtung der derzeitigen Situation die Lage tatsächlich so ist. Gesundheitsreformen sind immer nur Umschichtungen von Geldmitteln, sonst nichts. Auch wenn hie und da einmal Aufforderungen an die Bevölkerung ergehen, nicht zu rauchen oder dergleichen, so gibt es keinen Verantwortlichen, der an gesetzliche Maßnahmen denkt. Die Menschen sind alle sehr schwach geworden. Niemand will mehr Verantwortung übernehmen. Das ist der Lohn der Demokratie.

Das Gesetz der Liebe

Ja, da hast Du recht. Jemand, der einen Führer braucht, gibt seine Verantwortung ab. Darum ist jede Regierungsform ein schwerer Fehler, weil jede Regierung immer einen eigenen Verantwortungsverlust mit sich zieht. In meiner Welt gibt es keine Führer, weil jeder sein eigener Führer ist. Es gibt nur ein Gesetz, das in Wirklichkeit kein Gesetz ist. Es ist die Liebe. Liebe braucht keine Gesetze. Liebe ist. Und so lebt bei mir jeder nur die Liebe, die für sich und für andere nur das Beste und Liebste will. So einfach ist das.

So einfach könnte es auch bei Euch auf der Erde sein. Nur das wird sich in der Traumwelt nie ereignen, weil jede Traumwelt eine Trennungswelt ist. Und jede Trennungswelt ist lieblos und eigensinnig. Darum mußte ich Euch mit meinem Heiligen Geist, der auch ich bin, die Liebe wiederbringen. Der Heilige Geist ist die Verbindung zwischen mir und Euch, die Euch wieder zur unendlichen und ewigen Liebe zurückholen soll. Ohne diese Verbindung wäret Ihr für ewig und immer verloren gewesen, was aber in meiner Welt unmöglich ist. Darum wird jeder früher oder später wieder zu mir zurückkehren, ganz egal, wie lange es in Eurem Zeitdenken dauern mag.

Von mir habt Ihr überhaupt nichts zu befürchten. Ich strafe nie. Ich drohe nie. Ich trage Euch nie etwas nach. Für mich habt Ihr nie gesündigt, denn bei mir gibt es keine Sünde. Sünde ist nur eine Einbildung, die Ihr erfunden habt, um Euren Glauben an die Trennung zu rechtfertigen. Ich kenne keine Sünde und werde auch nie eine Sünde kennen. Ich kenne nur die Liebe, die alles verbindende, die einende, die alles erschaffende, die freie, die unendliche. Darum verabschiedet Euch vom falschen Denken, von der Sünde, von der Trennung, von diesem für Euch fatalen Gedanken. Habt Ihr das gemacht, dann braucht Ihr auch keinen Führer mehr. Dann seid Ihr wieder Euer eigener Führer, Euer eigener Herr, der nichts falsch machen kann, weil alle seine Bemühungen zu seinem und aller Wohl sein werden. Krankheit ist dann auch nie mehr ein Thema, weil niemand mehr gegen sein eigenes Naturgesetz verstoßen wird.

Das klingt sehr verheißungsvoll. Aber warum ist das alles bei uns so gekommen?

Es begann mit dem Feuer

Ich habe Dir schon gesagt, daß vor ca. 10 000 Jahren die unglückselige Entdeckung gemacht wurde, daß man mit Feuer auch die Nahrung verändern kann. Durch Kochen werden aber nicht nur die wertvollen Lichtinformationen, die von allen Sonnen in der Pflanze gesammelt wurden, vernichtet, sondern auch die Molekularstrukturen werden so stark verändert, daß Ihr zu tun habt, sie als Fremdstoffe wieder aus Euren Körpern zu schaffen.

Es ist Euch auch nicht bekannt, daß Ihr mehr Licht als Nahrung braucht als feste Lebensmittel. Die festen Lebensmittel sind nur für die Aufrechterhaltung der Strukturen notwendig und dienen Euch in Wirklichkeit nicht als sogenannte Energielieferanten. Die Energien bekommt Ihr eigentlich nur vom Licht. Darum machen Eure Wissenschaftler einen großen Fehler, nur den Zucker und dergleichen als Energiespender zu betrachten. Licht und Luft sind weit wichtiger.

Die Aufrechterhaltung der Strukturen kann ganz leicht mit natürlichen Lebensmitteln abgedeckt werden, wobei hier das Wasser und die darin gelösten Mineralien am wichtigsten sind. Es gibt kein besseres Wasser als das Wasser der Früchte. Und es gibt keine besseren Mineralien als die der Kräuter oder daraus gezüchteten Gemüse, wenn sie noch naturrein gezogen werden. Das sind die wichtigsten Stoffe für Euren Körper.

Es macht auch keinen Sinn, die lebende Natur in tote Einzelteile zu zerlegen und zu analysieren. Die Natur ist eine Einheit. Sie kann nicht isoliert betrachtet werden. Darum haben extrahierte und isolierte Stoffe überhaupt keinen Sinn, ja, sie schädigen sogar noch Deinen Organismus. Am besten sind die Stoffe in ihrem natürlichen Zustand mit viel Wasser. Aber auch getrocknet sind sie noch genau so gut, wenn sie in bestem Wasser eingeweicht und dann gegessen werden. Wenn Ihr wieder natürlich lebt, braucht Ihr auch fast nie zusätzlich irgendein Wasser zu Euch zu nehmen. Darum haben die früheren Menschen bis vor 10 000 Jahren auch keinen Besitz gekannt, weil alles, was sie benötigten, in der Natur reichlichst vorhanden war und auch heute noch ist.

Außerdem gab es keine Anführer, sondern nur in absoluter Liebe verbundene Menschen, die sich gegenseitig in ihrer Bemühung unterstützten, den Glauben an die Trennung von Gott aufzuheben. Das ist und war wahre Religion. Das Leben dieser Menschen war ein paradiesisches. Es gab nur Heiterkeit und Fröhlichkeit, Glück und Zufriedenheit, Begeisterung und Überschwang, Schönheit und Freude. Elemente und Zustände, nach denen sich jeder von Euch heute noch sehnt. Mein Aufruf an Euch: Laßt Euch nicht bei der Verwirklichung dieser wunderschönen Welt aufhalten und behindern! Macht es einfach! Kehrt zurück in das Paradies!

Das klingt bei Dir alles so einfach und auch so schön. Doch es ist wirklich nicht leicht, nach diesem Deinem Denksystem zu leben. Hast Du nicht noch andere Vorschläge?

Die große Wasserflut

Ja, das glaube ich Dir, daß das für Dich nicht leicht ist, habt Ihr doch ein Denksystem, das dem genau entgegengesetzt ist. Darum seid Ihr ja auch hier. Als vor 10 000 Jahren die ersten Menschen wieder anfingen, Ihr Denksystem zu ändern, ging es ganz rasch bergab. Die im wahren Denksystem Verbliebenen konnten gegen diejenigen, die Ihr System änderten, auch nichts machen, weil gegen den freien Willen eben nichts zu machen ist. Sie mußten zusehen, wie schnell die Menschen degenerierten. Das wird heute von Euch noch als der Untergang von Atlantis bezeichnet. Atlantis war kein Ort. Es ist die Bezeichnung für die Änderung der Gedankenwelt.

Daraufhin begannen die Menschen, ganze Wälder abzuholzen. Besonders das Atlasgebirge im Norden von Afrika war davon betroffen, von dem sich auch der Name Atlantis abgeleitet hat. Sie brauchten viel Holz für das Kochen und für die Herstellung von Geräten. Die Verrohung der Menschen durch die schlechte Kost und durch das Abgehen vom geistigen Leben verwüstete die Gegend immer mehr. Das Atlasgebirge war damals eine große Insel, da große Teile der heutigen nördlichen Sahara unter Wasser standen, das erst vor ca. 6000 Jahren aufgrund des Durchbruchs der heutigen Straße von Gibraltar abgeflossen ist.

Anfangs war die Sahara ein blühendes Land. Doch die Menschen schafften es, in kürzester Zeit diesen Landstrich in Wüste zu verwandeln. Sonne und Hitze besorgten dann den Rest. Die verbliebenen geistigen Menschen wanderten aus dieser Gegend aus, ein Teil in das hohe Afrika, wo sie teilweise heute noch leben, andere in Richtung Indien, wo sie sich westlich vom Himalaja ansiedelten, wobei unter ansiedeln nicht unbedingt eine ständige Behausung zu verstehen ist, weil diese auch von diesen Menschen mit all ihren Fähigkeiten und Fertigkeiten gar nicht nötig war.

Die Bewohner der Hochebenen wurden von mir regelmäßig besucht. Doch auch hier setzte mit der Zeit die Degeneration durch das Wechseln des Denksystems ein. Große Völkerschaften mit dementsprechenden Führern entstanden, die dann ihre zerstörerische Tätigkeit so weit fortsetzten, daß durch das Untermininieren riesiger Landflächen die gesamte Gegend zum Einsturz gebracht wurde. Dabei wurden riesige Wassermassen freigesetzt, die über fast den gesamten westasiatischen, europäischen und nordafrikanischen Raum eine gewaltige Flut ergehen ließen. Daraus entstand dann der auch heute noch bekannte Mythos der Sintflut, die zu gewaltigen Veränderungen der Lebensbereiche geführt hat. Viele Fundstellen dieser Katastrophe zeugen heute noch davon. Nur wenige Menschen haben diese Umweltkatastrophe überlebt, darunter auch diejenigen, die Euch namentlich aus den späteren Aufzeichnungen bekannt sind.

Von woher sind die ersten Menschen auf diesen Planeten gekommen?

Die Besiedelung der Erde

Die ersten Vorboten für diese Erde kamen aus der Gegend des Herzkosmotoms, weil diese, wie Du, wußten, daß meine Inkarnation sich auf dieser Erde zutragen werden wird. Sie haben natürlich auch gewußt, daß der Geist des Luzifers hier in dieser Erde sein Gefängnis gefunden hat, um in seinem Wahn und Zorn nicht noch mehr Unheil anzurichten. Zerstörung und Selbstzerstörung ist der gemeinsame Nenner von Sünde und Trennung. Darum mußte ich ihn durch Einschluss vor sich selbst und natürlich vor den anderen schützen.

Ihr seid durch einen äußerst zerbrechlichen und schmerzempfindlichen Körper vor Euch selbst geschützt, sonst würdet Ihr Euch ständig umbringen. So kamen die ersten Menschen über lange Zwischenstationen, die Du auch durchgemacht hast, hierher auf diese Erde. Die ersten waren ungefähr schon vor 150 000 Jahren da, wie sich die ersten brauchbaren hominiden Formen menschenähnlicher Gestalt ausgebildet hatten. Vorher wurde die gesamte Evolution dieses Planeten von einem meiner Diener geleitet, der sie bis heute noch mit größtem Geschick lenkt und leitet.

Auch der Name Uriel ist Dir aus früheren Erzählungen bereits bekannt. Aber zu dieser Zeit war eine Einkörperung aufgrund der noch nicht beendeten Evolution unmöglich. So blieben die Angekommenen auf Warteposition, bereisten das gesamte Sonnensystem und sammelten viele Informationen für ein späteres Leben auf der Erde.

Vor ca. 15 000 Jahren war es dann so weit, daß die ersten Körper gebraucht werden konnten. Dafür mußte eine nachträgliche Bearbeitung des Gehirns und des Nervensystems vorgenommen werden, die aber im Grunde genommen nicht sehr groß von den Vorstufen abwich. Die ersten Einkörperungen waren für die Geistseelen großartige Erlebnisse, wußten sie doch alle im Voraus, daß damit auch ein vollständiges Vergessen der vergangenen Leben verbunden war. Da sie aber diesbezüglich überhaupt keine Angst hatten, erreichten sie nach kürzester Zeit aufgrund ihres absolut naturgetreuen körperlichen Lebens alle geistige Fähigkeiten und Fertigkeiten von früher. Ihre Lebensspanne war auf ca. 1 000 Jahre programmiert, 100 Jahre auf und ab spielten dabei keine Rolle.

Ihre einzige Aufgabe bestand darin, an ihrer eigenen Vervollkommnung zu arbeiten, indem sie vorher und während dieses Lebens noch einmal auf den einzigen Fehler ihres Daseins aufmerksam gemacht wurden. Es galt, den Gedanken an die Trennung aufzugeben und das neue und alte Leben in meinem Reich wieder aufzunehmen. Teilweise funktionierte das sehr gut, mußte aber letztendlich scheitern, weil alle Geistseelen, die vor mir gekommen waren, nur eines im Sinn hatten, nämlich mich persönlich kennenzulernen und mit mir in meinem Reich ewig Wohnung zu nehmen.

Das konnte ich ihnen aber zu dieser Zeit noch nicht bieten, weil meine Menschwerdung erst viel später auf dem Programm stand. Sie wurden daraufhin sehr genau unterrichtet. Aber einige von ihnen wurden aufgrund dessen ziemlich ungeduldig, wodurch sie dann ihre eigene Degeneration einläuteten. Ich selbst begab mich in verschiedenen Leihkörpern unter sie. Doch auch das half nichts, da sie genau wußten, daß noch immer ein Hindernis zwischen mir und ihnen bestand. Ich klärte sie auch über die Konsequenzen ihrer Ungeduld auf. Doch wie gesagt, bei einigen fielen meine Worte nur auf harten Boden. So begann der langsame Abstieg, der dann in der mißbräuchlichen Verwendung des Feuers seinen ersten Höhepunkt fand.

Wie haben diejenigen Menschen gelebt, die der Ungeduld nicht verfallen waren?

Die großartigen Fähigkeiten der ersten Bewohner

Diese wußten von mir natürlich genau Bescheid, wann mit meiner Menschwerdung zu rechnen war und beließen es dabei. Sie lebten mehr in meiner wirklichen Welt als auf dieser Erde. Hier unternahmen sie nur das Allernötigste, um den Körper in einem optimalen Zustand zu halten. Sie bauten keine Häuser, hielten keine Tiere, kannten keine Landwirtschaft und veränderten in keiner Weise die Natur. Sie waren mit allem Notwendigen gesegnet, ließen ihre Körper irgendwo auf dem Boden ruhen bzw. suchten sich bei etwas widrigen Verhältnissen die eine oder andere Höhle oder Unterschlupf, um sich zu schützen. Manchmal befahlen sie auch den Wolken, andere Richtungen einzuschlagen. Das machten sie aber nur dann, wenn es für sie als absolut notwendig erschien. Manche ließen sich überhaupt in Höhlen nieder und erschufen sich in den Höhlen wahre Herrlichkeiten.

Alle pflegten aber intensiven Kontakt mit dem Jenseits und mit ihren früheren Wohnstätten in den Fernen des Alls. So statteten sie getreulich Bericht ab, wie es auf dem Planeten der Planeten aussieht und wie das Leben hier sei. Ihre Freunde und Bekannten der anderen Welten waren von der Ärmlichkeit des Planeten sehr verwundert, weil im Vergleich zu ihren überreichlich ausgestatteten Wohnstätten die Erde ein wahres Armenhaus war. Wenn auch die Vielzahl der Tiere und Pflanzen manche andere Welten bei weitem übertraf, so waren sie im Grunde genommen nur winzige Veränderungen in der Evolution. Doch mehr wollte ich ja nicht auf dieser Erde erreichen. Der Endzweck war und ist die vollständige Erweckung aus dem Trennungsschlaf.

Gibt es auch heute noch Geistseelen von früher, die der Ungeduld nicht verfallen sind?

Ja, die gibt es, und nicht wenige. Sie haben sich nach meiner Einkörperung mit mir in die wirklich göttliche Welt begeben, konnten aber dort nicht vollständig Fuß fassen, weil ja der gesamte schlafende Sohn als Ganzes noch nicht vollständig erweckt ist. Daher haben sie sich die Aufklärung über den Trennungsgedanken auf ihre Fahnen geheftet und unternehmen mit mir gemeinsam alles Mögliche, um jeden von seinem Irrtum zu befreien. Sie sind daher mehr oder weniger zu Euch zurückgekehrt, um beim großen Erweckungsprozess tatkräftig dabei zu sein. Sie sind tagtäglich bei den Menschen, ob in der Nacht oder am Tag, das ist völlig gleich. Während der Nacht unternehmen sie Reisen mit Euch, um Euch immer wieder daran zu erinnern, daß Ihr nur zu einem einzigen Zweck auf die Erde gekommen seid.

Viele Menschenseelen müssen auch völlig von vorne unterrichtet werdet, weil sie durch die Evolution zu einem Körper gekommen sind und damit über die Erde wieder zu völlig freien Geistern geworden sind, was aber in Wirklichkeit überhaupt keine Rolle spielt, ob jemand von der Erde oder von außerhalb der Erde ist. Jeder mußte diese Evolutionsprozesse irgendwo durchmachen. Die einen waren früher fertig, die anderen später, was aber bei mir auch wieder nichts zählt, weil Zeit für mich und meine Diener nicht existiert. So gibt es unzählige verschiedene Entwicklungsstufen nebeneinander, so wie es bei Euch viele Kinder verschiedener Alters- und Schulstufen gibt. Alle werden auf ihrem Niveau erzogen und unterrichtet. So findet tagtäglich ein ständiges Treiben statt, das an Vielfalt und Unterschiedlichkeit wohl kaum zu überbieten ist. Manche eingeschlagenen Wege mögen Dir vielleicht komisch erscheinen. Doch glaube mir, jeder Weg zum Ziel ist vorgezeichnet, auch wenn jemand trotz besserer Belehrung einen größeren Umweg geht. Nur ganz wenige Menschen unter Euch können diese Wege oder Umwege richtig beurteilen. Für diese gibt es auch keine Schicksalsschläge, keine Katastrophen, keine Tragödien und keine Mißgeschicke. Alles hat seine Bedeutung, ausgerichtet auf den einzigen Sinn und Zweck unseres Daseins. Verstehst Du mich?

Ja, ich denke auch schon seit längerer Zeit so, weil ich doch durch meine langjährige Erfahrung mit meinen jenseitigen Brüdern und Schwestern dahintergekommen bin, daß es nur so sein kann. Dafür bin ich ihnen sehr dankbar, und natürlich Dir auch, der Du mir das ermöglicht hast. Ich kann Dir stundenlang bei Deinen Erklärungen zuhören. Manchmal möchte ich gar nicht, daß Du mir eine Frage stellst, um Deinen Redefluss nicht zu unterbrechen. Doch ich kann mir gut vorstellen, warum Du das dann doch hin und wieder tust.

Warum denn?

Weil Du vielleicht annimmst, daß der eine oder andere eine langatmige Erklärung vielleicht zu langweilig findet und dabei noch tiefer zu schlafen beginnt.

Nein, nein. Ich will Dir nur eine kleine Pause gönnen. Ich kenne Dich gut genug. Du würdest einen ganzen Tag ohne Unterbrechung auch vor dem Computer sitzen und schreiben. Es soll ja nicht nur ein Monolog und ein stures Diktat sein, sondern ein lockeres Gespräch über so manche Angelegenheiten, die Euch dem Ziel ein Stückchen näher bringen sollen. Dialoge oder Gespräche sind immer besser als Monologe. Darum habe ich diese Form der Kommunikation gewählt, obwohl Du vorher selbst einen Monolog über Deine Erfahrungen verfassen wolltest. Du hast ja gemerkt, daß es Dir nicht von der Hand ging, weil ich es eben nicht für gut empfand. Verstehst Du mich?

Ja, das habe ich sehr genau gemerkt. Ich habe wohl dreimal angesetzt, schrieb einige Seiten, konnte aber nichts wirklich Produktives aufs Papier bringen. Erst als Du mir nach dem Mittagessen den Befehl gegeben hast zu beginnen, ist alles flüssig über die Bühne gegangen, bis jetzt. Nach dem Motto: Ohne mich geht nichts.

Da hast Du vollkommen recht. Ohne mich geht wirklich nichts. Alle Kraft kommt von mir. Und wem ich sie gebe, der hat sie. Bedenke, daß Ihr alle noch immer schlaft. Welche Kraft willst Du im Schlaf entwickeln? Also bin ich nicht nur anfangs eingeschritten, um Euch zu helfen, sondern schreite noch immer ein, weil Ihr noch immer schlaft. Darum kommt alle Kraft von mir, bis Ihr wieder vollends erwacht seid. Dann brauche ich Euch meine Kraft nicht mehr zur Verfügung zu stellen. Dann habt Ihr sie selbst, zwar auch von mir, aber Ihr könnt sie selbst zur Anwendung bringen, wann Ihr wollt.

Jetzt verstehe ich das auch. Das war für mich auch noch unklar. Danke.

Bei mir brauchst Du Dich nicht zu bedanken. Ich bedanke mich bei Dir, weil Du Dich wirklich um Verständnis und Weisheit bemühst. Ich will Dich damit überhaupt nicht loben, aber der Hinweis ist einmal angebracht.

Mit der Geschichte der Menschheit hast Du mich jetzt wirklich neugierig gemacht. Kann ich das weitere auch noch hören, oder erscheint es Dir unwichtig?

Nichts ist unwichtig, wenn es hilft, den Erweckungsprozess in Gang zu bringen bzw. fortzusetzen. Wie Du ja schon aus dem normalen täglichen Leben weißt, sind vergangene Erfahrungen manchmal von großer Bedeutung. Einmal verbrannt, scheut man das Feuer. Genau so ist es auch mit der Geschichte. Wenn jemand die eigene Geschichte wirklich ernst nimmt, so wird er schon gemachte Erfahrungen nicht noch einmal machen wollen. Vor allen Dingen dann nicht, wenn sie für ihn negativ ausgegangen sind.

Darum schildere ich Dir Deine Vergangenheit so genau wie möglich, um Dich damit auf zukünftige Situationen vorzubereiten, die Du dann wesentlich besser meistern wirst. Das kann auf Wunsch natürlich auch mit anderen Personen gemacht werden. Ich habe jedenfalls nichts dagegen, weil Du ja heute schon eine Anfrage diesbezüglich hattest. Ich empfehle Dir aber, dies nicht in diesem Buch festzuhalten, weil dieses Buch Allgemeincharakter haben soll. Du kannst die Nebenerklärungen aber in einer Art Tagebuch bestimmten Leserkreisen näher bringen, falls diese Interesse haben. Ich hoffe, ich habe Dir diese Frage vorweg gleich beantwortet.

Ja, danke. Dir entgeht wirklich nichts.

Wie dem auch sei, bin ich doch der oberste Steuermann aller Steuermänner. Das Ziel unseres Kurses kennst Du ja schon zur Genüge. Mir und meinen Dienern ist jedes Mittel recht, auch das der Aufklärung und Erklärung. Wir wollen in Zukunft keine Informationen zurückhalten, wenn es diesem Ziel dienlich ist.

Das klingt für die weitere Folge sehr vielversprechend und verheißungsvoll. Wo machen wir weiter?

Die Geschichte der Menschheit

Ich sehe schon Deinen Wunsch. Also machen wir bei der Geschichte der Menschheit hier auf dieser Erde weiter, obwohl die Geschichte der Menschheit in den zahllosen Kosmotomen auch nicht uninteressant ist. Auch hier gibt es sehr viel zu wissen und zu lernen.

Ja, das glaube ich Dir gerne, ist doch gerade ein ungebrochener Boom an Science-Fiction weltweit zu beobachten. Fast hat es schon den Anschein, als würde die Menschheit auf die Ankunft von Außerirdischen vorbereitet, obwohl ich glaube, daß selbst die Ankunft von Außerirdischen nicht viel an unserem Lebensstil ändern würde. Würde eine Menschenrasse hoher Intelligenz und Technik auf uns stoßen, so gäbe es meiner Meinung nach nur zwei Möglichkeiten. Entweder sie würden uns sofort vernichten, wenn es sich um aggressive Invasoren handelte, oder sie würden nach genauerer Prüfung unseres derzeitigen Entwicklungszustandes sofort wieder abreisen, weil sie ohnehin nichts für uns machen könnten. Eine Menschheit, die sich selbst vernichtet, ist wohl keinen Urlaub wert.

Ja, da hast Du ganz recht. Doch Du brauchst Dir über eine bevorstehende Invasion überhaupt keine Sorgen zu machen. Es gibt zwar eine Menge von Zivilisationen im beinahe unendlichen Kosmos, die solche Technologien besitzen. Aber selbst für diese ist dieser völlig abgelegene Ort, wo Ihr derzeit seid, unerreichbar. Wenn sich eine Gruppe von Abenteurern tatsächlich hierher verirren würde, so würden sie aufgrund der Kargheit des Planeten sofort wieder das Weite suchen. Außerdem wäre mit Euch derzeit wirklich nicht viel anzufangen, da Ihr faktisch nur gegeneinander ausgerichtet seid und nicht füreinander.

Würde es einem Führer gelingen, Euch auf eine Linie zu bringen, so könntet Ihr nicht nur in kürzester Zeit ein unglaublich hohes Technologieniveau erreichen, sondern Ihr würdet Euch auch geistig sehr rasch bis in die höchsten Höhen hinaufkatapultieren. Doch heute kennt Ihr nur Konkurrenzdenken und Geldgier, die fast durch nichts mehr zu überbieten ist.

Selbst die Sozialstaaten fördern faktisch nur die Kranken, Siechen und Trägen, die durch Nichteinhalten der Naturgesetze soweit heruntergekommen sind. Hier seid Ihr noch weit entfernt von einem richtigen Sozialstaat, der nur die fördern würde, die sich durch Einhalten der Naturgesetze zu großartigen Menschen entwickelt haben. Das ist wahrer Sozialismus. Alle Brecher der Naturgesetze würde er ernsthaft abmahnen und ihnen auch mehr und mehr die Förderung entziehen, bis sie eingesehen haben, daß jedes Brechen der Naturgesetze die Stärke der Gemeinschaft, die sozialen Strukturen und die gemeinsame Weiterentwicklung vermindert, zerstört bzw. unmöglich macht.

Das sind harte Worte. Die wollen wahrscheinlich viele nicht hören. Hast Du keine Bedenken, Dir damit Feinde zu machen?

Der größte Feind für den Menschen ist der Mensch

Nein, diese Menschen sind sich selbst die größten Feinde. Ein Feind ist jemand, der etwas zu zerstören trachtet. Und wenn sich jemand selbst zerstört, dann ist er sich selbst der Feind. Einem Feind kann man so und so nicht raten, weil er selbst jeden Ratschlag sofort zerstören will bzw. zerstört. Also, welche Bedenken soll ich dann haben? Feinde ändern sich nicht. Wenn Ihr ein feindlich gesinntes Sozialsystem habt, dann hilft so und so nichts. Ihr schickt zum Beispiel Menschen in Pension, die gerade in der Blüte ihres Lebens stehen. Sie dürfen überhaupt nicht mehr mitmachen. Sie werden einfach ins

Abseits gestellt, um jüngeren den Platz frei zu machen. Merkt Ihr nicht die Beschränktheit, ja Verrücktheit dieses Systems? Das ist reinster Egoismus, reinste Kontrolle, reinste Unterdrückung.

Oder denke nur an die Arbeitslosigkeit. Arbeit ist in meiner Natur nicht einmal notwendig, weil ich alles so geschaffen habe, daß alles vorhanden ist. Ich habe jedenfalls die Arbeit nicht erfunden. Ich habe Euch in den wärmeren Gegenden mit allem versorgt, was für ein natürliches Leben notwendig ist. Ich habe niemandem empfohlen, in kältere Gegenden zu ziehen, um dort ein kärgliches Dasein unter fast unnatürlichen Bedingungen zu fristen und Nahrungsmittel zu sich zu nehmen, die der menschlichen Natur nicht entsprechen. Ich habe auch niemandem befohlen, daß er für mich Tempelanlagen errichten solle. Das sind alles nur Ideen aus kranken Gehirnen, die sich von dem wirklich Wesentlichen weit entfernt hatten und haben. Ich hoffe, Du kannst mich verstehen.

Ja, aber ich glaube, wir sollten uns diesbezüglich noch näher unterhalten. Für heute möchte ich gerne Schluß machen, da ich morgen früh einen höheren Berg besteigen will.

In Ordnung, ich werde mit Dir auf den Hexenturm gehen. Mache Dich aber auch für die heutige Nacht bereit, denn wir werden wieder einige Besuche abstatten. Dabei wird auch Dein Klavierspiel wieder gefragt sein.

Wohin wird es gehen?

Diesmal bleiben wir auf der Erde. Wir haben einige wichtige Besuche in Südamerika und im Himalajagebirge zu machen. Es wird Dir jedenfalls viel Spaß machen, weil Du Deinen Lieblingen, den Bergen, wieder ziemlich nahe kommen wirst. In Südamerika gibt es heute ein größeres Treffen von interessanten Menschen, das wir uns nicht entgehen lassen wollen. Im Himalajamassiv besuchen wir einige alte Freunde von Dir. Ich hoffe, Du wirst großen Gefallen und Spaß dabei haben.

Natürlich. Wo Du bist, ist immer viel Spaß. Ich freue mich schon darauf. Bis bald.

Bis bald. Schlaf' gut. Das gilt für Deinen Körper. Ich wecke Dich dann um 5 Uhr.

Danke.

1. Juli 2002

Heute bin ich schon richtig gespannt, was alles an Neuigkeiten für mich bzw. uns kommen wird. Gestern war ja ein nicht uninteressanter Tag. Die fünf Gipfel in den Haller Mauern waren ja nicht von schlechten Eltern. Es war ein wunderschönes Erlebnis. Am Abend war ich dann viel zu müde, um mich noch zum Computer zu setzen und zu schreiben. Ich hoffe, Du bist mir deswegen nicht böse.

Ein schönen guten Morgen wünsche ich Dir. Ich kann Dir doch nicht böse sein, habe ich doch selbst gewollt, daß Du gestern einen so schönen Tag gehabt hast. Ich kann nie jemandem böse sein, sonst müßte das Böse ja auch in mir vorhanden sein. Das ist es bestimmt nicht, weil ich ja nichts Trennendes schaffen kann. Das Trennende gibt es nur bei Euch in Eurem Traum.

Wie willst Du vorgehen? Sollen wir zuerst die Nacht von Samstag auf Sonntag besprechen oder zuerst Deine Bergbesteigungen und sonstiges vom Tag?

Wenn ich die Wahl haben darf, so würde ich gerne chronologisch vorgehen, also zuerst die vorletzte Nacht und dann alles andere.

In Ordnung. Das wäre auch mein Vorschlag gewesen.

Sehr schön, dann sind wir uns wieder einmal einig.

Das kommt immer häufiger vor, wie Du mittlerweile gemerkt hast. In meiner Welt ist das Leben sehr einfach. Eure Welt ist sehr komplex, weil jeder seinen individuellen Traum lebt, der dann in der gemeinsamen materiellen Welt natürlich auf sehr verschiedene Art und Weise ausgelebt wird. Darum habt Ihr auch so große Meinungsverschiedenheiten, die nicht leicht auf einen gemeinsamen Nenner zu bringen sind. Jeder glaubt, er hätte die Weisheit gepachtet und pocht auf sein Recht. Darum gibt es bei Euch entweder mehr oder weniger endlose Konferenzen und Diskussion. Wenn diese zu keinem Ergebnis kommen, gibt es Streit, Zank, Hader, Krieg und Tote. Darum solltet Ihr alle Eure Situationen der verschiedenen Traumwelten einmal genau überdenken und Euch auf die wirkliche Welt besinnen.

Es wird noch sehr lange dauern, bis jeder weiß, von woher er wirklich kommt. Besonders schwierig ist die Lage bei denen, die sich schon sehr in die materielle Welt verstrickt haben. Die haben es besonders schwer, weil sie sich nicht einmal mit der Idee anfreunden können, es könnte noch eine ganz andere Welt geben. Aber das macht nichts, weil die Aufklärung in der nächsten Zeit auf einer ganz anderen Schiene laufen wird. Ich habe Dir ja oben schon angedeutet, daß jeder, der hier auf dieser Erde weilt, seinen Aufenthalt von langer Hand vorbereitet hat. Kein einziger Mensch ist zufällig hier. Selbst die vielen Menschenseelen, die sich aus der Erde entwickeln, sind willentlich hier. Auch wenn es so scheint, daß diese es besonders schwer haben, so haben sie doch von Anfang an gewußt, auf was sie sich einlassen. Jetzt sind wir mitten im Thema der Nacht von Samstag auf Sonntag.

Treffen in Südamerika

Wie gesagt, waren wir in Südamerika in den Anden. Das Bergmassiv kennst Du ja aus Deinem Geographieunterricht. Hier fand ein großes Treffen von Vollendeten statt, die sich alle aus der Erde entwickelt haben. Diese Gelegenheit wollte ich Dir nicht entgehen lassen, weil es bei Dir und bei manchen anderen mit einigen Mißverständnissen aufräumen wird. Um Dir das noch genauer zu erläutern, werde ich Dir das Frühere noch einmal wiederholen.

Vor dem Beginn Eures Traumes stand der Trennungsgedanke. Nach der Einführung dieses Gedankens habt Ihr mit einem Schlag meine wirkliche Welt verlassen und fandet Euch in Finsternis, Kälte und damit in Angst und Schrecken wieder. Dabei habt Ihr Eure zarte, leichte und Euch in keiner Weise störende Seelenhülle in zahllos viele Teilchen zerfallen lassen, weil Eure fehlende Liebe diese nicht mehr zusammenhalten konnte. Ihr ward als Geister völlig nackt und hilflos. Das Geschrei war und ist bis heute noch fürchterlich.

In diesem Moment habe ich zu Euch eine Verbindung aufgebaut, die Ihr heute Heiliger Geist nennen könnt, die Euch vor der völligen Vernichtung, die bei mir unmöglich ist, bewahren sollte und soll. Durch diese Verbindung habe ich Euch meinen Plan zur Wiedererstehung aus Eurem Problem mit der Trennung mitgegeben.

Gemeinsam wurden die Ordnungsgesetze und –richtlinien erarbeitet, die manchmal auch als Gebote Gottes bezeichnet werden. Mir ist es hier besonders wichtig, darauf hinzuweisen, daß wir diese Gesetze gemeinsam gemacht haben, so daß bitte niemand auf die Idee kommen möge, daß ihm die Gesetze von mir aufgezwungen worden wären. Das ist absolut nicht der Fall. Ich zwinge niemandem etwas auf. Das habe ich nie getan und werde es auch nicht tun, weil für mich Euer Problem der Trennung nicht existiert. Es sind Eure Gesetze, die Ihr zwar mit mir gemäß meines Planes erstellt habt, aber ich habe damit nur als Berater zu tun und sonst nichts.

Natürlich habe ich Euch allen auch den Plan und die Durchführung bis ins Kleinste erklärt. Niemand blieb unwissend. So haben sich damals von Beginn weg schon einige für die Entwicklung auf der Erde entschieden. Sie machten und machen seitdem jede einzelne Stufe oder Klasse, wie Ihr das auch immer bezeichnen möget, Schritt für Schritt durch.

So mache ich gleich eine Andeutung auf Deinen gestrigen Wandertag. Du bist auf vielen solchen Geistern herumgestiefelt, weil die Berge besondere Entwicklungszentren solcher Menschengeister sind. Darum sind manche Menschen so gerne in den Bergen, weil sie intuitiv wissen, daß hier besondere Aktivitäten früherer Zeiten vor sich gehen. Wer die

Berge kennt, kennt auch ihre besondere Lebendigkeit. So haben sich am Uranfang schon viele Menschengeister dazu entschlossen, sich auf dem Planeten zu entwickeln, auf dem ich auch einmal persönlich wandeln würde.

Die lange Zeit der Vorbereitung war ihnen dabei völlig egal, Hauptsache, sie waren vom Anbeginn schon im Zentrum des wichtigsten Geschehens. Sie wußten und wissen auch, daß die Erlösung aus der Traumwelt nur hier möglich ist. Du hast diese Entscheidung nicht mitgetragen, da sie Dir damals viel zu radikal erschien. Darum hast Du den Weg durch alle Sternenwelten gewählt, der Dich schließlich doch hierher gebracht hat.

Alle Menschen sind zielstrebig

Du hast in der Nacht nicht wenig über die Zielstrebigkeit der Menschengeister gestaunt, denen wir in den Anden begegnet sind. Es gibt im ganzen Kosmos keine so ausgeprägte Zielstrebigkeit wie hier. So darf es Dich auch nicht verwundern, wenn jemand auf Eurer Erde, der einmal einen Weg eingeschlagen hat, auch wenn es der falsche ist, diesen nicht mehr so ohne weiteres verläßt. Viele nennen es Sturheit. In Wirklichkeit ist es aber die erwähnte Zielstrebigkeit.

Darum ist es auch überhaupt nicht verwunderlich, wenn jemand mit größter Zielstrebigkeit mittels Alkohol oder Drogen seinen Körper zerstört. Das ist die Grundeigenschaft dieser Welt. Jetzt gibst Du noch die Vielfalt der Traumgebilde dazu, und Du hast das bunte Kaleidoskop, über das Du immer wieder verwundert bist.

Das ist aber eine völlig neue Sicht der Dinge. Dann sind wir Menschen auch gar nicht so schlecht, wie das immer dargestellt wird, oder?

Oh, mitnichten. Schlecht gibt es bei mir nicht. Alles läuft nach Plan, wie wir es ausgemacht haben. Es gibt nichts Schlechtes und auch nichts Böses. Würde es das geben, so hätte es schon wieder Realität. Ihr alle versucht seit Anbeginn, Euren Fehler auszumerzen. Nur das geht nicht so schnell, weil Ihr alle Eure Seelenteile zusammensuchen müßt, um dadurch Schritt für Schritt Eure Selbstsicherheit bezüglich der Anwendung Eures freien Willens zu bekommen.

Ihr seid gebrannte Kinder. Der Schock, den freien Willen für einen solchen Gedanken eingesetzt zu haben, sitzt tief. Glaube es mir. Diesen Schock mit seiner übergroßen Angst wieder zu eliminieren, ist selbst für mich als Gott nicht so einfach, obwohl er für mich persönlich nie existiert hat. Darum solltet Ihr untereinander nicht so schnell mit der Verurteilung anderer sein. Denke immer an die Zielstrebigkeit dabei.

Und warum bin ich nicht direkten Weges durch die Erde gegangen?

Du hast zwar eine gewisse Härte. Aber die Härte dieser Geister hast Du nicht. Darum ist auch die Erde so dicht und so hart. Sie ist von allen Planeten der härteste und dichteste. Darum hast Du hier auf Erden auch so schwere Metalle, die es nirgendwo sonst gibt außer im Zentrum dieses Kosmotoms, von wo auch diese Erde ihren Anfang nahm. Sie gehört auch physiologisch nicht diesem Sonnensystem an, sondern wurde von diesem gnadenhalber aufgenommen, weil niemand damit etwas anfangen konnte. Einige Geister konnten sich mit dieser Idee überhaupt nicht anfreunden und verließen die Erde. Diese bilden nun den Mond, der aber nicht so hart ist wie die Erde. Die Entwicklung der Menschengeister wird aber im Mond wesentlich länger dauern, weil sie die radikale Zielstrebigkeit nicht haben.

Mit diesen sind wir in den Anden zusammengetroffen. Was haben wir dort erlebt?

Nun, das weißt Du doch am besten.

Aber, ich kann mich an nichts erinnern. Wie soll ich da etwas wissen?

Das ist mir aber neu bei Dir. Warum sperrst Du Dich mit dem Gedanken ab, Du könntest Dich daran nicht erinnern? Du kennst doch die Macht Deiner Gedanken, wenn sie vom Willen gesteuert sind. Ich könnte jetzt zu Dir sagen, warum willst Du Dich nicht daran erinnern?

Ja, Du hast recht. Ich wollte mich wirklich nicht daran erinnern, weil es einfach beschämend ist zu sehen, wie zielstrebig Menschen sein können und wie wenig zielstrebig man selber ist. Natürlich kann ich mich erinnern, aber es sind eben aufgrund der eigenen Unzulänglichkeit keine schönen Erinnerungen. Verzeihe mir bitte.

Echte Teamarbeit

Hier gibt es nichts zu verzeihen, da für mich nichts vorliegt, um verziehen zu werden. Du wolltest Dich ja nicht erinnern. Das ist ganz allein Deine Entscheidung. Das trifft übrigens für alles in Deinem Leben zu. Die Erinnerungen verschwinden nur dann, wenn Du diese Entscheidung getroffen hast. Alles würde Dir immer zu Füßen liegen. Aber wie gesagt, die lieben Entscheidungen, die dann alles immer wieder anders gestalten. Das ist jedenfalls für Dich der beste Verdrängungsmechanismus, indem Du einfach entscheidest, es würde diese Erinnerungen nicht geben. Damit gibt es diese für Dich auch nicht mehr, zumindest oberflächlich.

In meiner Welt kann aber nichts vergehen. Alles ist. Das gilt auch für Deine Erfahrungen und Erlebnisse. Sie sind. Ganz egal, ob für Dich gut oder nicht gut, schön oder häßlich, aufregend oder langweilig. Sie sind. Und somit sind sie da, auch wenn Du sie verleugnen willst, weil sie Dir nicht in Deinen persönlichen Besserseinkram hineinpassen. Ich hoffe, Du verstehst mich.

Ja, ja. Ich habe es schon mitbekommen. Unangenehmes, die Persönlichkeit Berührendes wird auf diese Art und Weise behandelt. So war es auch bei dem Treffen in den Anden. Die Schönheit, die Weisheit, die Klugheit, die Zielstrebigkeit, die liebliche Anmut dieser Menschen waren für mich beschämend. Mit welcher Hingabe sie sich um die Entwicklung der Menschen kümmern, ist einfach unglaublich und herzzerreißend. Der Einsatz, die Sprache, der Teamgeist, einfach unglaublich.

Ja, da hast Du recht. Darum habe ich Dich auch dorthin mitgenommen, damit Du einmal siehst, was wirkliches Management ist. Hier gibt es keinen Chef, der mit allen Mitteln versucht, die Mitarbeiter auf die Reihe zu bringen. Jeder weiß genau, um was es geht. Der eine berichtete von seinen Ergebnisse und weiteren Vorhaben, der andere genauso. Dann folgte die kurze Konferenz der nächsten Vorhaben mit allen möglichen Bitten um Unterstützung.

In kürzester Zeit waren die neuen Teams zusammengestellt, die Ziele definiert. Natürlich gibt es auch hier einen Chef, der aber nur koordinierend aufgrund seiner Weisheit und Liebe eingreift, um die Sache noch effektiver zu gestalten. Diesen Chef hast Du auch namentlich schon als Uriel kennengelernt. Er hat auch noch andere Namen, die aber hier keine Rolle spielen.

Ganz besonders beeindruckt war ich von der anschließenden Diskussion über die weiteren Entwicklungsstufen und -vorbereitungen bezüglich des Erlösungsprogramms für die nächste Generation von Menschengeistern. Besonders imponiert haben mir die Vorbereitungen im Erdinneren, die sich bei uns auf der Oberfläche als Katastrophen zeigen werden, obwohl sie in Wirklichkeit nur größere Schritte für die Höherentwicklung vieler Menschengeister sind. Warum muß dabei ganz Japan zum Opfer fallen?

Der Untergang gewisser Länder und verkehrte Technik

Japan fällt der Sache nicht zum Opfer, sondern die Menschengeister werden dort auf die Art erlöst, daß die Inseln nach Osten in das Meer kippen und sie so für die weitere Entwicklung auf der Erdoberfläche befreit werden. Seit über 8000 Jahren ist den körperlich lebenden Menschen bekannt, daß es gewisse Landstriche auf der Erde gibt, die sich als Wohnort nicht eignen. Japan ist einer davon. Als die ersten Siedler dorthin kamen, wurden sie genau davon unterrichtet, daß im 3. Jahrtausend nach meiner Menschwerdung die Inseln aufgrund dieser Entwicklung ins Meer stürzen werden müssen, um den Gang der Dinge nicht aufzuhalten. Ein paar Jahre auf und ab spielen dabei keine Rolle.

Doch bedenke nur die unbändige Zielstrebigkeit der Menschengeister. Sie wollen unbedingt ihre höchste Stufe erreichen. Darum interessiert es sie überhaupt nicht, ob dabei Menschen zu Schaden kommen, weil sie nichts dafür können, wenn Menschen die Warnungen, die sie immer schon empfangen haben, in den Wind schlagen. Das eine oder andere Mal sind die Geister zu einer Verzögerung bereit. Doch diese darf nicht zu lange dauern, weil die Ungeduld bei solchen Menschengeistern nicht gerade gering ist. Überlege Dir nur einmal, wie lange sie schon auf den Augenblick der Erlösung warten, die nichts anderes erlebt haben als nur die Kälte und Enge eines winzigen Planeten. Nicht so wie Du, der durch fast alle Welten gereist ist, Erfahrungen aller Art gesammelt hat, auch wenn viele dabei völlig uninteressant, viele sehr schmerzhaft und einige wenige auch sehr schön waren. Darum kann ich an dieser Stelle wiederum nur alle Japaner warnen, sich nicht mehr zu lange in ihrem Land aufzuhalten.

Dasselbe gilt für den Westen der USA, für die Menschen in Mittelamerika, einigen Teilen in Afrika und ganz besonders für den Raum im südwestlichen Teil des Mittelmeers. Außerdem wird es westlich des Himalajas große Verschiebungen geben, sowohl in den Norden als auch in den Süden.

Große Teile des arabischen Halbmondes werden ebenso dieser Entwicklung zum Opfer fallen wie auch einige Teile der polynesischen Inseln. Aber alle diese Zonen sind ohnehin schon als sehr gefährdet bekannt.

Die großen Städte der Welt müssen auf ihre Atmosphäre aufpassen. Derzeit werden durch die Verbrennung zu viele nicht ausgereifte Menschengeister zu schnell befreit, so daß sich diese in ihrem Zorn und in ihrer Wut gerade an diesen Orten zusammenrotten und Unheil für die dortigen Bewohner anrichten werden. Leider reagieren die Verantwortlichen überhaupt nicht. Die Grenzwerte für die bei ihnen sogenannten Schadstoffe werden einfach erhöht, um keine effektiven Maßnahmen treffen zu müssen.

Die ganze Natur ist auf langsames Verrotten aufgebaut, nicht auf Feuervernichtung. Feuervernichtung geht zu schnell. Darum wäre es für Euch so wichtig, alle Verbrennungsarten so rasch als möglich zu beenden. Wenn Ihr schon Energie braucht, dann verwendet Euren Strom, den Ihr aus Wasser gewinnt, oder verwendet den Wind, die Sonne und auch die Sterne.

Ihr müßt, falls Ihr Euren Lebensstil nicht ändern wollt, auf andere Technologien setzen. Momentan arbeitet Ihr gegen die Natur. Mit der Natur würde es weit leichter gehen. Nutzt die Bindungsenergie, indem Ihr lernt, wie Ihr Atome miteinander verbinden könnt. Die Photosynthese ist dafür das beste Lehrbeispiel. Die Sonnenstrahlen verbinden die Atome ganz einfach.

Aber was macht Ihr? Ihr zerstört die Atome durch Zerreißen der Verbindungen. Genau umgekehrt solltet Ihr es bewerkstelligen. Einige sehr begnadete Forscher haben Euch diesen Weg schon vorgezeichnet. Doch leider ist Eure Wirtschaft und damit auch die Politik dagegen, weil sonst Euer Versklavungssystem aus den Ankern gerissen würde. Verbindungsenergie kostet nämlich kein Geld. Und ohne Geld gibt es auch keine Kontrolle.

Kannst Du das noch näher erläutern?

Zwischen den einzelnen subatomaren Teilchen existiert eine Verbindungsenergie, die Ihr ganz leicht nutzen könntet. Sie hat mit Eurem Magnetismus sehr viel Ähnlichkeit, ist aber auf Schwingung, so wie alles, aufgebaut. Diese allerkleinsten Teilchen üben faktisch eine Transporterfunktion zwischen den einzelnen Teilchen aus, die, wenn Ihr sie nutzen wolltet, einen Träger für Eure Energieübertragung darstellen würde. Ihr könntet sie faktisch wie Lastkraftwagen benützen, die sich nicht verbrauchen würden. In Wirklichkeit kann in meiner Welt überhaupt nichts verbraucht werden, weil alles ewig ist. Auch in Eurer Welt nicht. Ihr könnt nur die Form ändern, aber den Gedanken und damit die göttliche Energie nicht.

In Eurer Computertechnologie habt Ihr das eine oder andere Prinzip schon realisiert. Aber, wie gesagt, es ist ein großes politisches Wirtschaftsproblem, warum die Erkenntnisse, die in Euren wissenschaftlichen Labors in den USA und in Japan schon existent sind, nicht der breiten Öffentlichkeit bekannt gegeben werden. Mit dieser Technologie ließen sich auch alle Verbrennungsmotoren sofort beseitigen. Doch, wie Ihr mittlerweile wißt, läßt sich damit kein Geld verdienen. Darum muß zuerst ein gemeinsames Weltziel definiert werden, auf das alle Völker der Erde eingestimmt werden können, um dann mit voller Kraft die Rettung Eurer Erdoberfläche zu erwirken.

Sonst wird ein großer Teil der Erdoberfläche ein Raub der Flammen werden, weil es nicht mehr lange dauern kann, bis sich die Atmosphäre entzünden wird. Es werden zwar nicht alle Menschen ihren Körper verlieren, doch mit mindestens zwei Dritteln der gesamten Bevölkerung müßt Ihr schon rechnen.

Das sind aber nicht gerade rosige Aussichten. Ist dem wirklich nicht mehr Einhalt zu gebieten?

Vereinigung aller Menschen

Oh, doch. Die Trennung der einzelnen Staaten muß beendet werden. Es muß unbedingt ein großer Weltstaat begründet werden, der sich dann nur mehr dem einen Ziel widmet, nämlich der Rettung der Natur. Gleichzeitig müssen sich alle Kirchen und Religionen vereinigen und die wahre Religion begründen, die sich ausschließlich auf die Eliminierung des Trennungsgedankens konzentriert. Dann könnte in sehr kurzer Zeit dem ganzen Traumleben ein schnelles Ende bereitet werden. Wenn nicht, dann geschehen Dinge, die eben kommen müssen.

Und was kann ich dazu beitragen?

Das hast Du schon bei der Konferenz in den Anden gehört. Verstärkt werden ab sofort Menschen auf der ganzen Welt von der Situation unterrichtet und unterwiesen, wie sie sich in ihrer unmittelbaren Umgebung, in der sie leben, zu verhalten haben. Jede Information, die nach außen zu anderen Mitbrüdern und Mitschwestern mit obigem Inhalt getragen wird, hilft, die Situation rasch zu verbessern. Darum verliere keine Zeit und konzentriere Dich auf das Wesentliche. Du wirst genügend Menschen finden, die Dich dabei in allen Belangen unterstützen. Du hast auch gehört und gesehen, wie sich die Entwicklung der Erde in der nächsten Zeit gestalten wird. Es wurden Dir auch alle Möglichkeiten gezeigt, wobei die letzte, nämlich die vollständige Verklärung der Erde in den nächsten zwei Jahrhunderten, von unserer Warte her gesehen die wahrscheinlichste ist. Darum Kopf hoch, in die Hände gespuckt, und los. So sagt Ihr doch, oder?

Ja, Du hast ganz recht. Manchmal ist es aber wirklich nicht leicht, vor lauter sturer Zielstrebigkeit mancher Menschen nicht zu verzweifeln. Aber ich bin von der Konferenz in den Anden hochmotiviert zurückgekehrt und möchte Dir für die Teilnahme herzlichst danken. Finden solche Konferenzen öfters statt?

Ja, mindestens einmal im Jahr. Du kannst natürlich auch bei der nächsten wieder dabei sein, wenn Du willst. Du bist ja unter ihnen nicht nur herzlichst begrüßt worden, sondern wurdest auch in ihren Kreis aufgenommen. Außerdem kannst Du mit allen ständig in Kontakt bleiben, da ja ein Ziel für alle eine Einheit bildet, die nicht mehr getrennt werden kann.

Das führt uns gleich zur zweiten Begegnung in den Himalaja. Hier hast Du alle Deine früheren Freunde getroffen, die Dich auf die Reise durch die Welten begleitet haben und die die Aufhebung des Trennungsgedankens schon geschafft haben. Ihr seid Euch mit großer Freude in die Arme gefallen und habt minutenlang nichts herausgebracht, so groß war Eure Begeisterung. Dieses Treffen war auch sehr wichtig für Dich und alle Deine Freunde, weil es Dir beweist, daß niemand auf der Welt je allein ist. Du hast neben Franz, Albert, Seth und Alkapha auch einige Deiner früheren Väter und Mütter, auch Brüder und Schwestern getroffen, die Dir die anderen früheren Inkarnationen auf der Erde und auch auf anderen Sternen wieder in Erinnerung gerufen haben. Doch eigentlich könntest Du jetzt selbst davon erzählen. Du weißt sie ja mittlerweile auch.

Es gibt nur dabei einen kleinen Unterschied. Selbstverständlich könnte ich es auch erzählen. Doch aus Deinem Mund klingt das immer ganz anders, weil Du die Geschehnisse gleich mit allgemeinen Erkenntnissen verbindest. Die sind mir wichtiger, als einen

Lebensroman zu erzählen, der zwar interessant ist, aber mit den dementsprechenden Hinweisen von Dir nicht versehen ist. Ich hoffe, Du verstehst mich?

Natürlich, das habe ich ja schon anfangs erwähnt, daß Dir Deine eigene Vergangenheit ziemlich egal ist, wenn nicht damit Lebenswinke verbunden sind, die für Dich und Deine Freunde von Bedeutung sind. Gut, ich werde mich Deinen Wünschen beugen und nur die Geschichten erzählen, die für alle von Wichtigkeit sind.

Sehr anregend war das Gespräch mit Alkapha. Könntest Du das bitte für uns alle kommentieren?

Existenz im Urkosmotom

Alkapha ist, wie schon erwähnt, der Leiter des gesamten Urkosmotoms und hat damit eine sehr wichtige Position. Er ist im Herzen des Teils des Sohnes tätig, der sich von dem wesentlich größeren verbliebenen Teil getrennt hat. Seine Aufgabe besteht darin, die gesamten kosmischen Belange zu organisieren und so zu gestalten, daß am Schluß alle sich getrennt glaubenden Geistseelen zu uns in meine wirkliche Welt zurückkehren.

Du hast Dich anfangs nicht für den harten Weg der Erde entschieden, sondern wolltest Deine Freiheit genießen und anderweitig beim Aufbau und der Erhaltung des gesamten Universums mithelfen. Dadurch wurdest Du in den Dienst von Alkapha gestellt, den Du auch Jahrmillionen lang sehr gut verrichtet hast. Doch Dein innerer Drang, auch auf die Erde zu gelangen, ließ Dich im Vergleich zu anderen Zeiträumen nicht sehr lange im Urkosmotom verweilen.

In einer Nacht- und Nebelaktion hast Du Dich dann aus dieser Welt davongeschlichen in der Hoffnung, Alkapha würde es nicht sofort bemerken und Dich zurückhalten. Nun hast Du aber in der vorigen Nacht erfahren, daß die Verstärkung Deiner Idee, sich in Richtung Erde aufzumachen, von ihm persönlich sogar noch forciert wurde.

Jetzt könnte Dir das eigentlich schon klar sein, ist doch jede Tätigkeit, jede Handlung und jede Situation, die in dieser Traumwelt passiert, ausschließlich auf das Erreichen der vollständigen Weckung aus dem Traum gerichtet. Auch wenn es dabei viele Tausende Tote oder Verwundete gibt. Das spielt alles keine Rolle. Alle Verantwortlichen haben nur dieses eine Ziel vor Augen, um es mit allen ihnen gebotenen Mitteln zu erreichen.

Bei Dir war und ist es genau so. Hattest Du einmal den Gedanken Deines Abgangs gefaßt, hat ihn Alkapha schon erfaßt und alles in die Wege geleitet, Dir die Flucht zu ermöglichen. Er nahm Dich persönlich auf eine Reise in ein großes Sonnengebiet am Rande des Urkosmotoms mit, um dort den neu gebildeten Sonnen nicht nur eine regelmäßige Umlaufbahn um eine Zentralsonne zu geben, sondern auch den dortigen

Verantwortlichen die Erlaubnis zu erteilen, neue Planeten aus den Sonnen erstehen zu lassen, um neue Wohnstätten für schon höher entwickelte Menschengeister zu bilden. Dabei hat er Dir auch die Umhüllung des Urkosmotoms gezeigt, die sich wie eine Haut um die ganzen Sonnensysteme legt. Du hast dabei großes Interesse gezeigt für die gewaltigen Lichtphänomene, die sich auf der Oberfläche dieser Haut in einem fast unvorstellbaren Ausmaß ständig abspielen, spiegeln sich doch hier alle Lichtstrahlen, die von den fast zahllos vielen Sonnen im Inneren des Kosmotoms hierher geschleudert werden.

Du ließest Dich von ihm über die fast chaotisch anmuteten Vorgänge genau unterrichten mit der Lüge, Deinen eigenen Verantwortungsbereich erweitern zu wollen, indem Du auch die Verantwortung über diesen Bereich des Kosmotoms übertragen bekommen wolltest. Alkapha hat Dir das nach einigem, von ihm aus bewußten, Zögern gewährt und Dich dem Hüter dieses Bereiches überantwortet, um Dich bis ins kleinste Detail einzuschulen. Mit dem warst Du natürlich sofort einverstanden.

Alkapha verabschiedete sich von Dir mit dem Hinweis, er werde bald wieder von seiner Inspektion des Sonnenssystems zurück sein, um sich nach Deinen Fortschritten zu erkundigen. Du hast Dich dann mit Halion, dem Hüter dieses Abschnittes, sofort an die Arbeit begeben, denn langes Herumfackeln hat es für Dich nicht gegeben. Gerade im Gegenteil, alles mußte sofort angegangen und möglichst schnell beendet werden. Das gilt bis heute, weshalb Du auch das eine oder andere Mal ziemlich auf die Nase gefallen bist. Halion hat Dir alle Mechanismen der Einsaugung, der Aufbereitung der Strahlen und der neuerlichen Reflexion der Strahlen gezeigt.

Besonders interessant waren für Dich die Spannungsausgleiche, die manchmal nötig wurden, weil zu viele Strahlen auf einmal verarbeitet werden mußten. Denn genau in diesem Moment passierte etwas, was Deine Flucht letztlich erfolgreich machte. Es wurden Schleusen nach außen geöffnet, um das Übermaß an Strahlen an den beinahe unendlichen Äther abzugeben, die dann nicht nur den Äther ernährten, sondern auch die Kraft ausmachten, daß die einzelnen Kosmotome immer im richtigen Abstand zueinander bestehen blieben. Halion zeigte Dir die Mechanismen, wie die Strahlen in dafür eigenen Sammelbecken aufbewahrt, wie die Schleusen geöffnet wurden und das richtige Maß ins äußere Freie mit einer riesigen Explosion entlassen wurde.

Eines zeigte er Dir nicht, nämlich daß damit auch viele Menschenseelen mitgeschickt wurden, um sich auf dieselbe Reise zu machen wie Du. Das wissen eben nur die ganz Eingeweihten, die Diener, die nie den Trennungsgedanken hatten, wie Alkapha. Auch Halion ist einer von ihnen. Alkapha kam bald von seiner Inspektionsreise zurück und wunderte sich nicht wenig, wie schnell Du das gesamte Geschehen, das doch für einen Außenstehenden nicht so einfach zu verstehen war, erfaßt hattest. Deiner Bitte, eine Zeitlang hier Dienst versehen zu dürfen, wurde auch nachgekommen, so daß nun einer längeren Verabschiedung von Alkapha nichts mehr im Wege stand.

Übrigens, bis vorgestern hast Du ihn auch nie mehr zu Gesicht bekommen, weshalb dann die Wiedersehensfreude besonders groß war. Auf seinen Anblick hin wurdest Du aber nicht gerade wenig rot, wie Du ja selbst bemerkt hast. Doch niemand ließ sich von Deiner Verlegenheit beeinflussen, ist es doch nach all dem Gesagten völlig bedeutungslos. Du siehst aber, wie weit so etwas zurückgehen kann, wenn man es nicht weiß.

Ja, das hast Du wieder einmal recht. Bei seinem Anblick habe ich sofort meine Lüge vor mir gehabt. Nichts konnte dies verhindern. Doch jetzt ist mir alles klar. Alkapha ging darauf, wie alle anderen auch, überhaupt nicht ein.

Die Flucht durch den Halion

Du siehst, in welchen Angstzuständen die Menschen alle leben, weil sie nach wie vor glauben, von mir getrennt zu sein. Derweilen ist alles von uns aus sorgfältigst geplant, sogar alle Eure Lügen, um Euch nur schnell wieder aus Eurem bösen trennenden Traum zu wecken. Aber zurück zum Geschehen. Halion war mit Deiner Arbeit sehr zufrieden. Eines Tages kam er mit der Bitte zu Dir, ob Du ihn nicht für eine Zeit lang vertreten könntest, weil er dringend zu seinem Chef gehen möchte, um einige Informationen einzuholen. Sofort hast Du Deine Chance gewittert und ihm bereitwilligst Deine Zustimmung gegeben.

Vorsichtshalber hast Du Dich noch nach dem genauen Rückkehrtermin erkundigt, um erst im letzten Augenblick die Stellung zu verlassen. Bis zu diesem Punkt konntest Du es fast nicht mehr aushalten, waren doch dazwischen ganze 23 Spannungsausgleiche vorzunehmen, bei denen Du jedes Mal hättest mitflüchten können. Es kamen Dir auch viele Gedanken und Zweifel, ob es nicht besser gewesen wäre, gleich mit den ersten Ausgleichen zu fliehen. Doch Dein Verantwortungsgefühl ließ Dich auf den letztmöglichen Termin warten, damit ja nichts passieren konnte, wenn dieser Bereich längere Zeit führungslos bliebe. So bereitetest Du Dich beim letzten Ausgleich auf die Flucht vor und begabst Dich selbst in das Sammelbecken hinein, aus dem es, wenn einmal drinnen, keinen Ausweg mehr gab.

Zu Deinem großen Erstaunen mußtest Du feststellen, daß Du nicht allein, sondern mit einigen anderen Flüchtigen in diesem brodelnden Kessel zusammen warst. Währenddessen hatte Dich Dein schlechtes Gewissen massiv geplagt, hattest Du doch ohne Abmeldung einen wichtigen Arbeitsbereich ohne Erlaubnis verlassen. Was Du nicht mehr sehen konntest war, daß Halion für Dich schon die Position übernommen und für Dich einen schönen Abgang organisiert hatte. Die Schleusen wurden über Dir geschlossen, die Strahlen erhitzten sich enorm auf fast unerträgliche Temperaturen, blähten die ganze Schleuse zu einem mehr als zehnmal so großen Ballon auf, um mit einem enormen Knall nach außen hin zu explodieren.

Mit einer atemberaubenden Geschwindigkeit wurdest Du mit den anderen vierzehn Menschenseelen in den beinahe unendlichen Ätherraum geschleudert. Angsterfüllt habt Ihr Euch dann kreisförmig an den Händen gehalten, um einigermaßen dem Druck standzuhalten. Die Reise dauerte für Eure Verhältnisse ziemlich lange, bis Ihr Euch dann einem anderen Kosmotom genähert habt. Die Begegnungen mit anderen Menschenseelen waren für Euch auch nicht gerade erbauend, sind sie doch schon sehr lange zwischen den Kosmotomen herumgetrieben, ohne irgendwo Fuß fassen zu können.

Da Du als Verantwortlicher eines Bereiches der Kosmotomenhaut sehr wohl wußtest, wie man auch dort wieder hineinkommt, so konntest Du diesen Menschenseelen wertvolle Hinweise für den Wiedereintritt geben. Manche haben sich auch angeschlossen, manche sind ihre Wege zu einem bestimmten Kosmotom weitergegangen. So habt Ihr Euch dann einem Kosmotom genähert, das ungefähr in der Nähe der Milz des großen Sohnes liegt. Da dieses Kosmotom eine ganz andere Funktion zu erfüllen hatte als dasjenige, das Du gerade verlassen hattest, so war die Spannung bei Dir nicht gerade wenig, was wohl auf Dich zukommen werde. Schon beim Wiedereintritt ergaben sich Probleme über Probleme.

Bei der Annäherung zeigte sich eine völlig andere Situation als beim Herzkosmotom. Die Haut war ständig mit einer riesigen Spannung geladen, Schleusen gingen auf und zu, gewaltige Eruptionen fanden ständig statt, wodurch es anfangs fast unmöglich erschien, einen Weg durch das Strahlenflammenmeer zu finden. Deine Kollegen waren nicht minder verängstigt, vertrauten Dir aber als ausgebildetem Schleusentechniker. Erst nach vielen Tagen, für irdische Verhältnisse Tausende von Jahren, fandest Du einen Weg, zu einer Eintrittsschleuse zu gelangen. Dort mußtet Ihr wieder einige Zeit warten, bis diese endlich aufging. Es mußte sich vorher eine Unmenge von Strahlen vor der Schleuse sammeln, um überhaupt den Impuls zur Öffnung übertragen zu können. Das war ein Erlebnis, das selbst Dich erschaudern ließ, hattest Du solches ja selbst als Schleusenwart noch nicht erlebt.

Das Brodeln und Toben, das Blitzen und Donnern, das ständige Verfärben und Verdichten der Strahlen waren ein Spektakel, das Dich und Deine Mitflüchtenden am ganzen Seelenleib erzittern ließen. Hier kamen Dir die ersten Hilferufe nach mir und Alkapha aus, die zwar nicht unerhört blieben, aber Deine Angst noch mehr erhöhten. An diesem Punkt hast Du den Gedanken Deiner eigenen Unsterblichkeit aufgegeben. Das mußt Du Dir wirklich auf der Zunge zergehen lassen. Du als unsterbliches Wesen gibst den Gedanken der Unsterblichkeit auf, nur weil über Deinem Kopf sich eingebildete Strahlen zu einem Donnerwetter zusammengefunden haben.

Selbst diese sind nur Traumgebilde, denen Du und Deine Kollegen Realität gegeben habt. Ich hoffe, Du bist Dir der Tragweite dieses Gedankens wirklich bewußt. Natürlich war ich mit allen anderen bei Dir. Doch was hätten wir tun sollen? Deinen Gedanken der Hilfe akzeptieren und ihn damit auch für uns zur Wirklichkeit werden lassen?

Aber was hätte ich tun sollen?

Nichts, einfach gar nichts. Du bist ein unsterblicher Geist so wie ich. Der einzige Unterschied zu mir besteht darin, daß ich Dir als Unterscheidungsmerkmal eine in sich unendliche Seelenhülle geschaffen habe, um Dir damit eine eigene Existenz mit eigener Willensfreiheit zu geben, die genau meiner gleicht. Das ist alles. Daß Du dann auch in den Trennungsgedanken wie manche andere gefallen bist, ist zwar für Dich eine Tatsache, aber nicht für mich. Für mich bist Du nach wie vor das unsterbliche Geistwesen, das ich anfangs geschaffen habe, um mir und Dir nur eines zu bereiten: Freude, Glückseligkeit, Heiterkeit, Fröhlichkeit und vieles andere mehr. Ich habe mir Kommunikationspartner in meinem Geist geschaffen, damit wir uns gemeinsam an meiner und Eurer Schöpfung für ewig freuen wollen, um uns gegenseitig in aller Liebe und Weisheit auszutauschen. Das ist alles, und so ist es. Euer Trennungsgedanke war zwar wegen Eurer Freiheit vorgesehen, aber von mir nie gewollt. Für mich existiert er nicht.

Und was ist jetzt?

Was soll sein? Nichts. Auch das Erlebnis vor der Schleuse ist für mich nichts, auch wenn es in Dir den Gedanken hervorgebracht hat, Du seiest sterblich. Du kannst Dir jetzt vielleicht vorstellen, mit welcher Art und Größe von Angst Du es jetzt zu tun bekommen hast. Ab diesem Zeitpunkt hast Du begonnen, Dein Seelenkleid zu beschützen. Damit begann ein Verdichtungs- und Identifikationsprozeß, der bis heute für Dich Gültigkeit hat. Mit einem großen Getöse wurde dann die Schleuse geöffnet, und Ihr wurdet durch diese in den fast unendlichen Raum dieses Kosmotoms geschleudert. Von einer gewaltigen Zentralsonne angezogen, seid Ihr dann nach einer ziemlich langen Reise auf dieser gelandet, wo Ihr dann von dem dortigen Verantwortlichen warmherzig aufgenommen wurdet.

Wiederum in einem großen Zeitraum wurdest Du auf die Gegebenheiten dieses Kosmotoms eingeschult, bis wiederum der Gedanke der Flucht Richtung Erdkosmotom in Dir hoch kam. Wenn wir einmal Zeit haben, gehen wir diese Phasen Deiner Vergangenheit durch.

Dazwischen hast Du 186 andere Kosmotome durchlebt, wobei Dein Zustand immer dichter und dichter wurde, um Dich auf das letzte, weit abgelegene Erdkosmotom vorzubereiten, daß Du vor ca. 500 Billionen Jahre betreten hast, also wieder eine kleine Ewigkeit. Ich möchte Dich noch einmal darauf hinweisen, daß alle diese Entwicklungsstufen notwendig waren, um Dich auf das karge Leben auf dieser Erde vorzubereiten. Wir werden uns später im Vergleich die Lebensbedingungen hier und woanders gesondert anschauen, damit Du einmal siehst, wie karg diese Erde wirklich ist.

All das habt Ihr bei Eurer Zusammenkunft im Himalajagebiet besprochen. Ihr habt natürlich im Nachhinein einen riesengroßen Spaß dabei gehabt, überhaupt dann, wenn man die schrecklichen und grausamen Geschehnisse aus einem anderen Blickwinkel zu sehen bekommt. Ganz besonders viel Spaß hattest Du mit Seth, der ja bekanntlich der Leiter dieses Erdkosmotoms ist. Er erzählte Dir alle Deine hinterlistigen, aber erfolgreichen Versuche, Dich von einem Sonnensystem zum nächsten zu schleichen, um schließlich in dieses Sonnensystem, in dem sich auch die Erde befindet, einzudringen. Hier war Deine Geschichte vom Planetenhüpfen besonders amüsant für alle anderen. Es wurde jedenfalls in dieser Deiner Nacht viel gelacht. Ich möchte Dir damit auch zeigen, daß bei uns nicht immer alles todernst abläuft. Heiterkeit und Fröhlichkeit stehen auch dabei an erster Stelle.

Auch ich habe es am liebsten immer heiter und fröhlich. Ab jetzt werde ich besonders heiter und fröhlich sein, weil mir die Zusammenhänge klar vor Augen stehen.

Das ist gut so. Zu viel Ernst schadet nur. Besonders in Eurer Traumwelt, die in meiner Wirklichkeit gar nicht existiert. Darum laßt Euch nicht mehr von irgendwelchen Geschäftemachern beirren, ich sei ein strafender Gott, der nur Euren Untergang will. Ich will von Euch nur, daß Ihr aus Eurem Schlaf erwacht. Das ist alles. Darum kümmere Dich nur um mein Reich. Alles andere wird Dir hinzugegeben. Liebe mich, Dich und alle anderen über alles. Dann wirst Du aus Deiner Lieblosigkeit, Deiner Angst und Deinem Terror rasch und vollständig erwachen. Es gibt keine Schuld, und somit gibt es auch nichts zu befürchten.

Aber warum haben sich fast alle Weltreligionen mit dieser Schuld und Erbsünde befasst, wenn es diese bei Dir gar nicht gibt?

Geschäftemacherei mit dem Glauben

Ich habe Dir ja schon gesagt, alles Geschäftemacherei. Aber in den einzelnen Lebensabschnitten der Menschheit waren alle diese Einrichtungen notwendig, um Euch immer mündiger zu machen. Heutzutage kann niemand mehr so leicht von irgendwelchen Spukdingen beeindruckt werden. Früher genügte es zu sagen, der Mensch sei zu verurteilen, und schon war es um ihn geschehen. Auch wenn die heutigen Demokratien nicht die besten Regierungsformen sind, so sind sie doch weit besser als die politischen und religiösen Diktaturen und Tyranneien vergangener Zeiten. Ihr habt ohnehin diese Strukturen heute noch auf Eurer Erde, wenn Ihr nur genauer hinschaut.

In den ersten 5 000 Jahren gab es so etwas wie eine Kirche überhaupt nicht. Die Menschen waren beinahe vollkommen, hatten ständig Kontakt mit den Wesen in Eurem sogenannten Jenseits. Die Freude auf der Erde war sehr groß. Es gab keinen Streit, keine

Kriege oder sonst irgendetwas. Alles war eitle Wonne, bis durch einen Zufall jemand die naturwidrige Anwendung des Feuers entdeckte und trotz Warnung zu seinem Unheil benutzte. Aber da war es schon zu spät.

Es dauerte weitere 5000 Jahre, bis der nächste, für die gesamte damalige Menschheit furchtbare Umstand der großen Wasserflut eintrat. Die Menschen hatten sich bis dahin schon sehr stark vermehrt, konnten aber ihrer Gier nach immer mehr Genüssen, Geld und Reichtum nicht mehr Einhalt gebieten. Aufgrund der sich immer mehr steigernden Genußsucht war der Holz- und Metallverbrauch in schwindelnde Höhen gestiegen. Dadurch wurde immer mehr Wälder zerstört und immer größere Gruben und Stollen in die Erde getrieben, um Metalle und dergleichen abzubauen.

Dabei wurde aber das unterirdische Wasserreservoir der Erde angezapft und wahre Wasserfluten stürzten in die fast endlos langen Stollen. Aufgrund dessen brach in dem Gebiet westlich des Himalajas die gesamte Erdoberfläche in sich zusammen und begrub Millionen von Menschen. Dadurch wurden aber die Schleusen der unterirdischen Wasserreservoirs erst recht geöffnet, so daß Unmengen von Wassern gleich Geysire in die Höhe schossen. Daß dadurch die gesamten westlichen Länder mit riesigen Mengen von Wasser überflutet wurden, ist leicht anzunehmen. Dabei wurde auch die heutige Straße von Gibraltar durchbrochen, so daß sich auch im gesamten europäischen Raum umfassende Umwälzungen ergaben.

Erst ein paar Jahrhunderte später erholte sich die Gegend von diesem Ereignis und die verbliebenen Menschen besiedelten wiederum die neuentstandenen Länder, unter anderem auch Ägypten, das nun nicht mehr vom Meer bis zum 1. Katarakt bedeckt war, sondern bis zum heutigen Kairo. Die Ureinwohner Ägyptens, die den Fluten entgingen, kamen aber aus dem östlichen Raum. Der Mythos von der Arche Noah berichtet heute noch in allegorischen Bildern von dieser Katastrophe.

Zum Neubeginn vor ca. 6 000 Jahren waren wiederum hohe Geistseelen unterwegs, die aber nicht mehr die Größe von damals hatten. Schon nach 700 Jahren waren die Menschen wieder auf der Abwärtsspirale unterwegs, so daß trotz vieler Mahnungen wiederum alle möglichen Prachtbauten zu meiner und ihrer Ehre entstanden. Die ersten Könige traten schon nach wenigen Jahrhunderten auf, die dann die Dynastien der Pharaonen begründeten. Natürlich durften dann auch nicht die Religionsführer fehlen, die das gewohnte Bild bis heute abrundeten.

Du warst zu dieser Zeit noch auf dem Neptun und dem Jupiter, wo Du aber von dem Treiben auf der Erde unterrichtet wurdest. Auch hier könnte ich Dir noch wesentlich mehr Details darüber erzählen, doch es ist besser, wir heben uns das für später auf, um auf unserem Weg zur höchsten Erkenntnis schneller vorwärts zu kommen.

So mir nichts, Dir nichts, berichtest Du über Zeiträume, vor denen einem ganz schwindelig wird. Könntest Du bitte etwas sanfter und einfühlsamer vorgehen? Das muß man doch alles erst einmal verdauen.

Ich habe Dir doch anfangs schon gesagt, daß keine Information zurückgehalten werden soll. Außerdem spielen diese Zeiträume überhaupt keine Rolle, sind sie doch nur Produkte Deiner bzw. Eurer Träumereien. Mir ist einfach wichtig, daß Ihr versteht, daß das alles nur ein Traum ist. Die Zeiträume mögen vielleicht für Euch Falschdenkenden gewaltig sein. Aber das falsche Denken ist doch nicht unser Ziel, oder?

Nein, nein, da hast Du recht. Aber stelle Dir einmal vor, das liest jemand, der noch nie mit solchen Informationen konfrontiert war. Was wird der sich denken?

Verschiedene Auffassungen des Gesagten

Oh, nicht viel. Er ist entweder schon vorbereitet. Dann macht ihm das Ganze nichts oder nur sehr wenig, weil er es ohnehin in sich selbst schon weiß. Oder er ist so unvorbereitet, daß er das Ganze so und so als lächerlich empfindet und mit mehr oder weniger großer Aggression abschmettert. Dazwischen sind die Lauen und Trägen, die ohnehin an nichts Interesse haben und nur mehr auf den Tod warten, der sie hoffentlich von der Langeweile erlöst, die sie hier empfinden. Darum brauchst Du Dir darüber überhaupt keine Gedanken machen. Ich weiß schon, was ich tue.

Natürlich werden viele Menschen Deine Worte hinterfragen, werden Dich als Lügner und Betrüger hinstellen. Doch das ist Dir ja schon öfters passiert und ist auf dieser Erde ganz normal. Nur werden immer mehr Menschen auf Dich zukommen, die davon erzählen, daß das alles für sie selbst auch ganz normal ist. Diesen wirst Du mit diesen Schriften viel Zuversicht und Sicherheit geben können. Das Leben ist ewig. Es hat kein Ende. Es wird immer weitergehen.

Das ist immer wieder schön zu hören. Das Leben geht immer weiter.

Ich bin das Leben

Ja, ich bin das Leben. Ich bin Euer Weg, Euer Ziel. Ich bin die Wahrheit. Darum freut es mich so, daß Ihr seit Anbeginn so zielstrebig meine Nähe sucht, auch wenn Ihr Euch undenklich lange Zeiten dafür vorbereiten mußtet. Aber, wie gesagt, es gibt keine Zeit, darum sind diese undenklich langen Zeiten auch nur Augenblicke. Ich freue mich schon darauf, Euch alle wieder völlig erwacht in meinen Reihen begrüßen zu können. Das ist wahre Liebe. Das ist Liebe, durch und durch.

Das freut mich jetzt auch, Dich einmal in so einem Freudentaumel erleben zu dürfen. Mir scheint es fast, als würdest Du vor Freude tanzen.

Das tue ich auch. Warum sollte ich das nicht? Ist bei mir als Gott nicht die Freude zu Hause, ist sie bei mir nicht am Höchsten? Warum solltest nur Du vor lauter Freude hüpfen und tanzen, wie Du es gerade mit Deinen Freunden im Himalaja getan hast? Und wie Du es jetzt jetzt auch mehr oder weniger ununterbrochen tust? Du kennst doch das Gleichnis vom verlorenen Sohn. Freude über Freude. Darum lasse es nicht zu, Dir Deine Freude, durch was auch immer, trüben zu lassen.

In diesem Lichte sind ja alle kommenden Ereignisse in Wirklichkeit zu begrüßen, damit möglichst viele Menschen in den Genuß dieser Freude kommen, oder?

Das sage ich Dir schon dauernd. Natürlich wäre es anders noch besser. Aber wenn es nicht geht, dann eben so. Jedes Ereignis, ob für Dich gut oder böse, ist ein wichtiges Lernstadium, das erst dann sein Ende findet, wenn der letzte Trennungsgedanke ausgelöscht ist. Darum nur darauf los. Du hast es beinahe schon geschafft. Es dauert nur noch eine kleine Weile. Auch Deine Freunde und Bekannten sind auf dem besten Weg. Auch sie werden es in einigen Monaten geschafft haben, wenn sie sich noch mehr auf das Wesentliche konzentrieren. Und die vielen anderen werden in den nächsten Jahren in Scharen nachziehen. Die Zeit ist reif. Die Ernte kann eingefahren werden. Die Schnitter stehen bereit, verteilt über die ganze Erde, ob in Körpern oder ohne.

Es ist wirklich eine Freude, mit Dir ein so offenes Gespräch führen zu können. Ich habe mir immer gedacht, daß es nur so gehen kann und nicht anders. Das bringt mich zu dem freundschaftlichen Respekt, den ich selbst willens bin, in aller Ehrfurcht vor Dir und Deinen Dienern einzugehen. Dafür möchte ich Dir an dieser Stelle herzlichst danken. Du bist wirklich ein gütiger und alles liebender Vater, Bruder und was auch immer.

Danke, solche Worte kann auch ich gut gebrauchen. Sie zeugen von meiner unendlichen und unermeßlichen Liebe, die ich für Euch alle empfinde. Aber wir sollten jetzt wieder weitermachen, sonst bekommen wir von den Ungeduldigen noch Schimpfe, wenn wir uns gegenseitigen nur bedanken und belobigen. Was sagst Du dazu?

Eigentlich ist mir das völlig egal. Ich rede ja mit Dir, und sonst mit niemand anderem. Es ist meine Zeit, und Du bist mein Gott. Was soll's.

Ja, ja, das verstehe ich schon. Aber nichtsdestotrotz sollten wir wieder zu Konkreterem übergehen. Heute Nacht haben wir dann so und so ein großes Fest vor.

Was für ein Fest?

Lasse Dich überraschen. Es wird Deinetwegen begangen.

Darauf bin ich schon gespannt. Was meinst Du, sollen wir für heute hier aufhören?

Ja, ich glaube, es ist ein guter Punkt. Ich wünsche Dir noch eine gute sportliche Betätigung und ein schönes Konzert am Rathausplatz. Übrigens, dieser Platz wird noch große historische Bedeutung bekommen. Aber mehr will ich Dir momentan nicht verraten.

Danke.

2. Juli 2002

Einen schönen guten Morgen. Die Nacht war ja heute sehr turbulent. Ich habe das Gefühl, daß die Nächte immer intensiver werden, stimmt das?

Auch ich wünsche Dir einen schönen Morgen. Heute ist er ja wirklich sehr schön bei Euch. Aber kein Vergleich zu unserem ewigen Morgen, der einfach so herrlich ist, daß selbst ich vor lauter Freude hüpfe, springe und singe. Aber das wirst Du nach Deinem völligen Erwachen selbst miterleben können.

Du hast vollkommen recht, was Deine Nächte betrifft. Einmal dabei, immer dabei. Heute Nacht waren wir wieder auf Erdentour. Diesmal hat Dich Shilaton herumgeführt, um Dir alle wichtigen Treffpunkte zu zeigen, die sich leicht aufzählen lassen. Überall, wo höhere Berge sind, sind auch die vollendeten Geister zu Hause. Diesmal warst Du in Afrika, in Nordamerika, in Australien und in Südrussland unterwegs. Überall wurdest Du herzlichst aufgenommen. Diese vielen verschiedenen Orte waren auch der Grund dafür, daß Du nicht durchgehend ruhig geschlafen hast.

Ja, das stimmt. Ich habe das Gefühl, sehr unruhig gewesen zu sein.

In Afrika bei Lutschano

Wenn jemand öfters den Ort wechselt, so bedeutet das eine Menge geistige Bewegung, die sich dann auch auf den Körper auswirkt. Ein unruhiger Schlaf muß daher nicht unbedingt etwas Schlechtes sein, wie viele von Euch meinen. Sie sollten sich bei solch einem Phänomen fragen, was sie als Geist in der Nacht gemacht haben. Dann würden sie die wirklichen Hintergründe ihrer Unruhe rasch herausfinden. Aber zurück zu Deinen Reisen.

Am Kilimandscharo bist Du mit den ganz alten Urvölkern der heutigen Massai zusammengetroffen, die bis heute in fast unauffindbaren Plätzen nach wie vor Ihr fast vollkommenes Leben führen. Du warst von ihrer Klarheit und Zielstrebigkeit sehr beeindruckt. Besonders interessant fandest Du Ihr einfaches äußeres Leben. Einer von ihnen, Lutschano, gab Dir einen kurzen Einblick in seine innere Welt, die Dich fast von den

Socken geholt hätte, wie Du immer wieder sagst. Du schwärmst jetzt noch von der Fülle, von der Schönheit und Klarheit seiner Schöpfung, die schon meiner wirklichen Welt sehr ähnlich kommt.

Lange konntest Du in seiner Lebenssphäre nicht bleiben, weil Du sonst überhaupt keine Motivation mehr gehabt hättest, wieder in Deine Traumwelt zurückzukehren, wo Du doch bei Lutschano miterleben durftest, daß auch ich bei ihm anwesend war. Lutschano ist nur aufgrund seines Wunsches noch auf dieser Erde, um einigen seiner Mitbrüder noch über die Runden zu helfen. Dann aber wird er auch für sich die Traumwelt hinter sich lassen und dann zwischen den Reichen, nämlich meiner und Eurer Traumwelt, leben, bis alle aufgewacht sind und dadurch die Traumwelt sich im Nichts auflösen wird, weil sie von Euch nicht mehr gebraucht wird. Das Leben zwischen den Reichen ist genau so großartig, wie wenn Du schon bei mir in meiner wirklichen Welt leben würdest, nur mit dem Unterschied, daß Du Deinen Willen noch auf die Traumwelt Deiner Brüder und Schwestern gerichtet hast, um hier bis zum Ende tatkräftige Unterstützung zu leisten.

Lutschano ist auch mit allen meinen Dienern ständig in Kontakt, die die Betreuung des afrikanischen Kontinents übernommen haben. Einige von ihnen hast Du auch getroffen und gesprochen. Sie haben Dir auch die weitere Entwicklung des afrikanischen Kontinents gezeigt, die von der irdischen Warte nicht gerade als rosig zu bezeichnen ist. Aber Du konntest sehr deutlich erkennen, daß, wenn die Naturgesetze nicht eingehalten werden, nicht nur die Menschen, sondern auch die ganze Landschaft darunter leiden muß. Afrika ist so wie Südamerika ein von der Natur her gesehen unglaublich begnadetes Land.

Darum wird es sehr gut sein, wenn die Afrikaner sich auf eigene Füße stellen, sich vom krankmachenden Westen abkoppeln und ihr früheres Leben, das nur auf Natur aufgebaut war, wieder einführen. Es werden bis zu diesem Zeitpunkt noch viele Millionen Afrikaner aufgrund ihrer falschen Lebensweise sterben müssen, doch diese Erfahrung wird sie für die zukünftigen Generationen sehr hellhörig machen. Alle, die heute sterben, werden von Lutschano und seinen Helfern auf die Folgen ihrer schlechten Lebensweise aufmerksam gemacht. Manche bleiben bei Lutschano als Helfer. Die meisten reinkarnieren sich aber sehr rasch, um am Wiederaufbau Afrikas tatkräftig mitzuarbeiten.

Du kannst die Entwicklung weiterhin verfolgen, wenn Du willst. Es werden riesige Obstplantagen für die eigene Versorgung errichtet werden, die Verwüstungen werden dadurch gestoppt, die bis heute verheerende Ausmaße angenommen haben. Die internationalen Konzerne werden aus den Ländern vertrieben, die mit ihren Schundprodukten so viel Unheil unter der Bevölkerung angerichtet haben. Ein selbständiges Afrika wird es der Welt zeigen, daß deren Politik nur den Untergang heraufbeschwört und sonst nichts. Darum wird Afrika für die nächsten 200 Jahre von großer Bedeutung werden, weil dieser Kontinent zur Lebensmitteloase für die gesamte Menschheit werden wird. Doch vorher gibt es, wie gesagt, noch einige sehr schmerzhafte Korrekturen unter der Bevölkerung. Aber Erfahrung macht klug.

Das sind ja sehr schöne Aussichten. Ich kann mich erinnern, daß mir Lutschano auch die Vergangenheit gezeigt hat, wie sich die Völker gebildet haben, wie er damals schon mit den Eingeborenen seiner äthiopischen Hochebene die ägyptischen Lande besucht hat, um den Neuankömmlingen nach der großen Wasserflut den kulturellen Aufstieg zu ermöglichen. Sie haben den Menschen nicht nur die materiellen Künste nähergebracht, sondern auch die geistigen Gesetze gelehrt, die sich die Ägypter bis weit ins 1. Jahrtausend vor Dir bewahren konnten.

Ja, das hat er Dir auf Grund meines Geheißes alles erzählt, weil Du Dich für diese Zeit schon früher sehr interessiert hast. Die ersten 500 Jahre nach der Flutkatastrophe waren für die gesamte Menschheit von prägender Wichtigkeit, weil in dieser Zeit die Menschen noch auf relativ hoher geistiger Erkenntnisstufe operierten. Erst als sich die Bevölkerung zu sehr vermehrte und die Erziehung der Kinder mehr und mehr vernachlässigt wurde, begann wieder einmal der Abstieg in die materielle Identifikation, die heutzutage bei Euch einen absoluten Höhepunkt erreicht hat.

Darum gibt es gerade jetzt an vielen Ecken und Enden besondere Vorkehrungen der Aufklärung und Offenbarung, weil solche Weichenstellungen für die weitere Entwicklung von größter Wichtigkeit sind. An solchen Punkten läßt sich für Euer Vorhaben, wieder in mein Reich zurückzukehren und mich persönlich zu sehen, besonders viel herausholen, weil Ihr von der materiellen Fixierung gesättigt seid. Darum ist jetzt auch so vielen Menschen schrecklich langweilig. Darum gibt es heute so viele Unterhaltungsveranstaltungen, um gegen die Langeweile anzukämpfen.

Darum gibt es aber auch immer mehr Fragen in die andere, richtige Richtung, weil die materielle sich totgelaufen hat. Darum waren die letzten 6000 Jahre von so großer Bedeutung und Wichtigkeit für Euch, weil Ihr alle Stadien der materiellen Identifikation durchgegangen seid. Auch wenn Du nicht die ganzen 6000 Jahre mitgemacht hast, so waren die letzten 1900 Jahre für Dich von großer Bedeutung. Wir werden auf diesen Punkt später noch näher eingehen müssen, um letzte Mißverständnisse auszuräumen.

Jedenfalls warst Du von den Erklärungen Lutschanos derartig beeindruckt, daß es ihm schwer wurde, Dich vom Kilimandscharo wieder wegzubekommen, um auch die anderen Reiseziele noch zu erreichen. Aber mit dem Versprechen, wiederkommen zu dürfen, um die ganze Geschichte erzählt zu bekommen, bist Du schließlich doch zum nächsten Treffpunkt nach Nordamerika abgereist.

Warum ist das eigentlich so, daß man bzw. ich so neugierig bin?

Das ist ganz natürlich. Das sind alle Geister, auch in meinem Reich. Richtige Neugier erhöht die Liebe zu mir, und damit die Freude und die Glückseligkeit, weil Du dadurch immer mehr Einblick in meine Herrlichkeit und Vollkommenheit bekommst. Ihr seid meine Kinder, und Ihr werdet immer meine Kinder sein. Kinder sind eben von Natur aus neugierig, und das ist gut so. Du hast ja selbst fünf Kinder. Du siehst doch auch bei ihnen die Begeisterung und Faszination am Neuen, oder?

Ja, das ist richtig. Also ist Neugier nichts Schlechtes, wie so manche Menschen immer wieder behaupten.

Neugier ist wichtig. Darum freut es mich, daß Du seit unserer intensiven Zusammenarbeit immer mehr Lust bekommst, die Dinge zu hinterfragen. Auch Deine früheren Leben sind alle faszinierend, so wie Dein jetzigen Leben faszinierend ist. Jedes Leben, egal wann, ist faszinierend, auch wenn es jemandem noch so langweilig und fade vorkommen mag. Der Geist liebt Begeisterung. Er liebt das Neue, das Unbekannte, das Geheimnisvolle. Jeder Geist liebt auch mein Geheimnis, die Unendlichkeit, die Ewigkeit, weil er dadurch weiß, daß es nie ein Ende geben wird. Lasse Dir das wirklich auf der Zunge zergehen! Die Begeisterung wird von Tag zu Tag größer. Ist das nicht ein schönes Leben?

Ja, unvorstellbar. Eine Frage habe ich noch. Ist Lutschano auch durch diese Welt gegangen?

Die Ursache der Süchte

Was für eine Frage. Natürlich, wo denkst Du hin? Nur hier kannst Du die höchste Ausbildung bekommen. Darum seid Ihr alle so zielstrebig. Von Anbeginn an wolltet Ihr alle, die Ihr hier auf der Erde lebt, nur dieses eine Ziel verwirklicht sehen. Alles andere war völlig nebensächlich. Es war nicht leicht, Euch alle so zu lenken und zu führen, daß Ihr in Eurer Ungeduld nicht alles um Euch zerstört hättet. Das siehst Du ja auch täglich in Eurem Leben. Wenn sich jemand ein Ziel gesetzt hat, dann geht er sogar mit dem Kopf durch die Wand, wenn es sein muß. Deshalb mußten alle Entwicklungsschritte eingehalten werden, um Euch mit einem dementsprechenden Seelenkleid und dem dazu passenden materiellen Umhang auszustatten.

Ungeduld über Ungeduld, die manchmal so groß wird und wurde, daß Ihr zeitweise inhaftiert werden mußtet, um Eurer Zerstörungswut Einhalt zu gebieten. Das ist auch der Grund dafür, warum bei Euch derzeit die Drogensucht so stark ist. Durch diese Maßnahme werden Geister eine gewisse Zeit in Verwahrung genommen, wenn sie in ihrer Zielstrebigkeit keine Möglichkeiten einer Weiterentwicklung erkennen können, um sie und auch andere vor sich selbst zu schützen. Ich verstehe, daß Du jetzt aufbegehrst. Aber es ist eben so, daß Drogen- und Alkoholsucht, ja fast alle Süchte, nichts anderes als Schutzmechanismen sind, um die Geister vor der Selbstzerstörung zu bewahren. Manchmal treiben sie es wirklich zu bunt, so daß der Körper dabei funktionsuntüchtig wird, aber das macht in Wirklichkeit nichts, weil es ja Entwicklungsmöglichkeiten in Hülle und Fülle gibt.

Aber wie kann man dann diese Süchte bekämpfen?

Du brauchst sie überhaupt nicht zu bekämpfen. Sie verschwinden von ganz allein, wenn Du dem Geist die Möglichkeit gibst, sich auf seinem Weg weiterbewegen zu können. Hier werden leider von Euren sogenannten Fachleuten die schwerwiegendsten Fehler gemacht, indem die meisten das Jenseits, die Reinkarnation, meine Wenigkeit usw. nicht anerkennen wollen. Damit stellen sie sich mit großer Gelehrtenautorität vor das mächtigste Ziel, nämlich mich persönlich in meinem Reich treffen zu können. Darum haben sie mit ihren Bemühungen auch überhaupt keinen Erfolg.

Darum sage ich noch einmal allen Suchenden, Flehenden, Bittenden und Betenden: Bleibt Eurem Ziel treu. Erkennt hier, daß dieses Ziel das einzig wirklich wahre Ziel ist, das jeder von Euch sich jemals gesetzt hat. Alles andere ist diesem Ziel untergeordnet. Laßt Euch von niemandem einschüchtern, auch wenn Gelehrte anderes behaupten. Denkt nur logisch darüber nach, was das Leben sonst für einen Sinn haben sollte, als mich persönlich zu treffen und in meinem unendlichen und ewigen Reich in aller Freude und Glückseligkeit, in aller Begeisterung und mit größter Faszination zu leben. Verstehst Du mich?

Ja, Deine Worte sind zu klar und zu eindeutig. Sie treffen genau in mein Herz. Sie treffen genau mich selbst. Ja, das ist es. Es gibt wirklich nur dieses eine Ziel und sonst nichts. Alles andere ist völlig bedeutungslos. Nur mit Dir und durch Dich bekommt alles eine wirkliche Bedeutung. Dort müssen wir hin. So denke ich, so tue ich.

Das freut mich. Ich habe es ja gewußt. Es kommt der Tag, an dem alle davon wissen werden. Ich sehe, Du willst eine kleine Essenspause machen. Ich habe nichts dagegen. Machen wir dann in Nordamerika weiter, oder willst Du bezüglich Lutschano noch etwas wissen?

Zu Lutschano habe ich anschließend noch einige Fragen.

In Ordnung. Guten Appetit.

Danke.

Da bin ich wieder. Wie wurde Lutschano zum Gebietsbeauftragten für ganz Afrika?

Er wurde es in diesem Sinne nicht, sondern er hat darum gebeten, diesen Job durchführen zu wollen. Solcher Art von Bitten wird immer nachgekommen, da in meiner Welt viele Möglichkeiten gegeben sind.

Hast Du dabei keine Angst, daß er irgendetwas falsch machen könnte?

Die Vergangenheit Lutschanos

Aber, bitte. Wie sollte ich Angst haben? Angst könnt Ihr nur wegen Eures Trennungsglaubens haben. In der Allwissenheit gibt es keine Angst. Vor was auch? Vor dem Tod, den es nicht gibt? Oder vor was sonst? Eure größte Angst ist die Todesangst, weil Ihr nicht wißt, wie es wirklich weitergeht. Ich habe Dich nicht umsonst über 20 Jahre im Jenseits forschen lassen, damit Du die Gewißheit bekommst, daß es keinen Tod gibt. Ich selbst bin unter anderem auf die Welt gekommen um zu zeigen, daß es keinen Tod gibt, was aber nicht der Hauptzweck war. Dieser war, wie schon oft gesagt, die Grundlagen zu schaffen, daß jeder mit mir persönlich leben kann. Jetzt habe ich für jeden von Euch ein berührbares und fühlbares Kleid. Jetzt sind wir wirklich eins. Das war mein Ziel.

Alles andere ist zwar wichtig, aber nicht so bedeutsam wie dieser Punkt. Darum kann Lutschano auch nichts falsch machen. Außerdem wird er ununterbrochen von meinen Dienern beraten und erzogen, um in der Liebe und Weisheit immer stärker zu werden. Nach oben gibt es bekanntlich in der Unendlichkeit keine Grenzen. Wächst er, so wachsen auch meine Diener.

So ist es auch bei Euch. Hilfst Du jemandem, reicher zu werden, so wirst Du automatisch auch reicher. Das gilt für alle Belange des Lebens. Darum habe ich Euch die Nächstenliebe immer wieder so ans Herz gelegt. Nächstenliebe ist automatisch Selbsthilfe. Ein Punkt, den viele noch nicht verstehen. Aber, kommt Zeit, kommt Rat.

Lutschano hat auch eine sehr bewegte Vergangenheit hinter sich. Er ist einer, der sich von Anfang an für die Erde entschieden hat. Er war auch direkt mit der Evolution der Erde betraut und hat seine Seelenhülle fast ausschließlich aus den Teilen der Erde zusammengewebt. Natürlich kommen auch die Seelenteile aus den anderen Welten dazu, die ständig von Lichtteilchen zu Eurer Erde getragen werden. Doch der Hauptteil ist aus der Erde. So verbrachte er undenklich lange Zeiten in völliger Finsternis und Abgeschiedenheit, bis diese Erde sich aus dem Zentrum Eures Kosmotoms auf die Reise machte. In der Sonnenumlaufbahn gelandet, begann er sofort mit allen anderen, die Entwicklung der Erde voranzutreiben. Anfangs war das nicht einfach, weil die Umlaufbahn der Erde noch ein sehr großes Stück von der heutigen entfernt war. Sie war ungefähr bei der heutigen Umlaufbahn des Marses, wurde aber mit der Zeit immer näher an die Sonne herangebracht, um diese Art des Lebens, die Ihr heute kennt, zu ermöglichen.

Schon während dieses Vorganges bildete Lutschano gemäß des Planes die ersten einfachsten organischen Lebewesen, die dann die Aufgabe übernahmen, Wasser zu bilden. Es gibt keinen einzigen Vorgang auf Eurer Erde, der nicht von Geistern gesteuert und gelenkt wird. So hat sich Lutschano nicht nur wieder seine Seelenhülle gebaut, sondern auch das nötige materielle Kleid dazu selbst angefertigt. Daß dieser Prozeß natürlich seine Zeit gedauert hat, ist wohl leicht einzusehen. Vor ca. 15 000 Jahren war er mit allen seinen Kollegen mit dieser Arbeit fertig. Der menschliche Körper war bewohnbar geworden.

Mit dem Abschluß dieser Vorarbeiten wurde auch mein Geist im Herzen erweckt, wodurch nun Lutschano wieder ein völlig freies Wesen sein konnte. Mit der Weckung meines Geistes wurde sich Lutschano rasch seines Zieles bewußt und unternahm in der Folge alles erdenklich Mögliche, um das auch so schnell wie möglich zu erreichen. Jetzt war er in der Lage, sich mit anderen Geistern über die Situation zu beratschlagen, so daß er mit den nötigen Informationen über meine Menschwerdung unterrichtet werden konnte.

Daraufhin wurde er ein noch eifrigerer Mitarbeiter an der Evolution. Er sah auch aufgrund der vielen Kontakte, daß sich einige Menschen tiefer in die Materie hineinbewegen müssen, um ihren Plänen getreu zu bleiben. So mußte er mit ansehen, wie sich eine größere Gruppe von Menschen der materiellen Identifikation verschrieb, um auf diesem für ihn so wirkenden Umweg das höchste Ziel zu erreichen. Im Nachhinein sieht Lutschano die Notwendigkeit dieses Schrittes auch ein, sonst hätte ich nicht die Möglichkeit meiner Menschwerdung auf diese Art und Weise vorgefunden, um den größtmöglichen Effekt für die Menschen zu erzielen.

Auch meiner Zielstrebigkeit muß Folge geleistet werden, obwohl das nur ein Teilaspekt von mir ist, nämlich der Heilige Geist, der immer die Verbindung zwischen mir und Euch aufrechterhalten hat. Lutschano hat auch dann bei der materiellen Entwicklung der Menschen wesentlich mitgeholfen, um diese notwendigen Voraussetzungen für die gesamte Erlösung der Menschen von ihrem Traum zu schaffen. Er war es auch, der die ersten, dem Feuer huldigenden Menschen den Umgang mit den Metallen zeigte, sie unterwies im Bauen von Gebäuden und vielen anderen Dingen. Dann war sein großes Verdienst die Führung des ägyptischen Volkes, beginnend mit dem großen Volksführer Menes, dem das Volk dann die großen Tempelanlagen von Abu Simbel, Diataira und auch die Pyramiden errichtete.

In den Pyramiden wurden dann für ganz wenige Auserwählte die Einweihungsriten durchgeführt, die auch unter der Leitung von Lutschano standen. Er befreite sie hier in jahrelangen Übungen und strengster Disziplin vom Trennungsglauben, so daß diese Vollendeten nun mit ihm gemeinsam die Führung des gesamten Kontinents nach wie vor innehaben. Aber da schlage ich Dir jetzt auch vor, etwas später in die ganze Sache tiefer hineinzugehen.

In Ordnung. Ist das wichtig für uns?

Ja, sehr. Sind doch hier die Wurzeln für Euer gesamtes Leben im Abendland zu suchen. Hier findet Ihr alle Grundlagen Eurer christlichen Religion und des gesamten öffentlichen Lebens mit seinen Gesetzen, Verhaltensweisen und Verirrungen. Darum würde ich Dir diesen Zeitabschnitt gelegentlich noch näher erklären wollen.

Nun, dann schaut die Sache ja schon wieder ganz anders aus. Da bin ich aber schon sehr neugierig. Wann wird das sein?

In diesem Buch werden wir wahrscheinlich nicht mehr dazu kommen, da wir noch einen großen Bogen Deiner und der Geschichte der Menschheit im Groben zu machen haben. Aber wir haben ja Zeit.

Nun verlassen wir unseren geliebten Lutschano, der Dich übrigens herzlichst grüßen läßt. Er brachte mir gerade die neuesten Nachrichten von Afrika, die ich zwar persönlich gar nicht nötig hätte, da mir als Gott doch alles bekannt ist. Aber ich freue mich immer wieder mit jemandem, dem wieder ein wichtiger Abschnitt seiner Entwicklung gelungen ist. Diesmal hat er es geschafft, alle Regierungsoberhäupter auf eine gemeinsame Kontinentalpolitik einzuschwören, so daß sich auch hier in der nächsten Zeit viele Verbindungen zwischen den einzelnen Staaten ergeben werden.

Wissen diese Volksführer von seinem Wirken?

Nicht bewußt. Aber einige haben ein sehr intensives Gefühl einer höheren Führung, der sie auch ganz und gar ergeben sind. Darum wird es in den nächsten Jahren ziemlich viele positive Veränderungen für die Zukunft geben, auch wenn vorerst doch noch einige Millionen Menschen ihren Körper krankheitshalber hergeben müssen, um den Boden für eine blühende Kultur zu bereiten. Auch hier würde ich Dir vorschlagen, die Entwicklung genau zu beobachten und wenn möglich zu unterstützen.

Wie kann ich hier unterstützend einwirken?

Indem Du weiterhin mit mir kommunizierst und das Gesprochene auch in Buchform bringst. Dieses Buch werden sehr viele Menschen lesen, die dann auf die Idee gebracht werden, auch zumindest geistig mitzuhelfen. Allein das ist schon eine sehr große Hilfe, da Ihr als Geister alle untereinander kollektiv verbunden seid. Und jede Bewußtseinserweiterung in diese Richtung bringt uns alle dem großen Ziel einen Schritt näher.

Ja, jetzt verstehe ich auch das. Ich werde mich in Zukunft noch mehr anstrengen, um keine Zeit zu verlieren.

Besuch in Nordamerika

Das würde ich Dir auch sehr empfehlen. Doch nun machen wir den angekündigten Szenenwechsel nach Nordamerika. Hier bist Du mit dem Führer dieses Kontinents zusammengetroffen, der seinen Sitz natürlich in den Rocky Mountains hat. Auch er ist von dieser Erde wie Lutschano. Gris a pe, sein Name, hat eine ähnliche Vergangenheit wie Lutschano hinter sich, aber im Detail betrachtet mit wesentlichen Unterschieden. Seine Entwicklung dauerte wesentlich länger, weil der Kontinent sich immer wieder stark veränderte. Seine jetzige Form bekam er erst vor ca. 250 Millionen Jahren. Seitdem haben sich oberflächenmäßig nicht mehr viele Veränderungen ergeben, auch wenn eine gröbere Veränderung noch vor der Tür steht.

Menschliche Formen haben sich daher erst sehr spät entwickelt, so daß Gris a pes Leben als sehr kurz zu bezeichnen wäre, wenn wir eben 5 500 Jahre als kurz bezeichnen wollen. Er fing gleich an, einen Körper auszubilden, den er zur besagten Zeit auch in Besitz nahm. Die Bevölkerungszahl wuchs nur sehr langsam, so daß, über den ganzen Kontinent verteilt, die Zahl von einigen Tausenden nicht wesentlich überschritten wurde. Sie blieben auch der Natur höchst verbunden, so daß auch nicht viele Funde diesbezüglich zu machen sind, haben doch die meisten aufgrund ihrer hohen Entwicklungsstufe den Körper bei ihrem Übergang einfach aufgelöst und teilweise sogar von den feineren Stoffen her gesehen, mitgenommen.

Ich selbst habe das bei meiner Auferstehung auch gemacht und den gesamten Körper in mein Reich mitgenommen, wo ich jetzt über ihn für Euch sichtbar und wahrnehmbar geworden bin.

Erst viel später haben sich auch einige Ureinwohner von der Natur ab- und dem Feuer zugewandt. Damit begann die normale amerikanische Geschichte, die Ihr selbst bestens kennt. Es gibt nur mehr sehr vereinzelt wirklich hochgeistige Menschen in den Bergen, die den indianische Gruppen zuzuzählen sind. Manche sprechen immer wieder ernste Mahnungen an die zivilisierte Welt aus, doch meistens umsonst. Es darf Dich daher nicht wundern, wenn sich das amerikanische Volk selbst wegrationalisieren wird, wenn es diese Mahnungen nicht ernst nimmt. Ihre Zielstrebigkeit wird auch das verwirklichen, so oder so. Viele Menschen verlieren sich dort in leerer Esoterik, die zwar von Liebe spricht, in Wirklichkeit aber nur ungehemmten Genuß meint.

Gris a pe ist auch hier dabei, viel ins richtige Lot zu bringen. Aber der unbändige Freiheitsdrang der Amerikaner läßt beide Extreme viel weiter zu als zum Beispiel bei den

Europäern, die nie so extrem sein könnten wie ihre Nachbarn über dem Atlantik. Darum werden auch diese Zeilen in den Staaten einiges zu deren Weiterentwicklung des höchsten Zieles bewirken.

Aber mir kommt immer vor, daß die Amerikaner besonders gläubig sind. Stimmt das nicht?

Ja, gläubig sind sie nach ihren Vorstellungen. Das sind die Europäer auch. Aber die meisten Gläubigen haben eine Anlaßreligion. Ich bin immer nur bei gewissen Anlässen wichtig, besonders bei negativen. Sonst bin ich eigentlich für nichts zu gebrauchen, wenn das äußere Leben so halbwegs erfolgreich seine Bahnen zieht. Aus diesem Grunde sind auch die meisten Kirchen und ihre Rituale und Traditionen nicht zu gebrauchen. Ich würde das in Eurem Jargon als konservative Hollywoodkirche bezeichnen, die immer wieder eingefahrene Muster mit einem mehr oder weniger prunkvollen Showprogramm wiederholt. Darum darf es Dich nicht wundern, wenn immer mehr Menschen dieser Showkirche die Kündigung schicken.

Viele Leute wollen echte Spiritualität, keine gespielte, keine drohende, keine erschrekkende und angsteinflössende. Sie brauchen keine Gebete, die heruntergeleiert werden, keine Messen, in denen niemand aktiv mitwirken kann, keine Diskussionen, in denen nur gesagt wird, dies oder das mußt Du glauben, weil es ein Dogma ist. Diese Zeiten sind endgültig vorbei.

Die Freiheit der Spiritualität ist angebrochen, und sie wird von vielen Menschen schon in Anspruch genommen. Die Menschen von heute brauchen handfeste Informationen, Darlegungen, denen sie auch folgen können, Erklärungen, die ihnen helfen, Ihr jetziges und zukünftiges Leben zu meistern. Sie wollen zu mir und nicht zu irgendeinem kranken und schwächlichen Stellvertreter. Ich bin seit 2 000 Jahren ein Gott zum Angreifen. Also, was hält Euch noch davon ab?

Hinweg mit all dem Zeug, das zwischen mir und Euch steht. Ich brauche keine Fürbitten. Ich brauche keine Vorsprachen von Heiligen oder Seligen. Ich brauche keine Maria und irgendwelche Engel, die zwischen mir und Euch stehen. Die würden für Euch nur Trennungen bedeuten. Hinter dem Trennungsgedanken steht nur Eure Angst. Vor mir braucht niemand Angst zu haben. Merkt Euch das bitte für Euer gesamtes ewiges Leben. Ich bin Euer liebender Vater und sonst nichts.

Ich danke Dir für diese Aufmunterung. Aber was wird dann mit den Kirchen geschehen?

Die neue, persönliche Kirche

Was soll schon mit ihnen geschehen? Sie werden genau so vergehen, wie die ganze Traumwelt für Euch vergehen wird. Für mich existiert Eure Welt bekanntlich ja nicht. So existieren auch die Kirchen für mich nicht, auch wenn das für Euch noch immer ziemlich unverständlich klingen mag. Laß Dir darüber keine grauen Haare wachsen. Ist die Urkirche vergangen, so auch die Alte Kirche. Die neue Kirche ist gerade dabei, sich zu verabschieden. Dann kommt keine weitere mehr außer der persönlichen Kirche, der Kirche zwischen mir und Dir persönlich.

Du weißt ja, wo zwei in Liebe miteinander verbunden sind, da bin ich mitten unter ihnen, denn wo sonst sollte die Liebe, die ich bin, sein? So wird es auch vielen Amerikanern gehen. Wenn sie wieder die Liebe zu sich selbst und ganz besonders zu ihrem Körper bekommen, dann wird es mit ihnen sehr rasch Richtung Ziel gehen. Das größte Problem ist nämlich heutzutage die Liebe zum Körper. Das könnt Ihr nicht nur an der Versorgung mit Lebensmitteln deutlich erkennen, sondern auch an der mangelnden Bewegungspflege. Körper gehören heftig bewegt, sonst rosten sie und der Stoffwechsel ist blockiert. So habt Ihr es von Anfang an gewollt. Brecht Eure eigenen Gesetze nicht!

Deine Geduld möchte ich auch haben.

Ich habe auch keine. Wer keine Zeit kennt, der kennt auch keine Geduld.

Das ist schön gesagt. Gilt das auch für uns?

Ja, natürlich. Ihr unterliegt ja auch nicht der Zeit. Ihr seid ebenso unendlich und ewig wie ich. Zeit ist nur eine Betrachtung in Eurer Traumwelt. Damit unterliegt Ihr auch der Zeitverzerrung, die aus Eurem Willen entsteht. Jede Zeitverzerrung ist das Resultat eines Gesetzesbruches. Ihr habt am Beginn ein Naturgesetz für alle Abläufe in Eurem Traumleben aufgestellt, das Ihr nun willentlich versucht, zu beschleunigen oder zu verzögern. Dadurch entsteht das Gefühl der Geduld. Ist es nicht schnell genug oder zu langsam, ganz gleich wie, so seid Ihr aufgrund der Zeitverzerrung ungeduldig. Ein geduldiger Mensch kann warten, aber wie lange? Jede Geduld hat einmal ein Ende.

Wie kann ich diesem Phänomen entgehen?

Ganz einfach. Stell Dich auf die Stufe meiner Welt. In dieser läuft alles gleichzeitig ab, weil Zeit kein Element meiner Welt ist. Dadurch könnt Ihr bei mir alles so erleben, wie Ihr wollt, ob „vom Beginn“ oder „von der Mitte“ oder „am Schluß“. Ich muß jetzt zeitliche Begriffe verwenden, da Ihr sonst keine Vorstellung davon bekommen könnt.

Bei mir ist alles nur eine Frage der Ausdehnung. Und die kennt diese Begriffe von Raum und Zeit nicht. Am leichtesten ist das noch mit der Hineinversetzung des Geistes analog zu beschreiben. Aber auch das ist nur sehr begrenzt richtig. Am einfachsten ist immer noch die Bezeichnung ES IST. Hast Du dazu noch Fragen?

Eine ganze Menge. Jetzt wird es wirklich interessant. Wieso kannst Du nichts Konkretes über Deine Welt sagen? Ist das wirklich für uns so schwierig zu verstehen?

Ja, das ist es. Bedenke doch, daß Ihr alle nur in Eurer Scheinwelt lebt, die im Vergleich zu meiner Welt in purster Finsternis und Kargheit dahinvegetiert. Würde ich Euch nicht meinen Heiligen Geist als Verbindungsglied zwischen mir und Euch geschickt haben, so wäret Ihr nach wie vor im tiefsten Tiefschlaf ohne Wenn und Aber. Wie sollte ich da von meinem Reich der Liebe, Weisheit, Schönheit, Helligkeit, Lieblichkeit usw. berichten? Meine Welt ist eine Welt der ständigen Ausdehnung, sowohl nach außen als auch nach innen. Ganz egal, welche Richtung Du einschlägst, jeder Schritt in meiner Welt ist für Dich eine totale Veränderung, die Dich einfach in größtes Entzücken versetzt.

Wenn meine Brüder und Schwestern, die nie diese winzigkleine Wahnsinnsidee geboren haben, von mir getrennt zu sein, schon „Probleme" mit der Schönheit meiner Welt haben, was habt Ihr dann wohl, die Ihr wahrlich aus dem Nichts kommt? Wie soll ich Dir die Farben beschreiben, die Formen, die so geschmeidig, sanft und zart sind, daß Dir beim ersten Anblick sofort schwindelig vor lauter Anmut würde. Und erst die Töne der Musik. Bei mir ist alles Musik. Die schönste Musik bei Euch wäre bei mir nicht einmal vorstellbar, so krächzen und kratzen würde diese. Verzeih' mir bitte diese Ausdrücke. Aber selbst mit diesen Worten können die Verhältnisse meiner Welt nicht einmal ein paar Millimeter Eurer Traumwelt näherkommen.

Ich muß leider bei diesem Punkt aufhören. Ob es sich für heute noch ausgeht, kann ich jetzt noch nicht sagen.

Hilferuf nach Aufklärung

Jedenfalls wünsche ich Dir zum kommenden Gespräch alles Gute. Es wird für alle eine sehr interessante Begegnung, weil Du wieder einem Wesen begegnen wirst, das sich dem Ziel, mich persönlich zu treffen, mit eiserner Hand verschrieben hat. Alle Probleme, die sie Dir offen legen wird, sind nur Hilferufe um exakte Aufklärung. So ist es bei allen Menschen, die mit dieser Welt irgendwelche Probleme haben. Wie schon früher angesprochen, zeigen sie ihren Protest mit allen Süchten, Depressionen, mit Zurückgezogenheit und Einsamkeit, mit Berührungsängsten und vielem mehr. Du wirst die Sache schon gut machen.

Mit Deiner Hilfe ist alles leicht möglich.

Ja, da hast Du recht. Mein Wille ist auch Dein Wille. In meiner Welt ist Dein Wille auch mein Wille, weil es ja nie eine Trennung gegeben hat. So kann alles gemeinsam immer nur gutgehen. Ich wünsche Dir dabei viel Spaß. Auch zum Workshop werden sich neue Dimensionen eröffnen. Sprich über die Zielstrebigkeit der Menschen, und die Teilnehmer werden großartige Erkenntnisse haben.

Vielen Dank, und bis morgen.

3. Juli 2002

Einen schönen guten Morgen. Es freut mich, daß gestern alles so gut gelaufen ist. Das Gespräch am Nachmittag hätte nicht besser sein können. Wie Du ja richtig bemerkt hast, ist nicht die Tochter das Problem, sondern die Mutter. Sie steckt tief in einer totalen Verdrängung. Aber es wird sich mit der Zeit schon alles wieder ins richtige Lot bringen lassen.

Auch der Workshop ist, wie besprochen, sehr gut gelaufen. Du siehst, wie offen die Menschen wirklich sind, wenn man ihnen die Wahrheit so ins Gesicht sagt, daß diese auch verstanden und verarbeitet werden kann. Ich werde Dir in der nächsten Zeit noch weitere Menschen zum Workshop schicken, so daß noch eine größere Lebendigkeit in die Gruppe kommt.

Vielen Dank, und auch einen schönen guten Morgen. Ja, gestern war wirklich ein guter Tag. Schade, daß wir mit dem Text nicht fertig geworden sind. Aber heute ist ja auch noch ein Tag, und so werden wir es heute schon etwas weiter bringen.

Ja, da hast Du recht. Deine Nacht war auch sehr interessant. Sollen wir zuerst die gestrige Sache fertig machen, oder willst Du bei der heutigen Nacht beginnen?

Ich würde vorschlagen, zuerst die gestrige Sache abzuschließen. Ich weiß von der heutigen Nacht, daß wir wieder einen großen Ausflug in ein weit entferntes Sonnensystem unternommen haben, um dort einige Menschen auf ihren Transport zur Erde vorzubereiten.

Nach der Wasserflut

Ja, da hast Du ganz recht. Also bearbeiten wir zuerst die gestrige Nacht. Bezüglich Amerika haben wir gestern genug gesagt, so daß wir uns gleich in den Kaukasus begeben können. Hier trafen wir auch einen sehr interessanten Mann, der den Niedergang des riesigen Volkes östlich vom Kaukasus in den Wasserfluten persönlich miterlebte. Furan war über unseren Besuch hoch erfreut, war ich doch schon längere Zeit nicht mehr bei ihm. Er leitet seit dieser Zeit die Geschicke der gesamten Region nördlich und südlich des Kaukasus. Er war es auch, dem die Reparatur des gesamten Landes oblag, das nach der Wasserflut völlig zerstört war.

Er betreut bis heute die Menschen, die bei dieser Katastrophe zu Millionen in das Erdinnere stürzten und nach wie vor unter riesigen Gesteinsmassen begraben sind. Von Zeit zu Zeit werden einige von ihnen nach dementsprechender Vorbereitung und Läuterung aus den Tiefen geholt. Dieses Phänomen wird in dieser Gegend dann als mehr oder weniger großes Erdbeben wahrgenommen. Meist machen dann diese Menschen freiwillig ein sehr karges Leben in dieser Gegend durch, weil sie glauben, ihre Schuld von damals mit dieser Tat abbüßen zu müssen. Obwohl das überhaupt nicht notwendig wäre, wird ihnen Ihr Wille gelassen.

Nach ein oder zwei Leben haben sie dann durch Furan so viel gelernt, daß sie im Jenseits so weit geschult werden können, um mir persönlich gegenübertreten zu können. Dann haben es meistens auch diese dann geschafft. Bis zur vollständigen Auflösung des Trennungsgedankens werden sie meistens Furan oder auch Shilaton im Himalaja unterstellt, um tatkräftig bei der Erlösung aller anderen mitzuarbeiten, was ihnen allen einen sehr großen Spaß bereitet.

Du hast Dich auch mit Furan sehr angeregt über die Zeit vor, während und nach der Wasserflut unterhalten. Er war ja einer derjenigen, die im letzten Moment die Zeichen der Zeit verstanden haben und ihre Einstellung zur mir völlig geändert haben. Er mußte aber trotzdem die Flut über sich ergehen lassen, um dadurch zu lernen, wie verkehrt man leben kann, um durch das Mißachten der Naturgesetze umwälzende Katastrophen heraufzubeschwören.

Durch ihren dummen Krieg mit den Hochvölkern Tibets haben sie die Berge, die wie Korken auf den riesigen unterirdischen Wasserbecken wirken, so weit und tief angegraben, daß sie dem Druck der gewaltigen Wassermassen nicht mehr standhalten konnten. Vermischt mit heißer Vulkantätigkeit verdampften zuerst riesige Mengen an Wasser, die sich dann in ununterbrochenen Regenfällen zeigten, die letztlich den Einsturz der Berge verursachten, was dann noch weitaus größere Wassermassen auf die Erdoberfläche emporstießen ließ.

Nur der biblisch bekannte Noah konnte sich mit seiner Familie in seiner Arche retten, die später im südlichen Bereich in der Nähe von Ägypten landete, nachdem sich die Wasserfluten wieder über die gesamte Erdoberfläche abfließend verteilt hatten. Er begründete dann mit einem seiner Söhne das von mir schon erwähnte ägyptische Reich, von dem aber heutzutage auch nichts mehr bekannt ist. Die anderen begaben sich mehr in den Osten, um die Gegend zwischen dem heutigen Israel und dem heutigen Irak zu bewohnen. Nach einigen Jahrhunderten haben sich dann diese Völker wieder stark vermehrt. In allen Religionen hat sich die Erinnerung an diese große Katastrophe als Mythos erhalten.

Die Hochländer Tibets und auch die von Afrika wurden von den Wasserfluten nicht berührt. Ebenso auch nicht die Ländereien um den asiatisch-europäischen Kontinent. Doch bald war unter den Völkern die Lehre vom Trennungsgedanken vergessen, so daß wiederum die Einheit unter ihnen schnell in eine Vielheit verwandelt war. Das zeigt sich sehr deutlich in der verschiedenen Ausbildung der Sprachen, die dadurch entstanden ist, daß jeder sein eigenes Süppchen kochen wollte, um ja nicht von einem anderen in seiner egoistischen Freiheit eingeschränkt werden zu können. Somit war die Angst, die Aggression, die Verteidigung und damit der Krieg wieder unter den Völkern eingekehrt.

Daran hat sich bis heute nichts geändert, wobei auch heute dieselbe Situation wie damals eingetreten ist, daß mit Euren Atomwaffen das gleiche wieder passieren könnte, wenn Ihr nicht wirklich aufpasst. Unterirdische Atomversuche können dieselbe verheerende Katastrophe auslösen, wobei hier noch der Faktor der späteren Implosionsgefahr hinzukommt. Das heißt, daß die Atomenergie, die bei der Explosion freigesetzt wurde, wieder von den zerrissenen Atomen zurückgefordert wird, um das harmonische Gleichgewicht wieder herzustellen.

Das nennt Ihr heutzutage Strahlung. Diese Strahlung ist aber eine Implosionsstrahlung, die sich die geraubte Energie von der nächsten Umgebung holt und damit diese Umgebung wie ein Bergwerksabbau aushöhlt. Diese sog. Strahlung solltet Ihr deshalb in Zukunft Zehrung nennen. Furan und seine Mannen arbeiten intensiv an diesem für Euch gravierenden Problem. Sie wirken auf alle Staatsmänner und politisch Verantwortlichen ein, ebenso auf viele Menschen, die sich in Vereinen zusammenschließen, um diese Katastrophe zu verhindern.

Gebrannte Kinder wollen sich nicht noch einmal verbrennen. Darum diese unablässige Bemühung. Darum gibt es zwischen Furan und Gris a pe intensive Kontakte, um alle Atommächte dieser Erde von ihren Vorhaben so weit abzubringen, daß diese Waffengattung nie zur Anwendung kommen möge. Ja, daß alle Atomwaffen möglichst der Vernichtung zugeführt werden. Ebenso wichtig ist auch der Ausstieg aus der Atomenergie, weil auch hier die Implosionsstrahlung gegeben ist. Darum kann ich Euch nur auffordern, politisch mächtig Druck zu machen, um Eure Lebensgrundlage nicht zu gefährden. Wie Du ja weißt, hat es eine solche Katastrophe in Eurem Sonnensystem vor ca. 10 000 Jahren schon gegeben, als der Planet, dessen Reste heute den Asteroidengürtel bilden, durch dieselbe Dummheit der dortigen konkurrierenden vier Völker in die Luft geflogen ist. Viele Menschen haben sich dann auf Eurer Erde, besonders im ägyptischen Raum, angesiedelt.

Furan hat Dir auch die unterirdischen Städte des damaligen Weltreiches gezeigt, die hundert Meter tief unter den heute dort befindlichen Seen vergraben liegen. Archäologische Untersuchungen könnten mittels Bohrungen diese Tatsache beweisen. Aber es wäre für Euch zu aufwendig, diese Städte mit ihrem unermeßlichem Reichtum auszugraben. Das wäre diese Geschichte in aller Kürze.

Gewaltig, gewaltig, gewaltig. Jetzt hätte ich eine Menge von Fragen. Aber ich glaube, die würden jetzt wirklich den Rahmen sprengen.

Schieß los! Vielleicht geht es in aller Kürze.

Hat es also Noah wirklich gegeben?

Der Bruch des Naturgesetzes und die Folgen

Ja, natürlich. Er hat sich stets geweigert, die Naturgesetze zu brechen. Dadurch konnte er sich seine geistigen Fähigkeiten weitgehend erhalten und somit aufgrund der Beobachtungen der Natur die Zeichen der Zeit genau verstehen. Außerdem stand er in dauerndem Kontakt mit seinen jenseitigen Führern, ebenso mit mir. So wurde er mit allen nötigen Informationen über das bevorstehende Ende der damaligen großen Völker unterrichtet. Seine Bemühungen, die Menschen zu warnen, schlugen alle fehl, wie sie im Grunde genommen auch heute durchwegs fehlschlagen.

Dabei passiert im Grunde genommen nicht einmal etwas Mystisches oder Geheimnisvolles, da das Naturgesetz von jedem Menschen beobachtet werden kann. Jede Ursache hat ihre Wirkung. Wenn jemand zu viel ißt, dann wird sich das Übermaß im Körper als Ablagerung zeigen. Ißt jemand Schlechtes, Giftiges, Fremdes, so wird der Körper mit allen ihm gebotenen Mitteln versuchen, diese Fremdstoffe so rasch als möglich wieder aus ihm hinauszuschaffen. Das nennt Ihr Krankheit, versteht aber nicht, daß Krankheit nichts anderes ist als das Hinauskehren dieser Fremdstoffe aus dem Körper.

Was macht Ihr und Eure Ärzte? Ihr unterdrückt diesen Reinigungsvorgang mit noch stärkeren Giften, die Ihr Medikamente nennt. Es ist wirklich lustig für uns, diesem dummen Treiben zuzuschauen. Aber dann kommt es noch ärger. Kaum glaubt sich der Mensch wieder gesund, stopft er dieselben Fremdstoffe erneut in den Körper, welche dieser vorher mit großer Anstrengung los werden wollte. Irgendwann gibt er dann auf und wehrt sich nicht mehr dagegen.

Kurze Zeit glaubt dann der Geist, der Körperbewohner, daß alles in Ordnung sei, weil sich keine Reinigungssymptome mehr einstellen. Doch plötzlich wird er eines Besseren belehrt, nämlich dann, wenn das ganze System einen Infarkt erleidet und dabei meistens seine Funktionen ganz einstellt, was Ihr den Tod nennt. Das kann jeder von Euch sehr wohl tagtäglich beobachten. Das ist wirklich keine Hexerei. Ich hoffe, Du verstehst mich.

Ja, das ist wirklich sehr einleuchtend. Aber wenn ich mir das so überlege, so werden in den nächsten Zeiten Millionen Menschen einer Säureflut zum Opfer fallen, wenn ich mir die Ernährungsgewohnheiten dieser Menschen genauer ansehe.

Da hast Du vollkommen recht. Aber nicht nur die Menschen, sondern auch die Pflanzen und die Tiere, weil die Böden, auf denen sie wachsen bzw. leben, ebenso dem Säuretod zum Opfer fallen. Aber das ist vielen Eurer Wissenschaftler und Politiker schon lange bekannt. Und was geschieht? Nicht sehr viel. Auch hier könnte durch eine radikale Umkehr noch vieles gerettet werden. Aber Du weißt ja, die Zielstrebigkeit der Menschen ist sehr, sehr groß. Sie gilt auch für den eigenen Untergang, wenn er einmal beschlossen ist. Zielstrebig fressen und saufen sich die Menschen zu Tode, wenn Du mir diese Ausdrücke verzeihen magst.

Dem kann ich nichts hinzufügen. Ich danke Dir jedenfalls, daß Du mir vor einem Jahr diesen Weg gezeigt und eröffnet hast. Für mich war es wahrlich ein gigantischer Durchbruch. Ohne diese Umstellung hätte ich wahrscheinlich auch geistig diesen Erfolg nicht verbuchen können.

Danke für Deine Worte. Sie freuen mich sehr. Du hast vollkommen recht, daß für höhere geistige Aktivitäten ein sauberer Körper von größter Wichtigkeit ist, da er sonst einfach zu viel Aufmerksamkeit von Dir beanspruchen würde, um halbwegs richtig zu funktionieren. Darum ist eine Reinigung des Körpers von allen Fremdstoffen von größter Wichtigkeit, um seelisch-geistig die höchsten Stufen erklimmen zu können. Das läßt sich in kürzester Zeit durch die richtige Ernährung mit Obst, Gemüse und Kräutern leicht und weitgehend schmerzlos erreichen. Das Programm, das Du in Deinen Zeitschriften ausgearbeitet hast, kann dabei gute Dienste leisten. Hast Du noch Fragen?

Warum sind die Menschen damals wie heute so schwer von etwas zu überzeugen?

Die tiefe Gläubigkeit der Menschen

So schwer ist das gar nicht. Das Hauptproblem ist neben der immensen Zielstrebigkeit die tiefe Gläubigkeit und das starre Festhalten an bequemen Gewohnheiten. Bezüglich der Zielstrebigkeit habe ich Dir schon die nötigen Mitteilungen gegeben.

Die große Gläubigkeit kommt von einem tief im Unterbewusstsein sitzenden Vertrauen, das in meiner Welt eine unausgesprochene Grundlage des gesamten Lebens ist. Dieses Vertrauen wird jedem fast blind entgegengebracht, der es geschafft hat, diese Grundlage in einem Menschen mit seiner Überzeugungskraft zu berühren. Es ist dann sehr schwer, diese Vertrauensbasis zu erschüttern, außer durch handfeste Beweise und Argumente. Selbst dann versucht der Mensch noch Argumente zu finden, um sich die alte Vertrauensbasis bewahren zu können. Das kannst Du sehr leicht bei Diktatoren sehen, die es verstanden haben, das Vertrauen der Menschen zu gewinnen. Die Menschen gehen für diesen Diktator sogar freiwillig in den Tod, obwohl sie längst erkannt haben, daß jedes weitere Unterfangen völlig sinnlos ist.

Das ist ja furchtbar. Sind wir wirklich so?

Ja, das sind die geistigen Gesetze, die immer und überall gelten. Darum ist es wieder leicht, jemanden für Ideen, welche auch immer, zu gewinnen, wenn das dementsprechende Auftreten mit der nötigen Überzeugungsarbeit Hand in Hand geht. Die Verkaufsprofis in Eurem Geschäftsleben zeigen das täglich vor. Bei dementsprechender Schulung verkauft ein Profi sogar einem Eskimo einen Kühlschrank, der seine Kaufentscheidung gegen alle Argumente der Welt bis zuletzt gegen jedermann verteidigt, bis die entgegengesetzte Beweislast so erdrückend wird, daß er nicht mehr weiter kann und sein Phantasieverteidigungs-gebilde in sich zusammenbricht. Aber selbst dann, schon am Boden, gibt er röchelnd bekannt, daß er mit seiner Entscheidung recht gehabt habe.

So verteidigen fast alle Menschen ihre einmal getroffenen Entscheidungen, auch wenn sie genau wissen, daß sie falsch sind. Beispiele kann ich Dir dafür eine Menge geben. Zählen wir einmal auf: Die Raucher, die Dicken, die Dünnen, die Trägen, die Depressiven, die Kranken, die Armen usw. Jeder verteidigt seine Entscheidung. Jeder.

So gibt es nur eine Möglichkeit, nämlich die der Aufklärung und des eigenen Vorbildes. Dem Reden müssen zuerst eigene Taten vorausgehen. Den Taten folgen die Beweise, die Zeugnis ablegen vom Gesagten, und zwar sicht- und wahrnehmbar. Das ist der Weg zur Überzeugung. Aber selbst dieser Weg geht nicht von heute auf morgen, weil zuerst das Neue im allgemeinen belächelt, dann bei längerer Konfrontation mit allen Mitteln bekämpft und schließlich beim Erfolg bewundert wird.

Jetzt weißt Du, was Dir alles bevorsteht. Zuerst werden Deine und meine Aussagen belächelt, in den Schmutz der Zurückweisung gezogen werden, dann kommt ein fürchterlicher Kampf auf allen Ebenen und schließlich die offene Bewunderungen mit allen möglichen Einladungen in allen Medien, damit sich andere in Deinem und meinem Erfolg sonnen können. So ist der Lauf der Dinge in Eurer Welt.

Na ja, es bleibt aber immerhin die Hoffnung, daß es irgendeinmal mit dem Theater zu Ende ist.

Ja, es ist schon zu Ende, zumindest bei mir, weil es für mich Euer Theater in Wirklichkeit nicht gibt. Träume sind nicht wirklich. Sie sind eben nur Träume. Aber Eure Träume haben für Euch eine Menge Realität bekommen, obwohl Ihr diesbezüglich auch schon zu oft eines Besseren belehrt worden seid. Schon Eure Atomphysiker konnten feststellen, daß die Materie an und für sich gar nicht existiert, sondern daß es sich hier nur um verschiedene Energiezustände handelt. Aber, es hat bis heute nichts geholfen, sonst wäret Ihr nicht so unterwegs wie jetzt. Ihr würdet Euch sonst nur um meine Wirklichkeit kümmern und sonst um nichts. Ich hoffe, daß Dir diese Worte weiterhelfen, den Traum langsam aber sicher zu beenden.

Ja, ich hoffe auch. Aber wie geht es dann weiter, wenn der Traum zu Ende ist?

Ganz einfach, dann beginnt erst das wirkliche Leben. Dann werdet Ihr erst kennenlernen, was Leben wirklich ist. Es darf Dich nicht wundern, wenn so viele Menschen an ihrem endlichen Dasein so stark hängen, haben sie doch so große und schreckliche Angst vor dem Tod, der sie dann unweigerlich ins größte Nichts stürzt.

Warum die Menschen eigentlich noch weiterleben wollen, wenn sie überzeugt sind, daß es nachher nichts gibt, ist mir ein Rätsel. Warum sollte ich mich bis ans Ende meiner Tage mit all den Problemen und Schwierigkeiten herumquälen, wenn danach so und so alles aus ist? Warum Schmerzen ertragen? Warum im Bett im Altersheim oder Spital liegen? Weil jeder Mensch im Innersten weiß, daß er ewig lebt.

Nur bei den meisten Menschen ist das Innere mit dem Äußeren nicht im Einklang. Sie sind gespalten. Nach außen reden sie so, nach innen denken sie ganz anders. So sind fast alle Menschen. Darum darfst Du auf das Wort der Menschen nicht viel zählen. Die meisten Aussagen sind einfach glattweg Lügen und Unwahrheiten, weil sie eben der Traumwelt entstammen, die samt und sonders eine große Lüge ist. Ihr müßt weit mehr auf Eure Gefühle achten, nicht auf Euren egoistischen Weltverstand. Die Gefühle bringen Euch meiner wirklichen Welt weit näher, als Ihr glaubt.

Gefühlsduselei ist aber in der Öffentlichkeit nicht gerade der Renner.

Oh, doch! Schau Dir doch die Filmindustrie an. Sie lebt ausschließlich davon. Einen Kassenhit braucht diese Welt der Gefühle, um wirklich viel Geld zu bringen. Also, unterdrücke Deine Gefühle nicht, lasse sie heraus, und Du wirst sehen, daß Du gleich weit erfolgreicher bist als vorher.

Das werde ich gleich probieren. Für mich waren Gefühle bisher ein großes Tabu und ein Zeichen von Schwäche.

Ja, ja. Wieder einmal verkehrt. Hast Du noch Fragen zu Furan?

Viele, aber ich glaube, es ist besser, wir machen in Australien weiter, sonst verlieren wir uns in zu viele Details.

Besuch in Australien

Gut, in Australien besuchten wir einen weiteren Freund, Elabo, der für Australien und alle Inseln rund herum zuständig ist. Sein Sitz ist der zentral gelegene Mount Woodroffe, umgeben von den vier großen Wüstengebieten Gibson, Tanami, Simpson und Victoria. Diese Wüsten waren vor der Einwanderung der ersten Menschen noch große Steppengebiete, die aber mit der Zeit zu Wüsten wurden. Elabo war einer der ersten, die in dieses Gebiet kamen. Er war es auch, der sich vor ca. 14 000 Jahren aus dem Himalajagebiet mit einigen hundert anderen auf den Weg machte, um den letzten der Kontinente für die Menschheit urbar zu machen.

Er traf bei seiner Ankunft auf menschenähnliche Rassen, die von ihnen mit der Zeit auf ein höheres Niveau gebracht wurden, aber immer im Vergleich zu anderen Rassen auf einer niedrigeren Stufe geblieben sind. Manche leben noch heute auf dieser Stufe, obwohl sie ständig mit ihren Freunden im Jenseits in Kontakt stehen. Für diese Menschenrasse wird es noch länger dauern, bis sie auch geistig eine vollendete Stufe erreicht haben werden, da ihre Seelenhülle noch nicht ganz vollständig ist.

Elabo, ein direkter Nachkomme der höchsten geistigen Menschen im Himalajagebiet, übernahm neben seinen Gebieten auch die außerirdische Kommunikation mit anderen Planeten und Sonnensystemen, die in ständigem Gedankenaustausch mit Eurem Planeten stehen. Er steuert auch die Ein- und Austritte neuer Menschengeister, die sich für das Leben auf Eurer Erde entschieden haben. Nichts passiert zufällig.

So dirigiert er mit seinem Mitarbeiterstab die Inkarnationen und Sterbevorgänge auf der ganzen Welt. Das ist nicht gerade wenig, sterben doch in jeder Stunde an die 70 000 Menschen, und ebenso viele, um ca. 10 000 mehr, werden geboren. Da ist schon ein ständiges Kommen und Gehen. Und alle sollen dort ihren Platz finden, an dem sie die optimalsten Bedingungen für das Erreichen ihres Zieles vorfinden.

Und kommt ihm da nie irgendetwas durcheinander?

Eigentlich nicht, obwohl schon manchmal von Anfängern seiner Truppe der eine oder andere Fehler passiert. Doch das gehört eben zu Eurem menschlichen Leben. In Wirklichkeit ist das aber auch wieder nicht wichtig, weil ohnehin jeder Mensch auf dieser Erde im tiefsten Inneren die Zielstrebigkeit besitzt, mich persönlich treffen zu wollen. Das ist der Hauptmotor aller Bemühungen in Eurer Welt, auch wenn es offensichtlich nicht immer so ausschaut. Spätestens am Sterbebett wird für jeden diese Frage aktuell. Bis dorthin mag der Verdrängungsmechanismus wunderbar funktionieren. Die Stunde der Wahrheit kommt aber immer.

Hatte Elabo auch schon vor seiner Menschwerdung diese Aufgabe inne?

Nein, er wurde von Uriel darauf sehr gut vorbereitet. Wie er dann den Wunsch der Einkörperung ausgesprochen hat, hat Uriel ihn persönlich auf die Erde geführt und ihm den Einstieg in einen Körper ermöglicht. Er blieb dann so lange bei ihm, bis er den Trennungsgedanken restlos aus ihm eliminiert hat. Dann wurde er auf seine jetzige Aufgabe eingeschult, wobei Ihr Euch diese Einschulung nicht so vorstellen dürft, wie bei Euch in Eurem sehr bedürftigen Schulwesen. Die Einschulungen sind vorwiegend nur ein Innewerden der Aufgaben. Das wäre es auch schon wieder.

Wenn Du einmal jemand im Jenseits suchen solltest, so wende Dich vertrauensvoll an Elabo. Er kennt jeden und weiß auch, wo jeder ist. Ich weiß, daß Du Dir in den letzten Jahren selbst einen Kreis von Helfern im Jenseits aufgebaut hast, doch er ist der Chef. Franz und Albert unterstehen ihm. Beide sind für ihn durch Dein Zutun zu wertvollen Mitarbeitern geworden.

Das freut mich sehr. Ich habe zu beiden ein sehr herzliches Verhältnis. Sie sind immer zur Stelle, wenn ich für mich oder für andere irgendeine Hilfe benötige. Auf diesem Wege möchte ich mich bei ihnen auch einmal herzlichst bedanken.

Den Dank nehmen wir gerne an, Helmuth, aber wir sind Dir noch zu weit größerem Dank verpflichtet, denn durch Deine Zielstrebigkeit haben wir erst die Wahrheit hier im Jenseits kennengelernt. Und so hast Du uns den Weg zu den höheren geistigen Stufen erst ermöglicht. Jetzt werden wir uns auf unsere Art und Weise revanchieren, wenn Du damit einverstanden bist.

Ja, natürlich. Aber das ist überhaupt nicht nötig, weiß ich doch, daß alle unsere Bemühungen immer nur auf Hilfe für andere ausgerichtet sind. Es freut mich, daß es Euch gut geht und Ihr in den besten Händen seid. Ich möchte mich bei Euch an dieser Stelle herzlichst bedanken, daß Ihr mir immer wieder hier im materiellen Leben auf die eine oder andere Art und Weise sehr geholfen habt. Ohne Eure Hilfe wäre vieles nicht passiert, stimmt's?

Aber das ist doch unter Freunden selbstverständlich. Wir werden Dich auch in Zukunft tatkräftig unterstützen. Nun aber wollen wir wieder das Wort an unseren Schöpfer zurückgeben, um die Sache nicht zu verzögern. Vielen Dank.

Schön, wirklich schön. Das ist wahre Liebe. So, jetzt kennst Du auch die Belange unseres lieben Elabo und seiner Mitarbeiter. Hast Du dazu noch Fragen?

Ist es für die Menschen von außerhalb der Erde schwierig, hier bei uns einen Platz, einen Körper zu bekommen?

Die Aufgaben von Elabo und seinen Helfern

In Wahrheit überhaupt nicht. Aber die Gewohnheiten, ja die Gewohnheiten stehen hier fast allen im Weg. Wenn sie hören, wie karg und schwierig hier das Leben auf der Erde ist, wie lange es dauern kann, bis man nur annähernd das Ziel erreicht, so bleiben doch die meisten in ihren bequemen Behausungen auf ihren Gestirnen und warten auf eine günstigere Gelegenheit, die aber nie kommt. Die Lebensverhältnisse auf der Erde werden sich auch bei Anwendung aller Naturgesetze nicht wesentlich ändern, außer der geistige Hintergrund ändert sich dementsprechend mit.

Jeder muß als Säugling beginnen, der sich an nichts in der Vergangenheit erinnern darf, um in seiner absoluten Willensfreiheit nicht blockiert zu sein. Das allein ist schon ein schwerwiegender Grund, nicht ins eiskalte Wasser zu springen. Auf allen anderen Gestirnen gibt es diesen Vergessensmechanismus nicht auf diese Art, auch wenn er dort abgeschwächt zur Anwendung kommt. Dann die Unsicherheit der Eltern, ob die sich nicht während der Kindheit grundlegend ändern, haben diese doch auch die absolute Willensfreiheit und können dadurch ihre Meinung von jetzt auf gleich ändern. Dann die Unsicherheit der sozialen Erziehung, das Milieu, in das man hineingeboren wird. Dann die leichte Anfälligkeit im Jugendalter für Meinungen aller Art, die auch nicht gerade dazu beiträgt, schnell das geistige Endziel zu erreichen. Und so fort, und so fort.

Du siehst, die Entscheidung ist wirklich nicht leicht, wenn Du vorher alle diese Bedingungen klar vor Dir siehst. Auch diese Arbeiten erledigt Elabo mit seinen Helfern, wobei er den meisten eher abrät, sich hier zu inkarnieren, als daß er ihnen zuspricht, um damit gleich die erste Feuertaufe über sie ergehen zu lassen. Entschließt sich aber jemand für die Inkarnation, so wird für ihn sorgfältig die Familie ausgesucht, in der er die besten Bedingungen für seine Entwicklung vorfindet, wobei, wie gesagt, keine Garantie besteht.

Elabo sucht auch die Schutzwesen aus, die einen solchen Zielstrebigen auf seinem Weg ständig begleiten. Der oberste Schutzgeist bin ich selbst, dann folgt ein Geist, der nie meine Welt verlassen hat, dann drei, die schon vollendet sind und dann eine unterschiedliche Anzahl von Menschen, die ihn begleiten, teils von der Erde kommend, teils von dort, wo er bisher gelebt hat. Manchmal können das in Summe schon einige Hunderte sein. Im Schnitt aber sind es zwischen zehn und fünfzehn Menschengeister. Also, niemand braucht Angst haben, er sei irgendwann einmal allein. Ständig ist jemand da, um seine Hilfe, wenn gerufen, anzubieten.

Das ist wirklich sehr schön. Ein unglaublicher Trost für viele, aber ebenso unglaubwürdig für viele andere. Warum wurde eigentlich der Verkehr mit der Geisterwelt nicht offen und beständig eingeführt? Warum ist uns die Geisterwelt im allgemeinen verschlossen?

Sie ist es in Wirklichkeit nicht. Sie war es auch früher nicht. Aber als die Menschen begannen, ihre Nahrung zu verändern, wurden sie immer mehr in den Körper hineingezogen und haben sich damit auch geistig-seelisch mit diesem immer mehr identifiziert. Materie und Geisterwelt aber passen nicht zusammen, auch wenn manchmal die Geister des Jenseits auch hier materiell eingreifen müssen, um Ärgeres zu verhindern. So hat sich für den Menschen die jenseitige Welt immer mehr geschlossen, bis heute, wo nur ganz wenige Menschen noch Zutritt zu dieser Welt haben. Ich möchte aber festhalten, daß die gesamte jenseitige Welt auch Eurer Traumwelt angehört. Sie ist so lange eine Scheinwelt, solange Ihr den Trennungsgedanken nicht eliminiert habt.

Ich glaube, daß ist ein sehr wichtiger Gedanke, weil viele Menschen Deine Welt mit der jenseitigen Welt verwechseln. Ist das so?

Die zwei wichtigsten Entwicklungspunkte

Ja, das ist so. Darum habe ich es auch hier sehr deutlich gesagt. Ihr braucht auch vor den Geistern der jenseitigen Welt überhaupt keine Angst zu haben. Sie können hier auf dieser Welt überhaupt nichts tun, außer Ihr gebt ihnen dazu Eure Kraft, die aus der Angst heraus kommt. Diese Kraft können sie verwenden, um Euch, von Eurer Warte her betrachtet, negativ zu beeinflussen. Dann kann es auch zu allen möglichen Besessenheiten usw. kommen. Eure Anstalten können davon einen guten Bericht abgeben. Würde das bekannt sein, so würden bei weitem nicht mehr so viele Menschen in solchen Anstalten ihr Dasein fristen.

Zwei Dinge wären zu tun: Erstens die Einführung richtiger Lebensmittel und zweitens die Aufklärung über das Jenseits. Schnell wären die Anstalten geleert, so wie auch die Krankenhäuser. Aber das will auch niemand hören, oder?

Ja, da muß ich Dir leider auch wieder recht geben. Alles Einfache ist heutzutage „unwissenschaftlich", denn man will mit „wissenschaftlichen" Methoden anscheinend die Natur verbessern. Ich glaube aber, daß die Natur schon perfekt ist und sie deshalb auch nicht perfektioniert werden kann. Was sagst Du dazu?

Ja, das haben wir schon besprochen. Es stimmt. Du hast ja schon an einigen Freunden und Bekannten mit eigenen Augen sehen können, wie rasch sie sich körperlich und geistig auf ein weit höheres Niveau entwickelt haben, nachdem sie damit begonnen haben, natürliche Lebensmittel zu konsumieren und sich viel mehr zu bewegen als früher. Und wie sich in ihnen wieder die Heiterkeit und Fröhlichkeit gezeigt haben, die unter ihrem

Schlamm und Dreck im Körper verborgen auf einen Ausflug in geistige Höhen warteten. Das sind echte Erfolge, zu denen ich Euch allen gratuliere.

Es war nicht leicht für Euch, gegen den Strom zu schwimmen. Aber nur das ist das einzige Heilmittel in Eurer Welt. Ihr müßt gegen den Strom schwimmen. Dann kommt Ihr wieder zu meiner Welt. Seid Ihr anfangs mit dem Strom der Trennung geschwommen, so schwimmt ihr jetzt dagegen. Das gilt für alles im Leben.

Das ist aber nicht leicht, was Du hier forderst.

Das habe ich auch nicht behauptet. Das Himmelreich muß erkämpft werden, ebenso die Gesundheit, die Heiterkeit und die Fröhlichkeit. Wenn jemand an die Spitze will, muß er dafür viel opfern. Jeder Sportler, wie Du ja aus eigener Erfahrung bestens weißt, muß trainieren und wieder trainieren, um sein hohes Ziel zu erreichen.

Bei mir ist es auch so. Schläfer haben bei mir keine Chance. Somit würde ich Dir auch vorschlagen, die Ereignisse der vorletzten Nacht damit abzuschließen, um kurz auf die heutige Nacht zu sprechen zu kommen, falls Dich das interessiert.

Ja, bitte.

Also gut. In der heutigen Nacht hast Du zweimal sehr tief und fest geschlafen, wie Dir vielleicht aufgefallen ist.

Ja.

Verschiedene Schlafzustände

Ganz tiefer Schlaf ist nötig, um weitere Reisen zu unternehmen, um nicht unnötigerweise von dort durch seichten Schlaf rasch zurückkommen zu müssen. Wir waren beide gemeinsam wieder einmal auf Werbetour in einem anderen Kosmotom, um den Menschen Informationen über die Erde zu bringen, auf die sie schon seit Jahrhunderten gewartet haben.

Wir wurden vom Vorsteher der Zentralsonne auf das Allerherzlichste begrüßt. Unsere Reden wurden mit Musik eingeleitet, wobei auch Du wieder einmal zum Zuge kamst. Diesmal aber auf einem Instrument, das es auf der Erde überhaupt nicht gibt. Es ist so ein Mittelding zwischen Klavier und Trommel, das einen unglaublich zarten Klang erzeugt. Du konntest bei diesen noch etwas rohen Menschen eine Stimmung auf diesem Instrument hervorzaubern, daß sogar der beste Spieler unter ihnen sich beinahe vor Rührung in Tränen auflöste.

Ja, das Gefühl. Es ist das Gefühl. Nach einer Pause zeugtest Du dann von mir und meinen Taten auf der Erde, worüber alle in hellste Begeisterung gerieten und sofort alle mit uns kommen wollten. Dann aber hast Du ihnen die Lebensbedingungen auf der Erde geschildert, wobei Deine Zuhörer von Satz zu Satz immer ruhiger und ruhiger wurden, bis am Schluß niemand mehr den Wunsch äußerte, mit uns zu kommen.

Danach richtete ich selbst einige Worte an sie, konnte aber auch niemand mehr dazu bringen, mit uns zurückzukehren. In der zweiten Hälfte der Nacht waren wir in einem anderen Kosmotom wesentlich erfolgreicher, wobei wir hier nicht eine Sonne besuchten, sondern einen Planeten, der Eurer Erde sehr ähnlich ist. Wir konnten etliche zwanzig Menschen dazu bewegen, mit uns auf die Erde zu kommen. Während der Reise klärtest Du alle über die Lebensbedingungen, über die Gefahren und auch über die Möglichkeiten der vollständigen Erlösung auf.

Wieder hier angekommen, übergabst Du alle an Elabo in Australien, der sie dann auf die gesamte Weltkugel zur Inkarnation verteilte. Mittlerweile wurden alle in Babykörper eingezeugt.

So schnell geht das?

Oh ja, es ist immer alles vorbereitet. Wo ein Wille, da ein Weg.

Im obigen Absatz hast Du die Möglichkeiten der vollständigen Erlösung erwähnt. Was meinst Du genau damit?

Ich weiß, daß es schwierig ist, mit einer so unvollkommenen Sprache wie Eurer himmlische Zustände zu beschreiben. So meine ich unter vollständiger Erlösung die Erkenntnis, daß der Trennungsgedanke aus Deinem Dasein einfach verschwindet. Ich weiß, daß dies nicht leicht ist. Aber es geht einfach nicht anders. Mir ist auch klar, daß sich vieles in Eurem Denken völlig ändern muß, um dies in Zukunft auch wirklich zu verstehen. Doch wir haben noch Gelegenheiten genug, das eine oder andere in weiterer Folge genauer zu besprechen.

4. Juli 2002

Ich wünsche Dir wieder einmal einen weiteren schönen guten Morgen. Heute Nacht war es ja auch nicht so heiß, hat es doch nach Mitternacht durch den Regen einige Abkühlung gegeben. Wie geht es Dir?

Ach, ganz gut. Dir einen schönen guten Morgen zu wünschen, ist bei Deinem ewigen Licht etwas schwierig. Gestern habe ich abends nach dem Training noch den Entschluß gefaßt, mich ab heute intensiver auf die Europameisterschaften vorzubereiten. Meine Kraft in den Füßen ist ziemlich am Ende, was das Springen betrifft.

Ja, das hast Du sicherlich nicht unrecht. Du hast ja auch seit November letzten Jahres nichts mehr in der Kraftkammer gemacht, obwohl das auch gar nicht unbedingt nötig wäre, gibt es doch auch ohne Gewichte viele gute Übungen. Aber wenn Du Dein Vorhaben wirklich wie geplant durchziehst, dann hast Du auch bei den Meisterschaften gute Chancen.

Heute in der Nacht hattest Du ja einige sehr lebhafte Erlebnisse. Der Panzer ging Dir überhaupt nicht mehr aus dem Kopf. Und die Frage, ob ich als Gott über Eure Welt etwas weiß oder nicht, hat Dich auch sehr intensiv beschäftigt. Die Frage, ob ich als Gott nun auch eine Person bin, ist überhaupt ein Dauerrenner bei Dir. Ich will das jetzt nicht unbedingt behaupten. Es stürzt Dich nur in einen noch größeren Zweifel. Aber jede Auseinandersetzung fordert eben ihre Aufmerksamkeiten. Darum werde ich Dir heute diese Dinge genau erklären, wenn Du willst.

Ja, natürlich will ich. Sind das doch Kernfragen, die mich schon lange beschäftigen. Wenn wir als Teil des Sohnes nur schlafen und träumen, warum haben wir dann das Gefühl einer eigenen Persönlichkeit, wenn es nach Deiner Auffassung nur einen Sohn gibt. Der aber ist laut Deiner Aussage auch nur eine Ausdehnung von Dir und somit auch keine eigenständige Persönlichkeit.

Der Geist und meine Schöpfung

Das sind viele Fragen auf einmal. Ich werde mich aber bemühen, sie so gut wie möglich für Dich zu beantworten. Ich als Gott bin bekanntlich ewig und unendlich. Meine Schöpfung ist eine, die sich als Erweiterung meiner selbst nur in die Unendlichkeit ausdehnen kann. Ich bin ein Individuum, eine Persönlichkeit, eine Person, die in sich keine Grenzen hat. Ich kenne solche auch nicht.

Meine Essenz ist die reine Liebe. Alles, was ich je geschaffen habe, ist reine Liebe und somit in sich ewig, unendlich und vollkommen, weil ich eben ein vollkommener Gott bin.

Auch Du bist vollkommen, bist ewig, bist unendlich in mir. Eine zweite Unendlichkeit ist unmöglich, denn meine Unendlichkeit müßte dann eine Grenze haben. Die aber gibt es nicht und wird es auch nie geben können. Da aber jedes Individuum, das ich in meiner Unendlichkeit erschaffe, nicht unendlich sein kann, so mußte ich einen kleinen Trick anwenden, um diesen geschaffenen Individuen die Möglichkeit einer eigenen Persönlichkeit mit eigenem freiem Willen zu geben.

Ich umhüllte einen Teil meines Geistes mit zahllos vielen Gedanken, die in sich wieder unendlich und ewig sind, so daß sich scheinbar eine Abgrenzung zu mir ergibt. Du kannst Dir das vielleicht als einen Kreis vorstellen, in dem der Teil meines Geistes ist, der natürlich auch wiederum ewig und unendlich ist. Ganz wichtig ist dabei zu bemerken, daß dieser Kreis, den wir auch als Seele bezeichnen können, in sich selbst unendlich und ewig ist und damit keine eigene Unendlichkeit mit markanten Grenzen bildet. Der „Teil meines Geistes", der nun in dieser Hülle oder Haut vorhanden ist, hat natürlich auch denselben freien Willen wie ich. Ich wollte es, daß dieser Geist nun in seiner Seelenhülle von mir frei ist. Und so geschah, und so geschieht es auch.

Du siehst, daß auch ich mich mit Eurer Sprache schwer tue, weil dieser rein geistige Vorgang nicht leicht in Worte zu kleiden ist. Es hat scheinbar eine Trennung eines Teiles von meinem Geist stattgefunden, der aber in Wirklichkeit unmöglich ist. Aber aufgrund meines Zurückziehens aus diesem Teil meines Geistes bekam dieser Teil ein scheinbar eigenes Leben mit allen Freiheiten. Dieses eigenständige Wesen ist natürlich genauso perfekt und vollkommen wie ich selbst, hat die Möglichkeit, sich in meiner Unendlichkeit so weit wie auch immer auszudehnen, kann aber meine Unendlichkeit nie erreichen. Das ist der einzige Unterschied, der aber in Wirklichkeit auch wieder keiner ist, weil der Geist in der in sich unendlichen Seelenhülle ja unendlich und ewig ist. Ich hoffe, Du verstehst diesen kleinen Trick.

Nun hat jedes eigenständige Wesen, das ein Geist in einer Seelenhülle ist, die Möglichkeit, sich in alle möglichen Richtungen auszudehnen. Es hat auch die Möglichkeit, sich nach außen oder nach innen auszudehnen. Beides ist möglich und spielt in meiner Welt überhaupt keine Rolle, weil es Raum und Zeit nicht gibt. Jede kleinste Ausdehnung geht mit einer völligen Veränderung meiner geistigen Welt einher, wobei die Vielfalt der Formen in Wirklichkeit eine Einheit aller Geister bedeutet. Auch das ist für Dich schwierig zu verstehen, weil Du in Deiner Welt nur exakt abgegrenzte Formen mit Hilfe Deines Körpers wahrnehmen kannst.

In meiner Welt gibt es so etwas wie eine Wahrnehmung nicht, weil Körper Deiner Art nicht notwendig sind. Hier kann aus meinen Gedanken, die in sich unendlich und ewig sind, alles hergestellt werden. Diese Gebilde unterliegen nicht den Veränderungen wie Eure Formen. Diese Gebilde, die in sich unendlich und ewig sind, sind einfach. Sie können vom Geist jederzeit erkannt werden und sind als solche auch erkannt, weil es aufgrund der Zeitlosigkeit kein Werden und Vergehen gibt.

Bei mir herrscht absolute Liebe, absolute Einheit, absolute Schönheit, absolute Formenvielfalt, die alle eine Einheit bilden und so oder so erkannt werden können. Bei mir gibt es keine Trennung, obwohl jede Form eine Trennung automatisch impliziert. Das ist aber in meiner Welt nicht der Fall. Das ist sicherlich ein Punkt, über den Du nicht so leicht hinwegkommen wirst.

Viele Menschen können sich meine Welt nicht vorstellen, weil sie eine Welt ohne Gegensätze ist. Bei mir gibt es weder gut noch böse. Bei mir gibt es nur Liebe, und wenn Liebe gut sein soll, so kann man die Liebe auch als gut bezeichnen. Aber etwas Böses kann es nicht geben, weil sonst keine Liebe da wäre. Das ist bei mir unmöglich. Bei mir ist alles absolut, bei Euch alles relativ.

Auch Eure Sprache ist relativ, weil sie von Gegensätzen wie hoch und tief, jung und alt usw. geprägt ist. Darum ist es so schwer, mit Euch über meine Welt zu reden. Ich kann Dir auch meinen Himmel nicht zeigen, weil Du ihn mit Deinen Augen nicht sehen kannst. Du kannst ihn nur als reiner Geist erkennen. Übrigens wäre das auch sofort möglich, wenn Du nur daran glauben könntest. Aber Du siehst Dich nicht als reiner Geist. Das hat einen ganz einfachen Grund.

Aufgrund Deines Trennungsgedankens glaubst Du, daß es meine Welt gar nicht gibt. So hast Du eine riesengroße Angst, daß, wenn Du jetzt diese Erkenntnis annehmen würdest, Deine scheinbare materielle Welt sofort verschwinden würde. Du hast Angst, daß Du meine Welt als nicht daseiend erkennen könntest. Also glaubst Du, es mit einem absoluten Nichts zu tun zu haben. Das erzeugt eine riesige Angst, weil Angst die verkehrte Liebe darstellt.

In dem Moment, in welchem Du Dich von mir trennst, was von mir aus gesehen absolut unmöglich ist, weil ja sonst zwei Unendlichkeiten entstehen müßten, verlierst Du als Geist nicht nur die Erkenntnis meiner Wirklichkeit, sondern, und das ist besonders tragisch, auch Deine Seelenhülle, die ja durch Deine Liebe zusammengehalten wird. Durch die Trennung hast Du auch die Liebe verloren. Deine Seelenhülle ist in unendlich viele Seelenteilchen oder Gedanken zersplittert. So siehst Du es.

Für mich aber ist überhaupt nichts geschehen. Ich sehe Dich nach wie vor so, wie ich Dich in Deiner Seelenhülle geschaffen habe. Für mich hat sich nichts geändert. Nur für Dich ist eine Änderung eingetreten, weil Du Dich von mir getrennt glaubst. Es ist nur ein Glaube. Es ist keine Wirklichkeit.

So bist Du durch diese Deine wahnsinnige Entscheidung in eine Situation geraten, die für Dich all die schlimmen Folgen mit sich brachte, in denen Du Dich heute noch befindest. Es ist nach wie vor sehr schwierig, jemandem beizubringen, daß in Wirklichkeit überhaupt nichts passiert ist, weil der Geist sich nicht von mir trennen kann.

Was geschah dann? Nach diesem Trennungsgedanken konntest Du nichts mehr erkennen. Du hattest Dich ja von mir nach Deinem Denken absolut abgewandt. Finsternis ist und war die Folge. Da Du genau wußtest, daß Du diesen Gedanken in Dir entstehen ließest, so hattest Du in der weiteren Folge eine unglaublich große Angst vor mir, weil Du mich, die Liebe, verlassen hast.

Du suchtest verzweifelt nach einem Ausweg, diese Angst zu mildern. So drehtest Du Deine Schuld um und sagtest, ich trüge für alles Geschehene die Schuld. Das ist das, was Haß tut. Er lenkt die eigene Schuld auf jemand anderen. Aber die Schuld bestand und besteht nur darin, sich von mir oder von jemand anderem getrennt zu haben. Das kommt in Eurem Leben täglich x-mal vor.

Du brauchst nur aufzupassen. Ärger, Haß, Zorn und Wut werden einfach auf andere Menschen projiziert, um von der eigenen Schuld abzulenken. Ein Schüler lernt nicht, der Lehrer ist schuld. Ich komme zu einem Termin zu spät, der Verkehr ist schuld. Ich habe einen Sonnenbrand, die Sonne ist schuld. Ich bin dick, das Fett in den Speisen ist schuld. Beispiele über Beispiele. Doch schauen wir noch tiefer hinein. Du glaubst, Du hast Dich von mir getrennt. Du glaubst, Du lebst nicht mehr in meiner Welt. Zwischenfrage: Wo solltest Du sonst leben, wenn es nur eine Unendlichkeit gibt? Ich brauche keine Antwort.

Du findest Dich in einer unaussprechlichen Finsternis wieder. Du bekommst Angst aufgrund fehlender Liebe. Du versucht Deine Schuld auf mich umzulenken und tust es auch. Du gehst auf Angriff, indem Du mich mit Haß überschüttest. Jetzt steigert sich Deine Angst noch mehr, weil Du zu glauben beginnst, ich könnte Dich angreifen. Du versuchst, Dich zu verstecken. Aber wo?

Hier kam die nächste Idee. Eine eigene Welt zu schaffen, in der das auch machbar ist. Doch wie gründet jemand, der von der Rolle ist, eine eigene neue Welt? Hier trat ich auf den Plan und gab Dir und allen anderen die Anleitung und alles dazu Nötige, um eine eigene Welt zu erbauen. So machtest Du bzw. Ihr diese materielle Welt nach meinen Plänen und Gesetzen.

Das vordergründigste Problem war und ist natürlich die Sammlung der Seelenhülle. Diesen Vorgang nennt Ihr heute Evolution. Am Ende dieser Evolution steht die Menschwerdung, die Dich als Geist wieder befähigt, völlig frei denken und handeln zu können. Der einzige Motivator ist die Liebe. Da Du Dich in Deiner Welt der Gegensätze befindest, so kann diese Liebe in zwei völlig verschiedene Richtungen gehen, in diejenige Deiner Welt oder in diejenige meiner Welt. Geht sie in Deine Welt, so wird sie immer mehr erkalten und ich-bezogen sein. Geht sie in Richtung meiner Welt, so wird sie immer wärmer und mächtiger, die nur eines als Ziel anerkennt, nämlich mich und alle anderen über alles, was in Deiner Welt existiert, zu lieben.

So überwindest Du mit der Zeit den Glauben an die Trennung. Für dieses Vorhaben haben sich alle meine Geschöpfe, die nach wie vor bei mir in meiner wirklichen Welt leben, bereit erklärt, überall dort zu helfen, wo es notwendig ist, um dieses hohe Ziel zu erreichen. Ich habe mich in meiner Ausdehnung sogar selbst noch dazu entschlossen, Euch als sichtbares Zeichen meiner Liebe mich selbst für Euch sicht- und wahrnehmbar zu machen, indem ich mir auch ein Seelenkleid angeeignet habe, das mich aber in meinem unendlichen und ewigen Charakter in keiner Weise behindert, was ja auch bei Euch nicht der Fall ist.

So habe ich mir vor 2 000 Jahren einen Körper genommen, um Euch genau zu zeigen, wie Ihr aus dem Schuldkomplex, der Sünde, dem Angriffsgedanken und dem Haß leicht und bequem herauskommt. So bin ich für jeden von Euch auch noch ein Gott zum Anfassen geworden, der nur eines will, nämlich daß Ihr den Glauben aufgebt, von mir getrennt zu sein. Alles andere ergibt sich von selbst. Bist Du mit dieser Ausführung im großen und ganzen nun zufrieden?

Jetzt gibt es einiges nachzudenken. Leicht ist das alles wirklich nicht zu verstehen. Besonders die Unendlichkeiten in den Endlichkeiten der Seelenhülle. Aber bei einiger Logik ist das durchaus verständlich, wenn es eben keine Endlichkeiten in der Unendlichkeiten geben kann. Sonst hättest Du ja endliche Grenzen einführen müssen. Ich glaube, wir haben über diesen Punkt genug gesprochen. Wenn weitere Fragen auftauchen, werde ich Dich damit beschäftigen, wenn ich darf.

Alles ist unendlich und ewig

Oh, ja, das darfst Du immer. Dafür bin ich ja da. Mir ist ganz wichtig, daß Du verstehst, daß ich ein persönlicher Gott bin und immer sein werde. Als unendlicher und ewiger Geist ist natürlich alles, was existiert, von diesem meinen Geist. Darum kann auch nie etwas verlorengehen. Auch Ihr nicht, auch wenn Ihr das immer noch glaubt. Ihr seid Ebenbilder, also seid Ihr auch Persönlichkeiten, die in sich als Geist ebenso unendlich und ewig sind wie ich selbst. Das ist wirklich wichtig.

Damit ergeben sich für Euer tägliches Leben ungeahnte Möglichkeiten und Konsequenzen. Ihr seid mit mir alle eins. Ihr seid untereinander alle eins, auch wenn Ihr scheinbar durch eine Seelenhülle getrennt seid, die in sich jedoch unendlich und ewig ist. Dieser Gedanke ist für Euch alle vollkommen neu. Er ist jetzt erst möglich, gedacht zu werden, weil Ihr weltweit immer näher zusammenrückt.

Das Weltbürgertum ist nahe. Alle Nationen schließen sich zusammen, auch wenn es derzeit nur wirtschaftlichen Charakter hat, so werden alle anderen menschlichen Charaktere bald nachfolgen. Ihr alle seid der verlorene Sohn, der sich jetzt wieder anschickt, zu mir in meine wirkliche Welt zurückzukehren und seine Scheinwelt, die Ihr gemeinsam errichtet habt, wieder hinter sich zu lassen.

Ich habe diese Eure Welt von Anbeginn an vorgesehen, aber nicht gewollt. Gewollt habt Ihr sie. Durchgeführt habt Ihr sie mit Eurem Trennungsgedanken. Zurück kommen alle wieder zu mir mit einer Menge von Erfahrungen und Erlebnissen, die sich dann in meiner wirklichen Welt als sehr nützlich zeigen werden, wenn Ihr wieder einmal in

Versuchung geraten solltet, einen solchen Gedanken in die Tat umzusetzen. Darum bin ich sehr froh, daß wir jetzt an diesem Punkt der Verwirklichung angekommen sind. Ein ganz neues Zeitalter der Einheit ist geboren. Ein Zeitalter der Freude, der Liebe, der Zusammenkunft, der Heiterkeit und Fröhlichkeit. Ist das nicht schön?

Du sagst es. Ich freue mich schon darauf. Was werden wir als nächstes unternehmen?

Wir haben noch viele Freunde und Bekannte zu besuchen. Heute Nacht werden wir diese auf der Erde, aber auch auf anderen Planeten in Eurem Sonnensystem besuchen. Wichtig ist es jetzt für Dich, den engen Rahmen des Denkens zu sprengen, um das Gefühl einer unendlichen Dimension aufzubauen. Nur in der Unendlichkeit gibt es keine Angst. Das wird Dir helfen, im täglichen Leben ganz anders aufzutreten.

Die täglichen Probleme gibt es dann in Eurer Dimension nicht mehr, weil sie gegen meine Dimension förmlich ins Nichts verschwinden. Darum mache Dich wirklich darauf gefaßt, was jetzt noch alles kommen wird. Dann werden wir an Hand dieser Erfahrungen Eure Kleinkariertheit auf Eurer Erde näher unter die Lupe nehmen, damit Ihr seht, wie engstirnig vieles betrachtet und angegangen wird.

Übrigens war ich heute mit Deinem Training sehr zufrieden. Wenn Du so weitermachst, sehe ich für Dich auch gute Chancen bei den Europameisterschaften.

Vielen Dank. Kannst Du mich auch dabei unterstützen?

Mache ich. Ich werde Dir immer mehr Leute zuführen, die Dich noch mehr in Deinem jetzigen Tun motivieren und aufbauen. Auch werde ich Dir viele Menschen schicken, die diese Hilfestellung von Dir ganz nötig haben, wie wir gerade besprechen. Du wirst in der nächsten Zeit ziemlich mit Arbeit eingedeckt werden.

5. Juli 2002

Wiederum einen schönen guten Morgen.

Das wünsche ich Dir auch. Ich bin schon ganz gespannt auf den heutigen Tag. Außer daß mir die Beine ziemlich weh tun, habe ich ganz gut geschlafen, und zwar in zwei Etappen. Eine Hälfte der Nacht war ziemlich seicht und leicht, die andere schien mir sehr tief gewesen zu sein.

Ein besonderes Treffen in den Bergen

Ich habe Dir ja gestern gesagt, daß wir zwei Abschnitte in dieser Nacht vorhaben. Den einen Teil verbrachten wir auf der Erde, den anderen auf einem Eurer Planeten, und zwar auf dem Jupiter. Beginnen wir aber auf der Erde. Heute Nacht hast Du Dich mit vielen Leuten in den österreichischen Hohen Tauern getroffen, die Du schon seit langer Zeit kennst. Diese Treffen finden immer wieder einmal statt, um den Kontakt zu pflegen, der für Dein Wohlsein hier auf Erden von großer Wichtigkeit ist.

Alle Menschen haben diese Kontakte, auch wenn sie im täglichen Leben davon überhaupt nichts wissen. Ihr seid alle miteinander verbunden, ob im Diesseits oder im Jenseits, das spielt dabei überhaupt keine Rolle. Ihr habt Euch auf dem Johannisberg zwischen dem Großglockner und dem Wiesbachhorn getroffen. Übrigens ein sehr beliebter Treffpunkt, der von Geistern aller Art häufig frequentiert wird. Es ist daher auch sehr verständlich, daß besonders viele Menschen intuitiv diesen Ort auch körperlich sehr gerne besuchen.

In dieser Nacht hast Du einige Menschen aus Deinen früheren Leben getroffen, auch einige, denen Du während Deiner Jenseitsforschung in den 80er Jahren sehr geholfen hast. Es war wirklich ein sehr schönes Fest. Ich war natürlich auch dabei, weil Ihr Euch alle sehr viel über mich unterhalten habt. Es waren auch einige Vollendete unter Euch. Ihr diskutiertet auch ein sehr brisantes Thema, nämlich die weiteren Evolutionsschritte der gesamten Erde und die damit nötigen Veränderungen auf der Erdoberfläche. Es wurde Eurerseits sehr heftig erörtert, ob kommende Maßnahmen, die unbedingt notwendig sind, so gelenkt werden müssen, daß dabei sehr viele Menschen ihr körperliches Leben verlieren.

Diese Frage wird immer wieder von denjenigen aufgeworfen, die sehr starke Verbindungen zu den noch in den Körper lebenden Menschen haben, da sie das Leid und den Schmerz derjenigen nicht leicht ertragen können. Denen stehen wieder diejenigen gegenüber, die der materiellen und damit körperlichen Welt überhaupt nichts abgewinnen können und der Meinung sind, daß die Materie so und so komplett vergänglich ist.

Die einen haben Mitgefühl mit den Betroffenen. Die anderen sagen wieder, daß das gesamte Ziel der Erlösung weit wichtiger sei. Wenn ich mir selbst so manches Bild von einzelnen Menschen mache, welche Schicksale diese durchleben müssen, so könnte man wahrlich manchmal wirklich mehr nachgebend sein, was die unbedingt notwendigen Schritte für die allgemeine Evolution betrifft. Darum freuen mich immer wieder solche Gespräche, wo sich die einen für einzelne einsetzen, die anderen aber auf das Wohl der Gesamtheit schauen. Letztendlich wurde ich um meine Ansicht gefragt, die aber dann sehr eindeutig ausfiel.

Ich kann mich an Deine Worte sehr gut erinnern.

Auch ich war bei der Behandlung dieses Themas in einen Zwiespalt geraten, weil Franz einige Beispiele einzelner Schicksalsbetroffener so lebensnah schilderte, daß der eine oder andere sogar weinen mußte. Aber Du sagtest dann, daß zuviel Mitgefühl und

Mitleid den Menschen dazu veranlaßt, sich zu stark mit dieser Welt zu identifizieren. Damit tappt er wiederum in die Falle der Abhängigkeit. Das ist deswegen schade, weil unsere Welt im Grunde genommen von der rein geistigen Seite her gar nicht existiert.

Eure Welt ist unwirklich. Sie ist ein Phantasiegebilde derjenigen, die glauben, sich von mir getrennt zu haben. Darum konntest Du letztendlich nur einer seit Anfang an bestimmten Evolution beipflichten, die nur ein Ziel kennt, nämlich die sich getrennt glaubenden Geister von ihrem Irrtum zu befreien und somit wieder für meine wirkliche Welt des reinen Geistes zu gewinnen. Einige der Teilnehmer an diesem Treffen waren nach Deiner Rede so begeistert, daß sie zu Dir hinliefen und Dich glückseligst umarmten, haben sie Dich doch überhaupt das erste Mal in ihrem irdischen Dasein persönlich getroffen, gesehen und gesprochen.

Ich konnte ihnen ihre Freude richtig nachfühlen, ist es mir doch auch so gegangen, als wir uns in den Bergen das erste Mal getroffen haben. Es war ein einmaliges Erlebnis, das ich nie vergessen werde. Von da an hat sich mein Leben ganz anders gestaltet. Seitdem bist Du mir niemals mehr aus dem Sinn gekommen. Du bist immer gegenwärtig, bei jeder Handlung, in jedem Gedanken, bei jedem Gespräch. Auch bin ich Dir unendlich dafür dankbar, daß Du mir das alles ermöglicht hast. Ich hoffe, daß durch dieses Buch auch viele weitere Menschen in den Genuß einer persönlichen Begegnung mit Dir kommen werden.

Das kannst Du sehr wohl annehmen, ist doch gerade jetzt eine hochinteressante Zeit für Euch. Es haben sich noch nie so viele Menschen über den Sinn des Lebens gefragt. Über den ganzen Planeten läuft eine wahre Euphorie bezüglich dieses Themas. Es gibt fast niemanden, der sich nicht damit beschäftigt. Fernsehanstalten, Rundfunksender, Zeitungen, Zeitschriften, Internet und viele andere Kommunikationskanäle müssen dieses Thema immer wieder aufgreifen, um nicht als rückständig erklärt zu werden. Selbst die traditionellen Kirchen müssen sich immer mehr damit auseinandersetzen, um ihre noch verbliebenen Schäfchen nicht auch noch zu verlieren.

Selbst die hohe Politik spricht hinter verschlossenen Türen über mich und die weitere Entwicklung der Menschheit. Jetzt wird die Ernte eingefahren, die in den letzten zwei Jahrtausenden vorbereitet wurde. Wurden vor einigen Jahrhunderten die Menschen noch auf Scheiterhaufen verbrannt, wenn sie anderer Meinung waren, so sucht man heute überall den Dialog. Toleranz ist ein sehr oft verwendetes Wort, das immer mehr an Bedeutung gewinnen wird. Die einzelnen Religionen rücken immer näher zusammen, besonders die, die nur einen Gott kennen. Und das ist die überwiegende Mehrheit auf Eurem Planeten.

Du hast am Johannisberg auch zwei alte Bekannte aus dem 1. Jahrhundert getroffen, die mich auf Erden persönlich begleitet haben. Ich möchte hier die Namen nicht nennen, weil es nicht unbedingt wichtig ist, aber Du weißt schon, um wen es sich dabei handelt. Ihr habt Euch sehr angeregt über die Zeit meines persönlichen Aufenthaltes auf dieser Erde besprochen.

Ja, das war wirklich ein außergewöhnliches Erlebnis. Darf ich das selbst schildern?

Ja, selbstverständlich. Aber fasse Dich bitte kurz, da ich noch einiges hinzufügen möchte.

Während meines ersten Lebens in der heutigen Türkei habe ich immer wieder versucht, Augen- und Ohrenzeugen kennenzulernen, die mit Dir persönlich verkehrt haben. Es ist mir in den späten 90er Jahren vor meinem gewaltsamen Tod im Jahre 98 nicht gelungen, auch nur einen einzigen auffinden zu können, der das vermocht hätte. Ich bin auch selbst nach Patmos gereist, um Johannes zu sprechen. Doch wurde ich, wie von Geisterhand geführt, nicht zu seinem Aufenthaltsort vorgelassen. So hat es mich sehr gefreut, heute nacht gleich zwei Deiner getreuen Gefolgsleute persönlich kennengelernt zu haben.

Ganz besonders interessant war die Darstellung Deiner Lehre, die dann stark verkürzt und auch hie und da ziemlich verstellt der weiteren Nachwelt übergeben wurde. Ist es hier erlaubt, auch davon einiges zu sagen?

Wenn Du willst, übernehme ich diesen Teil. Du kannst es aber auch selber tun, da wir ja am Anfang unserer Zusammenarbeit gesagt haben, daß kein Thema unberührt bleiben soll. Außerdem soll auch alles gesagt werden.

Wenn dem so ist, warum dürfen dann die Namen der beiden nicht genannt werden?

Wir könnten das ohne weiteres tun, wenn die beiden nicht darauf bestanden hätten, anonym zu bleiben. Diesen Wunsch haben wir zu respektieren. Verstehst Du?

Mein eigenes Leben auf Eurer Erde

Ja, das ist klar. Es tut mir leid. Das habe ich im Zuge meiner Begeisterung ganz vergessen. Sie werden ihre Gründe haben. Alles müssen wir ja nicht unbedingt wissen. Jedenfalls haben beide unisono erzählt, daß das Zusammensein mit Dir eine unglaubliche Erfahrung für alle war.

Du hast ihnen faktisch alles auf und unter der Erde gezeigt, alle Planeten- und Sonnensysteme, hast ihnen auch einen Einblick in die wirkliche Welt gewährt, der ihnen aber aufgrund ihres Körpers nicht in Erinnerung bleiben konnte, weil sie sonst diese Welt augenblicklich aufgelöst hätten.

Sie haben mir die Wunder erzählt, die Du vor ihren Augen gewirkt hast. Aber nicht nur das. Sie wurden von Dir eingeschult, wie man selbst diese Wunder wirkt, wenn es unbedingt nötig ist. Sie unternahmen mit Dir geistig und körperlich Reisen um die ganze Welt, um alles bis ins Kleinste kennenzulernen, um dadurch demonstriert zu bekommen, wie die Evolution schließlich alle Menschengeister durch Sammlung ihrer Seelenhüllen wieder in die Lage versetzt, völlig freie Geister zu sein, die sich dann in kürzerer oder längerer Zeit wieder für Dein Reich entscheiden können.

Ich erzählte den beiden von unserem derzeitigen Vorhaben, ein oder mehrere Bücher über den Sinn des Lebens, den Aufbau, die Vergangenheit und die Zukunft zu verfassen, worüber sie sehr erfreut waren. Denn jede Aufklärung in diese Richtung bringt alle Menschen ein wenig näher, bis alle wieder in Deinem Reich eins geworden sind.

Du sagtest ihnen auch, daß Dein Kommen und Wirken nur einen einzigen Sinn und Zweck hatte, nämlich allen zu zeigen, daß diese Welt eine Traum- und Scheinwelt ist, in der wir zwar glauben, wirklich zu leben, aber daß diese Welt im Vergleich zu Deiner wirklichen Welt überhaupt keinen Bestand habe. Du zeigtest ihnen die gesamte Zeitspanne dieser Traumwelt vom ersten Beginn bis zum Schluß, so daß alle Deine Begleiter nur mehr in der reinen Liebe lebten, da sie erst dadurch den richtigen Wert dieser und Deiner Welt erkannten.

Ganz richtig. Es gab nichts, was ich meinen Jüngern nicht zeigte. Sie waren über die gesamte Traumwelt bis ins Kleinste aufgeklärt. Ich entwickelte in ihnen auch alle geistigen Fähigkeiten und Fertigkeiten, so daß sie genau so auftreten konnten wie ich, falls dies erforderlich war. Doch ich zeigte ihnen auch den Entwicklungsstand der Menschen, so daß gemäß dieses Zustandes die Verbreitung meiner Lehre vorangetrieben wurde. Es hatte keinen Sinn, die Menschen mit Wundern zum Glauben zu nötigen. Das wäre völlig verkehrt gewesen. In dieser zerstrittenen Menschenwelt konnte nur eines helfen, nämlich die Liebe.

So kamen alle meine Jünger überein, nachdem sie mit mir die Zukunft der gesamten menschlichen Entwicklung gesehen hatten, daß der beste Weg der Weg der Liebe war, den es nun zu predigen galt. So wurden alle geistigen Fähigkeiten und Fertigkeiten wieder in den Hintergrund geschoben, um damit keinen Menschen zu überfordern, außer die wenigen Ausnahmen, von denen hie und da berichtet wurde.

Bevor ich in Jerusalem den Gerichten überantwortet wurde, habe ich ihnen in einem Tag in der Nähe des Toten Meeres die vollständige Einweihung in alle geistigen und materiellen Dinge gegeben. Dieses Tal existiert heute noch. Von unseren Behausungen, die wir dort errichtet haben, fehlt aber heute jede Spur. Es wäre auch nicht zweckmäßig, diese dort zu suchen, obwohl Du sie mit meiner Hilfe finden könntest.

Oh, ich habe mit solchen Dingen nichts im Sinn, da sonst gleich wieder ein dementsprechender Ort der Verehrung begründet werden würde. Wir haben ohnehin schon weit zu viele Kultstätten auf dieser Erde. Dann käme gleich noch einer dazu. Du weißt, daß ich mich nie in meinem Leben für so etwas interessiert habe.

Ja, das weiß ich. Darum hätte ich auch nichts dagegen, wenn Du selbst dorthin gehen würdest, um meinen Worten noch mehr Glauben abzugewinnen.

Das brauche ich nicht. Ich glaube schon lange ungezweifelt an Dich und Deine Schöpfung. Ich brauche keine Zeichen und Wunder, Reliquien oder sonstige äußeren Dinge. Meine Begegnung mit Dir ist mir völlig genug. Außerdem hat sich mein Leben durch Dein Erscheinen so derartig bereichert, daß ich wirklich tausendmal von Deiner Existenz überzeugt bin. Ich hoffe, ich habe mich richtig ausgedrückt.

Ja, das hast Du. Es freut mich ganz besonders, daß ich Dein Leben auf diese Art und Weise so bereichern konnte. Es ist wirklich schön. Es freut mich auch, daß Du trotz all Deines Wissens die Freude in Eurer Traumwelt nicht verloren hast. Ja, gerade im Gegenteil. Dir macht es richtig Spaß, in dieser Welt zu leben und zu wirken, auch in dem Wissen, daß sie eigentlich gar nicht existiert.

Du hast einfach verstanden, daß Du als Geist in diese Welt hineinwirkst, um allen Deinen Brüdern und Schwestern zu helfen, ebenso dieselbe Denkweise zu bekommen, wie Du sie hast.

Ich möchte es hier noch einmal extra betonen: Der Geist wirkt von der wirklichen Welt in Eure unwirkliche Traumwelt hinein. Er kann dabei die wirkliche Welt nicht verlassen. Er kann sich aber in diese Scheinwelt hineinprojizieren und dort seine Scheinschöpfungen hervorbringen, die aber keinen ewigen Bestand haben, da er irgendwann dahinterkommen wird, was er eigentlich hier tut. Ist er dahintergekommen, daß seine tatsächliche Trennung von mir nur ein Glaube sein kann und ist, dann wird er sich Schritt für Schritt wieder aus dieser Scheinwelt zurückziehen, um sein Leben in der wirklichen Welt wieder voll in Angriff zu nehmen. Das einzige, was ihm dann bleibt, ist die Erinnerung an diesen kleinen, kurzen Ausflug.

Sind schon viele Menschen auf diesem Weg?

Alle sind auf dem Weg

Alle. Alle sind schon auf diesem Weg, weil die gesamte Evolution, die gesamte Entstehung der Welt und des Kosmos nur auf dieses eine Ziel ausgerichtet ist. Jeder befindet sich auf irgendeiner Stufe, so wie sich auf Eurer Erde jedes Entwicklungsstadium der Evolution vom niedrigsten bis zum höchsten gleichzeitig finden läßt. So braucht sich auf Eurer Erde niemand Sorgen über den Zustand der Welt zu machen, da alles seine Wege geht, auch wenn sie noch so grausam und furchterregend erscheinen. Jeder macht seine Erfahrungen. Jeder erlebt in jeder Sekunde genau das, was für seine weitere Entwicklung am optimalsten und besten ist.

Das ist schön. Ist es möglich, auch noch näher auf die einzelnen Stufen einzugehen?

Ja, natürlich. Was willst Du wissen?

Wie sich die Welt organisch entwickelt hat.

In Ordnung.

6. Juli 2002

Einen wunderschönen guten Morgen. Heute spielt die Natur wieder alle Schönheiten aus. Der Sonnenaufgang wie im Bilderbuch, die Melonen zuckersüß, der Körper ein unwahrscheinlich schönes und gesundes Gefühl. Die Farbenpracht ist innen wie außen einfach himmlisch. Eine perfekte Komposition, eine vollkommene Erscheinung. Wie alles bei Dir.

Ich wünsche Dir auch einen schönen guten Morgen. Ja, meine Schöpfung ist wirklich etwas Einmaliges, selbst wenn sie bei Euch nur eine Scheinwelt ist, die aber doch auch nach meinen Plänen von Euch zu einem perfekten Ganzen komponiert wurde. Es gibt nichts Unvollkommenes. Alles ist in sich vollendet.

Es ist schön, solche Worte zu hören, wurden wir doch immer wieder mit unserer Unvollkommenheit konfrontiert, ja bombardiert. Würde jeder Mensch wissen, daß er in sich vollkommen und vollendet ist, so hätten wir weit mehr Freude und Begeisterung in der Welt. Wir hätten keine Abwertungen und Verurteilungen über uns ergehen zu lassen, keine Streitigkeiten, keine Kriege, keinen Haß und keinen Zorn. Das Leben wäre einfach schön. Doch auch das müssen die Menschen erst lernen, es einfach schön zu haben und glücklich zu sein.

Ja, Glücklichsein muß wirklich erst gelernt sein. Mit dem können die meisten überhaupt nicht umgehen, weil sie von Dir nichts oder nur sehr wenig wissen.

Alles ist vollkommen und perfekt

Da hast Du völlig recht. Die Welt wäre ganz anders, wenn jeder von seiner Vollkommenheit wüßte. Aber viele Geschäftemacher unter Euch wußten diese Tatsache bisher erfolgreich zu verschleiern. Diese Geschäftemacher findest Du vor allem in den Kirchen und in der Politik, die die Menschen am liebsten noch unmündiger machen wollen, damit sie besser dirigierbar und kontrollierbar sind. Aber der Zug ist schon abgefahren..

Bald werden Millionen Menschen gleichzeitig aus ihrem Traum aufwachen. Bald werden sie merken, wie sie belogen und betrogen worden sind. Der Schock wird sehr tief sitzen, wenn sie feststellen müssen, daß gerade die Menschen, denen sie am meisten vertraut haben, die größten Betrüger und Lügner waren und sind. Die Wahrheit wird für viele so brutal sein, daß das anfangs der Größenordnung wegen schon gar nicht geglaubt werden kann. Besonders zwei Berufsgruppen werden davon betroffen sein, die Priester und die Ärzte.

Aber das allgemeine Erwachen wird die körperliche und geistige Volksgesundheit mit einem Schlag verändern. Die Menschen werden wieder lachen und in ihren Körpern fröhlich und lustig sein, weil sie weder geistige noch körperliche Krankheiten plagen werden. Krankheiten, die nur künstlich hervorgerufen wurden, um sich damit Geld und Ansehen zu erschleichen.

Seit Jahrtausenden werden die Menschen an der Nase herumgeführt. Aber damit ist es in den nächsten Jahren endgültig vorbei. Das allgemeine Erwachen kann niemand mehr verhindern. Die Vertrauensbasis der Kirchen und der Medizin bekommt immer tiefere Risse. Die Menschen lassen sich das in Zukunft nicht mehr gefallen. Darum ist jede Aufklärung in diese Richtung ganz wichtig. Bis jetzt waren diese Vorgänge absolut wichtig, denn erst diese haben die Menschheit soweit gebracht, daß sie auf eine eigene höhere Verantwortungsstufe gestellt werden konnten. Es bricht das neue Zeitalter der Eigenverantwortung an. Nichts kann dieses Zeitalter mehr aufhalten.

Herrlich, wie Du das alles mit einfachen und klaren Worten ausdrückst. Es ist auch schön zu hören, daß Du die Schuldigen nicht nur unter den Ärzten und Priestern suchst, sondern immer auch bei uns selbst. Wir schenken ja jemandem blind unser Vertrauen, weil wir einfach nicht willens waren und sind, unsere eigenen Augen und Ohren zu öffnen, weil wir einfach nicht willens waren, uns selbst mit den Dingen des Körpers und des Geistes auseinanderzusetzen. Nur unsere eigene Faulheit, Bequemlichkeit und Trägheit haben uns in diese mißliche Lage gebracht.

Wir sind selber Schuld, was den Betrug und die Lüge an uns selbst betrifft. Immer wieder wurde uns das gesagt, immer wieder haben wir es in den Wind geschrieben. Ja, wir haben sogar die Mahner und Propheten von unseren Türen verjagt, wollten wir doch unser träges und bequemes Leben nicht aufgeben. So hat sich alles nach Angebot und Nachfrage entwickelt. Die Priester wurden gebeten, für uns zu beten. Die Ärzte wurden beauftragt, unsere Körper wieder in Ordnung zu bringen, die wir vorher aus Dummheit in Unordnung gebracht hatten. Und da Geld diese Welt regiert, hat jeder dementsprechend seine Hand aufgehalten.

Würden wir körperlich und geistig ordentlich nach Deinem bzw. unserem Naturgesetz leben, unserem Ziel der persönlichen Bekanntschaft mit Dir immer nachgekommen sein, dann hätten wir keine Mittler zwischen uns und Dir und auch keine Klempner an unseren Körpern gebraucht. Darum verstehe ich Dich in Deinen Darlegungen sehr gut, war ich doch früher auch so ein Denker, der diesen Menschen aus Bequemlichkeit einfach blind geglaubt hat, wie heutzutage viele Menschen noch immer blind jeder sogenannten „wissenschaftlichen" Erkenntnis Glauben schenken, obwohl tagtäglich bewiesen wird, daß das, was gerade „in" ist, in den nächsten Monaten schon wieder „out" ist. So schnell wechseln die wissenschaftlichen Erkenntnisse.

Zum Glück kommen viele Menschen einfach nicht mehr mit und suchen wieder die Einfachheit, die Wahrheit und die Vollkommenheit in sich und in der Natur. Keine Wissenschaft kann die Natur verbessern, auch wenn nach wie vor viele Menschen nach außen hin den Anspruch erwecken wollen, sie könnten die Natur mit ihren Methoden verbessern bzw. veredeln. Die Natur ist schon perfekt, war immer perfekt und wird in Zukunft immer perfekt sein. Das zu lernen, ist das Wichtigste in der nächsten Zeit. Das wird dem Wahnsinn und der Überheblichkeit der Techniker und der Wissenschaftler das Ende bereiten. Jeder, der das erkennt, trägt dazu bei, diesen Unfug zu beenden.

Nach diesen Deinen Worten könntest Du mich in vielen Dingen schon vertreten.

Aber nein, mach' bitte keine Witze. Jedesmal, wenn ich aufhöre, mit Dir zu reden oder zu schreiben, merke ich erst richtig, wie viel noch fehlt bzw. wie viel hinter jedem Stück Wissen, das Du vermittelst, noch an weiterem Wissen steckt. Jetzt wird mir immer mehr bewußt, wie recht Sokrates hatte, als er sagte, daß er wisse, daß er nichts weiß. Nur, ich habe mich damit schon abgefunden, daß ich genau so wie alle auf dem Weg zu Dir bin, auf dem Weg zu der alleinigen Liebe und vor allem auch zu Weisheit und Wissen, angewandt in vollständiger Harmonie mit allen Deinen Gesetzen und Richtlinien.

Spannend für immer und ewig

Nun, da hast Du sicherlich recht. Meine Kinder werden in Ewigkeit nicht auch nur annähernd an das Wissen herankommen, das in meiner Schöpfung vorhanden ist. Es wird in alle Ewigkeit spannend bleiben. Es wird immer wieder Neuigkeiten geben. Selbst ein einziges Individuum hat so viel Wissen in sich gespeichert, welches es selbst nicht erforschen und entdecken kann. Unendlichkeit ist eben Unendlichkeit. Darin liegt der Unterschied zwischen mir und Dir. Ich kenne meine Unendlichkeit schon. Ihr könnt sie nie kennen, weil sie eben unendlich ist. Darum könnt Ihr sie unendlich lange erforschen. Das wird Euch großen Spaß machen. Glaube mir das.

Ja, das tue ich. Darum freue ich mich einfach auf jeden Tag, der immer wieder Neues und Spannendes bringt. Ich kann das gleich heute wieder auf die Probe stellen, fahren wir doch alle auf die Planneralm wandern. Zuerst mit dem Rad hin, dann den Berg hinauf. Ich lasse mich gerne überraschen.

Hallo, wie war der heutige Tag?

Ganz herrlich, einfach phantastisch. Zuerst diese wunderschöne Fahrt mit dem Rad nach Donnersbach, dann neun Kilometer bergauf Richtung Planneralm, dann die herrlichen Melonen als Belohnung für die nicht geringen Strapazen und dann die immer wieder ergreifende Wanderung zum Plannersee, der, in seinem Dunkelgrün, ein wirkliches Juwel in dieser Gegend ist.

Immer wieder stand mir der Satz von heute früh vor Augen, wie doch alles perfekt ist. Der See ist perfekt, jede einzelne Blume, auch jeder Mensch, den wir getroffen haben. Aus den meisten schaute eine strahlende Persönlichkeit heraus, auch wenn sie ihre Körper bei weitem nicht nach dem Naturgesetz gestaltet haben. Aber das wird alles noch kommen. Die Steine, in welcher Harmonie jeder zum anderen passt. Auch wenn im Moment keine Ordnung zu erkennen war, so bilden doch alle die liebliche und bezaubernde Landschaft mit allen ihren Abwechselungen.

Obwohl mir die Beine vom Krafttraining noch immer sehr zu schaffen machten, war die Wanderung über den Grad zur Gstemmerspitze wieder ein Hochgenuss. Die Weite, die Klarheit, die Berge, die Täler, die Driften, die Moosmatten, die Insekten, die Malerei. Jede Stimmung bräuchte jetzt eine eigene Seite. Ich kann nur jedem wünschen, daß er diese einmaligen Naturerscheinungen selbst erlebt. Ist diese Welt schon so schön, wie wird erst Deine wirkliche Welt sein?

Ja, da hast Du vollkommen recht. Aber ich schlage Dir vor, daß Du für heute Schluß machst, da Dein Körper dringend Ruhe braucht. Was hältst Du davon?

Die Idee ist sicherlich nicht schlecht. Aber ich hätte noch so viel vom heutigen Tag zu erzählen. Auch die vielen Erinnerungen, die in mir hoch gekommen sind bezüglich der Entstehung der ganzen jetzigen Landschaft sollten auch irgendwann erwähnt werden.

Das können wir immer noch machen. Es hat mir auch das intensive Gespräch mit Dir während der Fahrt und auch während der Wanderung sehr gefallen. Wir werden mit der Zeit ein wirklich interessantes und faszinierendes Team. Du wirst immer lockerer und offener bezüglich unserer Gespräche, so daß sich für die Zukunft noch einiges ergeben wird. Aber für heute machen wir jetzt wirklich Schluß. In der Nacht haben wir sicherlich wieder Interessantes und Wissenswertes vor. Daher wünsche ich Dir eine gute und erholsame Nacht. Übrigens, morgen früh würde es auf der einen oder anderen Wanderung auch Nützliches zu erleben geben. Ich wäre dabei.

Danke. Für heute ist es wirklich genug. Morgen sehen wir dann, wie meine Beine reagieren. Ich jedenfalls bin bereit. Gute Nacht.

7. Juli 2002

Das war heute eine herrliche Nacht. Vielen Dank. So viel wie heute habe ich schon lange nicht mehr erlebt. Es war Schönheit pur.

Eine schöne und perfekte Schöpfung

Danke. Das war es wirklich. Guten Morgen. Der Geist ist schön, und alles Geistige ist auch schön. Meine Schöpfung ist schön, und alle Schöpfungen, die meine Geschöpfe gemacht haben, sind auch schön. Wenn jemand einmal diese Geisteshaltung wieder gewonnen hat, dann ist alles, was er in meinem Reich erkennt, schön. Und alles, was er in seiner Traumwelt, also in Eurer kosmischen Welt, wahrnehmt, ist auch schön.

Es ist immer nur die Geisteshaltung. Wie ich Dir gestern schon gesagt habe, es ist alles perfekt und vollkommen, auch wenn Ihr zu Lebensformen, die noch nicht Eure Stufen erreicht haben, niedrig sagt. Es sind zwar Formen, die noch nicht alle Seelenteilchen gesammelt haben. Sie sind aber trotzdem in ihrer Form vollkommen und perfekt. Darum sind auch in Eurer Traumwelt die Formen alle so schön. Häßliches gibt es nicht. Ihr könnt zwar die Formen durcheinanderbringen, untereinander vermischen, so daß die harmonische Ordnung gestört ist und Formen entstehen, die Euch dann Schmerzen als Signal für nicht Zusammengehöriges bereiten. Aber trotzdem sind die einzelnen Formen, allein betrachtet, schön.

Jedes Bakterium, jeder Virus, jeder Pilz in Eurem Körper ist eine perfekte Lebenseinheit, die hundertprozentig ihre Aufgaben erfüllt. Sie sind, unter dem Mikroskop betrachtet, vollendete Geschöpfe. So hast Du bei Deiner gestrigen Radtour und Wanderung auch nur vollkommene Geschöpfe gesehen, ob Menschen, Tiere, Pflanzen, Berge oder Wolken. Selbst das Gewitter am Nachmittag und am Abend war eine reine Freude, hat es doch die schon begeisterten, stark erregten Geister in den Bergen, Tieren und Pflanzen wieder ordentlich abgekühlt, um ihren höheren Lebenszustand, durch diese Abkühlung, wieder zu konsolidieren und zu stabilisieren.

Es ist ja auch bei Euch so, daß, wenn jemand zu schnell reich und wohlhabend wird, er eine Konsolidierungszeit braucht, um den materiellen Zuwachs überhaupt zu verkraften und zu verarbeiten. Ebenso geht es Euch auch beim Zuwachs geistiger Erkenntnisse. Auch hier braucht man die berühmte „schöpferische Pause“, um das Gelernte in sich zu verarbeiten und für den weiteren Gebrauch im täglichen Leben aufzubereiten und nutzbar zu machen. So sind in der Natur alle abkühlenden Maßnahmen solche Konsolidierungsphasen, die für die weitere Höherentwicklung von absoluter Wichtigkeit sind. Darum gibt es Tag und Nacht, die Jahreszeiten und vieles mehr, um diesem Vorwärtsschreiten seinen gebührenden Rhythmus zu geben.

In der Nacht erholt sich jeder Körper von den Anstrengungen des Tages. Es wird alles Notwendige repariert und für den nächsten Tag vorbereitet. Schlechtes wird ausgeschieden, das Gute für eine bessere Funktionalität eingearbeitet. Darum ist es so wichtig, daß Ihr Eurem Körper nur jene Stoffe zuführt, die er für diese Arbeiten benötigt. Nur naturgemäße Nahrung kann alle diese Bedingungen erfüllen. Jeder, der sich daran hält, spürt täglich das Besserwerden der körperlichen Funktionen.

So ist es auch mit Eurem Geist. Arbeitest Du täglich an der Änderung Deines Denksystems, indem Du Dich vom Denken in Trennung, Haß, Angst, Zorn, Wut und Mangel verabschiedest und auf ein Denksystem überwechselst, das nur noch Schönheit, Vollkommenheit, Liebe, Vergebung, Frieden und Reichtum beinhaltet, dann wirst Du genau so die Wunder der Natur in Deinem Geist erkennen und erleben.

Wie schön sind Deine Worte. Einfach wundervoll und wunderbar. Könnten doch alle Menschen nur diese Deine Worte hören, lesen und im täglichen Leben zur Anwendung bringen. Welche Welt hätten wir hier schon in dieser Traumwelt.

Halt! Diese wunderbare Welt habt Ihr jetzt schon. Es fehlt nichts. Es ist alles perfekt. Du brauchst nicht davon zu träumen. Sie ist schon da. Nur, Ihr seht sie nicht, weil Ihr einen falschen Empfänger in Eurem Geist gewählt habt. Ihr habt Euren Empfänger auf Trennung und damit auf Angst und Schrecken, Mangel und Unfrieden eingestellt. Die Hoffnung liegt nicht in der äußeren Welt, sie liegt ausschließlich in Eurer inneren Welt.

Ist Eure innere Welt auf dem richtigen Empfänger und Sender, dann ist alles in Ordnung. Du brauchst die Welt nicht zu verändern, Du brauchst nur die Empfangs- und Sendestationen der Menschen zu ändern. Das ist das große Geheimnis. Das ist der Schlüssel für das glückliche und friedvolle, liebevolle und erfüllte Leben. Bedenke das bitte immer, immer, immer.

Der Schlüssel liegt nur in der Änderung Deiner Denkart. Weg mit der Trennung, weg mit der Angst, weg mit dem unsinnigen Mangeldenken. Ihr habt alles. Alles! Nichts fehlt. Das einzige, was wirklich fehlt, ist Euer korrektes Denken. Das ist es. Amen, wenn Du das Wort so willst.

Ja, das ist es. Laß es bitte in mir nachwirken.

Gerne, bis gleich.

Da bin ich wieder. Am liebsten würde ich jetzt auf einen Berg gehen, um die Vollkommenheit in mir und um mich in allen Bereich wirken zu lassen.

Und, warum tust Du es nicht?

Ich möchte mit unserem ersten Buch so schnell wie möglich fertig werden. Ich glaube, es warten schon viele Menschen darauf.

Da hast Du sicherlich nicht unrecht. Aber Du brauchst Dich jetzt nicht unnötig in einen äußerlichen Druck hineinzumanövrieren. Alles hat seine Zeit. Auch das Ende dieses Buches. Also, geh!

In Ordnung.

8. Juli 2002

Heute ist wieder ein herrlicher Tag. Sonnenschein, Wärme, Klarheit, es könnte wie im Himmel sein.

Ihr seid ein schönes Team

Ja, schönen guten Morgen. So ist der Himmel, aber noch unendlich schöner und herrlicher. Im Vergleich zu Eurem herrlichsten Tag, wie heute, seid Ihr in der größten Finsternis und Kälte. Im Himmel ist es ganz anders. Eine Welt voller Liebe und Licht, ohne Gegensätze, ohne Haß, Angst und Zorn, ohne aufgezwungene Veränderungen, kein Tag und Nacht und vieles mehr. Aber, gehen wir Punkt für Punkt weiter, sonst komme ich als Gott noch ins Schwärmen, was in Wirklichkeit auch so ist.

Gestern hat es keine Bergbesteigung gegeben, aber dafür einen schönen Spaziergang mit der Familie, wie ich gesehen und gehört habe. Du brauchst auch nicht unbedingt so streng mit Deiner lieben Frau zu sein. Sie ist doch auf dem besten Weg, in der nächsten Zeit ein weiteres Juwel zu werden.

Du hast aufgrund Deiner Aktivitäten schon einige Juwelen aus der Dunkelheit geholt. Das freut mich sehr, und ich möchte Dir an dieser Stelle auch einmal ein Lob aussprechen, was ich selten tue. Viele Menschen haben durch Dich den Weg zu mir gefunden. Ja, der eine oder andere ist schon bei mir. Außerdem hat sich in den letzten Jahren die Freude und Begeisterung zu mir in Deiner Atmosphäre sehr gesteigert.

Deine Frau hat Dich unter anderem schon einmal ein großes Stück Weges begleitet, als Du auf Warteposition Richtung Erde warst. Ihr habt Euch auch damals sehr gut verstanden, die Rollen waren aber genau umgekehrt. Du wurdest von Ihr belehrt, manchmal zu streng, so daß Dein jetziges strenges Verhalten Ihr gegenüber eine kleine Revanche ist, die aber Euch beide sehr rasch dorthin bringen wird, wo Ihr mir beide ein gutes Werkzeug sein werdet. Auch sie kennt nur ein Ziel, mich persönlich kennen und lieben zu lernen.

Auch die anderen Menschen um Dich, Eva, Karl, Josefine, Irmgard, Elfriede, Katharina, Georg und noch andere werden sehr rasch durch Euer intensives Arbeiten bei mir sein. Ihr alle seid schon lange vorher zusammen gewesen, habt Euch dieses Ziel gesetzt und habt dieses Ziel bis heute nicht aus den Augen verloren.

Es kommen in den nächsten Wochen, Monaten und Jahren noch sehr viele zu Euch, die ebenso mit Euch früher viel gemeinsam gemacht haben. Ich werde Dir später noch ausführlicher davon berichten. Also, nicht zu streng mit Deinen Leuten. Sie sind alle hoch motiviert und voller Liebe zu mir und zu allen anderen. Mache mit der Schulung intensiv weiter, und Du wirst sehen, wie schnell dann alles gehen wird.

Bereitet Euch auf die große Zeit vor, die unmittelbar vor Euch steht. Ich habe Dir ja schon eingangs gesagt, daß große Veränderungen vor der Tür stehen. Ihr habt den Schlüssel für das nachfolgende Leben. Nutzt darum diese Chance. Sie wird so bald in dieser Klarheit und Einfachheit nicht mehr kommen.

Danke, das ist wieder sehr aufbauend. Manchmal kommen auch mir noch hie und da Zweifel, ob das alles richtig ist, was ich tue bzw. wir alle miteinander tun. Das sogenannte normale Leben wäre wahrscheinlich einfacher.

Besuch auf dem Jupiter

Ja, da hast Du nicht unrecht. Unbewußt dahinleben, ist anscheinend wirklich einfacher. Aber Euer Leben ist voller Genuß und Freude. Denke doch nur an Deine Gesundheit, Jugendlichkeit und Frische. Oder an die Gesundheit und Vitalität der anderen. Möchtest Du das gegen die Krankheiten, Beschwerlichkeiten und Leiden der anderen eintauschen, auch wenn sie am Wirtshaustisch bei ihrer sogenannten krankmachenden Kultur viel Spaß haben und machen? Spaß, der fast nur auf Kosten irgendwelcher anderen Menschen geht. Da möchte ich Dich lieber weiterhin auf schöne Berge führen, Dir schöne Naturphänomene vorspielen und Dich körperlich und geistig in höchster Begeisterung und Freude sehen.

Du hast mit allen Deinen Leuten, mit Deiner Familie eine sehr gute Wahl getroffen. Eine Wahl, deren Wert sich in den nächsten Zeiten noch ganz besonders zeigen wird, wenn rund herum nichts mehr so richtig funktionieren wird, weil die meisten Menschen körperlich und seelisch schwer krank sind. Millionen von Menschen sterben jährlich an den Zivilisationskrankheiten, und die Zahl wird dramatisch ansteigen. Ganze Regionen werden ausgelöscht sein, weil niemand mehr da ist, um sie betreuen zu können.

Die Staatsfinanzen der sog. reichen Länder werden völlig aus den Fugen geraten. Mord und Totschlag werden sich breit machen. Alles könnte noch aufgehalten werden, wenn die Menschen zwei Dinge tun würden, nämlich sich an Ihr Ziel zu erinnern und ihre

Körper von dem Schlackenschmutz, den sie über unnatürliche Nahrungsmittel angehäuft haben, zu reinigen. Es wäre wirklich sehr einfach. Aber, wer nicht hören will, muß fühlen.

Leider werden viele unschuldige Kinder und Erwachsene mitgerissen, die Opfer falscher Werbung sind, angeführt von Menschen, die nur an sich und ihren Profit denken. Alles andere ist ihnen egal. Doch keine Sorge, auch diese werden noch aus ihrem Traum erwachen und werden dann großartige Helfer für mich und für Euch sein.

Ich möchte hier noch einmal die Zielstrebigkeit der Menschen hervorheben, welche ich früher schon erwähnt habe. Jeder hat bewußt oder unbewußt nur ein Ziel vor Augen, mich persönlich kennenzulernen. Das ist alles. Und so werden die zum Bewußtsein gekommenen ganz starke Mitarbeiter für dieses Ziel werden. Du kennst ja das Sprichwort: „Steter Tropfen höhlt den Stein". So ist es auch. Meine Mühlen mahlen langsam aber sicher.

Auch wenn Eure Traumwelt für mich keine Bedeutung hat, so habt Ihr aber für mich eine unendlich große Bedeutung. Ihr seid meine Kinder, meine Geschöpfe, meine Liebe. Die werde ich niemals im Stich lassen, werde sie niemals weniger lieben als mich selbst, ich, die reinste Liebe schlechthin. Das habe ich Euch allen bei Eurer Schöpfung versprochen, ganz egal, ob Ihr Euch jetzt für einen Traum entschieden habt, der Euch neben ganz wenig Glück viel Leid und Schmerz gebracht hat. Ich werde nichts unversucht lassen, Euch wieder in meine wirkliche Welt zurückzuholen, ganz egal, was auch immer passieren mag. Ihr seid nie allein. Von Anfang an ward Ihr nie allein, und in alle Zukunft werdet Ihr nie allein sein. Bedenket das immer.

Auch wenn Ihr glaubt, Ihr hättet Euch vor mir getrennt, für mich ist das nicht so. Ich habe mich von Euch nicht getrennt, von keinem. Auch nicht von Euren Mördern, Euren Verführern, Euren Krankmachern, Euren Erdzerstörern, Euren Peinigern oder Euren Tyrannen. Sie alle gehören zu mir, sind meine Geschöpfe, die ich alle ohne Unterlaß und Wenn und Aber liebe, über alles liebe. Gemeinsam werden wir alle Geschöpfe, die sich von mir getrennt glauben, aufwecken, sie ermuntern, sie auf Ihr Ziel, mich persönlich kennenlernen zu wollen, hinweisen, sie schulen. Das sind meine und Eure Aufgaben, wenn Ihr Euch mir angeschlossen habt.

Auch ich habe die gleiche Zielstrebigkeit, wie ich Dir das in einer der letzten Nächte auf dem Jupiter gezeigt habe. Dort haben wir, von Dir ausgesehen, wunderliche Dinge erlebt. Auch wenn die dortigen Menschen viermal größer sind als Ihr auf der Erde, so sind sie es nur deswegen, weil eben auch der Planet selbst 318mal größer ist als Euer Planet. Du warst auch sehr verwundert über die sehr ähnliche Fauna und Flora.

Aber was Dich am meisten verwundert hat, war der Umgang untereinander. Hier hast Du einmal Nächstenliebe gesehen, wie es sich gehören sollte. Jeder kleinste Wunsch, jedes kleinste Bedürfnis wird dem anderen schon von den Augen abgelesen. Diese Menschen sind in ihrem Charakter und in ihrem Verhalten wohl die zartesten und sanftesten von allen Bewohnern Eures Sonnensystems. Hier gibt es kein lautes Wort, keinen Streit, nur Liebe pur den ganzen Tag.

Die Häuser sind einfach errichtet, die Nahrung besteht vorwiegend aus Früchten und Weizenkörnern, die hie und da an einer speziellen Feuerstelle weichgekocht werden. Die Menschen sind nie krank, haben bis ins hohe Alter einen jugendlichen und geschmeidigen Körper, sind immer heiter und fröhlich. Ihr größter Wunsch ist es, in der Gottes- und Nächstenliebe ständig zu wachsen, mit dem göttlichen Willen eins zu werden und so mit mir förmlich zu verschmelzen.

Sie wissen natürlich auch, daß die höchste Stufe, die es zu erreichen gibt, nur auf Eurer Erde möglich ist. Darum streben auch einige immer wieder dieses Ziel an. Das war in dieser Nacht unsere Aufgabe. Wir nahmen an einer großen Versammlung in den Bergen des Jupiters teil. Die Landschaft war für diesen Abend in herrliches Blaugelb getaucht. Die untergehende Sonne tauchte den Versammlungsort in ein mystisches Kleid, das alle Anwesenden noch mehr auf das Kommende einstimmte, wußten doch alle, daß ein Vertreter von der Erde mit ihnen über die Vor- und Nachteile einer Übersiedelung eben dorthin sprechen werde.

Niemand wußte natürlich, daß auch ich anwesend sein würde. Das durften auch die Menschen nicht erfahren, würden sie aus Ehrfurcht vor mir unfähig sein, nur irgendein körperliches Glied mehr in Bewegung zu bringen. Nur der oberste Priester der Versammlung wußte um meine persönliche Anwesenheit. Bei der Ankunft gingen wir über eine Hintertür in den großen Versammlungspalast, um zuerst den obersten Priester, Jakunda aufzusuchen und zu begrüßen. Bei unserem Anblick fiel er voller Liebe und Ehrfurcht vor mir auf die Knie. Ich hob ihn sanft auf und bedeutete ihm, daß mir seine Herzensliebe allein genügen würde. Auf äußere Symbole lege ich keinen Wert. Bei der Berührung erschauderte sein ganzer Körper, so innig und vollständig war Jakunda schon auf mich ausgerichtet, war es doch die erste persönliche Begegnung mit mir. Er konnte daraufhin auch keine Worte vor lauter Begeisterung und Entzücken finden. Doch ich half ihm dann, um die Wartenden nicht zu lange auf die Folter spannen zu müßen.

Jakunda begrüßte auch Dich auf das Freundlichste und bezeigte Dir die größte Hochachtung ob des persönlichen Kommens mit mir. Ich wies Jakunda darauf hin, daß er mich der versammelten Menge nicht bekannt machen dürfe, was er sogleich zu seinem eigenen Gebot machte. So schritten wir nach einer kurzen Weile vor das Forum, das uns begeistert begrüßte, in dem sie sich alle von den Sitzen erhoben und sich tief verneigten.

Mir ist dabei eine Gänsehaut den Rücken hinuntergelaufen. Die Stimmung war hoch elektrisch. Es knisterte förmlich vor lauter Liebe und Ehrfurcht. Ich habe in den letzten Jahren schon einiges an Erfahrungen bezüglich Reden und Vorträge gesammelt, aber eine solche Atmosphäre war selbst für mich völlig neu. Die Sanftmut und Zartheit dieser Menschen schien sich im Raum zu feinstem Garn zu verbinden, so stark war das gemeinschaftliche Empfinden. Hier habe ich das erste Mal die Vorstellung bekommen, wie sich Gedanken zu materiellen Gebilden verdichten können.

Ja, da hast Du sicherlich nicht unrecht und hast auch sehr gut beobachtet. Materie entsteht tatsächlich auf diese Art und Weise, nämlich dort, wo innigste Liebe, auf Weisheit aufgebaut, einen gemeinsamen Zweck verfolgt. Hier wurdest Du Zeuge der Bildung einer neuen Lebensgrundlage für diejenigen, die sich nach Deiner Rede zum Ortswechsel entschlossen haben. Dieses Netzwerk der Liebe und Weisheit hat sie dann mit uns auf die Erde begleitet. Doch gehen wir der Reihe nach vor.

Jakunda sprach folgende einleitende Worte: „Meine lieben Freunde. Seit über hundert Jahren war niemand mehr von der Erde bei uns, um wieder Bewohner unseres Planeten Phalkara einzuladen, auf den göttlichsten aller Planeten zu kommen. Nun ist es wieder so weit. Wir möchten nun Helmuth und seinen geschätzten Freund auf das allerherzlichste in unserer Mitte begrüßen.“ Daraufhin gab er Dir ein Zeichen, daß er nun fertig sei und Du Deine Rede beginnen könntest.

Ja, das war wirklich erhaben. Soll ich hier meine Rede wiederholen?

Selbstverständlich. Ich glaube schon, daß sie jeden interessieren wird.

Die Rede an die Phalkarener

In Ordnung. Ich ließ vor meinen ersten Worten noch einmal diese zarte und sanfte Stimmung auf mich einwirken, dankte Dir, neben Dir stehend, für diese große Auszeichnung und sprach, wissend, im gemeinsamen Willen zu sein, Folgendes zu den Phalkarenern:

„Meine allerliebsten Freunde von Phalkara. Überwältigt bin ich momentan von Eurer Sanftmut und Zartheit, die ich noch nirgends auf diese Art angetroffen habe. Es ist für mich dadurch nicht leicht, für eine Welt zu werben, die solche Gefühle wie Eure nicht im Entferntesten kennt.“

Ein betroffenes Raunen ging nach diesen einleitenden Worten durch den herrlichst geschmückten Raum. Neben jedem Mann saß eine etwas kleinere Frau, aber mit einer Anmut und Schönheit, wie ich sie schon lange nicht mehr gesehen habe. Nach dieser ersten Verwunderung seitens der Zuhörer sprach ich weiter.

„Ich kann Euch alle sehr gut verstehen, daß Ihr über meine Worte verwundert seid. Aber meine Aufgabe ist es heute, Euch über die Vor- und Nachteile einer Übersiedelung aufzuklären. Beginnen wir bei den Nachteilen. Ich werde mich bemühen, Euch in Eurer Zartheit und Sanftheit nicht zu schwer zu treffen. Doch das eine oder andere wird leider nicht anders zu formulieren sein. Ich weiß von Jakunda, daß Euer ganzes Lebensstreben darauf ausgerichtet ist, mit dem Schöpfer und unserem gemeinsamen Gott wieder eins zu werden.

Wir auf der Erde glauben bis heute, diese Einheit vor undenklich langen Zeiten verlassen zu haben. Ihr seid mit mir diesen Weg durch die von uns geschaffene Traumwelt gegangen, um schließlich das höchste Ziel, nicht nur Gott persönlich kennen und lieben zu lernen, sondern mit ihm wieder in allem eins zu werden, zu erreichen. Diese unsere Traumwelt ist eine Scheinwelt, die wir gemeinsam errichtet haben, um uns einerseits vor Gott zu verstecken, um der von uns eingebildeten Strafe zu entgehen, andererseits aber unseren Hochmut gegen Gott auszuleben, ihn damit auch anzugreifen.

Dieser Angriff fand seinen scheinbaren Höhepunkt in der Hinrichtung seiner Person vor 2 000 Erdenjahren auf meinem Planeten Erde. Doch für Gott hat dieses Geschehnis in Wirklichkeit nie stattgefunden, weil für ihn unsere Traumwelt nicht existiert. Das Einzige, was für ihn wirklich existent ist, sind wir, die aufgrund des Trennungsgedankens in einen für uns langen und beschwerlichen Traum gefallen sind. Er hilft uns nun aus unserer Traumwelt heraus, indem er uns die grundlegenden Dinge wie Licht und einen Plan gegeben hat.

Nach undenklich langen Zeiten sind wir nun wieder so weit, uns dieses Fehlers bewußt zu werden und ihn mit seiner Hilfe zu eliminieren, indem wir einfach aufhören, den Trennungsgedanken weiterhin zu denken und festzuhalten.

Ich weiß, daß das für Euch fremd klingt. Doch die Wahrheit ist die Wahrheit. Darum hat er uns auf der Erde gezeigt, wie wir ganz rasch aus diesem Traumzustand herauskommen können, wenn wir uns nicht nur seinen Willen zu eigen machen, sondern auch die Liebe als einziges über alles stellen. Die Liebe allein hebt den Gedanken der Trennung völlig auf. Eure Liebe ist schon sehr hoch, doch fehlt Ihr etwas ganz Besonderes, nämlich die Freiheit. Ihr glaubt, Ihr seid schon frei. Doch Euer Charakter kennt die absolute Freiheit nicht.

Diese ist erst auf unserer Erde möglich. Denn nur dort gibt es diese absolute Freiheit der Willensentscheidung, wobei der Wille nur der verlängerte Arm der Liebe ist. Auch wenn die Erde beinahe so gestaltet ist wie Eure Welt, wobei sie natürlich in allem weit kleiner ist, so sind die Lebensbedingungen weit schwieriger als hier. Die Geburt ist schmerzlich, das Vergessen an frühere Existenzen absolut, die Erziehung vorwiegend egoistisch, die Nächstenliebe ziemlich dürftig. Auch die äußeren Bedingungen sind karg und hart, die

Lebensweise seit 10000 Jahren weitgehendst verkehrt und falsch. Das Konkurrenzdenken untereinander ist so groß, daß dadurch sogar habgierige Kriege und Konflikte ausgetragen werden, die manchmal Millionen von Menschen das Leben kosten.

Die Schulen sind vorwiegend mit äußeren Dingen beschäftigt, die bei Anwendung sogar noch das Leben der Menschen schädigen. So werden neben der falschen Ernährung viele Fächer gepflegt, die nur die Zerstörung der Natur mit Hilfe von chemischen und allerlei technischen Mitteln zum Ziel haben.

Sogenannte Freizeit wird vorwiegend zur oberflächlichen Unterhaltung genützt. Höhere geistige Werte finden praktisch keine große Zustimmung mehr. Alles ist auf Schnellschnell aufgebaut. Niemand nimmt sich mehr Zeit, um sich des wirklichen Zieles, das wir uns alle am Anfang vorgenommen haben, zu besinnen. Glück wird an der Menge von Geld gemessen, das Ihr hier überhaupt nicht kennt. Mit Geld wird jede Dienstleistung und jede Ware bezahlt.

Ihr seid über alles erbaut und begeistert, wenn Ihr jemandem gratis und überreich helfen könnt. Das spielt sich auf der Erde überhaupt nicht ab. Eure Religion ist einfach und ohne Zeremoniell. Auf der Erde gibt es viele leere Worte mit viel Pomp und Glanz und Intoleranz. Es gibt viele, sehr viele Religionen und Kirchen, die sich untereinander bekämpfen und bekriegen. Jeder will der mächtigste Herrscher sein. Das gibt es bei Euch auch nicht. Wenn es einen Herrscher gibt, so ist es Gott.

Die wenigen Menschen, die es bisher bei Euch probiert haben, Machtpositionen zu erreichen, wurden durch Euch schnell eines Besseren belehrt. Außerdem werden auf der Erde durch die völlig falsche Lebensweise viele, ja fast alle Menschen von vielen verschiedenen Krankheiten befallen, die sie auch aufgrund ihrer falschen Heilweisen nicht in den Griff bekommen können. Ja, es werden sogar den ganz gesundes Babys Giftstoffe aller Art in ihre unschuldigen Körper gespritzt mit dem Vorwand, sie vor irgendwelchen eingebildeten Krankheiten zu schützen, die nur aufgrund der falschen Lebensweise massenhaft entstehen. In einigen Nationen ist diese Prozedur schon zum Gesetz erhoben worden.

Ihr seht nach diesen wenigen Worten, daß es auf unserer Erde nicht so nächstenliebend zugeht wie bei Euch. Selbst die Ausbildung der Kinder ist meistens völlig geist- und gottlos, so daß die Heranwachsenden nie mit einem Gedanken an höhere Welten konfrontiert worden sind. Es gibt hie und da Ausnahmen. Aber das Gros der Bevölkerung bekommt höchstens einen traditionellen Unterricht ohne tieferen Sinn. Nur ganz wenigen Menschen gelingt es, sich von dieser materiellen Umklammerung zu befreien. Und wenn es jemand schafft, dann ist er ständigen Angriffen aus seiner Umwelt ausgesetzt, was natürlich auch nicht angenehm ist.

Aber wie ich aus eigener Erfahrung weiß, ist man niemals allein. Gott, seine Helfer und viele andere Menschen sind ständig da, um zu helfen. Bei Euch sind sie in bestimmten Fällen auch sichtbar, für besonders weit Fortgeschrittene immer. Aber bei uns ist das nur in äußerst seltenen Fällen der Fall. Die meisten Menschen wissen über die Existenz dieser Helfer überhaupt nichts. Sie spüren zwar hie und da in gefährlichen Situation eine höhere Macht und Kraft. Erklären können es aber die wenigsten. So sterben auf der Erde auch viele Menschen, ja die meisten Menschen, aufgrund der falschen Lebensweise viel zu früh und völlig mittellos, was die geistigen Erkenntnisse betrifft.

Im Jenseits angekommen, geht das gleiche dann so lange weiter, bis sie wieder zu einer weiteren Einzeugung vorbereitet werden, um einen neuen Start zu probieren. Das kann dann Tausende, ja Millionen von Jahren so weitergehen, bis durch eine glückliche Fügung der Mensch auf die Idee seines schon immerwährenden Zieles kommt. Aber das Ziel, einmal erreicht, ist eben nur über die Erde möglich, denn hier war Gott selbst in seiner Güte anwesend, um uns aus unserem Traum zu helfen. Er unterwarf sich all unseren Traumbedingungen, die aber für ihn nie und nimmer Realität bekamen, da er als Geist seine wirkliche Welt, die unendliche, ewige Welt des Himmels, nie verlassen kann. Er kann sich nicht von sich selbst trennen, so wie wir es leider alle, auch Ihr, nach wie vor glaubt. So lade ich Euch ein, mit uns auf die Erde zu kommen, um das höchste Ziel, persönlich Gott kennen und lieben zu lernen und in seinem göttlichen Willen eins zu werden, anzugehen."

Die Entscheidung, auf die Erde zu kommen

Gut gesprochen. Nach Deinen Worten war es nun für einige Minuten völlig still. Die meisten Menschen waren entsetzt über die Zustände auf der Erde. Man konnte sogar sichtbar beobachten, wie sie sich fast alle in Zweifel stürzten. Nur bei ganz wenigen regte sich der Gedanke, das Paradies von Phalkara des Zieles wegen zu verlassen. Auch Jakunda war ob Deiner Worte schwerst betroffen, hatte er selbst zwar schon einige Informationen über die Erde gesammelt, aber auf diese Art und Weise hat er sie noch nie vernommen.

Er war es auch, der nun von Dir einen Beweis für diese unglaublichen Zustände verlangte. Du kamst daher mit der Bitte in Deinem Herzen zu mir, ihnen das auch anhand einer Demonstration zu zeigen. So ließest Du vor ihnen den Planeten in getreuer Abbildung im Raum schweben und vergrößertest einen Bereich nach dem anderen, bis Du selbst in das Gehirn eines Menschen vorstießest, um ihnen den vorwiegend schlechten Zustandes ihres wichtigsten Kommunikationsorgans zu zeigen. Diese Bilder gaben beinahe der ganzen Schar den letzten Rest, nicht auf die Erde zu kommen.

Jakunda rief vor lauter Entsetzen aus, warum Gott nur solches Treiben tatenlos über sich ergehen lassen mochte. Du aber kontertest ihm mit dem Hinweis, daß alles, von ihm aus betrachtet, nur ein Traum des einzelnen und der ganzen Menschheit sei und in Wirklichkeit gar nicht existiere, auch wenn die Traumwelt für alle sehr real ist, was sie im Traum ja auch wirklich ist. Darum spielt es für Gott überhaupt keine Rolle, welche Maßnahmen im Traum getroffen werden, um das scheinbare Leid zu erhöhen. Sein Ansinnen bestünde eben nur darin, die Schlafenden zu wecken. Sind sie wach, dann ist der Traum zu Ende.

Auf diese Deine Worte hin waren Jakunda und einige andere beruhigt, konnten sie aufgrund ihrer mannigfachen Erfahrungen das Gehörte doch leicht verstehen. So sprachst Du nur noch ein paar aufheiternde Worte und übergabst das Wort wieder an Jakunda. Der bedankte sich bei uns auf das Allerherzlichste und löste die Versammlung mit den Worten auf, daß der- oder diejenige, die mit uns auf die Erde kommen wollten, sich in einer halben Stunde in seinem Zimmer einfinden sollten. Wir gingen wieder in sein Zimmer zurück. Jakunda bedankte sich nochmals bei mir und Dir. Auf Deine Frage, ob er mitgehen wolle, verneinte er, weil er aus seinem Pflichtbewusstsein heraus seine Gemeinde nicht verlassen wolle.

Außerdem bestätigte er seine Angst bezüglich der vielen Unbekannten, die ihn auf der Erde erwarten würden. Er stellte noch eine Menge Fragen an mich, die aber nur seinen Planeten betrafen. Ich führte ihn auch kurz mit dem geistig Verantwortlichen zusammen. Er war naturgemäß über dieses Treffen höchst erfreut. Dann wurde eine fixe Zeit und ein fixer Treffpunkt in den Bergen vereinbart, wo die weiteren Schritte der geistigen Weiterentwicklung besprochen werden sollten.

Nach einer halben Stunde kamen dann zwei Männer und drei Frauen ins Zimmer von Jakunda, um sich mit uns zu besprechen, wie die Übersiedelung stattfinden könnte. Jakunda war über die fünf Bewohner höchst verwundert, hätte er sie doch nie auf einen solchen Schritt eingeschätzt. Ich beglückwünschte sie ob ihrer Entscheidung. Wir gaben ihnen noch eine halbe Stunde Zeit, sich von den anderen zu verabschieden, um sich auf ihren planetarischen Tod vorzubereiten, um dann mit uns mitgehen zu können. In einer ergreifenden Zeremonie nahmen dann alle von ihnen Abschied. Ich gab allen während dieses Aktes auch den Blick ins Jenseits frei.

Sie waren höchst erstaunt, wie viele Menschen sich bereit erklärten, sich dieser fünf anzunehmen und sie bis zur endgültigen Erlösung aus diesem Traum zu begleiten. Spontan wollten noch weitere fünf Bewohner von Phalkara mit uns mitgehen, was ihnen auch gewährt wurde. In einer weiteren Zeremonie wurden die Geistseelen sichtbar aus ihren Körpern gehoben, um dann von den Jenseitigen in aller Liebe aufgenommen zu werden. Wir gingen dann beide zu ihnen hin und begrüßten sie in der für sie neuen Welt. Dann verabschiedeten wir uns von Jakunda und den Bewohnern von Phalkara mit dem

Hinweis, sich nur um das Reich Gottes, um die Liebe zu kümmern und sonst alles hintanzustellen. Alles andere wird vom Jenseits im Auftrag Gottes und seiner Helfer schon besorgt werden.

Mit dieser Schau war die Begeisterung unter den Einwohnern nicht mehr zu bremsen. Sie begannen, die schönsten Lieder zu singen, in die auch die Jenseitigen einstimmten. In diesem festlichen Rahmen verließen wir mit den zehn Wagemutigen Phalkara, um uns schnurstracks zu Elabo auf den Mt. Woodroffe zu begeben und ihm diese zur weiteren Einzeugung zu übergeben. Elabo brachte fünf nach Europa, zwei nach Amerika, einen nach Japan. Zwei behielt er sich selbst in seiner Umgebung, war er doch über deren Zartheit und Sanftheit mehr als angetan. Daß alle besondere Schutzwesen mitbekommen haben, steht außer Frage.

Wir können, wenn Du willst, in einigen Jahrzehnten den Werdegang der Zehn besprechen.

Ja, das wäre schön. In welche Verhältnisse werden die Zehn jetzt hineingeboren?

Oh, die äußeren Verhältnisse sind eigentlich nicht so wichtig. Weit wichtiger ist die charakterliche Einstellung zu den Verhältnissen, ob reich oder arm, friedlich oder gewalttätig. Da Du deren Herkunft sehr genau kennst, kannst Du leicht annehmen, auf welche Seite diese in den nächsten Jahren fallen werden. Sie werden jedenfalls Großartiges für mich und mein Ziel bewirken. Die Zeit für die große Ernte ist angebrochen.

Schön. Es läuft ja alles wie am Schnürchen, oder?

Ja, ich bin nicht unzufrieden, obwohl ich bei Dir immer wieder die eine oder andere Unzufriedenheit bemerke.

Vertrauen ist wichtig

Das stimmt. Ich muß Dir recht geben, war ich doch bis vor kurzem noch sehr erfolgreich als Manager tätig. Das fehlt mir jetzt.

Ja, das weiß ich und kann Dir das auch sehr nachfühlen. Doch überlege bitte einmal, was Du wirklich gemacht hast. Du hast Dich zwar viel mit den Menschen auseinandergesetzt, aber hauptsächlich hast Du mit Deinen Leuten nur die falsche Lebensweise in den Zügen weitergegeben. Auch wenn Du Dich hie und da um gute Nahrung gekümmert hast, so ist doch alles im Grunde genommen falsch gewesen.

Ja, da hast Du vollkommen recht. Das sehe ich heute auch so. Aber was bleibt dann an wirtschaftlicher Tätigkeit in Zukunft noch übrig? Von irgendetwas müssen doch die Menschen leben, oder?

Hast Du nicht selbst gesagt, daß Ihr nicht für die Arbeit geschaffen wurdet? Hast Du nicht selbst gesagt, daß die Natur alles zum Leben hergibt und daß alles andere nur eine Ablenkung vom Ziel ist?

Das habe ich gesagt. Zu dem stehe ich auch. Aber das beantwortet nicht die Frage nach der zukünftigen Tätigkeit.

Bist Du mit der jetzigen nicht zufrieden? Hast Du nicht schon so vielen Menschen helfen können? Genügt Dir das nicht?

Ja, schon. Aber ich kann davon das Heizöl nicht bezahlen. Es sind dafür größere Aufträge mit größeren Einnahmen notwendig.

Vertraust Du mir?

Absolut.

Also, dann mache Dir keine Sorgen! Abgemacht?

Abgemacht. Das kommt nicht mehr auf den Tisch.

Einverstanden.

Die Evolution

Wir haben von den letzten Tagen noch einiges aufzuarbeiten. Gehen wir also Schritt für Schritt weiter. Du hast vor einigen Tagen gefragt, wie sich die Erde organisch entwickelt hat. Das ist eine sehr umfangreiche Frage. Ich werde mich aber bemühen, nicht zu viele Seiten dafür zu verbrauchen. Wahrscheinlich wird hier auch das Problem der anorganischen Materie auftauchen, das ich aber gleich vorweg behandeln will. Nichts in Eurer Welt ist leblos oder anorganisch. Jedes Lebewesen, auch das kleinste Photon oder Lichtteilchen, hat ein oder mehrere Organe. Da ich das Leben bin und in meiner Unendlichkeit nur Leben sein kann, so kann es in meiner Unendlichkeit auch ein Nichtleben nicht geben. Darum ist auch der Begriff organisch bzw. anorganisch überhaupt nicht richtig.

Wenn auch Eure Traumwelt für mich nur eine scheinbare ist, so sind Eure Gebilde, gemacht nach meiner Ordnung, trotzdem lebendige Gebilde, weil auch Ihr lebendig seid. Und ein lebender Geist kann auch nichts Totes träumen. Das merkt Ihr sogar auf der Erde, wenn Ihr träumt. Eure Träume können so lebendig sein, daß Ihr entweder hell auflacht oder schweißgebadet vor lauter Angst in den körperlichen Wachzustand zurückgeholt werdet. Auch wenn diese Traumgebilde keine Dauerhaftigkeit haben, so sind sie für Euch doch sehr real.

So ist es auch mit Eurer ganzen Traumwelt. Alles lebendig, durch und durch. Jeder Stein, jedes Atom, jedes Staubkörnchen, Leben, voller Leben. Wie sollte denn sonst aus toter Materie ein lebendiger Körper wie Eurer entstehen? Damit sind wir schon mitten im Thema. In meiner wirklichen Welt gibt es nicht einmal Gedanken, da jeder Gedanke schon etwas Getrenntes wäre. Bei mir gibt es nur ein geistiges Innewerden, ein Ich bin.

Aber wie Ihr den Gedanken der Trennung gedacht habt und glaubtet, Ihr seid jetzt wirklich von mir getrennt, habt Ihr Eure in sich unendliche Seelenhülle in zahllos viele Gedanken aufgespalten. Ihr habt Euch damit Eurer gesamten geistigen Kraft aufgrund des Verlustes der Liebe entledigt. In Eurer Verzweiflung bin ich Euch zu Hilfe gekommen, habe Euch meinen Plan zur Erweckung aus Eurem Traum dargelegt, den Ihr dann freudigst angenommen habt.

Im nächsten Moment war das alles aber schon wieder vergessen. So habt Ihr die Schuld-Angriff-Spirale sogar gegen mich gerichtet, der Euch überhaupt nichts getan hat, noch in Eurer Zukunft je etwas tun wird. Jedenfalls habt Ihr gemäß meines Planes sofort begonnen, Eure Seelenteilchen wieder zu sammeln, um wieder zu geistiger Kraft und Stärke zu kommen. So wurden vorerst die vielen Seelenteilchen in ganz bestimmten Regionen Eures Traumes zusammengeholt, die äußerlich dann als Sonnen erschienen. Aus diesen wurden dann reifere Geister mit ihren schon mehrfach gesammelten Seelenteilchen in den weiten Traumraum hinausgestellt, um sich dort weiter zu entwickeln.

So entstanden in den Kosmotomen die riesigen Sonnensysteme, die hierarchisch genau geordnet zueinander stehen. In der Mitte eines Kosmotoms befindet sich eine riesige Sonne, in der alle anderen Sonnen mit ihren Planeten und Monden leicht Platz fänden. Um diese Sonne kreisen unzählige andere Sonnen, die wiederum um sich Sonnen kreisen lassen, die wiederum alle darin Platz hätten. Und so fort bis zur 4. Ordnung, wo dann diese Sonne keine Sonnen mehr gebiert, sondern Planeten, wie Ihr jetzt einen bewohnt.

Alle Sonnen haben verschiedene Größen. Und alle Kosmotome zusammengenommen, bilden einen Menschen aus meiner Schöpfung, der den Gedanken der Trennung in sich faßte. Ihr seid in diesem Menschen ein winziges Pünktchen mit Eurem Kosmotom an der Außenseite der linke Zehe. So weit seid Ihr vom Herzkosmotom entfernt, wo Du Deinen Ausgangspunkt in Deiner Evolution hattest. Aber das haben wir schon besprochen.

Jedes Kosmotom ist von einer gewaltigen Haut umgeben, an der sich alle Lichtstrahlen, die vom Zentrum ausgehen, widerspiegeln. Auch das habe ich Dir schon näher erklärt. Ziel der gesamten Bemühungen ist es, wieder alle Seelenteilchen zu sammeln, um daraus wieder einen Menschen zu formen, wie er war, bevor er sich durch den Trennungsgedanken von mir entzweite.

Für mich ist der Mensch nach wie vor so wie ich ihn geschaffen habe. Leider ist er seit dem Trennungsgedanken durch seine Traumwelt gegangen, aus der er nun mit einer riesengroßen Erfahrung in meine göttliche Schöpfungswelt zurückkehrt. Diese Erfahrung bringen nur diese Geister mit, die den Trennungsgedanken tatsächlich gefaßt haben. Das heißt aber jetzt nicht, daß es besser wäre, diesen Gedanken zu haben und auszuführen. Nein, sie sind nur um diese Erfahrung reicher, die aber alle meine Geschöpfe, die ihn nicht zur Ausführung gebracht haben, nicht denken müssen, um höher zu stehen. Die Träumenden sind eben nur um diese Erfahrung reicher. Das wäre es schon.

Das Sammeln der Seelenteilchen bezeichnet Ihr ganz richtig als Evolution, weil Ihr Euch aus dem tiefen Loch des Traumes, des Nichts, wieder herausdreht. E- vom lateinischen ex = heraus, und volvo = ich drehe. Darum läuft auch bei Euch alles spiralförmig ab, wenn Ihr die Natur genau beobachtet. Selbst Eure Erdumlaufbahn ist eine riesige Spirale. So wird diesem Prinzip alles untergeordnet. Der Geist zieht dann seine Seelenteilchen immer mehr an sich. So entwickelt er sich von einem Lichtteilchen zu einem subatomaren Teilchen, dann zu einem Atom, zu einem Molekül und so weiter, wie Ihr es von der Schule her kennt.

Dadurch wird der Aktionsradius immer größer, bis er seinen Höhepunkt im menschlichen Körper findet. Dort erwacht der Geist das erste Mal so richtig aus seinem Traum, wenn auch nur ganz ganz seicht. Ihr nennt das dann Bewußtsein. Dieses Bewußtsein steigert sich dann über die vielen Jahre der menschlichen Evolution bis zu dem Punkt, wo Ihr dann schon höhere geistige Erkenntnisse gewinnt, bis Ihr, geführt von mir und meinen Helfern, auch die Gotteserkenntnis in Angriff nehmen könnt. Seid Ihr bei diesem Punkt angelangt, dann erst wird es zu einem Willenskampf zwischen Liebe und Angst. Siegt die Liebe, dann steht einem vollständigen Erwachen nichts mehr im Weg. Ist aber die Angst noch vorherrschend, dann gibt es das ganz normale Gehader und Gezeter mit allen ihren Erscheinungen. Aber über allem steht die Zielstrebigkeit jedes einzelnen. Jeder wußte im Augenblick des Trennungsgedankens, daß es eine Rückkehr gibt, egal, wie lange sie auch immer dauern mag.

Willst Du damit sagen, daß jeder Geist, auch ich, alle Stadien der Mineral-, Pflanzen- und Tierwelt durchgemacht hat?

Oh ja, natürlich. Was hättest Du denn sonst gemacht? Gewartet, bis irgendwo ein Körper für Dich produziert worden ist, um ihn dann abzuholen und zu bewohnen? Wäre das nicht zu einfach und letztlich auch zu langweilig für Dich gewesen? Nein, Du warst immer tätig, die ganze liebe lange Zeit, vom Anfang bis jetzt. Auch jetzt bestimmst Du alle Deine Geschicke, auch wenn ein eigener Geist die wichtigsten Funktionen Deines Körpers zur perfekten Leitung übernommen hat. Aber auch dieser Geist wird genau so wie Du einen freien Körper bekommen, um die letzten Schritte der Erweckung gehen zu können.

Du hast auch schon den Körper eines anderen geführt und gelenkt, wenn auch nicht auf diesem Planeten. Jeder von Euch macht jeden Schritt der Evolution selbst durch. Ich bin ein tätiger Gott, kein Schläfer. Ich habe einen Plan der Tat aufgestellt, nicht der Trägheit, Faulheit und Bequemlichkeit.

Also stimmt es doch, daß Pflanzen, Tiere, ja auch Steine und Berge einen eigenen Geist haben?

Ja, da hast Du ganz recht. Das merkst Du schon an den verschiedenen Ausstrahlungen. Ein Kalkgebirge ist völlig anders als ein Urgesteinsgebirge. Das siehst Du selbst an Deinem Wohnort in Hall. Im Norden die kargen Felsen des Kalks, im Südwesten die herrlichen, bis auf die Gipfel grünen Erhebungen des Urgesteins, das sich über 150 km von der Tiefe der Erde auf die Oberfläche erhebt, um als großer Korken für ein riesiges Wasserbecken zu dienen. Selbst ganz oben strömt noch Wasser aus diesem Becken durch die feinen Poren. Wie ist Dein Gefühl, wenn Du die Berge bestiefelst?

Ja, genau so. Die Zentralalpen, ein herrlicher Garten. Die Kalkalpen, schroff und unwirtlich, aber auf ihre Art auch manchmal reizvoll. Ich liebe beide, mal so, mal so.

Ja, das kommt auf Deine persönliche Stimmung an. Bist Du überaus heiter und fröhlich, so hast Du immer das Urgestein gewählt. Bist Du aber etwas in Deinen geistigen Tiefen, dann treibt es Dich richtig in den Kalk. Karges sucht Karges, Üppiges sucht Üppiges. Ein klarer Fall.

Da hast Du wirklich recht. Genau so ist es. Aber hat eine Blume wirklich schon ein Bewußtsein?

Alles hat Bewußtsein

Ja, was glaubst Du denn sonst? Bewegen sich die Blumen nicht nach der Sonne? Erarbeiten sie sich nicht Überlebensstrategien unter den unwirtlichsten Bedingungen? Macht Ihr das etwa nicht? Und versuchen die Blumen nicht ständig, ihren idealen perfekten Zustand nach einem Unglück wieder herzustellen? Bieten sie Euch nicht ihre Früchte zum Verzehr an, mit leuchtenden Farben, mit Wohlgeruch, mit bestem Geschmack? Das ist alles schon höheres Bewußtsein. Hier wird schon die Nächstenliebe geübt.

Und wie sieht es mit den Tieren aus?

Sie haben ein noch höheres Bewußtsein. Wenn Ihr schlechte, mörderische Gedanken habt, so versuchen sie zu fliehen, um Euch vor der Dummheit zu bewahren, ihre Produkte wie Fleisch und Milch zu Euch zu nehmen. Die Tiere wissen genau, daß ihre

Leiber und Ausscheidungen wie Milch nicht für Eure Körper bestimmt sind. Darum sind sie auch schon mit höheren Gefühlen und Schmerzempfinden ausgestattet.

Da Euer menschlicher Körper auch der höheren Tierwelt entnommen ist, habt Ihr, animalisch gesehen, genau die gleichen Verhaltensweisen, nämlich Flucht bzw. Schutzsuchen bei Gefahr. Ihr gebt ja Euren Körper auch nicht freiwillig auf die Schlachtbank, oder?

So habe ich das bisher noch nicht gesehen. Jetzt werde ich um so mehr in der Natur aufpassen, um die verschiedenen Bewußtseinsstufen besser unterscheiden zu lernen. Können Tiere oder Pflanzen auch sprechen?

Ja, das können sie. Nur ist ihre Sprache noch nicht so ausgeprägt wie Eure, obwohl Eure Sprache im Vergleich zu unserer Sprache im Himmel ein barstes Nichts ist. Die Sprache der Pflanzen ist individuell gesehen nur in ihren Bewegungen und im Ausdruck zu erkennen. Aber da alle Pflanzen von höheren Geistern geleitet werden, könnte es hie und da schon passieren, daß dieser Geist direkt zu einem Menschen oder zu Dir spricht. Wenn Du willst, dann kann ich das ja einmal für Dich einrichten.

Nur wirst Du wahrscheinlich nicht sehr viel Gutes zu hören bekommen, weil der Umgang der Menschheit mit den Pflanzen, ganz allgemein gesehen, nicht sehr liebevoll ist. Sie müssen laufend die stinkende Luft atmen, die Ihr überall durch Eure Fabriken und Autos usw. erzeugt, ebenso den sauren Regen über sich ergehen lassen, was ihnen sehr viel Mehrarbeit abverlangt, wobei sogar der letztendliche Kollaps des gesamten Systems nicht zu verhindern ist. Darum warne ich Dich jetzt schon davor, daß Du eben nicht zu viel erschrickst, wenn es dann so weit ist. Darum schlage ich Dir auch vor, dies mit Bergpflanzengeistern zu probieren, weil die in der Stadt besonders aggressiv auf solches Ansinnen reagieren könnten.

Ich habe keine Angst. Ich werde ihnen mit Liebe und mit der Bitte der Vergebung entgegenkommen. Was hältst Du davon?

Ja, das ist sehr vernünftig. Gut, wir werden sehen.

9. Juli 2002

Wiederum einen schönen und herrlichen guten Morgen. Ich hoffe, Du hast gut geschlafen.

Danke, es war ja wieder eine sehr interessante Nacht mit Dir. Auch der gestrige Abend war nicht uninteressant. Der Spaziergang auf der Donauinsel kam mir sehr gelegen. Die Beine sind zwar noch immer nicht ganz in Ordnung. Ich habe aber ein sehr gutes Körpergefühl. Auch der Film über Australien hat mir sehr gut gefallen.

Jeder Mensch ist ein Genie

Ja, ich war bei den Dreharbeiten dabei. Hier könnten diese Menschen viel von den Bewohnern des Jupiters lernen. Es hat mich sehr gefreut, wie Du gestern die Menschen auf der Donauinsel betrachtet hast. Du hast wirklich recht, es sind durch und durch lauter Genies. Jeder Mensch auf dieser Erde ist ein Genie. Und wenn er die richtige Denkart hätte, dann käme das auch sehr leicht zu Tage. Aber Ihr laßt es nur bei ganz wenigen Menschen aus egoistischen Gründen zu.

Mittlerweile wißt Ihr ja, daß Zielstrebigkeit ein allgemeiner Charakterzug der gesamten Menschheit auf dieser Erde ist. Darum ist es so wichtig, daß jeder Deine Denkart bekommt. Erst dann ist wieder ein gewaltiger Aufschwung möglich. Sich gegenseitig zu bekämpfen, ist nicht das passende Mittel, um den Egoismus zu überwinden. Nur die Liebe kann dieses Problem lösen, und nur die Liebe kann in jedem das Genie hervorholen.

Bewundert Euch gegenseitig, und es wird sehr schnell anders werden. Jeder ist von meiner Abstammung. Jeder ist ein reiner Geist in meinem Reich, auch wenn er glaubt, von mir getrennt zu sein. Niemand hat mein Reich sichtbar verlassen, auch wenn er bei mir schläft und bei sich träumt. Darum seid Ihr alle höchste geistige Wesen mit allen Fähigkeiten, die nur möglich sind. Ist das nicht etwas?

Gewiss, das ist es. Von so einer Welt kann ich nur träumen.

Träumen ist wichtig, aber nicht genug. Mit Passivität läßt sich nichts gewinnen, mit dem Zeittotschlagen auch nicht. Ihr müßt auch aktiv werden, aktiv in der Nächstenliebe, aktiv in der gegenseitigen Unterstützung und Hilfe, aktiv in der Schulung und Erziehung, aktiv in der Freundschaft, aktiv in der Liebe zu mir. Dann wird Dein Traum auch wahr werden. In so vielen Dingen können sich die Menschen verwirklichen, besonders in dieser Eurer brutalen Zeit. Ohne Denken werden riesige Wälder zerstört, Millionen und Abermillionen Tiere brutalst behandelt und getötet, riesige Landstriche mit Chemikalien verseucht, Tausende, ja Millionen Menschen vom Wohlstand einfach ausgesperrt. Da gibt es Gelegenheiten genug, sich zu engagieren und seine Faulheit und Trägheit zu überwinden. Auch in der unmittelbaren Umgebung gibt es genügend Betätigungsmöglichkeiten. Denkt doch nur an die Einsamkeit der Menschen, besonders bei den älteren.

Oder denkt nur an die vielen Kranken, die niemand über die richtige Lebensweise aufklärt, die nur Medikamente verabreicht bekommen, die zwar momentan helfen mögen, indem sie die Schmerzen lindern, aber die Krankheit deswegen nicht in den Griff bekommen, weil das nur die Natur kann. Diese bräuchten dringend Aufklärung. Und denkt nur an Eure Kinder und Jugendlichen, die aufgrund fehlender Möglichkeiten in den Discos und auf Partys immer mehr versumpfen. Ist das Eure Betrachtung von Wohlstand? Hier wird jede Hand gebraucht.

Wo Du recht hast, hast Du recht. Aber es ist so schwierig, den Menschen zu raten. Sie wollen die Wahrheit einfach nicht hören. Ganz im Gegenteil, sie verjagen dich sogar von ihrem Angesicht.

Reformen wären angesagt

Ja, das weiß ich. Aber es sind nicht alle so. Mit viel Geduld, sprich Zeit, kommt jeder auf den richtigen Pfad. Du darfst Dich nur nicht einschüchtern lassen. Aufgrund Eurer gewonnenen sozialen Freiheit hat jeder die Möglichkeit, mehr oder weniger ungestraft seine Meinung zu äußern. Dadurch scheint jetzt ein buntes Durcheinander zu herrschen, das eben früher nicht war. Früher wurde es von den Tyrannen oder Herrschern brutal unterdrückt. Heute geht das nicht mehr. Darum ist der Dialog so wichtig, auch wenn anfangs auf unterstem Niveau geführt. Das unterste Niveau ist besser als gar kein oder ein unterdrücktes Niveau. Hier ist der Hebel anzusetzen. Ein unteres Niveau zeigt doch nur die Größenordnung des Hilfeschreis an. Jede „blöde" Äußerung ist doch nur das Resultat der Erziehung, die schiefgelaufen ist.

Wäre die Erziehung interessant, spannend, aufregend und zielorientiert gelaufen, dann würde es solche niedrigen Niveaus nicht geben. Wenn aber die Kinder nur tagein tagaus auf demselben Stuhl sitzen müssen, viel nutzloses Zeug über sich ergehen lassen müssen, während draußen die Sonne scheint, so darf man sich über die Rebellion nicht wundern, auch wenn sie nur innerlich ausgetragen wird, weil äußere Rebellion sofort mit allen Sanktionen niedergekämpft wird. Das ist Euer System.

Lernen und Tun müssen Hand in Hand gehen. Theorie ohne Praxis ist das untauglichste Mittel, das es gibt. Und der Unterricht muß unbedingt lebendig sein, durchgeführt von lebendigen Lehrern, die genau wissen, welches Ziel es zu erreichen gilt. Hier liegt der Hund begraben. Jeder unterrichtet nur sein Fach. Fächerübergreifendes gibt es mehr oder weniger überhaupt nicht. Das solltet Ihr alle einmal überdenken.

Natürlich ist eine fachliche Grundausbildung von größter Wichtigkeit. Lesen, Schreiben und Rechnen muß jeder beherrschen. Aber dann sollte weit mehr Augenmerk auf den Lebenssinn und auf die praktischen Dinge des Lebens gelegt werden.

Ein ganz wichtiger Punkt müßte die Erhaltung des Körpers in höchster Funktionalität und Schönheit sein. Ihr nennt das jetzt Wellness und Fitness. Die Ansätze sind schon sehr gut, auch wenn die Ernährung noch weit hinten nachhinkt. Die wichtigsten Zielsetzungen haben wir ohnehin schon in den letzten Tagen ziemlich ausführlich besprochen. Du kannst das Ganze ja auch noch in eine Art Programm oder Rezept bringen, wenn es gewünscht wird. Ich bin aber eher der Ansicht, daß sich jeder sein Programm selbst anhand der Anforderungen zusammenstellen sollte.

Jeder Mensch ist ein eigenes Individuum, das durch die Verschiedenartigkeit der Seelenteilchen verschiedene Grundlagen hat. Darum ist auch kein Mensch gleich, weil die Zusammensetzung der Seelenteilchen nicht gleich ist, nicht einmal bei eineiigen Zwillingen. Darum werden die Kinder und Jugendlichen im späteren Leben völlig verschiedenen Interessen nachgehen, obwohl sie ein und dieselbe Ausbildung in der Schule bekommen haben. Jeder hat seine Talente woanders, und diese sollten schon in den Schulen individuell gefördert werden.

Das klingt alles so einfach und leicht bei Dir. Aber Deine Vorschläge umzusetzen, ist nicht so einfach.

Management ist gefordert

Ja, wenn Du glaubst, daß es nicht einfach ist, dann ist es eben nicht einfach. Hast Du aber in Deinem Denken, daß es leicht ist, dann ist es leicht. Ihr macht Euch die Schwierigkeiten immer selber, weil Ihr eben an Schwierigkeiten glaubt. Für mich war und ist die Schöpfung ganz einfach, weil ich eben nur in Einfachheiten denke, wenn ich überhaupt denke. Ich mache die Dinge einfach, die ich plane. So einfach ist das. Ich plane und mache, ich plane und mache, ich plane und mache.

Und Ihr plant, überlegt, verwerft, macht nicht, sucht Schwierigkeiten, warum es nicht geht, sucht Hindernisse, die es nur in Euren Köpfen gibt, sucht Ausreden, daß es nicht geht. So wird aus Euren Dutzenden, ja Tausenden Plänen nichts. Und dann wundert Ihr Euch, wenn Ihr nichts weiterbringt. Fast jeder von Euch braucht eine intensive Managementschulung, um das Einfache zu lernen. Management kommt doch vom lateinischen „manus“ = Hand und „agere“ = führen. Das heißt doch, daß Ihr die Hand führt, entweder Eure oder die Hände anderer. Jede Führung braucht ein definiertes Ziel, das es zu erreichen gilt.

In den handwerklichen Berufen funktioniert das sehr gut. Das Ziel, einen Tisch zu fertigen, ruft alle notwendigen Handlungen hervor, die dafür gebraucht werden. Das ist Management. In den geistigen Berufen sollte es genauso sein, ist es aber meistens nicht, weil das Ziel aus den Augen verloren wurde. Darum sage ich Euch noch einmal, daß Zielstrebigkeit einer Eurer wichtigsten Charakterzüge ist. Nützt diesen, indem Ihr Eure Ziele genau definiert.

Das körperliche Ziel ist absolute Gesundheit und Schönheit, Jugendlichkeit, Vitalität und Geschmeidigkeit, höchstes Körperempfinden. Das geistige Ziel ist Wiedervereinigung mit mir in meiner wirklichen Welt, bis mein Wille und Euer Wille wieder eins geworden sind. Damit ist auch die Liebe wieder auf ihrem absoluten Höhepunkt, nicht nur zu mir, sondern auch zum Nächsten und zu Euch selbst. Dieses Ziel ist sehr leicht dadurch zu erreichen, daß Ihr den Glauben an die Trennung aufgebt und Euch sofort täglich in der Liebe übt. Je mehr Liebe zu mir, zum Nächsten und zu Euch selbst, desto schneller seid Ihr wieder bei mir.

Klarer können Ziele nicht mehr formuliert werden. Dann könnt Ihr noch viele andere Ziele definieren, ob berufliche, die ohnehin schon in der Nächstenliebe definiert sind, familiäre oder persönliche. Persönliche können kulturelle, sportliche, freizeitorientierte, wissenschaftsorientierte, gesellschaftliche usw. sein. Hier sind niemandem Grenzen gesetzt. Sie können auch weit über Euren materiellen Rahmen hinausgehen. So könnt Ihr Euch mit dem Jenseits beschäftigen, mit den Welten außerhalb Eures Planeten, mit den Wesen meiner wirklichen göttlichen Welt. Es gibt keine Grenzen. Jedem nach seinem Geschmack. Ist das nicht wundervoll?

Ja, ich muß einen Seufzer tun. Das ist wirklich wundervoll. Es klingt einfach alles so leicht und locker. Das haut einen förmlich um. Das wäre das wahre Paradies auf Erden. Warum, warum geht es nicht so einfach, wie Du es hier beschreibst?

Jeder braucht seine Zeit, und jeder hat seine Freiheit. Die Not macht gefügig, und wer nicht hören will, muß fühlen. Darum lebe Du im Paradies. Niemand hält Dich davon ab. Auf Eurer Erde können zwei Menschen örtlich am selben Ort leben, der eine lebt im Paradies, der andere in der Hölle. Es sind immer innere Zustände, nicht äußere. Jemand kann in der größten äußeren Armut am glücklichsten sein, der andere vor lauter Neid und Geiz am elendsten. Es ist alles nur eine Betrachtungssache.

hast schon vor einiger Zeit begonnen, nur noch im Himmel leben zu wollen. Du hast Deine Geisteshaltung geändert. Darum ist dieses Gespräch erst möglich geworden, weil Du es durch die Änderung Deiner Geisteshaltung möglich gemacht hast. Du hast nie daran gezweifelt. Und alles ist so gekommen, wie ich es schon x-mal vorhergesagt habe. Stimmt's?

Ja, Du hast recht. Als ich meine Geisteshaltung geändert habe, ging alles sehr schnell über die Bühne. Ich wollte nur mehr in der wirklichen Welt leben, und das habe ich auch gemacht. Es mag jetzt für den einen oder anderen sehr komisch klingen. Aber was ist, das ist. Seitdem habe ich nur noch wundervolle Dinge erlebt.

Die Menschen um mich herum haben auch begonnen, ihre Denkart zu ändern. Und siehe da, jetzt geht es vielen schon so gut, daß wir uns gegenseitig dafür danken, wie schön diese Welt ist. Und was noch schöner ist, Du bist immer gegenwärtig. Kein Schritt, kein Tritt passiert ohne Dich. Du bist ein immerwährender Freund geworden, der mit Rat und Tat zur Seite steht und wirklich will, daß das Leben einfach ein Hochgenuß wird und bleibt.

Gelassenheit ist ein schlechter Ausdruck, aber er kommt sicherlich der Sache am nächsten. Trotz allem hat sich das Gefühl der moralischen Verantwortung unglaublich erhöht.

Moralische Verantwortung insofern, daß ich ununterbrochen in der Aufklärung tätig sein will. Das gelingt, ehrlich gesagt, schon sehr gut.

Das freut mich sehr für Dich. Ich werde Dir auch nach diesem Buch immer als Berater und Begleiter zur Verfügung stehen. Du kannst, wenn Du willst, natürlich alle diejenigen Informationen zu Papier bringen, die ich Dir noch sagen werde. Es gibt für Dich keinen Informationsstopp.

Danke, ich werde Dein Angebot sehr gerne annehmen. Doch nun zurück zu unserem Thema Evolution. Gibt es darüber noch einiges zu sagen?

Ja, sehr vieles. In groben Zügen haben wir diese Sache einmal umrissen. Jetzt könnten wir ins Detail gehen. Ich glaube aber, es wäre besser, dies zu einem späteren Zeitpunkt zu tun, da wir heute gemeinsam eine sehr interessante Nacht verbracht haben. Wir waren wieder einmal unterwegs und haben uns den einen oder anderen Planeten in Eurem Sonnensystem angeschaut. Was hältst Du davon, Näheres davon zu berichten?

Finde ich sehr gut.

Wie Du wahrscheinlich bemerkt hast, hast Du bis über das Aufwachen geträumt. Ja, Du bist sogar nach dem Melonenfrühstück noch einmal liegen gegangen, um fertig zu träumen.

Ja, richtig. Es war sehr interessant. Es muß wohl wieder eines der vielen früheren Leben gewesen sein.

Ja, es war wieder einmal so. Der Ausdruck „früheres Leben“ gefällt mir zwar nicht sehr gut. Aber wir haben wohl keinen besseren Begriff dafür. Bei mir laufen nämlich Eure Leben alle gleichzeitig, also synchron ab. Es ist so, wie wenn man eine andere Bühne betritt. Bei Euch aber ist der Zeitfluß von großer Wichtigkeit, da Ihr sonst völlig durcheinander kommen würdet. Das kommt daher, weil es bei mir in meiner Schöpfung keine Zeit gibt. Alles läuft in einem Innewerden der jeweiligen Situation ab, die mit Raum- bzw. Zeitbegriffen nicht definiert werden kann, da das Wort „Definition“ schon wieder einmal übersetzt, „Ab (de-) grenzung (finis = Grenze, Ende)“ bedeutet. Aber Grenzen gibt es bei mir in der Unendlichkeit nicht.

So sehe ich natürlich Eure ganze Evolution von Anfang bis zum Ende, das heißt bis zu Eurem vollständigen Erwachen mit einem Blick. Darum kann ich Dir auch Deine Zukunft bis ins kleinste Detail sagen, da alles eigentlich schon geschehen ist. Selbst wenn Du Dich jetzt für das eine oder andere entscheiden solltest, so sind alle Wege schon vorgezeichnet. Das einzige, was wirklich noch offen bleibt, ist Deine Entscheidung, welchen der unendlich vielen Wege Du einschlagen wirst.

Aber ist das bei den unendlich vielen Möglichkeiten nicht unüberschaubar?

Erklärung eines Traumes

Oh, nein. Als unendlicher und ewiger Gott unterliege ich keiner Grenze und damit auch keiner Einschränkung. Das ist ja das Interessante an meiner Schöpfung. Sie ist unendlich und in allen ihren Möglichkeiten offen. Nichts kann passieren, von dem ich nicht schon längst im Voraus weiß, wobei das Wort „voraus" ein Hilfsmittel für Euch ist, um Eure Zukunft damit anzudeuten. Für mich gibt es kein „Voraus" oder „Danach". Darum ist es für mich völlig egal, welches Leben Du gerade lebst. Es ist nur ein Zeitfragment. Es gibt schon einige Menschen bei Euch, die die Fähigkeit wiedergewonnen haben, aus der Zeit auszusteigen und willentlich und wissentlich die Bühne der Raum-Zeit-Achse zu betreten.

Euer großes Interesse an Zeitmaschinen oder dergleichen stammt von dieser Erinnerung an diese Fähigkeit. Darum siehst Du jetzt immer mehr Bilder verschiedener Zeiten, wenn Du intensiv gewisse Dinge des normalen Alltags betrachtest. Deine Aufgabe wird es in der nächsten Zeit sein, mit diesen verschiedenen Bühnen umgehen zu lernen. Ich würde Dir aber unbedingt raten, nicht zu viele Informationen an uneingeweihte Mitbrüder und Mitschwestern weiterzugeben, denn das könnte deren Leben gehörig durcheinander bringen.

Also, kommen wir zurück auf Deine heutige Nacht. Der Kanaldeckel hat Dich ja bis in die Morgenstunden verfolgt. Auch die Frau, die dann von dem fallenden Kanaldeckel auf den Fersen getroffen wurde. Dann bist Du kurz auf die Toilette gegangen, um im weiteren Verlauf erleben zu müssen, daß eine zweite Frau ebenso regungslos neben dem Kanaldeckel lag. Der Anblick dieser beiden Frauen hat Dich sehr mitgenommen, war aber nach dem endgültigen Erwachen in Dein jetziges Leben wie weggeblasen und ohne weitere Bedeutung für Dich. Daran konntest Du Dich bis jetzt klar erinnern. Nun werde ich Dir aber etwas auf die Sprünge helfen, wo und wann dieses Ereignis auf Deiner Raum-Zeit-Achse abgelaufen ist. Es war 1943 in einem polnischen Ort, den Du sehr gut kennst.

Ja, ich weiß. Du sprichst von einer größeren Stadt. Du wirst wahrscheinlich jetzt absichtlich den Namen nicht nennen, um nicht auf der Raum-Zeit-Achse einzugreifen.

Ja, da hast Du vollkommen recht. Also lassen wir es dabei, den Namen nicht zu nennen. Das, was Du in Deinem Wachbewußtsein noch mitbekommen hast, war das Ende Deines und Deiner Frau und Tochter Leben. Ihr seid vor deutschen Soldaten geflüchtet. Als einzige Rettung kam Dir die Idee, durch das Kanalsystem, das Du durchweg sehr gut kanntest, davonzukommen. Du hast den Deckel aufgehoben, alle Deine Kinder, Verwandten und Bekannten hinuntersteigen lassen, als Du plötzlich Schritte hinter dem nächsten Häuserblock hörtest, die sehr rasch näher kamen.

Du erkanntest sofort, daß die Zeit für alle und speziell für Dich nicht mehr ausreichen würde, in das Kanalsystem einzusteigen und den Deckel zu schließen. Du trafst den Entschluss, die Soldaten aufzuhalten, indem Du in Richtung der herannahenden Schritte liefst, gleichzeitig Deine Pistole entsichertest und bei der Hausecke in Stellung gingst. Dann eröffnetest Du das Feuer auf die heranstürmenden Soldaten. Der erste fiel, der zweite, der dritte, die anderen blieben stehen und verschanzten sich hinter einem zerschossenen Auto und heruntergefallenem Gerümpel.

Nachdem sie sich organisiert hatten, pirschten sie sich immer näher. Du trafst noch einen Soldaten. Aber dann war Deine Pistole munitionsleer. Daraufhin eilten die Soldaten in Deine Richtung, wohl wissend, daß keine Gefahr mehr für sie vorhanden war. Du ranntest in Richtung Kanaldeckel los und konntest noch sehen, wie einer nach dem anderen im Kanalschacht verschwand. Es waren nur noch drei übrig, Deine Frau, Deine älteste Tochter und eben Du. Du hattest vielleicht noch 15 Meter, als Dich ein fürchterlicher Schmerz zu Boden streckte.

Im Fallen sahst Du, wie Deine Frau, die gerade in den Kanal einsteigen wollte, ebenso nach vorne fiel und neben der Öffnung liegen blieb. Deine Tochter, die den Kanaldeckel schon zum Schließen bereit hielt, bekam im nächsten Moment eine Kugel in den Kopf, ließ den Deckel fallen, der dann Deiner Frau auf die Fersen fiel. Deine Tochter rief nach Dir. Doch Du konntest sie nur noch aus weiter Ferne hören. Neben Dir kamen die deutschen Soldaten zu stehen, die Dir noch einige Tritte in den Bauch gaben. Einer der Soldaten drehte Dich dann um, um Dir, nur mehr in Deine starren Augen schauend, noch eine Kugel zwischen die Augen zu schießen. Das war im Mai 1943. Du hattest immerhin ein Alter von fast 65 Jahren erreicht. Doch mit dieser Geschichte fand Dein Leben ein Ende.

Das klingt nicht gerade aufbauend, oder?

Oh doch. Dieses Leben war sehr interessant und lehrreich für Dich und viele andere Personen.

Das letzte frühere Leben

Du hattest als zweites Kind im Dezember 1879 in der Nähe einer größeren russischen Stadt als Sohn eines jüdisch-orthodoxen Bauern wieder einmal das Licht dieser Welt erblickt. Eure Verhältnisse waren nicht gerade als wohlhabend zu bezeichnen, aber Ihr hattet bis auf einmal nie richtig zu hungern. Dein Vater war sehr strenggläubig. Er schickt Dich in eine jüdische Schule und drängte Dich ständig, viel zu lernen, um später nicht auch das karge Bauerndasein fristen zu müssen.

Dein älterer Bruder war für die Übernahme des Hofes vorgesehen und mußte daher täglich schwer arbeiten. Dadurch kam es zwischen Euch beiden auch ständig zu Reibereien, weil er nicht einsah, daß Euer Vater mit Dir etwas anderes vorhatte. Als Zehnjähriger kamst Du dann in ein Internat in die besagte größere Stadt, um dort bis knapp zur Jahrhundertwende eine sehr strenge Ausbildung zu bekommen.

Da sich Dein Vater die ganze Schulausbildung nicht leisten konnte, wurdest Du neben der Schule für viele verschiedene Tätigkeiten herangezogen. Du spieltest im Schulorchester, sangst im Chor, arbeitetest in der Schreibstube der Direktion und warst auch verantwortlich für die Gerätschaften in den naturwissenschaftlichen Kabinetten. Dadurch wurde in Dir das Interesse für das Rechts- und Finanzwesen geweckt, das Du bis zu Deinen Abschlussprüfungen in der Schreibstube übertragen bekamst. Du warst in der Buchführung so gut, daß Dein Vater in den letzten beiden Jahren nichts mehr bezahlen mußte.

Daraufhin bekamst Du von Deiner Schule ein schönes Stipendium für die Universität, um dort Rechtswissenschaft und wirtschaftliche Fächer zu studieren. Dafür mußtest Du Dich aber verpflichten, die nächsten Jahre für das Gymnasium als Leiter der Rechts- und Finanzabteilung tätig zu sein. Schon bald konntest Du Dir eine schöne Wohnung leisten, da der Direktor des Gymnasiums mittlerweile nicht nur Dein persönlicher Freund und Mentor geworden war, sondern Deine Leistungen auch dementsprechend entlohnte. In dieser Zeit hast Du auch Deine Familie nicht vergessen, die Du großzügigst unterstütztest.

Dadurch löste sich auch das Problem mit Deinem Bruder, der mittlerweile schon den Hof übernommen hatte. Das von Dir geschickte Geld wurde meistens in Grundzukäufe investiert, wie es bei Juden üblich ist. So kam Dein Bruder aufgrund Deiner ständigen Zuwendungen zu einem ansehnlichen Vermögen. Dein Vater konnte daraufhin ohne Sorgen seinen Ruhestand genießen. In sehr kurzer Zeit hattest Du Deine Studien mit ausgezeichnetem Erfolg beendet.

Aufgrund Deiner sehr guten Beziehungen zu allen Kreisen der Stadt warst Du bald überall ein sehr gern gesehener Gast. Auch bei den Frauen warst Du Deines angenehmen äußeren Aussehens wegen sehr begehrt. Du entschiedest Dich letztlich doch vorwiegend aus Liebe zu Deinen Interessen für die Tochter eines sehr wohlhabenden Bankiers, bei dem Du schon den einen oder anderen Auftrag erfolgreich erfüllen konntest. Nach der pompösen Hochzeit wurdest Du von Deinem Schwiegervater sofort in die Geschäftsleitung aufgenommen. Später übernahmst Du dann die Geschäftsführung allein.

In dieser Zeit blühte das Unternehmen großartig auf. Du warst aber in Deine Tätigkeiten derart versunken, daß Du die Zeichen der Zeit und die vielen Mahnungen für die Zukunft nicht hören wolltest und konntest. Obwohl Deine Geschäftsbeziehungen weit in die europäischen Staaten hineinreichten, merktest Du nicht das gefährliche Brodeln innerhalb des Zarenreiches. Selbst die Absetzung der Zarenfamilie machte Dich nicht hellhörig. Du warst auch blind für die Not der allgemeinen Bevölkerung, für den Widerstand, der sich schon überall sicht- und spürbar bemerkbar machte. So kam der November 1917, der für Dich und Deine gesamte Familie zur ersten großen Tragödie dieses Lebens werden sollte.

11. Juli 2002

Einen schönen guten Morgen. Du hattest gestern einen sehr aufregenden und spannenden Tag, oder sehe ich das falsch?

Oh, nein. Es war wirklich ein guter Tag. Das Training ist sehr gut gelaufen. Auch das Baden und Schreiben in der Lobau war herrlich.

Vergebung ist der Schlüssel auf dem Weg in meine Welt

Ja, die Lobau. Es ist wirklich ein schöner Flecken Erde. Deine Experimente mit den Fischen haben mich sehr belustigt. Wenn Du aber schön weiter übst, wirst Du auch zu dem Punkt kommen, daß Dir die Fische näherkommen. Sie sind nur deswegen so ängstlich, weil auch sie in der Trennung, so wie alles, leben. Wenn Du aber dem ihnen innewohnenden Geist gut zuredest und ihn schulst, so wird es Dir früher oder später gelingen, daß auch die Fische auf Dich zugehen.

Ein Zugehen ist überhaupt erst dann möglich, wenn man Vergebung übt, Vergebung, sich von mir getrennt zu haben. Das ist der Schlüssel. Vergebung ist der Schlüssel. Dann kommt alles allmählich wieder zum Vorschein, meine Liebe, meine Weisheit, mein Wille, meine ewige und unveränderliche Ordnung, mein unendlicher Ernst und mein unendlicher Wille zur Vollkommenheit von Schönheit, Eleganz und Herrlichkeit.

Herrliche Worte. Ich aber habe mich mit meiner eigenen Vergangenheit ziemlich geplagt. Was ist da dran?

Entscheidungen sind im Leben wichtig

Nun, Deine sogenannten vergangenen Zeiten sind nicht sehr schön für Dich gewesen. Du hast ja gestern versucht, eine gesamte Aufstellung Deiner kosmischen Zeit zu machen. Es ist Dir auch gelungen, unter Zuhilfenahme meiner kräftigen Unterstützung den großen Rahmen Deines Herumirrens in der kosmischen Traumwelt herauszufinden. Ich möchte Dich hier an dieser Stelle darauf hinweisen, daß die Einzelheiten und Details der materiellen, zeitlichen und räumlichen Abläufe nicht von so entscheidender Bedeutung sind als die damit getroffenen Entscheidungen.

Diese Entscheidungen sind nämlich die Basis für Dein gesamtes Verhalten in der Gegenwart und in der Zukunft. Du hast Dich zum Beispiel vor mehr als einem Jahr dazu entschieden, nur mehr lebendige Kost zu Dir zu nehmen, um nicht nur dem Naturgesetz Genüge zu leisten, sondern auch Dein gesamtes körperliches und geistiges Leben auf eine wesentlich höhere Qualitätsstufe zu heben. Diese Entscheidung hat Dein gesamtes Verhalten mit einem Schlag verändert. Genauso mußt Du alle Deine Abläufe früherer und zukünftiger Leben einschätzen.

Es ist nicht entscheidend, ob Du vor den Schergen Lenins im Oktober 1917 fliehen mußtest. Würde ich Dir noch genauere Angaben machen, so könnte ein siebenmal kluger Geschichtsforscher hergehen und zu Dir sagen, daß das alles ein Blödsinn sei, weil die Oktoberrevolution in Wirklichkeit im November stattgefunden hat, weil zu dieser Zeit der Kalender der Russen noch nicht reformiert war. Darum möchte ich allen diesen nichtigen Fragen und Spekulationen aus dem Weg gehen, indem ich die exakten Orte und Namen möglichst verallgemeinern will, um keine Bedeutung auf diese zu legen. Es macht mir nichts aus, wenn Du die Landschaftsbezeichnungen usw. bekannt gibst. Aber bitte halte Dich mit historischen Details möglichst zurück, da ich mit Dir nicht die Geschichte aufarbeiten will, sondern nur Deinen und Euren Traum.

Ich habe natürlich überhaupt nichts dagegen, wenn Du Dich in Deiner privaten Zeit mit Deiner Vergangenheit genau auseinandersetzt. Du kannst in Deinem Urlaub auch die einen oder anderen Orte besuchen, um Dich wieder an so manches zu erinnern. Phrygien zum Beispiel ist ein sehr schönes Land, das Du noch nicht besucht hast. In Rom hast Du Dich während der Studentenweltmeisterschaften sehr wohl gefühlt, hast Du es doch einige Male in Deinen früheren Leben besucht. Dasselbe gilt für Dein letztes Leben, das wir aber noch fertig erzählen werden. Aber, wie gesagt, weit wichtiger sind die getroffenen Entscheidungen. Denn auf diesen baut der ganze Erweckungsweg auf. Darum möchte ich Dich dahin führen.

Das freut mich. Geschichte hat mich nie wirklich interessiert, aber die von Dir angesprochenen Entscheidungen. Auf diese freue ich mich schon. Was soll ich mit der jetzt aufgestellten Liste aller Lebensorte machen, die wir gestern gemeinsam erstellt haben?

Nun, wir werden sie da und dort brauchen, um Deine getroffenen Entscheidungen besser verstehen zu können. Darum ist es ganz gut, wenn Du sie zumindest im Groben hier darstellst, daß auch jeder Leser über Deinen Weg Bescheid weiß. Viele sind ja fast genau dieselben Wege gegangen, auch wenn sich in den Details große Unterschiede ergeben. Es macht bei Euch einen großen Unterschied, ob man ein Leben als Frau oder als Mann verbringt. Auch sind die klimatischen, politischen und gesellschaftlichen Bedingungen ein nicht zu verachtendes Detail, wie Du ja im letzten Leben in Rußland feststellen mußtest.

Dein gewaltsamer Tod in Phrygien oder später in Warschau sind, von Dir aus gesehen, für Dich ganz speziell. Aber die von Dir getroffenen Entscheidungen dahinter haben Deinen weiteren Lebensweg stark beeinflusst. In Phrygien hast Du im Moment des Todes entschieden, das nächste Mal noch grausamer und gewaltsamer gegen Deine Mitmenschen vorzugehen. In Rußland, nach der Vertreibung, hast Du entschieden, Dich mehr um das gemeine Volk zu kümmern, was Du dann in Polen auch tatsächlich getan hast.

Du konntest vielen Juden das Leben retten, indem Du ihnen die Flucht aus dem Land ermöglichtest. Wäre Deine Entscheidung, Menschen helfen zu wollen, nicht nach der Flucht aus Rußland gefallen, so hätten noch weit mehr Menschen das Leben in Polen verloren. So nutztest Du alle Deine Bankverbindungen, um den einen oder anderen über die Grenze in ein sicheres Land zu bringen. Die Jahre zwischen 1939 und Deinem Tod im Mai 1943 waren äußerlich gesehen furchtbar. Aber innerlich warst Du immens glücklich, konntest Du doch endlich selbstlos helfen, ein Grundcharakterzug von Dir.

Wir können, wenn Du willst, später diese beinahe vier traurigen und schmerzlichen Jahre genauer besprechen, denn Deine Frau und Deine Tochter waren ebenso wie Du unermüdlich bei der Rettung von Menschenleben beteiligt. Deine beiden Söhne wurden leider nach Deutschland zwangsdeportiert. Du hast sie nie mehr gesehen und weißt bis heute nicht, wo sie sind. Sie kamen in den Konzentrationslagern Dachau und Buchenwald grausam ums Leben.

Aber, das wird Dich jetzt sehr freuen, Du konntest ihnen auch Deinen Geist mitgeben. Sie retteten während ihrer schwierigen Zeit auch einigen das Leben, indem sie diesen zur Flucht verhalfen. Sie selbst dachten, genau so wie Du, niemals an Flucht. Darum wurde der eine standrechtlich erschossen, wobei er vorher noch sein eigenes Grab ausschaufeln mußte. Der andere wurde von einem Arzt als medizinisches Versuchskaninchen verwendet. Er lebte nach dem Gifttrank unter größten Schmerzen noch ein paar Tage, bis er unter Beobachtung des Ärzteteams schließlich seinen Körper verlassen konnte.

Sind die beiden wieder auf der Erde inkarniert?

Ja, einer lebt in Südamerika. Der andere aber hat sich eine Erholungszeit auf der Sonne genommen, wird aber bald wiederkommen. Wenn Du willst, können wir ihn in den nächsten Tagen besuchen gehen.

Oh, das wäre schön. Und was ist mit meiner Frau und meiner Tochter passiert?

Denen geht es auch sehr gut. Sie haben sich im Jenseits sehr gut erholt, wobei Deine Frau sich bald wieder inkarniert hat und ganz in Deiner Nähe lebt, was ich Dir aber jetzt aus gewissen Gründen nicht sagen will. Deine Tochter hat sich sofort wieder inkarniert, hat aber den Kontinent gewechselt. Sie lebt sehr glücklich und zufrieden in Australien. Auch hier würde sich ein Besuch lohnen, denn sie träumt sehr oft von dieser Zeit und auch von Dir.

Wahnsinn. Ist die Welt wirklich so klein?

Ja, natürlich. Es ist ja nur eine winzige Idee, auch wenn die Dimensionen für Euch ungeheuerlich sind. Der Geist kennt keinen Raum und keine Zeit und damit auch keine Grenzen. Ihr seid alle eins, wie ich schon früher gesagt habe. Darum kommen Dir auch immer mehr Menschen so bekannt vor. Ihr ward alle schon einmal da und dort zusammen, habt miteinander gelebt, gelernt, Entscheidungen getroffen, geliebt, gehaßt, getötet. Es war bis heute ein ständiges Hin und Her. Aber das wird sich bald grundlegend ändern, weil Ihr in den letzten Jahren gewaltige Fortschritte gemacht habt.

Auch die vielen Toten in Deinem Warschauer Ghetto sind alle wohlauf, haben sich teilweise wieder eingekörpert oder warten im Jenseits noch darauf. Manche sind wieder auf ihre früheren Planeten zurückgekehrt, um sich nach einer gewissen Erholungszeit wieder einen Körper zu nehmen.

Elabo kennt schon viele Menschen, die es immer wieder versuchen. Mit dem hier vorgestellten Programm können jetzt viele Menschen den letzten Durchbruch schaffen, so wie Du bald Deinen heißersehnten Durchbruch geschafft haben wirst. Siehst Du jetzt, wie Du Dich auf einmal wieder für Deine eigene Vergangenheit zu interessieren beginnst, wenn es auf die Frage nach Deinen getroffenen Entscheidungen zu sprechen kommt?

Deine Entscheidung von 1917 wirkt bis heute nach. Wirkliche, effektive, wahrheitsgetreue und lebendige Hilfe war die Entscheidung, ist sie heute noch. Du wirst gewinnen, das verspreche ich Dir, weil es nichts anderes gibt. Wenn Du gewinnst, gewinnen wir alle, denn wir sind alle eins. Verstehst Du das jetzt besser?

Ja, danke. Jetzt ist mir vieles klarer. Heißt das auch, daß alle meine derzeitigen Verwandten, Familienmitglieder und Freunde und sonstigen Bekannten mit mir in irgendeiner Weise von früher her verwandt oder dergleichen sind?

Die ganze Vergangenheit

Ja, so ist es. Du hast keinen einzigen Fremden um Dich. Die nächsten Verwandten und Bekannten sind alle alte Freunde von Dir. Selbst die neu hinzugekommenen aus anderen Kosmotomen sind für Dich bekannt, hast Du doch vom Urkosmotom weg immerhin 186 verschiedene Kosmotome bewohnt, bevor Du in dieses Erdkosmotom vor ca. 500 Billionen Erdjahren gekommen bist.

Erst vor 150 000 Erdjahren bist Du in dieses Sonnensystem gekommen, wobei Du zuerst 135 000 Jahre in und auf der Sonne gelebt hast, dann 7 000 Erdjahre auf dem Planeten, den es dann vor 8 000 Jahren zerrissen hat. Hier warst Du einer der Hauptbeteiligten an der Zerstörung, eine Sache, über die wir noch sprechen müssen, weil hier nach wie vor schwerwiegende Entscheidungen bei Dir vorhanden sind, die, falls sie hochkommen würden, eine ebenso große Katastrophe auf der Erde auslösen könnten.

Sie werden wohlweislich von Deinen geistigen Begleitern hintangehalten, um das Ärgste zu verhindern. Es tut mir leid, dies so deutlich sagen zu müssen. Nach diesem katastrophalen Ereignis warst Du einige Jahre auf dem Uranus, dann Neptun, dann Saturn und schließlich vor der Erde ca. 1 000 Jahre auf dem Jupiter. Nun hast Du im Groben den Ablauf Deiner Erlebniszeit von Urbeginn an.

Die Leben auf der Erde kommen dann auch noch, aber später. Wie Du jetzt leicht erkennen magst, sind diese Zeiträume so groß, daß es nicht leicht möglich ist, daß Du den einen oder anderen Menschen nicht schon irgendwo getroffen hast.

Das habe ich mir immer schon gedacht. Aber das sagen auch Menschen zu mir, die davon keine Ahnung haben. „Ich kenne sie von irgendwoher“, oder so ähnlich sind oft die Aussagen und Anmerkungen ganz „fremder“ Menschen. Jetzt habe ich wieder eine Entscheidung getroffen, daß...

... Dir niemand mehr fremd vorkommen wird. Und daß alle Menschen Deine Brüder und Schwestern sind. Ist es nicht so?

Ja, genau so ist es. Einfach fantastisch. Habe ich auch einmal gemordet und getötet?

Oh ja. Und das in nicht geringer Anzahl. Bedenke nur, wie viele Menschen auf dem Planeten gestorben sind, der zerbrochen ist und jetzt als Asteroidengürtel in Eurer Welt bekannt ist. Wir werden auch noch auf die einen oder anderen grausamen Geschichten stoßen, besonders in der Zeit zwischen 1300 und 1800. Warte erst, wenn Du weißt, was Du alles gemacht hast.

Mir schwant schon Übles. Besonders interessiert haben mich die Bauernkriege und die Inquisition.

Ja, ja, da bist Du schon richtig. Du, der Du die katholische Kirche besonders eifrig verurteilst wegen der vielen Missetaten, die sie in den verschiedenen Jahrhunderten begangen hat. Du warst eifrig mit dabei. Also, etwas Zurückhaltung wird jetzt schon von Dir gefordert werden, wenn man selbst mitten drin steht.

Oh je! Jetzt geht es los.

Keine Beschuldigungen

Nein, nein, es gibt keine Anklage, wenn auch Du nicht anklagst. Dasselbe gilt für Deine Gegnerschaft bezüglich Ärzte, Politiker und andere Berufsgruppen. Du warst selbst mitten drinnen. Wir werden noch viel Spaß miteinander haben, wenn Du die Dinge dann klarer siehst, wenn man gezwungen ist, zu lügen und zu betrügen, weil man sonst um seine eigene Existenz Angst hat und am nächsten Tag nicht weiß, wie man sich selbst und die Familie ernähren soll. Also, Entscheidungen sind hier wieder gefragt, die bis heute wirksam sind.

Das wird dann aber ganz schön persönlich, oder?

Na und? Was willst Du denn? Ein Kaffeekränzchen mit Kuchen und Sahne? Willst Du etwas weiterbringen oder Dich mit Saurem umbringen? Witz beiseite. Das trifft auch für jeden anderen zu. Die Stillen waren einmal sehr laut, die Lauten waren einmal sehr still. Die heute Verborgenen waren einst sehr bekannt, meistens im Negativen, die Zahmen wie die Wilden.

Also, Ihr habt eine schöne Rollenverteilung von der einen Seite zur anderen. Es gibt nicht nur Lämmer. Es gibt auch viele Wölfe. Und umgekehrt. Darum überlege Dir immer vorher sehr genau, wenn Du jemanden be- bzw. verurteilen willst. Es könnte Deine eigene Verurteilung sein. Meistens ist es auch so. Es ist nicht gut, als Elefant im Porzellanladen herumzutrampeln.

Eine Lösung besteht immer darin, zu den herrschenden Zuständen eine Alternative anzubieten, die dem Naturgesetz wieder nahekommt oder dieses sogar wieder in all seinen Punkten akzeptiert, so wie ich es Dir bei der Ernährung dargestellt habe. Die Menschen sind eben aus den wärmeren in die kälteren Gebiete ausgewandert. Manche mußten es tun, um Verfolgung und eventuellem Tod aus dem Wege zu gehen. Andere konnten sich mit den Lebensumständen der jeweiligen Gesellschaft oder Gemeinschaft nicht mehr identifizieren. So wichen sie in Gegenden aus, in denen die Früchte nicht täglich zu ernten waren. Darum mußten dann andere Ernährungsquellen erschlossen werden wie Getreide, Fleisch und tierische Produkte.

Zumindest sollten heutzutage alle tierischen Produkte von den Tellern verschwinden. Dann aber auch das Getreide, wenn wieder genügend Früchte und Gemüsesorten für die gesamte Bevölkerung zur Verfügung stehen. Dann würde es ganz rasch nicht mehr so viele kranke und dahinsiechende Menschen geben. Aber auch Du warst bei all diesen Einführungen, wenn auch nicht ganz am Anfang, an vorderster Front zu finden.

Denke doch nur an das letzte Leben als Bankier. Mit was hast Du wohl Deine Geschäfte gemacht? Ich kann Dir das ganz leicht und einfach sagen, nämlich mit Industrieanlagen,

Immobilien und Landwirtschaft. Alles Dinge, die nur auf Kosten der Natur vorangetrieben werden können. Du hast sogar Kredite bewilligt, um chemische Vernichtungsprodukte erzeugen zu können. Das ging alles durch Deine Hände.

Also, willst Du nun Deine Hände in Unschuld waschen, indem Du heute die Berufszweige verurteilst, die jetzt dasselbe tun, wie Du vor einigen Jahrzehnten getan hast? Also, etwas mehr Einfühlungsvermögen wünsche ich mir, bitte. Verzeih' mir diesen Ton. Aber manchmal geht es nicht anders.

Du räumst ja nicht schlecht auf. Danke für die klaren Worte. Ich werde mich sofort ändern und keine Feindbilder mehr schaffen. Würde das jeder gesagt bekommen, dann würde es bald anders auf unserer Welt ausschauen. Nochmals vielen Dank.

Jetzt sehe ich erst, was wirklich in der Zukunft zu tun ist. Aufklärung, Aufklärung und nochmals Aufklärung. Es brodelt ja ohnehin schon an allen Ecken und Enden. Darum ist die Zeit jetzt ideal, um wieder das natürliche Leben zu propagieren, das, sofort angewendet, ganz rasch die Lebensqualität um viele Stufen verbessern hilft.

Ja, da hast Du vollkommen recht. Es wird aber noch einige Zeit dauern, bis es soweit ist. Aber die Zeit ist wirklich reif. Nun, wir haben noch einiges aus Deinem früheren Leben aufzuarbeiten. Außerdem fehlt uns noch der eine Ausflug nach Südrußland in den Kaukasus. Bist Du bereit?

Ja, Deine vorigen Worte haben mich sehr getroffen. Jetzt ist mir der Schuld-Angriffs-Mechanismus noch weit klarer geworden. Du kannst ruhig beginnen. Ich bin gefaßt.

Wo sind Eure Ziele?

Gut, in der Anfangsphase der deutschen Besatzung hattest Du es noch ziemlich gut, warst Du doch als Dolmetscher für die Deutschen ganz brauchbar. Aufgrund Deiner vielen internationalen Kontakte konntest Du mehrere Fremdsprachen, die sich jetzt gut für die Besatzungssoldaten gebrauchen ließen. Du wurdest ganz rasch zu einer wichtigen Figur für alle Juden in Warschau, besonders dann, als die Deutschen begannen, das gesamte Viertel mit einer hohen Mauer einzukreisen.

Die Zustände waren für Euch fürchterlich. Doch das ließ Dich nicht müde werden, zu retten, was noch zu retten war. Du hattest damals interessanterweise überhaupt keinen Zorn und Haß auf Deine unmittelbaren Peiniger, die Soldaten, weil Du genau wußtest, daß diese auch nur ihre Befehle auszuführen hatten. Außerdem war keine Zeit dafür, groß darüber nachzudenken. Die Zeit drängte, hattest Du ja schon die Erfahrung in der Oktoberrevolution gemacht, wie schnell aus vorerst braven Menschen wahre Bestien werden können.

Auch das könnt Ihr heutzutage täglich in Euren Medien mitverfolgen. Aber was wird dagegen gemacht? Nichts, außer höchstens wiederum nur Krieg. Die kapitalistische Einstellung der meisten Nationen ist die Ursache dafür, weil diese Einstellung nur die Leistung des Individuums belohnt und nicht die der ganzen Gemeinschaft. Solange Ihr diesem Denken der Trennung unterliegt, so lange werdet Ihr keine Gemeinschaft erschaffen können. Eure heutige Gesellschaft ist nur eine Gemeinschaft aus lauter Einzelkämpfern, die keine gemeinsamen Ziele kennen. Das einzige Ziel, das sich vielleicht orten ließe, heißt Erhöhung des Bruttosozialproduktes.

Worin besteht Eure gemeinsame Kultur, Euer Gesundheitswesen, Eure Erziehung? Wer gibt die geistigen und körperlichen Ziele vor? Schaut Euch doch Euren Zustand an. Ist er wirklich in Ordnung? Ist das, was täglich passiert, wirklich für einen unendlichen und ewigen Geist erfüllend? Ihr braucht ein klares und erreichbares Ziel, wie ich es schon früher formuliert habe, wie einen liebenden Geist in einem gesunden Körper.

Das klingt bei Dir immer wieder so einfach. Aber wenn es dann zu einer öffentlichen Diskussion über diese zwei Ziele kommt, dann wird die Angelegenheit in Tausende Details zerredet und damit einfach kaputt gemacht.

Ja, am Anfang mag das schon so ausschauen. Aber ich übersehe ja die ganze Welt mit all ihren Bewohnern auf einem Blick. Es tut sich mehr, als Du derzeit erkennen kannst. Darum sei nicht zu pessimistisch, sondern sorge weiterhin mit klaren Worten als Motivator für Deine unmittelbare Umgebung. Du wirst sehen, wie rasch sich alles zu ändern beginnt, was sich nicht ohnehin schon zu ändern begonnen hat.

Das werde ich tun. Ich freue mich schon auf die heutige Nacht. Werden wir wieder gemeinsam unterwegs sein?

Ja, das werden wir. Mache Dich auf große Szenen bereit. Heute geht es in große Länder weit über den Horizont. Bis dorthin alles Liebe und Gute.

Danke, bis bald.

12. Juli 2002

Das war heute eine turbulente Nacht. Einen schönen guten Morgen. Mir kommt so vor, daß die Nächte immer aufregender und interessanter werden. Viele verschiedene Gedanken sind im Raum herumgegeistert, schöne und weniger schöner. Aber das wird sich in weiterer Folge schon aufklären, denke ich.

Ja, da hast Du ganz recht. Wo gehobelt wird, da fallen auch Späne. Ich wünsche Dir auch einen herrlichen und erkenntnisreichen Tag. Wir werden heute wieder ein schönes Stück weiterkommen. Du hast wieder mehrere Teile in der Nacht miterlebt. Einerseits einen sehr oberflächlichen Teil, dann hast Du einen Film im Fernsehen gesehen, den Du schon früher unbedingt sehen wolltest, wofür ich Dich auch geweckt habe, und einen sehr kurzen, aber sehr tiefen Teil.

Fangen wir mit dem oberflächlichen Teil an. Hier bist Du wieder in der Welt der Angst und des Schreckens unterwegs gewesen. Du hast Dir Zeitebenen von früher angesehen, die alles andere als rosig waren. Sklavenhandel, Inquisition, Verfolgung von Eingeborenen, Vergewaltigungen, Betrug und Diebstahl wechselten sich ab. Du machtest einen kurzen Streifzug durch Deine Vergangenheit auf Erden. Wenn Du willst, gehen wir auch näher auf die einzelnen Sequenzen ein.

Ehrlich gesagt, habe ich momentan dafür keine Lust. Macht es Dir etwas aus, wenn wir später darauf eingehen? Ich bin momentan wirklich nicht in der Stimmung, Grausames in Augenschein zu nehmen, besonders dann, wenn es mich selbst betrifft, ob als Täter oder Opfer.

Wie Du meinst. Aber es wäre schon gut, diese Dinge aufzuarbeiten, weil es ja nicht um die Äußerlichkeiten geht, sondern um die damit verbundenen Entscheidungen. Aber lasse Dir keine grauen Haare wachsen. Es gab auch das eine oder andere schöne Leben bei Dir. Aber leider sind diese ziemlich in der Minderheit. Aber auf den Film, den Du in der Nacht gesehen hast, muß ich doch kurz eingehen.

Du hast sicherlich bemerkt, daß der Film schon älteren Datums war. Schon damals habe ich Menschen inspiriert, Dinge aufzuzeigen, die in der Zukunft geschehen werden. Das haben Science-Fiction-Filme so an sich. Der Inhalt ist schnell erzählt. Aufgrund von Geldgier und Machtrausch haben es einige Menschen geschafft, die gesamte Bevölkerung über künstlich hergestellte Nahrung in den Griff zu bekommen. Daß diese Nahrung aus Menschenfleisch hergestellt wurde, ist nur eine Nebensächlichkeit. Tatsache ist, daß das menschliche Gehirn sich Dinge auszudenken vermag, die selbst die größten Höllenhunde zum Erschrecken bringt.

Ihr geht momentan auch so einen Weg, der, wenn Ihr nicht wirklich sehr gut aufpaßt, ebenso dort endet wie in diesem Film „Überleben im Jahre 2002". Wenn Ihr es weiterhin zulaßt, daß Eure Nahrung mit allem möglichen giftigen Zeug behandelt wird, in Chemielabors zusammengestellt und beinahe für ewig haltbar gemacht wird, dann wird der große Kollaps der gesamten Menschheit nicht mehr aufzuhalten sein. Obwohl der Film schon einige Jahre alt ist, so haben die Zuschauer anscheinend nichts daraus gelernt, weil es in diesen Jahren noch ärger mit der Nahrungsmittelindustrie geworden ist.

Der Trick besteht darin, den Menschen einzureden, daß eine ausgewogene Ernährung das beste für sie sei, ohne zu sagen, daß gerade die ausgewogene Ernährung die schädlichste für den Körper ist. Pro Tag werden im Körper eines normalen Menschen bis zu einem Gramm Fremdstoffe abgelagert, weil er sie nicht mehr aus dem Körper hinausbringt. Wir haben bei der Erschaffung der Erde und der Evolution alles in größter Ausgewogenheit gemacht. Jede Veränderung dieser Ausgewogenheit von Früchten und Wildgemüse führt automatisch zu einer Verkürzung des körperlichen Lebens und zu einer großen Beeinträchtigung der geistigen Fähigkeiten und Fertigkeiten, weil das Fahrzeug Körper nicht mehr optimal funktioniert und damit vom Geist nicht mehr hundertprozentig benutzt werden kann. Das müßte doch wirklich logisch sein.

Darum ist jede Abkehr von der wirklichen Ausgewogenheit ein sehr schwerer Fehler, der nur bei strikter Einhaltung des Naturgesetzes wieder repariert werden kann. Das aber dauert dann noch Jahre. Das ist leider in dem Film nicht mehr herausgekommen, was zu tun wäre, um diesem furchtbaren Schicksal zu entrinnen. Aber er hat doch viele Menschen zutiefst schockiert. Jetzt ist das Bewußtsein dafür vorbereitet, so daß sich doch einige Menschen nach gesunden Alternativen umschauen.

Ich war auch sehr schockiert, mit welcher Kaltschnäuzigkeit die Verantwortlichen vorgegangen sind. Aber, wahrscheinlich muß ich mich jetzt selbst wieder bei der Nase nehmen, oder?

Entscheidungen ziehen sich über viele Leben

Oh, ja. Das stimmt. Du warst, wie schon gesagt, immer vorne an der Front dabei, wenn es darum ging, der Natur ein Schnippchen zu schlagen. Vor Deinem russischen Leben hast Du in England alles unternommen, um den Naturwissenschaften zum Sieg zu verhelfen. Du wurdest 1805 in der Nähe von London in eine gutsituierte Familie hineingeboren. Nach einer standesgemäßen Ausbildung verbrachtest Du dann den Rest Deines Lebens in einem wohlbekannten Universitätsgelände. Du warst ein erbitterter Verfechter der exakten Naturwissenschaften, gleichzeitig aber ein schroffer Gegner jeder geistigen Strömung, die nicht mit mathematischen und exakten Mitteln darzustellen war.

Von mir hieltest Du überhaupt nichts. Jeder Geistliche war für Dich ein Betrüger und Scharlatan, ob in einer offiziellen Kutte oder nur als Kirchgänger. Du warst im Professorenkollegium geliebt und gehaßt zugleich, weil Deine Auffassungen zu einer starken Polarisierung der Meinungen geführt hatten. Aufgrund Deiner guten Einkommens- und Vermögensverhältnisse nahmst Du auch keine Rücksicht auf die Notwendigkeiten Deines Körpers, so daß Du zwischen 1845 und 1870, Deinem Todesjahr, eine ziemlich hohe Anzahl von leichteren und schwereren Krankheiten zu überstehen hattest.

Die letzte Krankheit zerfraß Dir dann schon die gesamten Eingeweide, so daß Du völlig erschöpft und ermattet, versehen mit starken Betäubungsmitteln, ins Jenseits hinübergingst. Selbst hier gabst Du bezüglich Deiner Einstellung keine Ruhe.

Erst durch eine intensive Schulung konntest Du zu der Einsicht gebracht werden, daß die gesamte Natur nur ein Produkt meines Planes und Eurer Durchführung ist. In diesen neun Jahren bis zu Deiner nächsten Inkarnation hast Du wirklich viel hinzugewonnen. Durch das exakte Beobachten hast Du auch in der Geisteswissenschaft dieselben Kriterien zur Anwendung gebracht. So konnte Dir aufgrund dieser Exaktheit Deines Denkens auch die Exaktheit der geistigen Schöpfung nahegebracht werden.

Darum hast Du dann auch Dein nächstes Leben so gewählt, um durch eine profunde geistige Erziehung die charakterlichen Werte der Nächstenliebe voll zur Anwendung zu bringen, was Dir in Polen auch unter schwersten Bedingungen gelungen ist. Darum überlege Dir immer sehr genau, bevor Du über irgendeinen Chemiker oder Lebensmittelexperten schimpfst, ob der nicht auch gerade eine solche Entwicklung braucht, um dadurch zu einer anderen Meinung gelangen zu können.

Jeder Mensch hat einfach die Tendenz, alles unbedingt selbst erleben zu müssen. Und in den meisten Fällen ist es auch so. Wenn Du zum Beispiel in diesem Leben Alkohol und Drogen strikt ablehnst, so hast Du in England damit keine Probleme gehabt, größere Mengen davon zu konsumieren. Damals hast Du schon mit einigen anderen an Halluzinogenen herumexperimentiert und diese auch selbst konsumiert. Also, warum sollten das andere Geister nicht auch probieren wollen?

Du siehst, alles ist möglich. Darum lasse es zu, wenn jemand seine Erfahrungen machen will, auch wenn er sich dabei so schädigt, daß er sogar seinen Körper verlassen muß. Beim nächsten Mal wird es schon funktionieren. Wir haben Zeit genug.

Aber warum brauchen wir dann Mahnungen und immer wieder Hinweise auf die Naturordnung und dergleichen, wenn ohnehin jeder seine Erfahrungen machen muß?

Not macht erfinderisch und ändert die Entscheidungen

Das ist eine sehr gute Frage. Ich habe Dir schon früher gesagt, daß Entscheidungen das Wichtigste sind. So kann sich jemand, der gerade dabei ist, gewisse Erfahrungen zu machen, im Moment der Mahnung oder Warnung darauf besinnen, daß er auf dem falschen Weg ist. Er kann damit eine neue Entscheidung treffen, die ihm in Zukunft viel Leid und Schmerz ersparen wird. So ist es auch bei Dir.

Du hast Dich vor längerer Zeit schon entschieden, Deine Ernährung auf naturgemäße Kost umzustellen, weil Du die Mahnungen meiner Mitarbeiter ernst genommen hast. Dadurch wird Dir sehr viel erspart. Du wirst, wenn Du bei dieser Naturkost bleibst, keinen Krebs bekommen, auch keinen Herzinfarkt mehr. Außerdem werden Dir alle

Alterskrankheiten erspart bleiben. Dein Körper wird bis ins hohe Alter geschmeidig und elastisch bleiben, von der Leistungsfähigkeit gar nicht zu reden. Das alles sind Konsequenzen Deiner Entscheidung, die Du auf die Mahnungen, die ich Dir zukommen ließ, getroffen hast. Das Ist doch nicht schlecht, oder?

Aber auch Du mußtest vor fünfzehn Jahren durch das Tal des Schmerzes, weil Du Dich wieder einmal von der eingeschlagenen Richtung einer gesünderen Ernährung sträflich abgewandt hattest. Der Körper hat Dir ein Symptom geschickt, das Dich wie eine Keule traf. Daraufhin hast Du wieder zu suchen begonnen, bist über Vitamine und Mineralstoffe schließlich zur Urnahrung gekommen, die Deinen Körper in kürzester Zeit in einen blendenden Zustand versetzte. Ist das nicht schön?

Ja, es ist wirklich schön. Muß jeder Mensch so lernen?

Ja, jeder. Darum ärgere Dich nicht über die Menschen, wenn sie nicht sofort das tun, was Du ihnen sagst. Sie brauchen genau so lange wie Du. Und Du weißt nicht sofort, wo sie gerade in ihrem Erfahrungsprozess stehen. Einverstanden?

Ja, einverstanden. Danke, Du hast mir jetzt sehr geholfen.

Nun zurück zu unserer Nacht. Hast Du zu dem Film noch Fragen?

Ja, ist das auf den anderen Planeten auch so wie bei uns?

In Eurem Sonnensystem gibt es das nicht noch einmal. Wir werden zu einem späteren Zeitpunkt ohnehin auch die anderen Planeten ausführlich besuchen. Aber diese grausamen Umstände und Verhältnisse werden wir dort nicht vorfinden.

Aber in anderen Sonnensystemen innerhalb Eures Erdkosmotoms und in anderen Kosmotomen geht es vereinzelt noch weit ärger zu. In Deinem kurzen tiefen Schlaf besuchten wir ein Sonnensystem im Sternbild Vega, um Dir einmal einen anderen Eindruck von einer Zivilisation zu vermitteln, die noch weit schlechter ist als Eure. Hier gibt es nur Unterdrückung der Freiheit, vollständige Versklavung und brutalste Kontrolle seitens der Machthabenden.

Ist es zweckmäßig, mehr darüber zu erfahren?

13. Juli 2002

Aufbau der Kosmotome

Wenn Du willst, gerne. Im Sternbild Vega gibt es ca. hundert Billionen Sonnensysteme wie Eures in verschiedenen Größen. Die Zahl ist ziemlich bedeutungslos. Selbst um Eure Zentralsonne, den Sirius, bewegen sich ungefähr zwölf Billionen Sonnensysteme verschiedener Größe. Und Eure Galaxie, wie Ihr diese Anhäufung von Sonnen mit ihren Planeten nennt, ist noch eine der kleineren, die wiederum als gesamte Galaxie um eine andere riesige Sonne kreist, die wiederum um die Zentralsonne des gesamten Kosmotoms kreist. Ihr habt diese Riesensonne mit dem Namen Regulus belegt.

Die Anzahl der Sonnen allein in Eurem Kosmotom ist weit über die Quadrillionengrenze, falls Dir diese Zahlen überhaupt etwas sagen. Und Euer Kosmotom ist im Vergleich zu den anderen Dezillionen Kosmotomen einer der kleinsten. Und alle sind bewohnt. Es gibt keinen einzigen Planeten, keine einzige Sonne, keinen einzigen Fleck in Eurem Universum, dem getrennt geglaubten, der/die nicht bewohnt wäre. Ihr könnt diese nur nicht sehen, weil Eure Sinnesorgane sehr beschränkt sind.

Würden Eure Wissenschaftler und Techniker an Systemen forschen und arbeiten, wie Ihr hohe und niedrige Frequenzen in Euren sichtbaren Bereich bekommen könntet, so würdet Ihr zum Beispiel auch das materielle Leben auf dem Mond oder auf dem Jupiter mit den fleischlichen Augen sehen können. Das Prinzip wäre sehr einfach, nämlich die hohen oder niedrigen Frequenzen so zu bearbeiten, daß sie ins sichtbare bzw. hörbare Wahrnehmungsfeld Eurer Körper passen würden. Doch niemand ist bisher wirklich auf diese einfache Idee gekommen, weil sich niemand so richtig andere Welten als Eure kleine irdische vorstellen kann. Es wäre sehr viel möglich, wenn die Wissenschaftler und Forscher nicht so geist- und gottlos wären.

Warum ist das eigentlich so?

Warum kam es zum Trennungsgedanken?

Nun, um diese Frage zu beantworten, müssen wir wieder etwas weiter ausholen. Die Antwort liegt in der geistigen Schwäche begründet. Ich habe Dir schon früher erklärt, daß viele Geister aufgrund des Trennungsgedankens in ein tiefes Loch gefallen sind, ohne Licht und damit ohne Wärme. Doch warum sind diese Geister einschließlich Dir eigentlich auf diese Idee gekommen?

Jetzt wird es vielleicht etwas schwierig für Dich, weil Dich das Folgende direkt ins Herz treffen wird. Ich habe Dir schon erklärt, daß meine Möglichkeit als Gott nur in der Ausdehnung meiner selbst besteht. Räumliche Probleme gibt es dabei nicht, da ich unendlich bin. Ich bin aber ein persönlicher Gott, der die Reflexion liebt, das heißt, daß alles, was ich aus mir hinausstelle, potenziert wieder zu mir zurückkehrt. Du könntest das in Deiner Managementsprache auch als Gewinn bezeichnen. Ich bin daher ein gewinnender Gott. Jede Schöpfung muß für mich einen Gewinn bringen. Ich möchte, daß sich meine Liebe und mein Licht ständig vermehren. Darum habe ich mich zu dem Schritt der Schöpfung entschlossen, die aber nur dann perfekt ist, wenn sie alle Elemente meiner selbst beinhaltet. Das heißt absolute Liebe, absolute Weisheit, absolute Freiheit, vereint mit dem gleichen Drang, sich ständig auszudehnen in alle Unendlichkeit mit dementsprechenden Potenzpunkten. Diese Potenzpunkte sind meine freien Geister, so wie Du und alle anderen. Diese Potenzpunkte müssen aber, um sich von mir und von anderen unterscheiden zu können, eine scheinbare Grenze haben, die ich früher schon einmal Seele genannt habe, die aber in ihren Einzelteilen wiederum nur ewig und unendlich sein kann. Ich betone das hier noch einmal sehr deutlich, damit sich niemand begrenzt zu fühlen braucht, da Ihr als Geister natürlich nur genau dieselben Eigenschaften haben könnt als ich, Euer Schöpfer.

Genau hier liegt der Hund, wie Ihr so schön zu sagen pflegt, begraben. Ihr als Geister habt genau dieselben Eigenschaften wie ich. Ihr seid mit aller Macht ausgestattet, die Ihr Euch nur denken könnt, seid aber auch in dem vollsten und absoluten Wissen, daß Ihr von mir geschaffen wurdet. Auf der einen Seite die volle Macht und Kraft, auf der anderen Seite das Wissen über die eigene Erschaffung. In diesen beiden Seiten liegt ein großes Konfliktpotential, weil die eine Seite auf die Idee kommen könnte, größer sein zu wollen als ich, die andere Seite aber die erste zurückpfeift und sagt, daß das aufgrund des eigenen Geschaffenseins unmöglich sei, weil nur Gott, der Schöpfer, in sich unendlich und ewig ist, wir aber immer und ewig als Geschöpfe unendlich und ewig begrenzt sein werden, um es etwas sanfter auszudrücken.

Zahllos viele Geschöpfe sind mit diesem Konflikt ganz leicht fertig geworden und haben sich dem zweiten Gefühl, der Abhängigkeit von mir, gebeugt. Sie waren einfach damit einverstanden, daß das ihrer eigenen absoluten Freiheit in keiner Weise schadet und haben sich somit von mir nie getrennt. Einige wenige haben sich mit einer ewigen Abhängigkeit von mir nicht anfreunden können, haben sich von mir losgesagt und sind mit diesem Trennungsgedanken in einen tiefen und finsteren Schlaf gefallen, aus dem die meisten bis heute nicht erwacht sind.

Von mir aus gesehen ist das deswegen nur ein Schlaf, weil keines meiner Geschöpfe aus meiner Schöpfung einfach verschwinden kann. Wohin soll es denn in meiner Unendlichkeit gehen, ohne daß ich es nicht weiß? Und wie kann es mein Licht verlassen, wenn bei mir die gesamte Schöpfung im ständigen Licht steht, auch für die Schlafenden? Ihr seid alle von mir aus betrachtet im vollsten Licht. Nur Ihr selber glaubt aufgrund Eures Trennungsgedankens, daß Ihr nicht in meinem Licht seid. Ihr glaubt sogar, Ihr könntet Euch vor mir verstecken.

Aber, wie soll das gehen? Dann müßte ich mein Licht abschalten, um Euch nicht mehr sehen zu können. Das kann ich als Gott aber nicht. Denn würde ich mein Licht, das aus meiner Liebe kommt, abschalten, so müßte ich auch die Liebe abschalten. Das geht jedoch nicht, weil ich die Liebe selbst bin. Ich würde mich damit selbst eliminieren, was selbst mir als Gott unmöglich ist, denn wohin sollte ich mich in meiner Unendlichkeit eliminieren? Da müßte es doch einen Raum außerhalb von mir geben, was aber mit meiner Unendlichkeit einfach unvereinbar ist.

So habt Ihr Euch alle selbst ausgeschaltet, indem Ihr versucht habt, mit Eurem Trennungsgedanken mehr zu sein als ich. Das geht nicht. Ihr könnt nicht mehr als die Unendlichkeit, nicht mehr als die Ewigkeit sein. Warum genügt Euch Eure Unendlichkeit, Eure Ewigkeit nicht? Warum genügt Euch meine Macht nicht? Das sind Fragen, die Ihr mir beantworten müßt, wenn Ihr wirklich wieder zu mir in voller Stärke zurückkommen wollt, weil Ihr Euch durch Euren unglückseligen Gedanken in die größte Schwäche begeben habt, indem Ihr alles verloren habt, was nur möglich ist.

Würde nicht in Eurem Innersten mein ewiges Licht, mein Heiliger Geist weiter leuchten, so wäret Ihr wirklich, was aber völlig unmöglich ist, aus meiner Welt verschwunden. Aber der Kern all meiner Schöpfung ist mein Geist. Und dieser Kern ist von niemandem zu eliminieren, weil ich dieser Kern selbst bin. Ihr könnt diesen Kern bis auf ein Minimum von einem Minimum reduzieren, aber auslöschen könnt Ihr ihn nicht.

So werdet Ihr für immer und ewig leben, weil ich als Geist das Leben bin. Ihr habt nur die Wahl, ob als Geist in meinem Licht, oder als Geist in Eurer Dunkelheit. Ihr habt keine andere Wahl, so wie ich nicht die Wahl habe, entweder Gott zu sein oder nicht. Ich bin Gott.

Da hilft mir nichts. Da kann ich weder beten noch bitten. Ich bin es, so wie Ihr meine Geschöpfe seid. Ihr könnt Euch nur den Zustand wählen. Ob so, oder so. Ob in meinem vollen Lichte oder in Eurer Finsternis, gerade noch beleuchtet von meinem Geist in Eurem Innersten. Habe ich mich jetzt deutlich ausgedrückt?

Ja, das hast Du. Mir scheint es zumindest so, daß für mich damit alle Fragen beantwortet sind. Wenn ich das ganz kurz zusammenfasse, so sind wir nur aufgrund einer hochmütigen Wahnidee hier auf dieser Welt. Wir wollten mehr sein als Du.

Wir wollten mehr sein als Gott

Auf einen Nenner gebracht, ja. Damit hast Du mit all Deinen Freunden meine wirkliche Welt des Lichtes, der Liebe, der Wahrheit, der absoluten Macht und Ordnung verlassen. Nach dieser Entscheidung habe ich Euch allen geholfen, wieder auf die Sprünge zu kommen, indem ich Euch half, wieder aus diesem chaotischen Nichts nach meinem Plan herauszukommen. Ihr habt dann wieder zu sammeln begonnen, was Ihr im Moment der Trennung verloren habt.

Diese Sammlung nennt Ihr heute Euer kosmisches Universum, das sich bei erfolgreichem Abschluß wieder ins nichtssagende Nichts verabschieden wird, weil es nicht mehr als Grundlage Eurer Sammlung und Wiederkehr vonnöten ist. Bei vollständiger Sammlung bleibt auch nichts mehr übrig. Dadurch verschwindet es einfach.

Aber bis dorthin habt Ihr noch eine Menge Arbeit, auch wenn die jetzigen Menschen schon fast am Ende ihrer Sammlung angelangt sind. Aber wie viele kosmische Materie gibt es noch? Beinahe unendlich viel. Das sind, alles zusammengenommen, sammelnde Geister, die dasselbe Ziel haben wie Ihr hattet, nämlich Mensch zu werden auf irgendeinem kosmischen Körper, wobei die Krönung aller Krönungen die Menschwerdung auf Eurer Erde ist, weil eben nur hier die absolute Freiheit zu erlangen ist, nämlich meine eigene Freiheit. Darum habe ich diese Erde für meine eigene Menschwerdung ausgewählt, um Euch in der Ewigkeit als sichtbarer und fühlbarer Gott immer zur Verfügung zu stehen.

Viele Menschen können sich das noch nicht vorstellen. Doch das macht nichts. Früher oder später werden sie alle dort hinkommen. Ich und meine Helfer haben Zeit genug. Uns drängt nichts. Wir sind alle im ewigen Licht und damit in der absoluten Freiheit. Bei uns regiert nur Freude, Heiterkeit und Spaß. Wir lachen den ganzen Tag. Wir spielen den ganzen Tag. Wir freuen uns den ganzen Tag. Ist das nicht schön?

Ja, das ist schön. Auch Deine Worte sind schön, einfach herrlich. Alles so einfach, so logisch, so nachvollziehbar, so lebenswert. Könnte das doch jeder Mensch wissen und auch gleich in die Praxis umsetzen. Wie schnell könnten wir alle zum Ziel kommen.

Alles braucht seine Zeit

Alles braucht seine Zeit. Auch Du hast auf dieser Welt 1900 Jahre gebraucht, bis Du es endlich, verzeih' mir diesen Ausdruck, geschafft hast. Du hattest sogar einen Traumstart, da Du mit ursprünglichem Material konfrontiert warst von meinem Leben und meiner Lehre hier auf dieser Welt. Du hattest damals schon die besten Lehrer, die besten Unterlagen, die beste Unterstützung von Deinem Vater und bist trotzdem erst jetzt hinter diese Dinge gekommen, die Dir so einfach und logisch erscheinen. Damals waren die Informationen nicht anders als heute. Sie handelten alle vom Gleichen, von mir, von meiner wirklichen Welt, von Eurer Entscheidung, mehr sein zu wollen, als ich es bin, von der damit verbundene Trennung, von der damit verbundene Finsternis und so weiter.

Selbst der von Dir gegründete Geheimbund konnte an der Sache nichts ändern, obwohl alle 49 Teilnehmer einen heiligen Eid auf mich geleistet haben. Was hat es geholfen? Schon im Jenseits hast Du nur über Deinen gewaltsamen Tod lamentiert, konntest nicht vergeben, ja konntest nicht einmal die Wichtigkeiten und Unwichtigkeiten voneinander unterscheiden, so stark hast Du an Deinem Körper und Deinen materiellen Gütern gehangen.

Selbst die reinsten Geister im Jupiter, selbst Dein Vater konnten Dir nicht helfen, weil Du die Entscheidung getroffen hattest, daß eben nichts helfen kann. So kamst Du wieder auf die Erde, um es noch einmal zu versuchen, und immer wieder, bis heute. Wir werden die einzelnen Phasen noch genauer durchgehen, um Dir zu zeigen, daß Du genau so wie jeder andere auch Deine Zeit brauchst. Bist Du damit einverstanden?

Ja, was soll ich darauf sagen. Es ist so. Jetzt sehe ich es genau so, wie Du es eben gesagt hast. Unsere Zielstrebigkeit, sagen wir Sturheit, ist wirklich nicht so leicht mit etwas zu überbieten. Es hat anscheinend doch jeder Lernprozess über die Not zu gehen, da wir sonst nicht bereit sind, etwas anzunehmen, wenn wir es selbst nicht gespürt bzw. erfahren haben.

Ja, so ist es. Jeder Mensch muß seine Erfahrungen machen, bis er, alles wieder gesammelt, zu mir ins Licht zurückkehrt, das er in Wirklichkeit nie verlassen hat. Darum kannst Du im alten Testament über Adams Einschlafen nachlesen. Er ist im Buch nie mehr daraus erwacht. Aber, keine Sorge, jetzt schläft er nicht mehr. Er hat es schon geschafft. Es hat aber bei ihm auch noch lange gedauert. Darum habe immer Geduld mit allen Menschen. Jeder braucht seine Zeit.

Danke, das hilft sehr. Jetzt werde ich mehr zum Zuschauer als zum dazwischenspringenden Akteur.

Hinweisen, mehr geht nicht

Ja, da hast Du recht. Reden, mahnen, hinweisen, Bücher schreiben usw. kannst Du immer. Aber zwingen hilft nichts. Manchmal mußt Du zuschauen, wie sich jemand langsam aber sicher umbringt. In Ordnung, das ist sein Weg. Ich hoffe, Du hast jetzt einen Punkt erreicht, wo Dich das nicht mehr so berühren wird, vorausgesetzt, Du hast im Vorfeld alles getan, um einen möglichen Tod durch klare und freundliche Worte zu verhindern. Aber, was der Mensch sät an Entscheidungen, das wird er auch als Ausführender ernten. Das ist Eure Freiheit.

Und was, wenn ich dabei selbst geschädigt werde?

Welchen Schaden kann jemand erleiden, der in meiner wirklichen Welt ist? Welchen Schaden kann man in der Traumwelt überhaupt erleiden? Ja, Du kannst einen Schaden erleiden, nämlich den, daß Du überhaupt an Schaden denkst. Schaden gibt es nur in Eurer Traumwelt, aber nie in meiner Welt. Das ist ein wichtiges Kapitel, das wir später noch sehr ausführlich behandeln werden. Aber ich glaube, daß es für heute genug ist.

Du hast eine wunderbare Bergtour hinter Dich gebracht. Du hast viele Erkenntnisse gewonnen, die Dich wieder mit großen Schritten mir näher gebracht haben. Du hast schöne Gespräche geführt, die vieles in der Zukunft bereinigen werden. Und heute Nacht werden wir wieder schöne Dinge erleben.

Danke für Deine Worte. Ich freue mich schon auf morgen.

Bereite Dich gut vor. Es gibt einiges aufzuarbeiten.

In Ordnung.

14. Juli 2002

Einen schönen guten Morgen. Das war doch eine interessante Nacht, oder?

Ja, da hast Du vollkommen recht. War das ein Gewitter! Wir wurden hier in Hall richtig eingekreist. Die Blitze und die Donner waren beinahe furchterregend.

Große Katastrophen für die Atmosphäre, für Körper und Geist

Na ja, sagen wir, Du hattest schon Deine Bedenken. Aber das ist noch gar nichts, was alles noch auf diese Welt zukommmt. In den letzten Jahren hat es erst das Vorspiel gegeben, obwohl sich manche schon sehr darüber Gedanken machen, warum eigentlich die Unwetter derart im Zunehmen begriffen sind. Hier kann ich wieder nur sagen: Was man sät, das wird man ernten. Eure Atmosphäre ist voller Fremdstoffe, die es unentwegt aus ihr zu entfernen gilt. Aber haben das die Verantwortlichen der Atmosphäre irgendwie mit schweren Unwettern wieder geschafft, dann kommen schon wieder die nächsten Fremdstoffe. So zeigt das äußere klimatische Bild nur spiegelgleich Euren körperlichen und auch Euren geistigen Zustand wider.

Auch der Körper wehrt sich gegen die Fremdstoffe, indem er diese mit allen Mitteln aus sich hinausschaffen will. Dieses reinigende Gewitter nennt Ihr dann Krankheiten. Was macht Ihr? Ihr versucht, das reinigende Gewitter mit allen möglichen Medikamenten und anderen sog. Heilmittel zu unterdrücken, so daß der Körper gezwungen ist, das reinigende Gewitter vorerst einzustellen, um sich nun den noch lebensbedrohlicheren Medikamenten und angeblichen Heilmitteln zuzuwenden, um noch ärgeren Schaden abzuwenden. Das ist die Philosophie Eurer Heilkünste oder Medizin, wie Ihr diese Pfuscherei heutzutage nennt.

Ihr sollt nicht in die Natur und ihre Naturgesetze hineinpfuschen. Wir haben alles so eingerichtet, daß sich die Natur ganz von selbst auf sanfteste Art und Weise aller Fremdstoffen entledigt, ohne dabei auch nur den Geist in seiner Tätigkeit negativ zu beeinflussen. Das Gleiche gilt auch bei der Reinigung der Luft. Werden aber die Fremdstoffe zu viel, dann müssen die Mittel natürlich auch um so stärker werden, um dieser Stoffe Herr zu werden.

Welches ist das stärkste Mittel, das zum Einsatz kommen kann? Das soll nun für Euch eine ernste Warnung und Mahnung sein. So wie der Körper als stärkstes Reinigungsmittel Pilze einsetzt, um den ganzen Müll aufzufressen und damit zu entfernen, so setzen auch die Verantwortlichen der Lüfte eine ganz besondere Maßnahme ein, die die Fremdstoffe ganz leicht aus der Luft entfernt, nämlich das Feuer.

Im Körper nennt Ihr das Feuer Fieber, in der Atmosphäre kommt es zu Flächenbränden der Luft. Es wird nicht mehr lange dauern, bis die ersten großen explosionsartig auftretenden Flächenbrände der Atmosphäre auftreten werden. Besonders stark betroffen werden die Großstädte mit ihrem Smog und dergleichen sein.

Nur, dann gibt es gegen diese alles verzehrende Reinigung kein Mittel mehr für die Menschen, um sich aus dieser Feuerhölle zu retten. Wer das Feuer rief, der wird in ihm umkommen. So bewahrheitet sich die Prophezeiung von vor 10 000 Jahren, daß der Mensch, der das Feuer wider das Naturgesetz in Anwendung bringt, durch dieses getötet werden wird. Ihr habt diese Stufe jetzt erreicht. Die Luft kann sich nicht mehr vollständig reinigen. Das Fieber steigt. Da Ihr nicht bereit seid, die vielen Zeichen der Zeit, die Ihr sehr wohl seht, zu erkennen, so muß die Natur aufgrund ihrer Einrichtung eben zu diesen Mitteln greifen.

Das Gleiche gilt beim Körper. Wurde das Feuer oder Fieber unterdrückt, wurde die Zufuhr von Fremdstoffen nicht gestoppt, so wird im Körper der Stoff aktiviert, der nur ein einziges Ziel kennt, nämlich alles anzugreifen, was das Leben gefährdet. Das nennt Ihr heutzutage mit einem Sammelbegriff Krebs. Diese aktivierten Stoffe breiten sich dann im ganzen Körper aus, um in einem letzten Rettungsversuch noch einmal gegen alle Fremdstoffe und deren Depots ins Feld zu ziehen. Aber dann ist es meistens schon zu spät. Dann helfen auch nicht mehr die von Euch so genannten Metastasen, Produktionsstätten weiterer Hilfsstoffe, um dem Heer von Fremdstoffen entgegenzutreten.

Und was macht Ihr? Ihr schneidet alles raus, was Euch in den Sinn kommt und merkt gar nicht, daß die Krankheit selbst der Heilungs- bzw. Entfernungsprozeß der Fremdstoffe ist.

Das Gleiche ist auch in Eurem Geist der Fall. Die seuchenhaft auftretenden Epidemien von Depressionen und Geisteskrankheiten sind nur das Resultat einer Anhäufung von fremden Gedanken, die in einem göttlichen Geist nichts verloren haben. Betrachtet doch nur Eure Medien, was diese heutzutage an Gedankengut verbreiten. Mord und Totschlag, Haß, Zorn, Neid, Geiz, Gier, Brutalität, Vergewaltigungen, Freß- und Trunksucht, Drogen- und Medikamentenmißbrauch stehen auf der Tagesordnung. Wann kann sich der göttliche Geist dieser Fremdstoffe entledigen? Nicht einmal in der Nacht schafft er es in Form von Alpträumen und dergleichen.

Früher gingen die Menschen von Zeit zu Zeit in die Stille, in die Einsamkeit. Aber heute gibt es das alles nicht mehr. Darum greift der göttliche Geist zum Mittel der Depression, der Apathie, der Niedergeschlagenheit, um sich dieser negativen und selbstzerstörerischen Gedankenflut zu entledigen. Und was machen Eure sogenannten Verantwortlichen, eigentlich egoistische Großverdiener? Sie verschreiben Medikamente, um die Flut der Fremdstoffe noch weiter zu erhöhen, um Eure Chancen damit noch geringer werden zu lassen. Ist das Nächstenliebe? Nächstenliebe zur eigenen Atmosphäre, zum eigenen Körper, zum göttlichen Geist, also zu mir?

Was soll ich darauf sagen? Ich habe das heute Nacht alles bis ins Kleinste miterlebt. Ich mußte zusehen, wie sich der Reinigungsprozess über alle Wesen dieser Welt erstreckte. Niemand konnte verschont bleiben, weil es niemanden zu verschonen gab. Könnte man diesen Reinigungsprozeß noch in einen anderen Kanal bringen?

Eine Therapie gegen die Fremdstoffflut

Ja, das wäre im Grunde genommen sehr einfach. Im oben Gesagten habe ich auch schon die Therapie angesprochen, die sehr einfach durchzuführen ist. Laße alle Fremd- und

Giftstoffe weg. Für die Luft würde das bedeuten, daß die Feuerung sofort aufhören müßte. Das heißt: Keine Autos, keine Fabriken, keine Küchen, keine Flugzeuge und so weiter. Für den Körper würde das bedeuten, keine gekochten Speisen, kein Alkohol, keine Zigaretten, keine Drogen und Medikamente, kein Fleisch, keine Milch, keine Milchprodukte wie Käse und dergleichen, kein Getreide und keine Getreideprodukte wie Brot, Gebäck, Mehlspeisen, keinen Zucker und keine Zuckerspeisen, kein Kaffee und nichts Verbranntes. Das sind alles Fremdstoffe für Eure Körper.

Und für den Geist würde das bedeuten: Keine negativen Gedanken der Trennung, keine Abkehr vom Leben, keine Angst, keine Filme mit Mord und Totschlag, keine Bücher und Zeitschriften mit negativem Inhalt und so weiter.

Und was bliebe dann übrig?

Das Paradies. Oder der Himmel. Dort gibt es keine Gedanken der Trennung, keine Gedanken von Angst und Angriff, keinen Zorn und Haß. Dort gibt es nur Gedanken der Liebe, der Einheit, der Zweisamkeit und Allsamkeit, der Harmonie und eines großen gemeinsamen Zieles, nämlich mit der Erweiterung der Schöpfung immer mehr Freude und Glück zu streuen. Alle diese erwähnten obigen Dinge sind hier völlig überflüssig. Hier gibt es auch keine todbringende Arbeit, die todbringende Fremdstoffe aller Art produziert.

Gibt es bei Euch überhaupt noch Produktionsstätten, die keine Fremdstoffe herstellen? Schaue Dich doch in Deiner unmittelbaren Umgebung um. Da gibt es Bauernhöfe, die Fremdstoffe produzieren, dann Geschäfte, die die industriell verarbeitenden Produkte der Bauernhöfe verkaufen, Gasthäuser, die nichts als Verbranntes auf den Tisch bringen, um wieder Fremdstoffe in die Körper der Gäste zu bringen, Ärzte, die die Fremdstoffe mit Fremdstoffen bekämpfen wollen und so weiter.

Du siehst doch, daß Eure gesamte Wirtschaft nur auf der Produktion und der Verabreichung von Fremdstoffen aufgebaut ist. Darum hat sich auch Euer Leben in den letzten 10 000 Jahren drastisch, ja dramatisch verkürzt. Ihr solltet Euch das genau überlegen, denn Eure Körper sind für eine Lebensdauer von 1 000 Jahren eingerichtet, nicht für 50 und dann noch weitere 25 – 30 im Siechtum.

Und wie kann ich dieser Flut von Fremdstoffen entrinnen?

Nicht leicht. Du lebst in einem Wirtschaftsgefüge, das fast nur auf Fremdstoffen aufgebaut ist. Das Einzige wäre, Du wanderst in ein südliches Land, am besten auf eine Insel aus, um dort mit möglichst wenig Fremdstoffen in Berührung zu kommen. Aber völlig fremdstofflos geht es auch dort nicht. Die Luft überträgt alles. Aber unter diesen Voraussetzungen ließe sich das Leben wirklich noch genießen.

Aber heute ist es doch kein Genuß mehr. Alles ist verbrannt, alles stinkt, alles ist mit einem der ärgsten Fremdstoffe für den Körper, dem Salz, vermengt. Alles ist auf Verbrennung aufgebaut.

Rieche doch einmal an den Körpern der Menschen, aber das weißt Du doch selbst. Der Gestank muß mit teuersten Mittelchen übertüncht werden. Sonst würden sie es selbst in ihrem eigenen Gestank nicht mehr aushalten. Oder ist der Geruch eines Auspuffs etwa erhebend, oder der Qualm einer rauchenden Zigarette? Und betrachte Dir doch einmal das Einheitsessen der sogenannten kultivierten Welt. Schmeckt nicht alles gleich? Jedes Fleisch, jeder Fisch, jeder Käse, alles muß gesalzen und gewürzt werden, weil es ohne diese Gewürze nicht zu essen wäre. Und das große Angebot in den Lebensmitteltempeln. Ist es wirklich ein großes Angebot? Nein, es ist es nicht. Die Grund- oder Fremdstoffe sind immer die gleichen und in Wirklichkeit auf ein paar wenige zu reduzieren.

Alle Mehlspeisen werden aus Getreide hergestellt, und die gibt es in Tausenden von Formen. Alle Käsesorten gehen auf ein einziges Produkt, die Milch zurück. Und die gibt es wieder in Tausenden von Formen. Auch bei den Fleischsorten gibt es nicht sehr viele, und alle müssen auf den einen oder anderen Zusatz zu mannigfaltigen Formen verändert werden, um das Auge, die Nase und die Zunge des Menschen zu täuschen und zu betrügen. Du siehst, alles Selbstbetrug und Selbsttäuschung. Und das auf Kosten Deiner Lebensqualität und Lebenslänge.

Das ist hart. Dann müßte sich doch alles völlig ändern? Und Du behauptest nun in einem Aufwischen, es sei alles Selbsttäuschung?

Die Welt ist ein einzigartiger Betrug

Was sollte es sonst sein? Die ganze Welt ist ein einzigartiger Betrug. Habt Ihr Euch nicht von mir verabschiedet, indem Ihr in Euch den größten Betrug aller Zeiten produziert habt? Wolltet Ihr nicht mehr sein als ich, der unendliche und ewige, allmächtige und allwissende Gott voller Liebe und Licht? Habt Ihr Euch nicht von mir in Eurer Verblendung getrennt? Was soll aus der Verblendung denn entstehen außer wiederum nur Verblendung?

Es kann auf einem Grund und Boden nur das wachsen, wie der Boden beschaffen ist. Ist der Boden Betrug, so sind alle Produkte Betrug. So ist Eure Welt nichts anderes als Betrug, aber gegen Euch selbst. Gegen mich geht das nicht. Mich kann man nicht betrügen. Mich kann man auch nicht täuschen. Ich bin das Licht. Damit ist in mir und bei mir überall Licht. Auch Ihr seid Licht. Aber Ihr habt es abgeschaltet. Ihr habt Euch getrennt. Das Resultat ist Lichtlosigkeit oder Finsternis.

Nun setzt sich das in Eurem schwachen Leben fort. Und sogar jetzt, trotz aller Schmerzen und allen Leides setzt Ihr diesen Wahnsinn fort. Darum ist die Produktion aller Fremdstoffe nichts als Selbstbetrug und Selbsttäuschung. Dabei könntet Ihr es so schön haben.

Wir haben die Natur so eingerichtet, daß es Euch in der richtigen klimatischen Zone keine Mühe machen würde, über das ganze Jahr hinweg in Saus und Braus zu leben. Ihr bräuchtet nur zu ernten, was die Bäume und Sträucher für Euch produzieren. Ihr bräuchtet nur zu ernten, was der Boden für Euch freiwillig hergibt. Dann hättet Ihr die ganze Zeit für Euch und für Eure Lieben.

Aber was macht Ihr jetzt? Ihr seht Euch nur für ein paar Minuten. Und diese werden auch nicht vernünftig genutzt. Die Kommunikation ist bei den meisten Menschen am Nullpunkt. Und wenn eine stattfindet, dann sind es meistens geistige Fremdstoffe, die transportiert werden.

Das mag alles für Dich jetzt sehr negativ klingen, aber die Wahrheit ist eben die Wahrheit. Ich kann Dir dabei nicht helfen, außer daß ich Dir diese so zeige, wie sie ist.

Das ist alles leichter gesagt als getan.

Da hast Du nicht unrecht, aber auch nicht recht, weil es eben nur eine weitere Ausrede ist. Alles ist leicht, wenn man nur will. Das ist ein ehernes Gesetz. Nur der Unwillige tut sich schwer, in allem. So ist eine fremdstofflose Lebensweise überhaupt kein Problem, gerade im Gegenteil. Sie ist ganz leicht zur Anwendung zu bringen. Du brauchst nur die Tausende künstlichen Fremdstoffe wegzulassen, und Du hast das leichteste Leben der Welt.

Du brauchst nicht mehr zu kochen, Du brauchst nicht mehr die Fremdstoffe vom Geschäft nach Hause zu schleppen, außer die Früchte und das Gemüse, wenn Du es nicht selber im Garten hast. Du brauchst auch keine Wasserflaschen mehr zu schleppen, weil Du nichts mehr zu trinken brauchst. Deine Getränke sind die Früchte und das Gemüse.

Du brauchst keine Fahrzeuge mehr, weil Dich Deine Füße überall hintragen. Du brauchst auch keine Ausbildung mehr, weil sich die gesamte Ausbildung fast nur mit dem Problem der Fremdstoffe auseinandersetzt. Du brauchst auch keine Medien mehr, außer sie würden nur noch Filme zeigen oder Informationen verbreiten, die keine geistigen Fremdstoffe beinhalten.

Du brauchst auch keine Angst mehr zu haben, weil aus der Angst alle anderen geistigen Fremdstoffe entstehen. Und was bleibt? Ein herrliches Leben nicht nur wie im Paradies, sondern ein Leben im Paradies. Willst Du nicht in das Paradies zurückkehren?

Ja, das wäre schön. Aber müßte ich mich dann nicht von der gesamten Gesellschaft zurückziehen?

Ein völlig neue Welt entsteht

Nein, das ist überhaupt nicht nötig. Ganz im Gegenteil. Anfangs würdest Du wahrscheinlich belächelt werden, wenn Du keine Küche, kein Auto, keinen Fernseher, kein Radio oder dergleichen mehr hast. Aber dann würden sie mit der Zeit aufgrund Deiner immer größer werdenden Vitalität und Jugendlichkeit, Frische und Heiterkeit beginnen, Dich dafür zu beneiden und zu bewundern. Einige werden Dir folgen, aber die meisten haben den negativen Gedanken: „Das kann ich nicht so wie Du", so fest in ihren Gewohnheiten verankert, daß sie sich lieber selber zu Tode fressen und saufen, zu Tode fahren oder zu Tode streiten, als Deinem einfachen und wunderschönen Leben nachzufolgen.

Außerdem wäre das für Eure gesamte Wirtschaft nicht sehr vorteilhaft, würde doch die Kaufkraft sehr rasch sinken, weil niemand mehr den angepriesenen Schutt von Fremdstoffen kaufen würde. Damit würden viele Arbeitsplätze verlorengehen, was natürlich eine Katastrophe für die Industriellen wäre, weil sie dann eben nicht mehr so viel Geld horten könnten. Nur, von Geld wird niemand satt. Und mit Geld läßt sich auch eine brennende Atmosphäre nicht löschen.

Du wirst das alles in den nächsten Jahren noch erleben. Das wird ein Geschrei und ein Geheule werden. Aber dann ist es leider schon zu spät. Pilze, die ihre Arbeit begonnen haben, um den Körper zu zersetzen, sind nur sehr schwer davon zu überzeugen, daß ihre Zeit noch nicht gekommen ist. Jeder verteidigt Seines.

Das sind harte Worte. Aber ich kann ihnen nichts entgegensetzen. Das Bild mit den Fremdstoffen ist zu eindeutig. Was müßte ich selbst jetzt als nächstes tun?

Ich glaube, daß Du das ganz leicht beantworten kannst. Außerdem bist Du ja schon auf dem besten Weg dorthin. Du könntest die Zeit noch weit effektiver nützen, um noch schneller dorthin zu kommen. Aber im großen und ganzen bin ich mit Dir zufrieden, mit der Betonung auf Frieden. Du bist in letzter Zeit noch friedlicher geworden, als Du Dich dafür entschieden hast, auf möglichst alle Fremdstoffe für Deinen Körper und Deinen Geist zu verzichten. Alles andere ergibt sich in den nächsten Tagen und Wochen von selbst. Du wirst sehen, ich habe alles mit meinen Helfern schon vorbereitet. Deine Ahnungen gehen in die richtige Richtung. Und Du wirst auch im richtigen Moment die richtigen Entscheidungen treffen, weil Du Dein ganzes Leben auf mich und meine wirkliche Welt schon ausgerichtet hast. Darum nur zu, es wird für Dich und Deine unmittelbare Umgebung unglaublich interessant und spannend werden. Ebenso für jeden, der sich zu dem Entschluß durchgerungen hat, fremdstofflos zu leben.

Dann werden wir wieder eine Welt wie vor 15 000 Jahren haben, als es nach Deinen Worten nur solche Menschen gegeben hat, die fremdstofflos gelebt haben, oder?

Ja, das wird so sein, aber mit einem riesigen Unterschied. Damals wußten die Menschen nichts vom Gegenteil, heute aber schon. Ihr wißt genau, welche Folgen Fremdstoffe mit sich bringen. Ihr seid gebrannte Kinder im wahrsten Sinne des Wortes. Jetzt müßt Ihr nur erkennen, daß das Feuer, falsch angewendet, der Übeltäter aller Dinge ist. Laßt daher das Feuer weg, und es wird schlagartig besser werden.

Aber dann können wir doch keine Metalle bearbeiten, um Häuser zu bauen und dergleichen.

Macht Euch die Erde untertan, schafft ein Paradies!

Ja, da hast Du recht. Für die Metalle brauchst Du unbedingt das Feuer. Aber warum brauchst Du wirklich die Metalle? In den wärmeren Gegenden der Welt sind sie überhaupt nicht nötig, nur in den kälteren, um mit Hilfe der Metalle Bäume zu fällen, Werkzeuge herzustellen, Häuser zu bauen und so weiter. Ich verstehe schon, daß es unmöglich ist, alle Menschen aus den nördlicheren Gegenden in die südlicheren auszuquartieren. Aber mit vereinten Kräften wäre auch das möglich. Ihr könntet in kürzester Zeit in den wärmeren Gegenden alles wieder zum Erblühen bringen. Ihr bräuchtet zwar am Beginn alle Technik dazu. Aber dafür habt Ihr sie ja.

Und in spätestens dreißig bis fünfzig Jahren würde jeder Mensch in einem blühenden Paradies in ständiger angenehmer Wärme mit genug Lebensmitteln wohnen können. Das wäre ein gemeinsames Ziel, das diese Welt noch vor dem Untergang retten könnte.

Aber was macht Ihr? Ihr sucht das Heil außerhalb der Welt mit Mitteln, wo sogar die Schnecken und Heuschrecken einen Lachkrampf bekommen. Wie viele Menschen könntet Ihr mit Euren Raketen von der Erde evakuieren, und wohin? Besinnt Euch doch, daß Eure Erde Eure Raumstation ist. Sie gehört gepflegt und gehegt, so wie Euer Körper Euer wichtigstes Fahrzeug auf dieser Erde ist. Für den sollte doch nur das Beste gut genug sein, so wie Ihr es bei den meisten Dingen in Eurer Umgebung macht. Das Auto bekommt immer nur das beste Benzin, das beste Öl, die beste Politur. Und Euer Körper? Welche Nahrung bekommt er für sein bestes Gedeihen? Hier müßt Ihr den Hebel ansetzen.

Ebenso auf Eurer Lebensgrundlage, der Erde. Das sollte Thema der UNO sein, der EU, der USA und aller asiatischen und afrikanischen Staaten. Macht aus Euren Körpern wahre Tempel meines in Euch verbliebenen Geistes! Macht Euch die Erde untertan, indem Ihr sie zu einem wahren Paradies für Euch macht. Ich brauche dieses Paradies nicht. Ich bin in meinem Himmel. Der ist noch tausendmal schöner als Euer schönstes Paradies. Sind das nun klare und leicht verständliche Worte?

Ja, klarer geht es wirklich nicht mehr. Laß mich die Dinge etwas überlegen. Jetzt brauche ich selbst ein wenig Zeit zur Verdauung.

In Ordnung, bis bald.

Danke für Dein Warten, ich bin wieder da. Habe nur kurz etwas geschlafen, weil ich von heute Nacht noch so müde war.

Ja, das habe ich bemerkt. Aber in dieser kurzen Zeit habe ich Dir einiges gezeigt. Hast Du es mitbekommen?

Ja und nein, ich weiß nur, daß wir irgendwo waren, wo es unglaublich schön war.

Besuch einer paradiesischen Welt

Ja, das stimmt. Ich habe Dir rasch eine Welt gezeigt, in der das oben Gesagte schon verwirklicht ist. Es gibt nur einen Unterschied zu Eurer Welt, nämlich daß dort keine absolute Willensfreiheit gegeben ist und diese Menschen mehr oder weniger so leben müssen. Diese Welt befindet sich nicht in Eurem Sonnensystem, sondern in einem System zweiter Ordnung. Es ist daher dem Zentralgestirn Eures Kosmotoms ziemlich nahe. Diese Welt ist für einen Außenstehenden eine Welt des Müßiggangs, weil für die äußeren Bedingungen nichts getan wird. Aber dafür wird intensiv an der Gestaltung der Innenwelt gearbeitet.

Übrigens, auch Du warst einmal eine kurze Zeit auf diesem Planeten inkarniert, um Dir von dort Erfahrungen für die Erde zu holen. Es hat Dich aber nur ein einziges Leben lang dort gehalten, weil Du als freiheitsliebender Mensch die beschränkte Ausübung des Willens nicht ertragen konntest. Ich hätte es, ehrlich gesagt, in Deiner Lage auch nicht ausgehalten. Dir war das geordnete, streng zeremoniell ablaufende Leben einfach zu langweilig. Auch die intensive geistige Schulung war nur in eine Richtung gehend, so daß sich für Dich zu wenig Diskussionsstoff bot. Das erzwungene Ordnungssystem ist auch nicht Deines.

So hast Du dort die Entscheidung getroffen, in Zukunft nur die Bemühungen zu unterstützen, die in völliger Freiheit durchgeführt werden, auch wenn sie manchmal den völlig falschen Weg gehen. Einmal in Freiheit untergegangen, ist besser für Dich als in einem erzwungenen Ordnungssystem dahinvegetieren zu müssen. Das Gleiche gilt für alle Bewohner dieser Erde.

Ich habe Dir schon früher gesagt, daß sich hier nur die genialsten Menschen treffen, die das ganze Universum je hervorgebracht hat. Genialität ist nur in absoluter Freiheit möglich. Darum habt Ihr auch untereinander so große Schwierigkeiten, weil die Vielfalt so groß ist. Es ist für Euch nicht leicht, einen Konsens untereinander zu finden. Wenn Ihr diesen Konsens aber einmal gefunden habt, dann marschiert Ihr so richtig los, ob im Guten oder im Bösen. Das spielt keine Rolle. Das ist Euer Gesetz der Zielstrebigkeit.

Für Dich ist jetzt nur wichtig, an diesem Bild, an dieser Möglichkeit einer paradiesischen Welt festzuhalten und dies immer wieder zu kommunizieren, um eine möglichst große Plattform von Übereinstimmung zu bekommen. Hast Du das Denken der Menschen geändert, so wird sich auch die Welt ändern. Umgekehrt geht es nicht. Verhaltensänderungen können nur über die Änderung des Denkens herbeigeführt werden. Und Ihr müßt Euer Denken aus der Angst-Angriff-Mentalität in die Liebe-Vergebung-Mentalität hinüberwechseln. Wenn Ihr diese Schleife schafft, dann ist die gerade von Dir besuchte Welt keine Utopie mehr.

Ich habe früher schon vielen Menschen auf der Erde diese oder ähnliche Welten gezeigt oder sie ihnen in Erinnerung gerufen. Manche haben sogar Bücher darüber geschrieben. Auch habe ich schon einige Filmemacher diesbezüglich inspiriert. Aber die meisten „Realisten" unter Euch haben dies als Ammenmärchen abgetan, wie so vieles andere auch. Aber, kommt Zeit, kommt Rat.

Wie lange wird das dann noch dauern?

Die Dauer spielt überhaupt keine Rolle

Diese Frage ist eigentlich nicht sinnvoll. Du fragst Dich ja auch nicht, wann Dein Körper gesunden wird, wenn er schon gesund ist. So wird sich ein geistig Erwachter auch nicht fragen, wann er aus seinem Schlaf erwachen wird, wenn er schon munter ist. Du kannst zwar bei der Gesundung anderer Körper als Berater oder Ratgeber Deine Ansichten oder Dein Wissen weitergeben. Aber trotzdem wirst Du weiterhin in einem gesunden Körper weiterleben, mit dem Du dann allerhand schöne und empfindsame Dinge machen kannst. Bei der Durchführung dieser schönen Dinge wird Dich kein Schmerz plagen, schon gar nicht der Schmerz des anderen, der sich weiterhin mit seinem verletzten Naturgesetz plagen muß. So stehen die Dinge für die Erwachten. Das Leben ist schön für diejenigen, die es wieder schön haben. Sie werden in keiner Weise von den Schlafenden, von den Schmerzen Empfindenden in irgendeiner Weise beeinträchtigt. Also, was soll dann die Frage?

Ja, jetzt sehe ich das ein. Mir muß es völlig egal sein, wenn einer weiterhin die nächste halbe Ewigkeit weiterschlafen will. Sein Wille geschehe. Ich habe mich bisher immer für die anderen verantwortlich gefühlt. Daher war meine Frage auf diese Weise gestellt.

Ja, das kannst Du auch weiterhin. Aber wo kein Wille, da kein Weg. Was kann ich als Gott dafür, daß es Geister gibt, die ihre Freiheit mißbrauchen? Das Einzige, das mir vorgeworfen werden könnte, ist, daß ich ihnen die Freiheit gegeben habe, oder? Hätte ich ihnen die Freiheit nicht gegeben, dann würde es keine Schöpfung geben. Dann hätte ich nur willenlose Maschinen geschaffen. Das aber glaube mir, ist wahrlich nicht lustig.

Wie würde es Dir ergehen, wenn Du irgendwo wohnen würdest, umgeben von lauter Maschinen und Robotern, die zwar alle Deinen Willen pünktlichst ausführen, aber mit Dir keine freie Kommunikation pflegen, mit Dir nicht das herrliche Leben in aller Liebe teilen könnten? Was wäre das für ein Leben? Darum weise ich diesen Vorwurf von vornherein zurück, weil er einfach absurd und unmöglich ist. Außerdem kann ich als Gott nichts Unlebendiges schaffen, wenn ich das Leben und die Freiheit selbst bin. Ich glaube, das müßte jetzt vollständig klar sein.

So betrachtet, ist die Sache logisch und nachvollziehbar. Ein Leben ohne freien Willen, ohne Freiheit ist für mich einfach undenkbar. Darum kann ich mir auch einen anderen Planeten als den der Erde nicht mehr als Wohnort vorstellen. Überall gab es, im Nachhinein betrachtet, keine absolute Freiheit, selbst im Herzkosmotom nicht.

Hast Du alles so eingerichtet, daß nur hier die absolute Freiheit möglich ist, daß alle freiheitshungrigen Geister hierher kommen müssen?

Alles läuft exakt nach Plan

Ja und nein. Es ist zwar mein Plan, und er wurde von Euch als solcher akzeptiert und wird von Euch auch so, wie vereinbart, durchgeführt. Ihr habt Euch diesen Kulminationspunkt der geistigen Entwicklung auf diese Art und Weise so ausgesucht. Ich finde ihn auch sehr gut. So gibt es ein eindeutiges Ziel in dieser Traumwelt, einen Punkt, wo das Erwachen letztendlich stattfinden kann und stattfindet. Ich finde diese Idee genial. Auch wenn es äußerlich furchtbar für Euch ausschaut, so ist die unmittelbare Möglichkeit des vollständigen Erwachens ständig gegeben, und das in sehr kurzer Zeit.

Bist Du nach 1 900 Jahren Aufenthalt auf dieser Erde schon so weit, dann bedenke, wie viele Billionen und Aberbillionen Jahre vergehen mußten, bis Du hierher kommen konntest. Man muß schon eine sehr gute Vorbereitung genossen haben, um das, was hier auf Eurer Erde passiert, wirklich verkraften zu können. Bedenke doch, wie viele Menschen sich täglich umbringen, weil sie mit dem freien Leben hier nicht fertig werden. Freiheit ist eben ein sehr schweres Gut. Darum darfst Du Dich über die vielen Zustände auf Eurer Erde nicht wundern.

Das Lernen hier ist wohl das schwerste im ganzen kosmischen Raum. Darum finde ich, daß es im Vergleich zu den langen Vorbereitungszeiten hier relativ rasch bis zur vollständigen Erweckung geht. Mit diesem Buch werden sich die Uhren in Richtung Erwachen noch schneller drehen, sind doch die Dinge Eurem Zeitgeist gemäß jetzt klar, einfach und logisch ausgedrückt.

Das aber wurde erst jetzt möglich, weil Eure Vorkenntnisse heute ganz anders sind als zu früheren Zeiten. Damals mußte ich so sprechen, wie es die Menschen verstehen konnten. Darum gibt es hie und da Worte, die überhaupt nicht mehr in Eure Zeit passen. Warum so viele traditionelle Gemeinschaften wie Kirchen und Glaubensgemeinschaften an Althergebrachtem festhängen, ist mir ein oder auch kein Rätsel. Ein Rätsel insofern, weil die Freiheit keine Konventionen und Traditionen will, kein Rätsel deshalb, weil diejenigen, die daran festhalten, ganz gut davon leben. Jeder, der ein Interesse zu verteidigen hat, verteidigt es nur deswegen, weil er davon gut und bequem leben kann. So geht es den meisten traditionellen Vereinen, auch wenn ihre Inhalte vorwiegend schon Schnee von gestern sind, oder?

Was soll ich darauf sagen? Es stimmt wieder alles. Genau so ist es. Jeder versucht, nur seine Schäfchen, seines Egoismus wegen, zu verteidigen und ins Trockene zu bringen. Wann wird das aufhören?

So wie es derzeit ausschaut, wird das noch eine ziemlich lange Zeit so weitergehen. Aber, keine Sorge, die Vorbereitungen für eine grundlegende Änderung sind schon lange angelaufen. Diese Mitteilungen sind wiederum nur ein weiterer Baustein in der ganzen Geschichte. Aber wir werden noch viele Informationen diesbezüglich bekannt geben. Es ist für jetzt wieder genug. Du solltest Dich nun Deinem körperlichen Training widmen. Ohne Fleiß, kein Preis.

Ja, da hast Du vollkommen recht. Ich werde gleich gehen.

15. Juli 2002

Das Training war sehr gut gestern. Auch der Beginn des Seminars brachte einige schöne Wendungen. Es wird von Tag zu Tag immer klarer und damit auch einfacher. Das ganze Bild der Schöpfung rundet sich immer mehr ab. Es ist deutlich zu erkennen, wie sich ein roter Faden vom Anfang bis zum Ende durchzieht. Aus dem Stückwerk der Erinnerungen wird ein Gesamtbild, das in sich nur von Logik zeugt.

Damit wünsche ich Dir, wie jeden Tag, einen schönen guten Morgen. Heute ist es nebelverhangen und schön kühl. Man merkt richtig, wie die gesamte Natur das Wasser förmlich in ihre Poren einsaugt. Das ist der stete Wechsel gemäß den immerwährenden Naturgesetzen. Auch der Film von gestern brachte einige wichtige Erkenntnisse.

So kann es ein unabhängiges Böses nicht geben. Es muß immer ein Geist dahinterstehen. Auch kann das Böse das Leben nicht auslöschen, weil das Leben so wie Du unabhängig, ewig und unendlich ist. Und da das Böse nicht von Dir ist, kann es auch keine Existenz und damit auch keinen Bestand haben. Ich hoffe, ich drücke mich dabei richtig aus.

Das Böse ist nur Einbildung

Ich wünsche Dir auch einen schönen guten Morgen. Deinen Worten habe ich nur wenig hinzuzufügen. Nach dieser für uns alle interessanten Nacht gibt es wieder einiges zu erzählen. Du hast vollkommen recht, daß es das Böse bei mir nicht gibt, da ich sonst selbst böse sein müßte. Das Böse im menschlichen Geist ist immer das Trennende. Darum heißt dieses Wort auch in der Ursprache so, weil der zweite Buchstabe, das Beth, das Schaffende und der 13. Buchstabe, das Samek, das Trennende heißt. Jeder Gedanke, der trennt, ist böse. Das kannst Du unentwegt in Eurem Leben beobachten. Aus dieser Trennung entstehen alle möglichen Reaktionen der Angst, des Hasses, der Wut, der Aggression, der Zurückgezogenheit, der Depression und so weiter.

Da in meiner Schöpfung alles Leben ist, so kann es auch keinen Tod geben. Es gibt in meiner Schöpfung auch keine Trennung. Darum ist Eure Trennung nur eine Einbildung, ein Glaube. So ist auch das Böse nur eine Einbildung, ein Glaube. Ich weiß, daß es für Euch unglaublich schwierig ist, das wirklich zu verstehen, weil Eure Welt für Euch derartig wirklich ist, daß Ihr das kaum glauben könnt. Aber was ist, das ist.

Eure Welt ist nichts anderes als ein riesiger Selbstbetrug, wie ich oben schon erwähnt habe. Und die Spielchen, die Ihr tagtäglich treibt, sind immer dieselben. Und alles dreht sich bei Euch im Kreis. Aber jetzt wird es für diese Spielchen immer enger, weil das Gesamtbild immer mehr zum Vorschein kommt. Darum ist es so wichtig, daß Du in diesem Buch den roten Faden der Entscheidungen an die Oberfläche bringst. Mit der Entscheidung der Trennung wurde gleichzeitig auch die Entscheidung der Aufhebung getroffen. Und an der Aufhebung arbeitet Ihr schon die ganze Zeit. Das ganze Leben, die ganzen Leben haben alle nur diesen einen Zweck.

Darum wirst Du mit der Zeit alle Deine Leben unter diesem Motto verstehen. Es ist nichts anderes. Und die Gespräche in der heutigen Nacht, die Du mit Deinen jenseitigen Lehrern, Führern, Begleitern und Freunden geführt hast, haben Dir das wieder sehr deutlich gezeigt. Alkapha, Uriel, Shilaton und alle anderen waren heute anwesend, um Dir das noch einmal vor Augen zu führen. Willst Du davon mehr wissen?

Natürlich, obwohl mir das immer klarer wird. Was hätte die ganze Rückholaktion für einen Sinn, wenn sie nicht konsequent durchgeführt würde? Schaudererregend sind nur diese beinahe unendlichen Zeiten, die ich damit verbracht habe. Das zu verstehen, ist wirklich nicht leicht.

Der rote Faden des Lebens

Oh, mach Dir nicht in die Hose! Zahllos viele Seelenteile einzusammeln, dauert eben seine Zeit. Das hast Du ja vorher in Deiner absoluten Wissensmacht genau gewußt. Sie sind eben in einer für Dich unglaublich großen Dimension verstreut. Du hast ja mit Deiner ersten Entscheidung, Dich von mir zu trennen, Deine Macht von 100 auf 0 reduziert. Du hast Dich in eine Lichtlosigkeit hineinbegeben, die das Suchen nicht unbedingt angenehm gestaltet. Im Finstern läßt sich eben nicht leicht etwas finden. Hättest Du nicht meinen Geist als winziges Pünktchen in Dir gehabt, dann hättest Du überhaupt keine Chance gehabt.

So hast Du nun durch Deine mannigfaltigen Anstrengungen diesen meinen Geist in Dir zum Wachsen gebracht, der nun immer mehr Deine dunklen Kammern beleuchtet, so daß Dir das Finden jetzt auch leichter fällt. Wer Liebe gibt, empfängt meine Liebe in sich selbst, weil mein Geist nur die Liebe selbst ist. So einfach ist das.

Bei Deiner heutigen Konferenz hast Du mit Deinen Begleitern das alles durchgesprochen. Du bist auch die Stationen Deines Lebens mit ihnen durchgegangen, um sie nach Entscheidungen abzusuchen, und Du bist wieder sehr fündig geworden. Alkapha hat Dir die ersten Teile gezeigt, vom Urkosmotom zum 35. Kosmotom, Uriel dann die restlichen 151 Kosmotome bis zum Eintritt in das Erdkosmotom. Und Shilaton ist mit Dir dann die 500 Billionen Jahre des Erdkosmotoms durchgegangen.

Ihr habt dabei viel Spaß gehabt, besonders in den vielen Einzelheiten, wo Du Dich äußerlich mit Händen und Füssen gegen gewisse Stolpersteine gewehrt hast, wo Du von allen Seiten sprichwörtlich bombardiert wurdest, um Deine Einstellungen und Entscheidungen aufzugeben. Manchmal hast Du dann oberflächlicherweise tatsächlich die Einstellung geändert. Aber tief in Deinem Herzen war die zweite Entscheidung Deines Lebens, die Trennung wieder aufzugeben, immer vorherrschend.

Das ist Dein Band. Aber das ist auch das Band jedes Menschen in Eurer Welt. Auch wenn manche Entscheidungen noch so verrückt ausschauen mögen, sie sind höchstens ein kleiner Umweg, um entweder gewisse Erfahrungen zu machen, oder, um es noch genauer auszudrücken, verlorene Seelenteilchen zu finden. Manche Umwege scheinen wirklich verrückt zu sein. Aber welche Wege geht man nicht, um den Schatz zu finden?

Darum ärgere Dich nicht mehr, wenn manche Menschen in Deinen Augen etwas völlig Verrücktes machen, denn Du weißt nicht, ob nicht genau in einer bestimmten Krankheit, in der Trunksucht oder im Selbstmord genau die Seelenteilchen verborgen liegen, die er gerade zu finden wünscht. Darum habe ich immer von Toleranz und Geduld gesprochen. Oder?

Ja, das hast Du immer getan. Jetzt verstehe ich auch den weit größeren Zusammenhang gewisser Lebensläufe. Ich glaube, wir Menschen sehen das alles viel zu eng, oder?

Ihr braucht eine andere Dimension des Denkens

Ja, da hast Du recht. Engstirnigkeit ist ein wirklich wichtiges Thema. So ist auch Eure Erziehung. Es fehlt Euch die Dimension, die Weite. Aber das war bisher nicht möglich. Ihr mußtet den Weg der Wissenschaft und Forschung gehen, den Weg der Kosmologie und der Mikrobiologie, um die engen Grenzen Eurer natürlichen Wahrnehmung zu sprengen.

So müßt Ihr auch noch die engen Grenzen der Lebensabschnitte sprengen, die Euch dazu verleitet haben, das Leben hier in Eurem Körper als einzigartig zu betrachten. Das Leben ist unendlich und ewig. Es hört nie auf. Es verändert sich in Eurer Welt ununterbrochen. Daher ändern sich auch die Lebensformen ununterbrochen.

Warum solltet Ihr immer nur einen menschlichen Körper bewohnen? Ihr habt doch in Eurem Leben auch mehr als ein Auto. Ihr wechselt es, wie es gerade notwendig ist, oder? Genauso ist es auch bei den Körpern. Sie sind nur Kommunikations- und Lernmittel, die es gibt, um mit ihrer Hilfe die letzte Erkenntnis, die Aufhebung der Trennung, erleben zu können.

Warum seid Ihr noch immer in Eurem Denken so knauserig? Warum glaubt Ihr, daß so viele Geister in meiner Schöpfung keinen Platz hätten? In der Unendlichkeit gibt es keine Grenzen. Also ist auch der Ausdehnung keine Grenze gesetzt. Daher, hinaus in meine Welt, hinaus in die Unendlichkeit, hinein in die Ewigkeit, hinein in die herrlichsten Formen meiner Schöpfung, die in sich auch alle unendlich und ewig sind.

Staunt Ihr jetzt schon über einen schönen Flecken Natur, wie werdet Ihr erst staunen, wenn Ihr wieder in meiner Wirklichkeit aufgewacht sein werdet? Das wird ein Fest, das nie ein Ende finden wird.

Was hat mir Alkapha alles erzählt? Ich habe so manche Ahnungen.

Ja, Deine Ahnungen sind richtig. Er zeigte Dir den Vorgang der Urschöpfung Eurer Welt. Willst Du es genauer wissen?

Natürlich, ich war ja auch dabei.

Gut, dann beginnen wir. Aber ich mache Dich darauf aufmerksam, daß wir uns jetzt in eine andere Dimension des Denkens begeben. Jetzt wird es für Dich groß und gewaltig. Das Nachfolgende kann nicht jeder leicht verstehen. Aber was gesagt werden muß, muß gesagt werden.

Die Entstehung Eurer Welt

Was passierte unmittelbar nach dem Trennungsgedanken? Ihr seid alle in eine tiefe Finsternis gefallen, wie ich das auch schon oben erwähnt habe. Das Nächste war in diesem Moment ein Gefühl der Angst und Ohnmacht. Was macht jemand in seiner Angst? Er sucht Anhaltspunkte oder ein sicheres Versteck. Das ist in der Finsternis nicht so leicht zu finden. Aber einen Punkt hattet Ihr alle, nämlich meinen Geist, der zwar nur mehr in einem äußerst schwachen Pünktchen für Euch vorhanden war. Aber er war und ist da.

So suchtet Ihr andere Geister, die Ihr auch fandet. Dann seid Ihr alle immer näher und näher zusammengekommen, so daß Ihr am Ende alle auf einen Fleck zusammengedrängt ward. So war mein Geist durch Euch alle auf diesen einen Ort konzentriert.

Dadurch stieg natürlich in Summe auch die Liebe an diesem Ort und wurde zu einem Brennpunkt ungeheuren Ausmaßes. Dieser Brennpunkt bildete die erste Sonne in Eurer Angstwelt. So entstanden auch weitere Sonnen, weil sich auch Eure Seelenteilchen so verhielten. Auch sie gruppierten sich zusammen, um in ihrer Angst Halt zu finden. Da aber in jedem Seelenteilchen auch mein Geist vorhanden ist, geschah auch hier das Gleiche. Durch diese Ansammlung von Liebe entstand auch das Licht in Eurer Welt, so daß Ihr jetzt wieder in der Lage ward, die Dinge um Euch herum wahrzunehmen.

Das erste, was Ihr erkanntet, war, daß Ihr völlig nackt ward. Es fehlte Euch die Seelenhülle. So machtet Ihr Euch auf den Weg, die verlorenen Teile wieder einzusammeln. Das Leben konnte in seiner mannigfachen kreisförmigen Bewegung beginnen. Kreisförmig deswegen, damit Ihr Euch in der Unendlichkeit bei Eurer Suche nicht verliert. So kommt Ihr solange wieder auf Euren Ausgangspunkt zurück, bis Ihr alle Teile eingesammelt habt, die es in diesem Kreis zu finden gibt. Erst dann brecht Ihr aus diesem Kreis aus, um Euch einem anderen Kreis anzuschließen, um dort wiederum Fehlendes zu suchen und zu finden.

So geht dieser Kreislauf immer weiter, bis Ihr zum letzten Kreislauf kommt, der hier auf Eurer Erde seinen Abschluß findet. Ihr findet hier das letzte Seelenteilchen, das Euch in Eurer Sammlung noch fehlt, und das bin ich.

Doch zurück zum Ursprung. Nachdem Ihr Euch alle in der Mitte Eurer Einbildung gesammelt hattet, wurdet Ihr durch meinen Geist belehrt, nach welchen Kriterien die Suche nach dem Verlorenen erfolgreich abgeschlossen werden kann. Ihr habt dem alle zugestimmt, daß eben die einzige Möglichkeit der Rettung nur darin bestehen kann, den Trennungsgedanken wieder aufzuheben und nach erfolgreicher Sammlung aller eigenen Teile wieder in die göttliche Wirklichkeit zurückzukehren.

Die ursprüngliche Explosion wandelte sich in eine Implosion um. Das war der Anfang Eurer Rückkehr. So begannen die Jagd und das Sammeln. Sie dauern bis heute. Auch heute kannst Du das in jedem Menschen erkennen, das Jagen und das Sammeln. Ihr seid Jäger und Sammler. Am Schluß jagt und sammelt Ihr dann schon Menschen um Euch, um durch sie immer mehr mich zu jagen und zu sammeln. Jedes Wachstum besteht aus diesen beiden Elementen.

Dieses Jagen und Sammeln macht das aus, was Ihr physikalisch als Elektrizität und Magnetismus bezeichnet, wobei das erstere das Jagen ist, das zweite das Sammeln. Darum sucht jeder Mensch nur das, was er gerade braucht. Das Suchen ist das Jagen, das Brauchen das Sammeln.

Hat er jeden Mangel beseitigt, dann ist er fertig und kann wieder in mein Reich zurückkehren. So geschah es, und so geschieht es noch immer im ersten Kosmotom. Dort jagen noch unendlich viele Geister herum, um ihre Seelenteilchen zu finden. Du hattest Deine rasch gefunden. So konntest Du mit und in einer riesigen Sonne die Ursonne verlassen. Diese riesige Sonne wurde dann in einer riesengroßen Entfernung in eine Umlaufbahn gebracht, um wiederum die Basis für das weitere Jagen und Sammeln von Teilchen für viele Geister zu sein.

Nachdem Du alle Teilchen erjagt und gesammelt hattest, wurdest Du wieder mit einer weiteren Sonne in eine nächste Umlaufbahn um diese Sonne geschickt. Das wiederholte sich dann noch zweimal. Erst dann konntest Du aus der letzten Sonne in eine Planetenumlaufbahn entlassen werden, um auf diesem Planeten alle diejenigen Seelenteilchen zu sammeln, die für Dich nötig waren. Das nennt Ihr Evolution, von ex- = heraus und volvere = drehen. Du drehst Dich förmlich durch das Finden der Teilchen aus dem Boden heraus, wie sich auch heute noch die Pflanzen aus der Erde herausdrehen.

Nachdem Du einige Planeten dieses Sonnensystems durchwandert hattest, wurdest Du mit Hilfe von Alkapha zur Hülle oder Haut des Herzkosmotoms geführt, um dort den schon besprochenen Ausbruch aus dem ersten Kosmotom in ein nächstes Kosmotom durchzuführen, um dort das Jagen und Sammeln fortzusetzen.

Jetzt werden Dir wahrscheinlich alle meine Worte auf Eurer Erde verständlicher sein, wenn ich im Alten Testament sagte: „Es werde Licht“ oder „Es werde“ usw. Dieses

Werde bezieht sich ausschließlich auf Eure eingebildeten Zustände. Denn in meiner wirklichen Welt ist das alles nicht notwendig, weil „dort" alles IST. Ich will das „Dort" deswegen in Anführungszeichen gestellt wissen, weil es weder ein Da noch ein Dort gibt. Das gibt es nur in Eurer dualen Welt der Gegensätze und Räume. Das gibt es bei mir alles nicht.

Jetzt habe ich eine kleine, leise Frage. Wie weiß ich, wo ich meine Teilchen finde?

Oh, das ist eine sehr gute Frage. Die kannst Du auch sehr, sehr laut stellen. Die Antwort ist ganz einfach. Dafür hast Du Deine Helfer, Schutzengel, Führer, Begleiter, Freunde oder wie Du diese Geister noch bezeichnen willst. Die helfen Dir ununterbrochen, das Mangelnde dort zu suchen und zu finden, wo es für Dich etwas zu suchen und zu finden gibt. Ohne diese Hilfe wäret Ihr völlig verloren. Das kannst Du mir glauben. Aber diese Hilfe ist so zart und fein, immer im Hintergrund, so daß Ihr Euch auch nie gedrängt fühlt. Oder hast Du das jemals gefühlt?

Nein, das habe ich nie. Ich habe mich nur immer über diese berühmten Zufälle gewundert.

Ihr werdet ununterbrochen sanft geführt

Ja, ja, die Zufälle. Es ist doch schön, immer wieder von diesen überrascht zu werden. Ja, das sind die Resultate der ununterbrochenen sanften Führung, die Ihr gar nicht merkt. Auch die erste Bewegung, die Ihr in Eurer Angst, übrigens ein sehr wichtiges Führungsmittel, gemacht habt, Euch auf einem Fleck zu versammeln, ist kein Zufall. Auch das habe ich für Euch schon alles seit Anbeginn vorgesehen gehabt, weil ich genau wußte, daß die Möglichkeit dieses Trennungsgedankens zu diesem Umstand führen würde.

So brauchst Du überhaupt keine Angst mehr zu haben. Gottvertrauen kennt keine Angst. Ich führe jeden Geist genau dorthin, wo er alle seine noch fehlenden Teilchen erjagen und sammeln kann. Darum gibt es bei mir nie einen Zufall. Nimm doch das Wort wortwörtlich: Es fällt Dir zu. Was fällt Dir denn zu? Das Teilchen, das Du suchst. So kommt jeder zu seinem Ende. Also, sei getrost. Niemand ist verloren. Jeder ist auf der Jagd, auf der Suche, das Verlorene einzusammeln, durch Zufall. Ist das nicht schön?

Ja, da hast Du recht. Jetzt verstehe ich auch alle meine früheren Leben. Jede Situation brachte und bringt genau das, was ich für meine Seelenvollendung noch brauche. Dann gibt es aber auch keine positiven und negativen Erlebnisse, sondern nur Erlebnisse ohne Bewertung, weil jedes Erlebnis nichts anderes ist als das erfolgreiche Ergebnis eines Suchens und Findens.

So kannst Du das auch ausdrücken. Du könntest auch sagen, daß jede Situation für Dich ein Spiegel ist, in dem Du das Fehlende entdecken, damit finden und aufnehmen kannst. Aber eines muß ich Dir hier sagen. Viele Menschen sind zu blind, um es gleich zu sehen. Dann müssen sie dieselbe Situation öfters, ja sehr oft als Spiegel vorgehalten bekommen, um bei irgendeiner Situation endlich zu begreifen, um was es eigentlich geht. Dann erst läßt sich das Fehlende durch Erkenntnis in die Schatzkammer, in die Seele bringen. Dann brauchen solche Situationen nicht noch einmal erlebt zu werden, höchstens noch zur Überprüfung des schon Gesammelten, um die Sicherheit des schon Erreichten zu verfestigen. Verstehst Du jetzt?

Ja, mir wird alles klar.

17. Juli 2002

Na, wie geht es Dir?

Oh, vielen Dank. Mir geht es außer der kleinen Zerrung der linke Archillessehne sehr gut. Die ist aber, obwohl erst um 4 Uhr früh aufgetreten, schon wieder vollständig am Abklingen. Ich wundere mich immer wieder, wie schnell sich die Dinge wieder in einen perfekten Zustand zurückentwickeln. Sonst war der gestrige Tag wieder äußerst produktiv und angenehm. Dafür will ich Dir herzlichst danken und einen schönen und herrlichen guten Morgen wünschen. Es ist wirklich eine Freude, auf diese Art und Weise zu leben. Es ist einfach gut.

Danke für Deine netten Worte. Auch ich wünsche Dir nicht nur einen guten Morgen, sondern auch einen sehr produktiven Tag, der es auch werden wird. Gestern ist ja allerhand passiert. Nicht nur während des Seminares gab es viele Erkenntnisse, sondern auch beim Vortrag mit einem besonderen Freund von mir in Gröbming bei den Mayrärzten. Franz Xaver Mayr hat ja ein großes Werk dort begonnen, das jetzt weltweit fortgesetzt wird. Auch wenn sie noch nicht dort sind, wo Ihr schon seid, so sind sie sicherlich auf dem richtigen Weg.

Auch der Vortragende weiß von der höchsten Stufe der Lebensqualität und wird diese bald durch Deine und Eure Hilfe erreichen, denn für diese Stufe braucht man nicht wenig Unterstützung und Hilfe von den Mitmenschen. Die Luft dort oben ist sehr dünn. Aber das eigene Beispiel rüttelt die Menschen auf, um sich auch dorthin zu getrauen.

Die dünne Luft kommt daher, weil sehr viele Eigenbrötler, die nur Ihr eigenes Brot verkaufen wollen, dies mit allen Mitteln verhindern wollen, um ihre eigene Suppe in aller Bequemlichkeit weiterkochen zu können. Das ist Politik. Darum wird es anfangs, wie alles, nicht so leicht sein, eine größere Anzahl von Personen dazu zu bewegen, das eigene

Leben nach den reinen Naturgesetzen auszurichten. Aber ein guter Anfang wurde gestern wieder gemacht, wie Du an den Reaktionen der Ärzte gesehen hast.

Das stimmt. Ich war über die Reaktionen einiger Ärzte sehr erfreut, obwohl sehr deutlich zu erkennen war, daß sie in ihrer Haut nicht so beweglich sein können wie sie vielleicht wollten. Aber, kommt Zeit, kommt Rat. Der Druck von Deiner Seite ist schon sehr deutlich zu spüren. Die Zeit wird wirklich immer knapper. Die Evolution will und wird das nötige Umdenken hervorbringen.

Die aufsteigenden Geister

Ja, da hast Du vollkommen recht. Aber wir haben jetzt schon zwei Nächte miteinander verbracht, ohne auch nur eine Zeile darüber zu verlieren. Wir kommen jetzt etwas in Zeitnot. Ich schlage daher vor, gleich in die Sache hineinzugehen, um nicht zu viel Zeit zu verlieren. Letzte Nacht war ja das starke Gewitter um Euch herum. Dadurch war auch die Nacht für Dich in zwei Abschnitte geteilt, eine intensive erste Hälfte, die wir in einem anderen Kosmotom verbrachten, und eine oberflächliche zweite Hälfte, die wir ganz in der Nähe von Dir auf dem Bösenstein verbrachten.

Beginnen wir kurz beim Kosmotom, das sich diesmal oberhalb des Knies befand. Hier zeigte ich Dir zwei Phasen, die aufsteigenden und die absteigenden Geister, also die, die sich von der Erde nach oben Richtung Herzkosmotom bewegen, die anderen aber, die zur Erde hinwollen. Hier haben wir nicht nur die beiden Gruppen beobachtet, sondern auch mit diesen gesprochen.

Was Dir dabei aufgefallen ist, das die äußerst konsequente Haltung beider Gruppen. Die einen wollen unbedingt zur Erde, werden aber von den einen oder anderen Menschen mit allen Tricks von ihrem Vorhaben abzuhalten versucht. Die anderen haben überhaupt kein Problem mehr. Sie werden förmlich von einer Stufe auf die nächsthöhere getragen, weil ihre Motivation nur mehr die reine Liebe ist. Sie durchwandern auf ihrem Weg in meine wirkliche Welt noch einmal ihre Stätten der Traumexistenzen, die sie jetzt im Lichte der Erkenntnis ganz anders betrachten als mitten im Geschehnis.

Warum ist das eigentlich notwendig? Warum gehen sie nicht gleich direkt von der Erde in Deine wirkliche Welt?

Weil das für sie, im Nachhinein betrachtet, sehr stabilisierend ist. Das macht Ihr doch auch. Ihr besucht immer wieder einmal die Stätten Eurer früheren Aufenthaltsorte, um Euch an das Eine oder Andere zu erinnern, wobei die Erinnerungen an die gelernten Erkenntnisse meistens von bleibender Bedeutung sind. Erst gestern hast Du mit Deiner Mutter über Deine frühesten Kindesjahre gesprochen und mußtest feststellen, wie rapide sich die Welt um Dich verändert hat. So ist dieser letzte Abschnitt auch im

Aufwärtsprozeß von ganz amüsanter und wichtiger Bedeutung. Im Nachhinein ist man immer klüger, sagt man, oder?

Ja, das ist wirklich so. Darum ist die Replik immer wieder eine immense Sache. Jeder Freund, Therapeut oder Berater sollte diese Art der Kommunikation hin und wieder pflegen, um dadurch die Unterschiede von heute zu gestern ins Bewußtsein zu rufen. Die Entwicklungen laufen nach meinen Erfahrungen immer in Stufen oder Schritten ab, auch wenn das in Deiner Welt wahrscheinlich nicht der Fall ist. Aber hier in unserer Welt haben wir jedenfalls diesen Eindruck. Ich glaube, ich liege da nicht falsch.

Nein, nein. Das machen wir bei uns genauso. Besonders interessant sind natürlich die Erzählungen der Neuankömmlinge, wenn sie aus ihrem Traum wieder erwacht sind. Nach dem Willkommensfest stürmt jeder sofort auf den Neuen ein, um seine Erlebnisse und Erfahrungen brühwarm erzählt zu bekommen, weil es ja nicht von ungefähr ist, die wirkliche Welt auf diese Art verlassen zu haben. Das ist ja auch bei Euch so. Wenn einer nach einer längeren Reise zurückkehrt, dann wird er ständig dazu animiert, davon zu erzählen, auch wenn man diese Reise auch schon selbst gemacht hatte.

Jeder sieht es anders. Jeder hat andere Eindrücke gewonnen. So ist es auch dann bei den aufsteigenden Geistmenschen, die sich in dem einen oder anderen Kosmotom und schließlich alle wieder im Himmel treffen. Hier wird erzählt, gelacht, erzählt, gelacht, erzählt, gelacht, besonders auch über die eigenen Dummheiten, aber auch über die vielen Tricks, die man angewendet hat, um sich selbst und andere zu täuschen, bis dann die Sache zu bunt wurde, um wieder zur Wahrheit zurückzukehren. So hast Du Dich besonders für die aufsteigenden Geister interessiert, weil Du diese Aufwärtsbewegung noch vor Dir hast. Die andere Bewegung zur Erde hin kennst Du ja schon, obwohl wir sie hier noch nicht fertigerzählt haben. Aber das holen wir später nach.

Kannst Du mir noch Näheres über unsere Gespräche sagen?

Selbstverständlich, obwohl Du diese ganz klar vor Dir hast. Aber ich nehme Dir das gerne ab, da es einerlei ist, ob ich es erzähle oder Du, da, wenn der Wille einmal eins ist, ohnehin kein Unterschied mehr besteht. Bei der Ankunft auf der Sonne in der Mitte des Kosmotoms warst Du einerseits von der Herrlichkeit der Umgebung derart beeindruckt, daß Du einmal eine ganze Weile gebraucht hast, Dich davon zu erholen. Andererseits haben Dich aber auch jene Orte fasziniert, die genau entgegengesetzt gestaltet waren, um die in Richtung Erde Durchziehenden nicht von der Schönheit der Umgebung gefangenzunehmen. Wenn jemand einmal im Palast gewohnt hat, dann will er nicht unbedingt freiwillig in eine stinkende Kloake hinüberwechseln.

Doch bleiben wir bei der Schönheit. Ganz beeindruckt warst Du von der Harmonie der Formen, die sich sanft und weich über den gesamten Sonnenboden erstreckten. Die

Weichheit der Blumen, der Bäume, der Früchte, der Tiere und natürlich der Menschen ist für Dich jetzt noch unaussprechlich.

21. Juli 2002

Einen herrlichen und schönen guten Morgen. Hast Du schon gegen Osten geschaut?

Ja, das habe ich. Der Sonnenaufgang scheint wieder einmal eine Kunstdarstellung höchster Qualität zu sein.

Das alles wird für Dich gemacht. Heute hast Du noch einen wichtigen Auftrag zu erfüllen. Ich würde Dir vorschlagen, bevor Du weiterschreibst, dieses einmalige Naturerlebnis nicht ungeschaut vorbeigehen zu lassen. Du weißt schon warum, oder?

Die Tätigkeit der noch unfreien Geister

Ja, ich werde gleich aufspringen und wieder schauen gehen. Es ist einfach eine Freude, wie die meisten Geister rund herum singen, tanzen und jubilieren. Die sanften Sonnenstrahlen brechen sich schon auf den erwachten Berggipfeln. Die Nebel zeugen von den erwachenden Tätigkeiten der unzähligen Erdgeister, die sich auf die Arbeit des neuen Tages vorbereiten. Nichts ist dem Zufall überlassen. Alle gehen, obwohl im Glauben vollständig getrennt, ihrer Arbeit im einzigartigen Getriebe der Natur harmonisch nach. Jeder ist wichtig. Alle sind geführt. Das ist Einheit.

Da hast Du ganz recht. Doch die Harmonie ist noch eine erzwungene, weil der Wille dieser Geister nicht frei ist. Sie müssen das tun, was sie tun müssen. Erst mit der Menschwerdung werden auch sie frei sein. Darum fehlt bei Euch diese Harmonie. Nur Ihr könnt diese herstellen, indem Ihr Euch wieder meinem Willen unterordnet und damit die absolute Freiheit gewinnt, die wirkliche Freiheit. Jetzt habt Ihr nur eine Scheinfreiheit, solange Ihr in Eurem Willen seid. Denn dieser Wille ist nicht frei, auch wenn Ihr das glaubt und so wahrnehmt.

Ihr seid gezwungen, das zu denken und zu tun, was Ihr durch Eure Lehrer und Erzieher aufgetragen bekommen habt. Ihr unterliegt daher dem gesellschaftlichen Denken und damit diesen Zwängen. Dieses Denken ist ausschließlich von egoistischen Interessen durchzogen, so daß Ihr nur das machen könnt und dürft, was eben der Meinung der Gesellschaft entspricht, wobei diese Meinung nur von ganz wenigen Menschen geprägt wird.

Eure Meinungsbildner sind nicht von der besten Sorte. Aber auch das wird sich bald grundlegend ändern, wenn die Menschen aufgrund der äußeren Bedingungen enger, ja sehr eng zusammenrücken müssen. Die nötigen Schritte dafür sind schon eingeleitet.

Nur gemeinsame Anstrengungen werden die Menschheit vor dem Untergang retten können.

Damit wird dann auch das ewige Gerede um angebliche Verbesserungen aufhören, die letztendlich immer in sich verschlechternde Umstände geführt haben. Laßt Euch daher nicht vom Schein der äußeren Verhältnisse blenden. Was hat ein Mensch davon, in äußerlich schönsten Umgebungen zu wohnen, wenn diese völlig denaturiert sind, er selbst in seinem Körper in einer stinkenden Kloake sitzt und seine Lebensqualität nur in der schönen Betrachtung des Erreichten mündet, die ihm selbst nichts bringt?

Viele Menschen sind derzeit bei Euch im Westen in dieser bedauerlichen Lage. Sie freuen sich noch auf ihren von außen diktierten Genuß, der in Wirklichkeit überhaupt keiner ist. Sie wurden zu Verbrauchern und Konsumenten degradiert, zu Umsatzträgern, wie es bei Euch in der völlig aus dem natürlichen Gefüge geratenen Wirtschaft heißt. Nur wenn Ihr mit Eurer Wirtschaft zur Natur zurückkehrt, dann wird sich für Euch die Welt wahrer Lebensqualität öffnen. Doch dieses Thema habe ich mit Dir ohnehin später zur detaillierteren Besprechung noch vor.

Darauf freue ich mich schon, denn das liegt mir auch sehr am Herzen. Es ist immer wieder sehr bedauerlich, wie sorglos mit unserer Lebensqualität umgegangen wird. Gestern erst hat wieder unser Gesundheitsminister mit großen, aber leeren Worten beteuert, daß er alles unternehmen wird, im Rahmen der neuesten medizinischen wissenschaftlichen Erkenntnisse die Lebensqualität der gesamten Bevölkerung zu heben. Und was passiert?

Die Lebensqualität der Bevölkerung wird immer schlechter. Selbst die Lebenserwartung an Jahren sinkt seit einigen Jahren. Und welches Leben führen die älteren Menschen? Sie siechen und vegetieren vielfach dahin, das einem das wahre Grauen kommen mag. Sie werden in Aufbewahrungsanstalten abgeschoben und nur deshalb so gut gepflegt, weil das Geld stimmt. Doch was wird passieren, wenn das Geld nicht mehr vorhanden ist? Ich darf gar nicht daran denken.

So lügt uns unser Minister einfach eine Welt vor, die es gar nicht gibt, ja, nur in seiner Einbildung gibt, um vor den Leuten gut dazustehen und von diesen wiedergewählt zu werden, obwohl er die Bedingungen für sie nicht gebessert, sondern verschlechtert hat.

Jedes Volk bekommt die Regierung, die es verdient

Dem habe ich nichts hinzuzufügen außer das, daß die Leute es so haben wollen. Jedes Volk bekommt die Regierung, die es verdient. Und da sich die meisten selbst belügen, so fallen ihnen die Lügen ihrer Vertreter gar nicht auf. Übrigens, auch Euer Gesundheitsminister weiß nicht, daß er lügt. Er glaubt, das Beste für das Volk zu tun, in seinem Interesse. Darum mache Dir keine Sorgen. Es erwachen derzeit viele Menschen, die dem Treiben ganz anders gegenüberstehen. Alle diese Dinge sind in meinem Plan notwendig, um Euer Erwachen voranzutreiben.

Erwachen kann nur dann jemand, wenn er alle Belange seines Lebens selbst in die Hand nimmt und auf die höchstmöglichen Stufen bringt. Daher sind die derzeitigen Situationen genau die richtigen dafür. Selbstverantwortung wird in den nächsten Zeiten stark im Kommen sein. Aber dafür mußte eine längere Zeit der Bevormundung durchlebt werden, um den Unterschied deutlich wahrnehmen zu können. Vorher war alles Staat. Jetzt wird es schon weniger. Und später gibt es das gar nicht mehr.

Selbstverantwortliche Menschen brauchen keine Führer außer mich. Und da das Ziel Frieden ist, so wird es auch dann keine Schwierigkeiten mehr geben. Frieden untereinander, Frieden in der Natur, Frieden in Euren Körpern, Frieden mit der Zeit. Und diesen Frieden habe ich Dir in diesem Kosmotom gezeigt, das wir vor einigen Tagen besucht und besprochen haben. Auch in den folgenden Nächten habe ich Dir immer wieder die aufsteigenden Umstände gezeigt. Ich glaube, wir sollten hier fortsetzen, wenn Du einverstanden bist.

Natürlich bin ich einverstanden. Aber diese Frage freut mich sehr, hatte ich doch lange die anerzogene Meinung von Dir, daß Du alles diktieren würdest.

Ein Treffen alter Freunde

Das weiß ich. Darum habe ich diese Frage auch so gestellt. Ich bin kein Tyrann oder Diktator. Das war ich nie und werde es auch nie sein. Wäre das meine Absicht gewesen, dann hätte ich ja einfach nur Maschinen zu erschaffen nötig gehabt, aber ich bin ein freier Gott und will daher auch nur freie Wesen um mich herum haben. Darum frage ich sehr oft meine Geschöpfe, wie sie etwas haben wollen, obwohl ich deren Entscheidungen und Antworten im Vorfeld genauestens weiß. Aber das tut der Sache keinen Abbruch.

In der Sonne dieses Kosmotoms konnten wir die auf- und absteigenden Geister noch genauer beobachten. Besonders auffällig war für Dich die beinahe unbändige Freude der aufsteigenden Geister, die sich von Stufe zu Stufe immer mehr steigerte. Erstens bekamen sie immer mehr bekannte Menschen zu Gesicht, die sie früher getroffen haben, und zweitens wurde ihnen dadurch immer klarer, wie perfekt Ihr Auf- und Abstieg von mir und meinen Helfern geführt und gelenkt wurde.

Es könnte hier vielleicht wieder die Meinung aufkommen, daß alles könnte vorbestimmt sein, aber laß Dich gleich hier mit folgenden Erklärungen trösten. Alle Wege sind vorbestimmt, aber die Entscheidung und die Wahl liegt ausschließlich bei Euch, welchen Weg Ihr gehen wollt. Dieser kann lang oder kurz, beschwerlich oder freudig sein. Aber alle Wege führen wieder in meine Wirklichkeit zurück. Und da ich als unendlicher Gott Zeit genug habe, so ist es für mich überhaupt nicht wichtig, welche Wahl Ihr trefft, da ich weiß, daß jeder wieder zu mir zurückkommt.

Dieses Wissen macht meine und unsere Arbeit sehr einfach und auch sehr ergreifend, wenn wir solche Szenen sehr sehr oft erleben, wo sich die einzelnen wieder in meiner Einheit erfassen. So bist Du mit einigen Deiner nächsten Verwandten aus Deinen irdischen Leben zusammengetroffen, die sich auch schon auf dem Rückweg befinden. Es war einfach herrlich, am Wiedersehensfest anwesend sein zu können. Selbst für mich ist es immer wieder ein außergewöhnliches Erlebnis, die Liebe in vollster Blüte zu sehen. Das ist meine Freude.

So hast Du Deine Frau aus dem ersten Leben in Phrygien getroffen, ebenso Deine Kinder und die aus dem zweiten Leben. Shilaton war natürlich auch dabei, wobei Dir hier bewußt wurde, daß er von Anfang an immer Dein Begleiter war. Es war für Dich derart erhebend, daß es diesmal nicht leicht war, wieder auf die Erde zurückzukehren, wenn in Dir Dein Auftrag, den Du noch zu erfüllen hast, nicht stärker als die Liebe und Freude unter deinesgleichen wäre. Aber da Du das Versprechen von allen hast, jederzeit dorthin nicht nur zurückzukehren, sondern mit ihnen die nächsten Kosmotome mitbereisen zu dürfen, so war es für Dich wieder ein Leichtes, in das irdische Leben zurückzukehren.

Übrigens hast Du ja an diesem Tag zweimal am Tag kurz geschlafen, um schnell wieder mit ihnen in Verbindung zu treten, was Du ja sehr genau selber weißt.

Ja, das war wirklich sehr eigenartig. Obwohl ich bestens ausgeschlafen war, keine körperliche Müdigkeit verspürte, mußte ich trotzdem ins Bett, um das in wenigen Minuten erleben zu können. Und das gleich zweimal, in der Früh und zu Mittag, hintereinander. Aber dafür waren die Erlebnisse von unbeschreibbarer Art.

Ich habe die aufsteigenden Geister von der Erde weg beobachten, ja sogar auch sprechen können. Mit jedem weiteren Planeten, mit jedem weiteren Sonnensystem, mit jedem weiteren Kosmotom stieg in ihnen, ja in uns allen die Selbstsicherheit ins beinahe Unermeßliche. Dadurch war die Freude auch nicht mehr zu bremsen. Ich sah mir auch die absteigenden Geister an, die alle Richtung Erde in geordneten Bahnen strömten. Fast keiner von ihnen war zu sprechen, jeder hatte nur das eine Ziel vor Augen, sich auf diesem Planeten zu inkarnieren, um auch die höchsten Stufen dieser Welt erreichen zu können.

Nur bei einigen wenigen gelang es mir, Kontakt aufzunehmen, um sie über ihre Motivation zu fragen. Ich bekam immer nur sehr kurze, harsche und aggressive Antworten, die von dieser absoluten Willensentscheidung bestes Zeugnis ablegten. Hier wurde mir diese 100%ige Zielstrebigkeit erst so richtig bewußt, die diese Menschen begleitete.

So sehe ich die Menschen jetzt ganz anders, ob sie nun süchtig sind nach Arbeit, nach Alkohol, nach Drogen, nach Sex oder nach sonstwas. Das Schlüsselwort ist Zielstrebigkeit, die sich mit der Zeit noch verstärkt, je länger jemand auf der Erde ist. Darum sind auch die Menschen so schwer von etwas anderem dauerhaft zu überzeugen.

Das hast Du sehr gut beobachtet. Du lebst ja schon mittendrin. Jeden Tag erlebst Du das aufs Neue. Aber Du hast in Deiner Erzählung von der Sonne im Kniekosmotom noch einiges nicht erwähnt. Soll ich das für Dich nachholen?

Ja und nein. Ich weiß schon, auf was Du anspielst. Aber ja, mach' Du es. Ich glaube, ich bin befangen.

Eine Reise mit Freunden

In Ordnung. Du hast auf dieser Reise einige andere Deiner Bekannten und Verwandten mitgenommen, um ihnen das von hier Beschriebene zu zeigen. Dieser Deiner Bitte wurde entsprochen, obwohl Du genau wußtest, daß alle diese Menschen noch nicht reif dafür waren. Es wurde Dir aber gestattet, weil Du ihnen einen Gefallen tun wolltest, um sie in ihrer jetzigen Umgebung mehr zu stärken. So war das ganze Haus und ein paar andere in jener Nacht mit von der Partie, sie und Dich die Herrlichkeiten glückseliger aufsteigender Geister miterleben zu lassen. Darum war auch am nächsten Tag die Stimmung so gut unter allen Teilnehmern des Seminars und im Haus.

Interessant für Dich war auch, daß Deine Kinder mit dabei waren, da Du ja durch dieses Erlebnis auch deren Geschichte mitbekommen hast, auch die Deiner Frau und Deiner Teilnehmer. Denn jede solcher Reisen muß natürlich auch die Voraussetzung dafür schaffen, nämlich die eigene Vergangenheit genau zu kennen, da diese ja die Basis für die steigende Selbstsicherheit bildet. So konntest Du viele Gemeinsamkeiten in deren Geschichte mit Deiner erkennen, die Dich wiederum sehr ermutigte, mit den jetzt begonnenen Aktivitäten noch zielstrebiger fortzusetzen. Ich hoffe, Du hast durch diese Einblicke einiges für Dich dazu gewonnen.

Oh, ja. Das habe ich. Mit jedem Schritt wurden mir die Verflechtungen unserer Leben immer bewußter. Daß meine Begeisterung dadurch immer mehr wuchs, steht außer Zweifel. Es ist wirklich eine große Lebenserleichterung für mich zu wissen, daß wir alle in irgendeiner Form verbunden sind. Ja man könnte sogar sagen, daß wir alle eins sind.

Ja, das ist das Ziel. Die Aufhebung des Trennungsglaubens führt automatisch zur wirklichen Einheit. In dieser Nacht hast Du einen kleinen Hinweis auf dieses auf alle wartenden Geschehnisses bekommen. Aber ich glaube, es ist jetzt genug, außer Du willst über die Vergangenheit noch mehrere Details wissen. Wir könnten jetzt die einzelnen Menschen durchgehen, sie Deinem Leben zuordnen, die Erfahrungen und Erkenntnisse daraus gewinnen und so weiter. Nur, wenn wir das machen, dann brauchen wir noch einige Bände an Büchern, weil es beinahe unendliche Geschichten sind.

Ich habe noch vor, die Sache bis zum Eintritt in meine wirkliche Welt zu verfolgen und auch zu beenden. Außerdem habe ich vor, Dir einiges von dieser Erde zu zeigen, was wir schon in der einen oder anderen Nacht gemacht haben. Außerdem haben wir die Erlebnisse auf dem Bösenstein noch offen und die letzten drei Nächte, in denen wir uns auf noch höhere Lebensformen begeben haben.

Wir waren schon in zwei Kosmotomen des Kopfes und in einem des Bauchbereichs. Dazwischen haben wir noch kurze Besuche in einzelnen Ländern gemacht, um dort die Arbeit der Helfer von Elabo zu beobachten. Du siehst, daß wir einiges aufzuholen haben.

23. Juli 2002

Einen schönen guten Morgen. Gestern war ja ein sehr erfolgreicher Tag. Du hast gemerkt, daß Dein Krafttraining schon gute Fortschritte gebracht hat. Wenn Du die nächsten zwei Wochen so weitermachst, kann noch einiges für Dich bei den Europameisterschaften drinnen sein.

Danke. Es freut mich, daß Du auch an so trivialen Dingen des Lebens teilnimmst. Man glaubt nämlich sehr leicht, daß Du als Weltenlenker solche Kleinigkeiten überhaupt nicht beachten wirst und kannst.

Oh, da täusche Dich nicht. Für mich gibt es keine Bewertungen. Bei mir ist alles gleich wichtig. So sind die für Dich kleinsten Dinge für mich ebenso groß wie alles andere. Schöpfung ist Schöpfung. So sind Deine Schöpfungen genauso Schöpfungen wie meine Schöpfungen. Bedenke bitte immer, daß es keine nichtigen Gedanken gibt. Jeder Gedanke ist wichtig und erzeugt die mit ihm gesetzte Wirkung.

Halt, Du meinst, daß auch jeder flüchtige Gedanke eine Wirkung hat?

Es gibt keine unwichtigen Gedanken

Ja, natürlich. Was meinst Du denn? Es gibt nur Gedanken. Und diese werden sich manifestieren. Bei mir in meiner wirklichen Welt sofort, bei Dir in Eurer Traumwelt mit der einen oder anderen Verzögerung, wobei es auch Gedanken gibt, die sofort ihre Wirkung zeigen. Denke doch einmal an die vielen rot angelaufenen Gesichter, ob aus Freude oder aus Verlegenheit. Ebenso an die vielen Streßreaktionen des Körpers, wenn ein Gedanke so richtig in den Körper hineinschießt. Darum ist es so wichtig, die Gedanken wirklich kontrollieren zu lernen.

Darum ist es für Euch erst dann möglich, den Himmel oder meine wirkliche Welt zu betreten, wenn Ihr dieses Kapitel wirklich hundertprozentig gelernt habt. In meiner Welt gibt es zwar diese abgegrenzten Gedanken nicht mehr. Aber dafür ist der Wille der Ausdehnung weit stärker.

Alles, was Du willst, wird sofort da sein. Das ist auch der Grund dafür, daß Ihr durch eine so lange Zeit der Evolution gehen müßt, um die Gedankenkontrolle so zu lernen, daß Euch dann später kein Fehler mehr unterlaufen kann. Ein einziger Fehler würde das gesamte Trennungstheater wieder von vorne beginnen lassen.

In meiner wirklichen Welt gibt es keine Fehler. Hier ist alles perfekt. Es ist zwar bei Euch auch alles perfekt. Aber in einem für Euch nicht freien Zustand. Ihr seid bis zum völligen Erwachen an die Gesetze der äußeren Welt gebunden, die es bei mir nicht gibt. Darum solltest Du Dich besonders um die Gedankenkontrolle kümmern.

Und was muß ich da genau machen?

Der Anfang der Gedankenkontrolle

Als erstes lernst Du, einen Gedanken festzuhalten. Dabei wirst Du merken, daß Dir dieser Gedanke immer wieder abhanden kommt, von anderen überholt bzw. sogar scheinbar völlig ausgelöscht wird. Ihr habt dafür verschiedene Techniken entwickelt, wie zum Beispiel das Ziel- und Zeitmanagement. Das ist für den Anfang auch ganz brauchbar. Aber es geht weit einfacher.

Nichts ist machtvoller als ein festgehaltener Gedanke. Du kannst das bei Dir sehr gut beobachten. Du hast den festen und fixen Gedanken, in meine wirkliche Welt wieder einzutreten. Du merkst immer mehr, wie durchsichtig und nichtig Dir diese Eure Scheinwelt wird. Dein Interesse für die gewöhnlichen täglichen Dinge wird immer geringer. Ja, Du beachtest sie eigentlich schon gar nicht mehr. Dafür kommen ganz andere Gedanken so nebenbei hervor, wie zum Beispiel der ständige Wunsch, möglichst schnell die Aufstiegsleiter der Geister hinaufzuklettern.

Heute früh hast Du sehr deutlich in einem Tagtraum die Freude gemerkt, die da dahintersteht. Du hast mit vielen anderen Geistern gespielt, indem Du einfach mit ihnen über das Wasser getanzt, ja förmlich geflogen bist. Es gab überhaupt keinen Zweifel mehr, daß das wirklich möglich ist. Damit hast Du allen Anwesenden bewiesen, daß die materiellen Gesetze für den Geist nicht gelten, wenn man sich eben mit diesen nicht identifiziert. In Eurer Welt ist es aber so.

Die Gesetze gelten nur deshalb, weil Ihr Euch mit diesen vollkommen identifiziert. So habt Ihr Eure gesamte Macht in die materielle Formenwelt hineingelegt und glaubt damit, Ihr selbst hättet keine Kraft und Macht mehr zur Verfügung. Das ist ein ganz wichtiges Kapitel. Ihr glaubt daher, daß von Euch geschaffene Dinge selbst Macht haben. Das haben sie nicht. Ihr habt die Macht, die Kraft, die Liebe und die Weisheit. Alle Eure Schöpfungen sind Schall und Rauch. Sie haben überhaupt keine Beständigkeit. Ja, sie haben überhaupt keine Existenz, auch wenn sie für Euch einen so großen Wirklichkeitscharakter haben.

Das ist ein schöner Beweis dafür, daß Ihr am Beginn alle Macht und Kraft verloren habt, weil Ihr diese völlig in den Trennungsgedanken hineingelegt habt. Damit habt Ihr erst den Boden für die materielle Schöpfung bereitet. Um aus diesem wieder herauszukommen, habe ich Euch den Plan und das Licht dazu gegeben. Darum wirst Du bei Dir selbst mit diesem Gedanken des Hinaufwollens auch alle Phänomene durchleben, die mit dem allmählichen Verschwinden der materiellen Welt verbunden sind. Du wirst noch mehr das Interesse an der Welt verlieren, weil Du immer tiefer in die Aufstiegswelten hineingehst und somit meiner Welt immer näher kommst.

Heißt das, daß ich zum Einsiedler werde?

Nein, überhaupt nicht. Du wirst immer mehr Freude am Leben haben, aber nicht an den toten Dingen. Du wirst immer mehr Freunde um Dich scharen, die auch diesen Gedanken der Rückkehr in die Wirklichkeit verfolgen. Es macht einen riesigen Spaß, sich mehr und mehr der Liebe und somit meiner Welt zu nähern. Du wirst immer mehr Freude am Licht, an der Weisheit, an meiner Liebe haben. Du verspürst das doch schon täglich, oder?

Ja, das verspüre ich wirklich. Die Lebensfreude wird täglich, ja stündlich, immer mehr. Am liebsten würde ich den ganzen Tag nur noch mit Dir reden, spielen, wandern gehen, Menschen Deine Liebe zeigen, im Hier und Jetzt anderen die Begeisterung mitteilen. Viele Bemühungen und Arbeiten der Menschheit erscheinen mir immer bedeutungsloser und nichtiger. Ja, sie stimmen mich sogar sehr traurig, wenn ich mit ansehen muß, wie nutzlos in den Büros und in den Familien Zeit vergeudet wird. Kann man dagegen wirklich nichts tun?

Es gibt keine vergeudete Zeit

Was willst Du machen? Jeder Mensch ist völlig frei. Das ist das schönste an Eurem Leben. Die Freiheit ist das wichtigste Gut. Und es gibt keine Vergeudung von Zeit, weil es ja auch keine Zeit gibt. Das, was Dir vielleicht als Vergeudung vorkommt, ist in Wirklichkeit eine Konsolidierung.

Betrachte doch einmal die Jahreszeiten bei Euch. Es könnte leicht jemand behaupten, daß der Winter eine vergeudete Zeit ist, weil in dieser Periode nichts wächst. Alles ruht, alles schläft, alles dämmert so dahin. Und doch ist sie eine sehr wichtige Zeit, weil hier die Kräfte für die neue Wachstumsperiode gesammelt werden. So sammelt auch jeder Mensch in diesen sogenannten unproduktiven Zeiten Kräfte für neue Ideen, die dann mit der Zeit allmählich aufgehen werden.

Es gibt auch kein vergeudetes Leben. Du weißt zum Beispiel nicht, ob jemand gerade ein sehr turbulentes Leben hinter sich gebracht hat, um jetzt einmal eine Pause, einen Urlaub einzulegen, um sich für die nächste Lebensperiode zu konsolidieren. Darum be- und verurteile die Menschen nicht in ihrem Verhalten, besonders dann nicht, wenn sie Dir gerade nicht sehr produktiv erscheinen.

Heißt das, daß ich die Faulheit und Trägheit akzeptieren muß?

Dir wird nichts anderes übrigbleiben. Willst Du die Menschen mit Ruten und Peitschen zur Aktivität zwingen? Das kannst Du zwar sehr wohl, aber dann werden die Aktivitäten keine freien, sondern nur über den Schmerz motivierte sein. Das aber kann nicht im Sinne einer Befreiung vom Trennungsgedanken sein. Außerdem haben wir doch früher schon festgestellt, daß der Mensch nicht zum Arbeiten geschaffen wurde. Wenn Ihr noch in Euren alten Wohngebieten leben würdet, so hättet Ihr das ganze Jahr Wärme und genügend Früchte zur Ernährung. Aber leider habt Ihr Euch mit der Zeit Gegenden ausgesucht, die für diese Art von Lebensführung nicht geeignet sind. Darum müßt Ihr jetzt dementsprechende Anstrengungen unternehmen, um Euren Körper zu schützen und zu ernähren. Das wäre alles nicht notwendig gewesen, wenn Ihr bei Eurer geplanten natürlichen Lebensweise geblieben wäret.

Doch selbst die Völker der wärmeren Gegenden haben diese natürliche Lebensweise längst verlassen. Würden sie wieder auf die natürliche Kostform umsteigen, dann hätten sie weit weniger bzw. überhaupt keine Probleme mehr. Dann könnten sie sich wirklich nur noch dem einen Lebensziel, der Aufhebung des Trennungsgedankens, widmen. Wäre das nicht schön?

Das sind Aussichten. Werden wir das jemals erreichen?

Natürlich. Warum sage ich Dir denn das Ganze? Wenn es nicht erreichbar wäre, dann hätte unser Gespräch doch keinen Sinn. Es kommt die Zeit, wo Ihr alle dieses Leben wieder führt, um damit das höchste Ziel schnellstens zu erreichen. Es gibt schon einige Menschen, die das tagtäglich praktizieren. Und sie haben damit einen riesengroßen Erfolg.

Und wo kann ich solche Menschen finden?

Das ist ganz leicht. Du brauchst nur in die südlichen Länder zu fahren, die Augen und Ohren offen zu halten. Dann wirst Du sie schon entdecken. Es gibt mehr Gruppen als

Du denkst. Das einzige, was den meisten Gruppen fehlt, ist diese von mir hier vorgetragene eindeutige Zielvorstellung des Lebens. Würde sich diese auch noch durchsetzen, dann wären diese Menschen in ihrer Zielstrebigkeit nicht mehr aufzuhalten.

Aber ich werde schon dafür Sorge tragen, daß genügend Exemplare dieses Buches diese Menschen erreichen werden. Übrigens war das auch das Hauptthema unserer Konferenz auf dem Bösenstein. Es haben sich dort in jener Nacht die Verantwortlichen der Kontinente zu einer kurzen Besprechung getroffen. Ausgewählt wurde dieser besondere Ort deswegen, weil aus diesem Gebirgszug besonders viele reif gewordene Geister das erste Mal in ihrer Evolution die Oberfläche der Erde erblicken. Sie werden dann von dem Verantwortlichen dieser Gegend begrüßt und nach einer kurzen einführenden Erklärung der geeigneten Einkörperung zugeführt. Ich wollte, daß Du auch einmal bei einer solchen Einführung dabei bist, damit Du siehst, wie umfangreich die Vorkehrungen sind, um das Beste für jeden frei gewordenen Geist hervorzubringen.

Wie haben die neuen Geister auf ihre wiedergewonnene Freiheit reagiert?

Neue Geister beginnen ihre Reise

Nun, das hast Du doch mit eigenen Augen gesehen. Die Freude war sehr groß. Da aber diese Menschengeister noch sehr mit der materiellen Seite verbunden sind, so erscheinen sie auch anfangs sehr grau bis schwarz. Das kannst Du besonders um diesen Berg herum gut beobachten, da er immer wieder von ganz grauen und schwarzen Wolken eingehüllt ist.

Ich habe Dir damals geraten, mit ihnen kein Wort zu wechseln, da sie leicht in Wut und Zorn geraten können. Darum müssen sie auch so schnell wie möglich einem Körper zugeführt werden, damit sie auf der Erdoberfläche nicht zu viel Schaden anrichten. Sie könnten nämlich leicht in ihrem Freudentaumel das eine oder andere vollständig ruinieren, da ihnen die Materie bisher als großer Druck und schwere Last vorgekommen ist. In ihrer wiedergewonnenen Freiheit könnten sie sich sehr leicht an ihrem Gefängnis heftig rächen, was manchmal auch für die weitere Entwicklung der Erde sogar notwendig ist. Dann läßt dies der Verantwortliche dieser Gegend auch zu.

Ich habe Dir dies gezeigt, weil Du sehr gerne in die Berge wandern gehst. Und hie und da kommen aus Felsritzen, kleinen Seen oder steilen Wänden die einen oder anderen Wölkchen zum Vorschein, die meistens solche befreiten Geister sind. Treten sie aber massiv auf, dann ist es höchste Zeit für Dich, die Gegend so schnell wie möglich zu verlassen, um nicht ihrem Freudenfest zum Opfer zu fallen. Sie können in diesem Stadium noch keinen Unterschied zwischen der toten und der lebenden Materie machen.

Ich würde Dir auch empfehlen, beim nächsten Mal mit einem solchen Wölkchen Kontakt aufzunehmen. Wenn es nur einer oder zwei Menschengeister sind, so lassen sich schon interessante Gespräche führen. Außerdem werden sich natürlich auch Deine Begleiter schützend vor Dich stellen, so daß Du von ihnen nichts zu befürchten hast. Der Verantwortliche dieser Gegend wird Dich noch in alle notwendigen Vorkehrungen gesondert einweihen. Er ist ja ein alter Freund von Dir, auch wenn die Zeiten Eurer Begegnung schon sehr lange zurückliegen. Ihr habt Euch in einer fernen Welt, im 95. Kosmotom, das Du durchlebt hast, bei der Flucht getroffen und seid dann ziemlich lange, einige Kosmotome lang, zusammengeblieben. Das habe ich Dir aber bei diesem Treffen der anderen Erscheinungen wegen nicht gleich gesagt.

Aber Du solltest ihn so bald wie möglich auf seinem Sitz, dem Bösenstein, besuchen. Dann werdet Ihr eine interessante Unterhaltung haben. Alles weitere wird sich ergeben. Wenn Du willst, kannst Du einen Bericht davon schreiben.

Kann ich auch seinen Namen erfahren?

Welchen? Den jetzigen oder den früheren?

Das ist mir gleich. Er wird doch wohl auf beide ansprechen, oder?

Ja, das wird er. Sein Name jetzt ist Rader. Früher hieß er Niner. Rader kommt aber hier nicht von Eurem deutschen Wort Rad, sondern heißt buchstabengetreu „Führer der Geburten“. Niner bedeutet der ewige Wegbereiter, weil er immer für andere den Weg vorgezeichnet und ihn auch dann mit anderen gegangen ist. So bist Du auch von ihm von einem Ort zum anderen Ort geführt worden, bis Ihr Euch dann einige Kosmotome später aus den Augen verloren habt. Aber diese Leben werde ich Dir etwas später noch genauer schildern, wenn Du Interesse daran hast.

Natürlich. Es wird ja immer interessanter. Kannst Du mir dann auch die jeweiligen Lebensformen schildern, oder bekomme ich die mit der Zeit sowieso wieder ins Gedächtnis?

Die bekommst Du wieder, Zug um Zug. Je mehr Du Dich damit beschäftigst, desto mehr wirst Du Dich dann auch an die einzelnen Passagen Deiner früheren Leben erinnern können. Außerdem besuchen wir mit den aufsteigenden Menschen die einzelnen Lebensstätten. Somit wirst Du dann Kenntnis von allen Dingen bekommen.

Doch beachte die äußeren Umstände nicht zu stark, sondern mehr Deine Entscheidungen, die sich bis heute in Deinem Leben manifestieren. Das sind dann die wirklichen Lernprozesse, die als wertvoll zu bezeichnen sind. Rader hat seine irdische Entwicklung schon vor ca. 10 000 Jahren abgeschlossen, wollte aber unbedingt als Helfer auf dieser Erde bleiben. So wurde er von Elabos Leuten eingeschult, in verschiedenen Ländern gemäß seines Wissens und seiner Kenntnisse eingesetzt, um jetzt hier in der Obersteiermark seinen Dienst mit großer Freude zu tun. Ihm unterstehen noch einige andere Menschengeister. Alle bemühen sich sehr und machen gute Arbeit. Du wirst auch bemerkt haben, das die ganze Gegend relativ ruhig ist. Elabo schickt ihm auch immer wieder diejenigen Menschen, die sich besonders naturgeistig entwickeln wollen. Dafür sind nämlich die Berge bestens geeignet. Einige von ihnen gehen dann sogar die rein geistigen Wege, wie Dir ja schon das eine oder andere Mal aufgefallen ist. Betrachte daher in Zukunft die Menschen dieser Gegend ganz besonders gut, denn Du wirst viele finden, die sich ganz intensiv mit dem Thema „Rückkehr in die Wirklichkeit" beschäftigen. Hast Du noch Fragen dazu?

Ja, die habe ich. Hat eigentlich jeder Berg eine Bedeutung in dieser Hinsicht?

Besuch bei Verantwortlichen in den Bergen

Nein, nicht jeder. Aber in Eurer Umgebung sind es einige, die für Verantwortliche als quasi Wohnsitz dienen. Ganz besonders hervorzuheben ist der Grimming, der Dachstein, der Hochgolling und das Hochtor. Auch der Hexenturm hat für die nördlicheren Gegenden eine wichtige Bedeutung. Es ist hier ein ständiges Kommen und Gehen. So kommen manchmal Geister von Elabo, die meisten aber vom Erdinneren. Das Gehen ist meistens besonders eindrucksvoll, wenn Menschengeister ihre geistige Evolution bis zu einem Punkt gebracht haben, an dem sie schon zu den Aufsteigenden zu zählen sind. Dann gibt es großartige Feste, die Du an besonders schönen Tagen erahnen kannst. Wenn Du willst, werden wir einem solchen Fest in den nächsten Tagen beiwohnen.

Ja, das wäre schön. Solche Feste sind für mich immer wieder die schönsten. Mir kommt überhaupt vor, daß das jetzige Leben immer mehr zu einem einzigartigen Fest wird. Woran liegt das?

Das ist ganz einfach zu erklären. Du hast Dich von den materiellen Umklammerungen befreit und meinen Weg voll und ganz eingeschlagen. Was soll ich Dir da noch sagen?

Freiheit hat ihren Preis. Diesen Preis hast Du mit der Loslösung von der materiellen Scheinwelt schon bezahlt. Darum genieße die Freuden des Lebens, indem Du auf der materiellen Ebene ganz einfach und natürlich bleibst, auf der geistigen Ebene aber alle Schleusen öffnest. Du wirst Dich noch wundern, was alles noch auf Dich zukommt. Deine Ahnungen sind sehr richtig. Sie kommen ja alle von mir.

Das ist unglaublich schön. Ich hoffe, ich kann das alles aushalten und durchstehen.

Keine Sorge! Du machst das schon.

Kenne ich die Geister auf den anderen Bergen von früher?

Ja, zwei. Den einen auf dem Hochtor, den anderen auf dem Grimming, der schon lange auf Dich wartet. Du solltest ihn wirklich in den nächsten Wochen einmal besuchen. Er war mit Dir sehr lange zusammen, besonders in den Anfangszeiten. Ihr habt Euch in diesem Euren Sonnensystem auch auf dem Saturn getroffen. Davon würde es auch sehr viel zu erzählen geben. Aber das könnt Ihr dann allein machen. Dein Freund auf dem Hochtor ist nur einmal ganz kurz mit Dir zusammengewesen. Aber auch das sollte Eure Angelegenheit sein. Darum zieht es Dich, wie Du schon gemerkt hast, besonders stark auf ganz bestimmte Berge. Oben angekommen, möchtest Du eigentlich gar nicht mehr hinuntergehen.

Ja, da hast Du vollkommen recht. Die Sehnsucht nach oben ist schon sehr groß. Jetzt weiß ich endlich warum. Dafür möchte ich Dir danken. Aber, da fällt mir noch etwas ganz anderes ein. Ist es möglich, daß wir Menschen uns alle untereinander kennen?

Alle Menschen kennen sich

Die Frage ist gar nicht so schlecht. Wenn ich Dir das jetzt so sage, dann wird es Dich wahrscheinlich ziemlich schockieren. Aber die Wahrheit ist die Wahrheit. Ihr kennt Euch alle untereinander. Ihr seid Euch früher alle schon einmal begegnet. Darum ist das Gefühl, daß Du jemand „Unbekannten“ kennst, ein sehr richtiges. Ihr könntet auf Eurer Erde noch einmal so viele Menschen zählen, Du würdest alle kennen, weil Du mit allen schon in Kontakt warst. Wie ist das für Dich?

Ungeheuerlich. Großartig. Dann gibt es also keine Fremden, keine Unbekannten. Jetzt ist mir das wirklich tief hineingegangen. Wir sind also untereinander alle verwandt.

Ja, das seid Ihr. Ihr seid alle Brüder und Schwestern. Wenn das jeder wüßte, dann würde die Welt ganz anders ausschauen. Ihr würdet heute schon im Paradies leben. Darum ist es so wichtig, daß das jeder erfährt.

Aber warum wurde bisher nie auf diesen Punkt hingewiesen? Ich habe davon noch nie etwas gehört.

Oh, komm! Das steht doch schon in der Heiligen Schrift. Ihr seid alle Brüder und Schwestern. Aber da sich niemand ernstlich darum gekümmert hat, so ist das eben wie vieles andere auch einfach untergegangen und wird bis heute kaum oder gar nicht beachtet. Ein Grund mag die strikte Ablehnung vergangener Leben sein. Dadurch habt Ihr Euch einer großen Wissensquelle verschlossen. Ich hoffe, daß dieses Buch zur Lösung dieser bedeutenden Frage beitragen kann.

Das hoffe ich auch. Mir persönlich haben die Entdeckungen der Entscheidungen aus meinen früheren Leben sehr geholfen. Darum verstehe ich jetzt auch nicht nur die Welt besser, sondern auch mein eigenes Verhalten. Nur sehne ich mich immer mehr nach Deiner Welt, meiner ewigen Heimat. Ist diese Sehnsucht berechtigt?

Ja, sie ist sogar sehr berechtigt. Aber vergiß bitte nicht, daß Du noch einige Jahre auf dieser Welt zu verbringen hast. Du kannst mir noch ein sehr gutes Werkzeug für viele Menschen sein, auch wenn Du schon lange nicht mehr da sein willst. Bedenke aber, daß alle Menschen mit Dir verwandt sind, und daß Du alle Anstrengungen in dieser Richtung für Deine ureigensten Verwandten unternimmst. Ist das nicht ein lohnenswertes Ziel?

Da hast Du nun wirklich recht. Ich werde mich sofort noch mehr ins Zeug legen. Das ist wirklich eine sehr bedeutende Aussage. Alle Menschen sind meine Schwestern und Brüder. Das ist wirklich fantastisch. Es gibt keine Fremden. Es gibt keine Unbekannten. Das muß erst einmal richtig verdaut werden. Aber warum habe ich dann die einen oder anderen Geister auf den Bergen noch nie getroffen?

Getroffen hast Du sie schon, aber nur sehr flüchtig. Ihr seid nicht so richtig in Kontakt getreten, daß Ihr Euch jetzt gut kennen würdet. Aber das kannst Du ja in der nächsten Zeit nachholen. Übrigens, aufsteigende Geister wissen davon schon Bescheid. Je weiter sie die Erkenntnisleiter hinaufklettern, desto bewußter wird ihnen dieser Punkt, bis sie knapp vor dem Wiedereintritt in mein wirkliches Reich zur vollen Einheit gelangen. Dann gibt es im weiten Universum überhaupt keinen Fremden oder Unbekannten mehr. In der Einheit gibt es nichts Fremdes, nichts Getrenntes. Wie ist das nun für Dich?

Nicht zu beschreiben. Das Leben wird dadurch noch schöner, noch angstfreier. Was gibt es dann überhaupt noch zu befürchten, wenn wir alle untereinander Brüder und Schwestern sind?

Bci mir zählt nur dic Licbc

Das ist wieder eine sehr gute Frage. Der Trennungsgedanke hat Euch nicht nur von mir entfernt, sondern Euch auch untereinander. So wie Ihr Angst vor mir habt, weil Ihr Euch schuldig fühlt, so habt Ihr auch Angst voreinander. Nur, es gibt keine Schuld. Dadurch gibt es auch keine Bestrafung, auf die Ihr alle noch immer von mir wartet. Ich strafe nicht, nie. Rache ist für mich ein Fremdwort.

Daß vieles in der Heiligen Schrift darauf hinweist, ist nur eine Erfindung der Schreiber dieser Worte. Sie glaubten nämlich, daß man mit Drohungen und dergleichen die Menschen zu bessern vermöge. Doch da irrten sie gewaltig. Darum sind viele Stellen in den sogenannten Heiligen Schriften reines Menschenwerk. Überall, wo die Liebe nicht an erster Stelle steht, sind Lügengeschichten der wahre Hintergrund.

Ich habe nie gedroht. Ich schwöre nie auf Rache. Wenn ich mahne, dann nur vor der unabänderlichen Entwicklung der Erde, vor den unausweichlich entstehenden Wirkungen Eurer gesetzten Ursachen auf der körperlichen und geistigen Ebene, um Euch vor noch größerem Schaden zu bewahren. Aber, wie Du selbst weißt, sind meine Worte so wie auch Deine meistens in der Luft verhallt. Darum werden die Menschen erst durch Schaden klug. Wer nicht hören will, muß fühlen. So heißt es doch, oder?

Ja, da muß ich mich selber bei der Nase nehmen. Wie oft habe ich Deine Warnungen mißachtet, Dich sogar heimlich einen Spinner gescholten, weil ich es besser zu wissen glaubte. Und dann, dann war es wie immer zu spät. Dann kam die große Reue. Jetzt bin ich an dem Punkt angelangt, daß ich mein Leben in Deine Hände gelegt habe. Bisher bin ich sehr gut damit gefahren.

Das war für Dich wirklich eine sehr weise Entscheidung. Sorge Dich nicht! Lebe und liebe! Kümmere Dich nur um das Reich Gottes, alles andere wird Dir hinzugegeben. Du kennst doch diese Worte, oder?

Oh ja, jetzt schon sehr genau. Darum will ich nichts unternehmen, bevor Du mir nicht eindeutig dafür grünes Licht gegeben hast. Mit Dir ist alles einfacher geworden. Darum verstehe ich jetzt auch die Worte, man soll um alles beten oder bitten. Einige Menschen sagen dazu auch positiv denken. Doch ich glaube, daß das Beten und Bitten wesentlich treffender ist.

Mir ist es völlig egal, wie Du dazu sagen willst. Hast Du mich als Entscheidungshilfe gewählt, so wird Dir diese sicherlich gewährt werden. Worte sind für mich nicht wichtig. Für mich ist nur der Wille entscheidend. Und ist dieser Wille mit meinem Willen eins, so kann daraus nur das Beste kommen. Also, erforsche daher meinen Willen, erkenne ihn und tue danach. Alles andere ist Nebensache. Die Produkte, die Werke werden sich sehen lassen können. Glaube mir.

Und wie erkenne ich Deinen Willen?

Das ist ganz einfach. Alles, was die Trennung zwischen mir und Dir, Dir und Deinen Brüdern und Schwestern aufhebt, das ist richtig und wahr. Hast Du den Gedanken der Trennung aus Deinem Geist verbannt, dann wird auch Dein Denken und Verhalten mit meinem Willen eins sein. Das ist das einzige Kriterium. Du wirst in kürzester Zeit eines bemerken. Alles ist Liebe, alles ist Einheit, und das Leben nimmt seinen Lauf.

Schön, wunderschön. Ich werde mich sehr darum bemühen. Am liebsten würde ich die ganze Welt vor Freude umarmen. Meine Entscheidung: Keine Trennungen mehr.

Jeder Angriff ist ein Hilfeschrei

Da hast Du gut entschieden. Es wird in der Zukunft nicht leicht für Dich werden, wenn Du von verschiedenen Seiten angegriffen werden wirst. Aber wenn Du dieser Entscheidung treu bleibst, so werden alle Angriffe im Nichts verpuffen. Gibst Du ihnen keine Angriffsfläche, so können sie auch keine Kraft entwickeln. Jeder Angriff braucht einen Widerstand, und wenn dieser nicht da ist, so wird er ebenso keinen Schaden anrichten können, wie ein Sturm in der Wüste, wo auch nichts ist, um beschädigt werden zu können.

Und wie schauen die Widerstände aus?

Ganz einfach. Du willst Dich zum Beispiel rechtfertigen, Deinen Standpunkt verteidigen, dem Gegenüber zeigen, daß er falsch liegt. Alle diese Bemühungen sind völlig umsonst. Warum? Weil nur Dein eigenes Vorbild wirklich überzeugend ist. Ein Engel im Himmel braucht sich nicht zu rechtfertigen, weil er im Himmel ist. Er ist im Himmel. Und ein Engel im Himmel kann auch dadurch nicht angegriffen werden, weil er weiß, daß er im Himmel ist. Dieser Ist-Zustand gibt ihm einfach recht, weil im Himmel alles recht ist.

Dasselbe kannst Du auch schon auf Erden haben. Deine eigene Glückseligkeit, Deine Jugendlichkeit, Deine Gesundheit, Deine Freude und Begeisterung, Deine Fröhlichkeit und Heiterkeit, Deine Liebe zu mir, zu allen Deinen Brüdern und Schwestern und zu Dir selbst geben Dir einfach recht. Was willst Du da verteidigen?

Alle Angriffe auf Dich oder auf meinen Himmel sind nur Hilfeschreie. Die Angreifer schreien um Hilfe, damit ihnen aus ihrer unglücklichen Situation geholfen wird. Du brauchst nur zu warten, bis Dich jemand ernstlich fragt, wie Du das alles machst und meisterst. Dann kannst Du klar und einfach die Antwort geben, daß Du alle Trennungsgedanken fallengelassen hast, ein natürliches Leben führst und mit mir in glücklicher und liebevoller Harmonie lebst. Das ist alles. Rasch wirst Du statt Angreifern nur noch Bewunderer finden, die Dich um Rat und Tat fragen. Mache es so, und alles wird genau so eintreffen.

Ich glaube, ich beginne wirklich langsam zu verstehen. Keine Gewalt, kein Druck, kein Überreden, sondern nur Überzeugung durch das eigene Vorbild ist gefragt, sonst nichts.

Keine Gewalt, bitte!

Jetzt bist Du richtig. Gewalt erzeugt Gegengewalt. Druck erzeugt Gegendruck, Überreden bringt gar nichts. Zeugst Du von meiner Liebe, meiner Weisheit, meiner Einfachheit und Klarheit, meiner Freude und Glückseligkeit, dann hast Du alles gemacht, was zu machen ist.

Natürlich kannst Du zu jedermann begeistert reden. Glück braucht keinen Maulkorb. Doch rede nur von Dir, von Deinem Glück, von Deiner Zufriedenheit, von Deinem Weg dorthin, von mir und meiner wirklichen Welt, von dem alles zerstörenden Trennungsgedanken, von der Unendlichkeit meiner Welt, von der Großartigkeit der Schöpfung, von der Begeisterung meiner Helfer und Engel, von der Glückseligkeit aller Wiedererwachten, und Du wirst automatisch das Innere der Menschen öffnen, indem Du ihnen ihre eigene Welt zeigst. Du brauchst dafür keine Drohungen, keine Mahnungen, keine Strafgerichte.

Jeder Mensch ist seines Glückes Schmied. Wenn sich jemand für die Hölle entscheidet, so kratzt das niemand im Himmel. Irgendwann wird er diese Entscheidung schon zurücknehmen, wobei der Himmel in seiner Begeisterung und Euphorie nicht untätig sein wird. Er wird immer wieder mit all seinem Licht und seiner Liebe und Weisheit zur Hölle hinabsteigen, um den Unglücklichen die Welt des Glücks näherzubringen. Aber bei der Entscheidung kann niemandem wirklich geholfen werden. Das ist die Freiheit, und das wird sie ewig und immer bleiben.

Deine Worte sind wie Balsam auf meinem kämpferischen Verstand. Ich habe immer versucht, mit dem Kopf durch die Wand zu gehen.

Ja, das hast Du. Und wie weit bist zu gekommen? Jetzt wird alles anders sein. Du siehst ja, wie die Leute schon zu Dir kommen, um Deine Glückseligkeit und Begeisterung mitzubekommen, oder?

Das stimmt.

24. Juli 2002

Ich wünsche Dir wieder einmal einen schönen guten Morgen. Ich bin schon gespannt, was heute alles auf uns zukommen wird.

Auch meine allerbesten Wünsche. Gestern am Abend war wieder schön. Dein Workshop ist wirklich eine Freude. Du konntest Eva wieder auf die richtige Fährte bringen. War das anstrengend?

Überhaupt nicht. Ich habe ja nichts getan. Du hast alles für mich gemacht. Ich war nur das ausführende Organ. Als Dein Stellvertreter brauche ich auch nichts zu tun, da Du alles wie in der Schule vorsagst. Es ist wirklich leicht. Darum mache ich mir auch überhaupt keine Sorgen mehr um die Zukunft, ist doch alles in den besten Händen bei Dir.

Der gestrige Tag hat mir überhaupt wegen der erhaltenen Informationen sehr gut gefallen. Das Beste für mich war die Erkenntnis, daß wir uns alle untereinander kennen und irgendwie verwandt sind. Das war wirklich eine große Erfahrung, die sich nicht mehr so leicht verflüchtigen wird.

Da hast Du vollkommen recht. Dieser Punkt ist sehr wichtig und für Euer Zusammenleben wesentlich und entscheidend. Dadurch bekommt auch der Satz „Liebet Eure Feinde" eine ganz andere Bedeutung. Meistens wurden Feinde auch als Fremde betrachtet. Aber wenn es jetzt keine Fremden mehr gibt, sondern nur mehr Verwandte und Bekannte, ja man könnte sogar sagen Familienmitglieder, so wird es hoffentlich in Zukunft nur mehr lauter geliebte Freunde geben, obwohl es hie und da auch Feinde innerhalb der Familien gibt. Aber das wird sich mit der Zeit auch geben. Normalerweise ist in den Familien die Liebe zu Hause.

Also, das kann ich von meiner Familie nicht unbedingt behaupten. Wir treffen uns kaum, reden beinahe nichts miteinander. Und wenn es einmal ein Familientreffen gibt, so sind die Gespräche mehr oder weniger nur oberflächlich. Auch telefonieren wir überhaupt nicht miteinander, außer es ist eine familiäre Notwendigkeit. Wie siehst Du das?

In Deiner Familie ist das leider wirklich so. Die Kluft zwischen Euch ist deswegen so groß, weil Ihr alle von ganz anderen Sternen und Kosmotomen seid. Hier wurde ein richtiger Mix von allen möglichen Geistern gemacht, um eine besonders starke Gruppe für spätere Zeiten aufzubauen. Erst dann werden sich die Verbindungen enger zusammenfinden, weil es dann ein gemeinsames Ziel gibt. Heute habt Ihr kein familiäres Ziel. Jeder macht seines, was es auch immer sein mag.

Mit einiger Anstrengung ließe sich jetzt schon etwas machen. Aber es hätte wahrlich wegen des fehlenden Zieles nicht sehr viel Sinn. Das kommt immer wieder vor, wobei aber bei größerer Denkdimension die Sache doch sehr klar und logisch wird. In den nächsten Leben werdet Ihr wieder aufeinander treffen. Da wird sich dann das Blatt völlig gewendet haben.

Sagst Du damit, daß ich noch einmal auf diese Welt kommen muß?

Die Explosion eines Sonnensystems

Ja und nein, aber mehr ja. Von Müßen ist aber überhaupt keine Rede. Du wirst Dich dafür völlig freiwillig entscheiden, weil Du erkennen wirst, daß Deine Hilfe sehr nötig sein wird. Und da bist Du ja bekanntlich nicht zu bremsen. Helfen ist seit Deinen beiden letzten Leben ganz oben angesiedelt. Das wird sich in den nächsten Jahren noch gewaltig steigern. Darum sehe ich heute schon, daß Du Dich noch für einige weitere Leben auf dieser Erde aufhalten wirst, auch wenn Deine Sehnsucht nach meinem wirklichen Reich schon sehr groß ist.

Aber das macht nichts, denn geistig bist Du schon dort. Und wo Du körperlich lebst, ist völlig egal. Dein Zuhause ist überall, denn der Geist ist auch überall. Das hast Du auch heute Nacht wieder klar erkennen können.

Wir haben zwei Kosmotome in der Lunge und in der linke Niere besucht. Wir machten für die weitere Evolution wirklich eine sehr gute Ernte. Im Lungenkosmotom waren wir bei der Explosion eines Sonnensystems anwesend, um einige Tausende Menschen für einen Schritt Richtung Erde zu gewinnen. Unser Auftreten brachte einigen den rechten Trost, indem wir ihnen die Angst vor dieser gewaltigen Katastrophe nehmen konnten. Leider konnten wir nicht alle gewinnen. Und so mußten Millionen, ja Milliarden von unseren Begleitern in andere intakte Sonnensysteme deportiert werden, um dort eine neue Heimat zu finden.

Hier konntest Du einmal mehr die nackte Angst und das fürchterliche Entsetzen erleben, das diesen Menschen ins Gesicht geschrieben stand. Der Trennungsgedanke ist in diesem Kosmotom schon sehr ausgeprägt. Es haben auch alle Warnungen nichts geholfen. Die verantwortlichen Führer dieser Menschen bekriegten sich mit allen Mitteln so lange, bis das kosmische Gefüge der Planeten aus den Fugen geriet. Leider wiederholt sich dieses Geschehen immer wieder. Aber mit der Zeit wird jeder vernünftiger und einsichtiger, so wie Du auch.

Was haben diese Menschen angestellt, um in dieser kosmischen Katastrophe zu enden?

Todbringende Waffen – ein zerrissener Planet

Sie haben Technologien entwickelt, die direkt in den Lebensplan der Evolution eingegriffen haben. So wurden Wesenheiten geschaffen, die anfangs zwar wie Maschinen für diese Menschen gearbeitet haben, dann aber aufgrund ihrer mechanischen Intelligenz so selbständig wurden, daß sie nicht mehr kontrolliert werden konnten. So entwickelten sie gemäß ihrer Programmierung einen zerstörerischen Ablauf, der dann Schritt für Schritt umgesetzt wurde.

Das Erbgut geriet außer Kontrolle. Niemand konnte mehr die Reproduktion dieser Maschinen stoppen. So setzten dann die verantwortlichen Führer Waffen ein, die Euren Atombomben weit überlegen sind. Da aber die Menschen noch viel zu wenig Erfahrung mit diesen todbringenden Waffen hatten, geschah es, daß einige Abschüsse Ihr Ziel deutlich verfehlten. So passierte es, daß eine Bündelung von diesen Strahlenwaffen das innere Gefüge des Planeten ins Wanken brachte.

Diese Maschinenwesen erkannten die Möglichkeit einer totalen Vernichtung der gesamten Menschen und begaben sich blitzschnell zu den Einschlaglöchern, um dort die Erdkruste durch ihre Bemühungen noch weiter auseinander zu reißen. Nach einigen

Tagen waren sie auch äußerst erfolgreich. Wir kamen dann zu den letzten zwei Stunden auf diesen Planeten. In schnell zusammengerufenen Versammlungen erklärtest Du in meinem Namen die gefährliche Situation und ludest alle ein, mit auf die Erde bzw. in unser derzeitiges Sonnensystem mitzukommen. Doch viele Anwesende waren auf solche Worte nicht vorbereitet, so daß sie vor lauter Schreck und Angst richtiggehend erstarrten.

Als das Dröhnen und Krachen des berstenden Planeten immer lauter wurde, verabschiedeten wir uns von allen und wünschten ihnen für die Zukunft alles Gute, wobei ich ihnen den Geist öffnete und die vielen Helfer zeigte, die schon auf sie warteten. Daraufhin beruhigten sie sich weitgehend und überließen alles dem unausweichlichen Schicksal. Ein paar tausend Menschen nahmen wir dann mit und verteilten sie auf die Planeten Eures Sonnensystems, wobei Elabo auch einige Hunderte zur Einkörperung auf der Erde bekam. Wir blieben noch bis zur endgültigen Explosion des Planeten in einiger Entfernung stehen.

Du erklärtest allen Anwesenden die Folgen der kommenden Explosion für das gesamte Sonnensystem. Da auf dem Planeten aber noch weit mehr solcher Waffen stationiert waren, wurden diese bei der Explosion auch aktiviert. Die Explosionskraft war so stark, daß auch die umliegenden Planeten so stark erschüttert wurden, daß auch diese auseinanderbrachen. Die zerborstenen Stücke wurden in die Weite des Weltraums hinausgeschleudert.

Zur gleichen Zeit geriet selbst die Sonne in heftige Turbulenzen, da sich urplötzlich das gesamte elektromagnetische Feld veränderte, so daß magnetische Kräfte zu wirken begannen, die den Oberflächendruck der Sonne derart erhöhten, daß sie dem Druck nicht mehr standhalten konnte und mit einem unglaublich heftigen Knall in unzählige Stücke zerbrach.

So wurde ein gesamtes Sonnensystem durch die Dummheit einer Menschenrasse ausgelöscht. Nur mit größter Anstrengung seitens der Verantwortlichen des Lungenkosmotoms konnte verhindert werden, daß es im ganzen Kosmotom zu einer Kettenreaktion kam, die dort alle Lebensräume vernichtet hätte.

Dasselbe passierte vor ca. 10 000 Jahren in Eurem Sonnensystem, als Ihr den Planeten, der den heutigen Asteroidengürtel darstellt, in die Luft gejagt habt. Damals habe ich Vorsorge treffen lassen, daß es nicht noch einmal zu einer ähnlichen Katastrophe kommt, um die anderen Planeten, außer den Einschlägen durch die herumfliegenden Trümmer, vor der Zerstörung zu bewahren.

Nach ca. 5 000 Jahren sind dann einige Menschen dieses zerstörten Planeten auf die Erde gefallen. In Ägypten haben diese dann die gesamte Kultur geprägt. Sie hatten immerhin eine Körpergröße von 50 m Höhe. Ihre eigentümliche Kleidung wurde von den damaligen Ägyptern kopiert. Außerdem dienten sie als Vorlage für die Statuen in den Tempelanlagen, wo sie heute teilweise noch in voller Größe zu bewundern sind.

Warum sind sie beim Eintritt in die Luftatmosphäre der Erde nicht verglüht?

Kurze ägyptische Geschichte

Sie waren nach der langen Reise durch den Weltraum vollkommen ausgetrocknet. Dadurch hatten sie nur noch ein sehr geringes Gewicht. So war der Eintritt in die Erdatmosphäre kein Problem, da sie nur ganz langsam durch die ersten Schichten schwebten. Am Schluß ihrer Flugreise aber bekamen sie eine ganz erhebliche Geschwindigkeit. Beim Aufprall auf die Erde ließen sie die Erde erbeben, was den damaligen Bewohnern von Ägypten einen gewaltigen Schrecken einjagte. Darum glaubten sie auch, Götter seien vom Himmel gefallen, was aber von der damaligen, sehr klugen Führung dieses hochintelligenten Volkes sehr rasch widerlegt wurde, da diese sehr intensiven Kontakt mit dem Jenseits pflegten. Dadurch waren sie auch in allen Dingen des Lebens sehr bewandert. Diese Dir hier gegebenen Informationen waren den Führern dieses Volkes damals schon voll bewußt. Darum ließen sie auch große Anlagen erbauen, um dieses Wissen möglichst lange zu konservieren, was auch ungefähr von 4000 bis 3000 vor meiner Zeit sehr gut funktionierte.

Dann aber schlich sich wieder der altbekannte Schlendrian ein, der die geistige Seite sehr rasch verdunkeln ließ. Nur ganz wenige Menschen wurden in der Folge in das uralte Wissen eingeweiht. Nach meinem Erdenleben wurden nur noch ganz wenige, eine Handvoll, mit diesem Wissen gesegnet, das sie dann in die Gegend des Himalaja brachten, wo es bis heute unter strengster Geheimhaltung aufbewahrt wird.

Ist es möglich, diese Aufzeichnungen auch als Normalsterblicher einzusehen?

Ganz leicht. Ihr habt sie schon. Aber nur der wirklich Suchende wird auf sie stoßen. Du warst vor 20 Jahren auch einer der Glücklichen, dem die Pforten zu diesen Geheimnissen aus dem Jenseits geöffnet wurden.

Ja, für das möchte ich Dir noch einmal herzlichst danken. Es hat damals mein Leben völlig verändert. Heute sind mir diese Dinge alle vollständig klar. Es ist nur sehr schwer, diese Erfahrungen anderen Menschen mitzuteilen.

Das ist auch verständlich, da sich nur sehr wenige ernsthaft mit diesen Dingen befassen. Aber die wenigen sind ausgezeichnete Schüler und sind für alle Zukunft sehr gut vorbereitet. Doch durch dieses Buch werden wieder viele angesprochen und ebenso viele werden dadurch Ihr Leben völlig verändern. Du wirst noch Deine Wunder erleben.

Auf das bin ich schon sehr gespannt. Ich bin jedenfalls bereit dafür. Wo wurden diese Einweihungen vorgenommen?

Zuerst im heutigen Abu Simbel, das damals Ja bu sim bil, übersetzt: Ich war, ich bin, ich werde sein, hieß. Dann wurde nach Fertigstellung der Großen Pyramide die Einweihungsstätte dorthin verlegt. Nachdem aber die Pharaonen die Pyramiden nur mehr als Begräbnisstätten verwendeten, wurden die Einweihungsstätten in die Höhlen Oberägyptens verlegt. Vereinzelt wurden aber immer wieder Einweihungen in Abu Simbel vorgenommen. Zu meiner Zeit aber war davon nichts mehr in der Öffentlichkeit zu bemerken. Das Gleiche ist auch heute der Fall. Niemand merkt wirklich, was sich in der geistigen Dimension wirklich abspielt. Wir werden übrigens heute Nacht den Himalaja und seine Einweihungsstätten besuchen. Bereite Dich bitte darauf vor.

Danke, das freut mich. Dort wollte ich schon immer einmal hin. Wie soll ich mich vorbereiten, wenn Du dabei bist?

Du hast wirklich schon großartige Fortschritte gemacht. Deine Gedankenkontrolle funktioniert schon sehr gut. Kein Abschweifen mehr, kein anderer Gedanke als nur ich. So ist es gut.

Danke. Ist es zweckmäßig, noch mehr über Ägypten zu sagen? Ich weiß, daß sich sehr viele Menschen für dieses Thema interessieren.

Momentan nicht. Wir haben ja noch genügend Zeit, um das zu einem späteren Zeitpunkt ausführlich nachzuholen. Wichtiger ist jetzt, daß Du für die Einweihungen vorbereitet wirst. In einigen Tagen ist es dann so weit, wie Du ja schon innerlich immer mehr zu fühlen beginnst.

Werde ich das alles verkraften können?

Hast Du bisher alles verkraftet?

Ja, manchmal war es schon sehr beeindruckend. Es darf Dich daher nicht wundern, wenn man für kurze Momente eigentlich nicht mehr auf dieser Welt sein möchte.

Da verstehe ich Dich sehr gut. Aber Du weißt ja schon die Antwort. Dein Auftrag gilt nicht nur Dir selbst, sondern auch allen anderen. Und je mehr Trennungsgedanken Du zur Auflösung bringst, desto eher und schneller seid Ihr alle wieder in meine Wirklichkeit zurückgekehrt. Für dieses Ziel zu kämpfen und zu arbeiten lohnt sich doch, oder?

Kein Zweifel, es ist wirklich sehr schön. Dafür lohnt es sich wahrlich. Ich werde mein Bestes geben.

Im Nierenkosmotom

Das weiß ich. Nun begeben wir uns zum nächsten Kosmotom in die linke Niere. Hier haben wir einen großen Umschlagplatz für absteigende Geister besucht, um Dir einen Eindruck von der Großartigkeit der Organisation und Durchdachtheit zu geben. Wie in Deiner Niere findet auch hier eine Selektion statt. Die Kandidaten werden auf Herz und Nieren geprüft, ob sie für einen weiteren Schritt in ihrer Entwicklung bereit sind oder nicht. Das läuft für die Kandidaten völlig im Geheimen ab. Sie leben Ihr Leben so wie Ihr auf der Erde.

Es werden ihnen laufend neue Aufgaben und Situationen zugeführt, um sie zu prüfen, ob ihre Zielstrebigkeit die richtige Richtung aufweist. Du hast gesehen, wie die Geister in allen sieben Charakterzügen trainiert werden, ohne es zu bemerken. Situationen der Liebe wechseln in rascher Reihenfolge mit denen der Weisheit ab. Dann brauchen sie wieder bedeutend viel Willenskraft, um gegen das Chaos, das ihnen entgegengebracht wird, ordnungshalber zu bestehen. Oft wird ihnen ein spielerischer Umstand einsuggeriert, um ihren Ernst zu testen, dann folgt wieder eine Zeit, wo ihnen überhaupt nichts gelingen mag, um ihre Geduld auf die Probe zu stellen. Und ganz wichtig ist die siebente Charaktereigenschaft, der Wunsch, Verbesserungen in aller Sanftmut herbeizuführen, mit großem Fleiß und danach auch mit aller Freigiebigkeit, die sie an den Tag legen können, um ihrer Besorgtheit um das Wohl der anderen besonderen Stellenwert beizumessen.

Die weltlichen Bedingungen sind den Eurigen sehr ähnlich, wobei aber die Brutalität und Blutrünstigkeit Eures Planeten hier bei weitem nicht dieses Ausmaß annimmt. Hier sind der Willenskraft eindeutige Schranken gesetzt, um die Funktion der Niere nicht zu sehr zu beeinträchtigen.

Warum? Das verstehe ich nicht. Haben die Kosmotome an ihren Orten tatsächlich dieselben Aufgaben zu erfüllen wie in unseren Körpern?

Direkte Verbindung zum Lebenszentrum

Natürlich, was glaubst Du denn? Heißt es doch schon bei mir als Hermes Trismegistos, wie oben so auch unten, oder wie im Großen so im Kleinen. Glaubst Du, daß diese Worte bedeutungslos und nur so dahergesprochen sind? Alles hat genau seine tiefe Bedeutung.

Euer Kosmotom hat eine sehr wichtige Aufgabe zu erfüllen, nämlich das Gleichgewicht aufrechtzuerhalten, indem es einen direkten Verbindungskanal zum Herzkosmotom gibt, der von absolut höchster Tragweite ist. Wäre dieser Verbindungskanal nicht vorhanden, so wäre der ganze kosmische Mensch völlig orientierungslos. Er würde in meiner Unendlichkeit nur blind herumtaumeln und könnte sich überhaupt nicht aus seiner Situation befreien. Darum ist es auch möglich, mit höchstmöglicher Liebe direkt in das Lebenszentrum des Herzkosmotoms zu gelangen, ohne die lange Reise der aufsteigenden Geister mitzumachen.

Das verstehe ich nicht, erkläre mir das bitte noch einmal. Was würde das in der Praxis bedeuten?

Wenn jemand nur mehr mich als einzige Liebesquelle auswählt, entscheidet, festhält und lebt, so kann er auf direktem Weg direkt in mein geistiges Lebenszentrum im Herzkosmotom gelangen. Er steht somit direkt vor mir und braucht nur mehr einen einzigen Schritt zur Vollerweckung für meine wirkliche Welt zu machen, um diese zu erreichen und einzusehen. Hineingehen kann er vollends noch nicht, weil zuerst der gesamte kosmische Mensch erwacht sein muß, um als Ganzes in die Wirklichkeit zurückzukehren. Aber das würde demjenigen, der auf der Schwelle steht, nichts bedeuten, ist er doch faktisch am Ziel angelangt. Willst Du das erleben?

Wie kann ich das?

Nun, lege Dich auf das Bett. Ich werde Dich in einen tiefen Schlaf versetzen und dann diese Reise mit Dir unternehmen. Willst Du?

Ja, das wäre höchst interessant. Ist es nicht gefährlich?

Nein, überhaupt nicht. Welche Frage. Ich bin doch immer bei Dir.

Gut, dann laß uns reisen.

Gute Reise.

Ich bin wieder da. Die Reise war sehr kurz, aber dafür umso intensiver. Warum ging es so schnell?

Ganz einfach. Es ist der direkte und damit der kürzeste Weg zu mir in mein Zentrum. Es ist wie das Rote Telefon zwischen Washington und Moskau. Schneller geht es nicht. Was hast Du alles erlebt?

Im Goldenen Saal

Nun, eigentlich nicht sehr viel. Ich bin mit keiner nennenswerten Bewegung in einem großen Saal aus lauter Gold in sanftem Licht gestanden. Rundherum waren überaus zarte und sanfte Wesen, die mich mit einer unglaublich großen und reinen Liebe empfingen. Alles war in größter Harmonie. Eines von ihnen sprach mich sofort an, um herauszufinden, was mir am Herzen liege. Ich sagte ihm, daß mich der Schöpfer selbst hierher geführt hätte. Aber Du warst in diesem Moment nirgends zu sehen. Ich kam mir deshalb ziemlich einsam und verlassen vor, was mich nicht minder traurig stimmte. Dieses überaus sanfte und liebenswürdige Wesen gab mir aber sogleich zur Antwort, daß ich mich nicht um Deine Abwesenheit sorgen solle, da alles bald wieder in bester Ordnung sein werde.

So setzte ich mich auf den von ihm angebotenen Stuhl, der selbst in aller Pracht golden glänzte. Er war verziert mit den schönsten Edelsteinen, die ich je gesehen hatte. Aber die Umgebung konnte mich dabei überhaupt nicht beeindrucken, weiß ich doch, daß alles im kosmischen Menschen nur eine Einbildung ist. Aber eine Öffnung in dem Saal ließ meine Blicke nicht mehr los. Irgendwie hatte ich das Gefühl, daß Du selbst aus diesem monumentalen Tor kommen würdest.

Nach einer kurzen Weile des Wartens erschienen weitere hellglänzende und überaus sanfte und harmonisch wirkende Wesen durch das Tor, die mir die besten Früchte brachten, die ich je gesehen hatte. Zwei von ihnen setzten sich zu mir und fragten mich, wie es mir derzeit auf Erden erginge. Ich erzählte ihnen, daß ich gerade mit unserem Schöpfer ein intensives Gespräch führe und dabei auch ein Buch über das Leben verfasse. Sie waren höchst erfreut über die Art der Kommunikation, ist es doch auf Erden überaus selten der Fall, daß dies in dieser Weise durchgeführt werde. Sie hätten die Information, daß solche Gespräche nur im innersten des Herzens meist still und unbewußt ablaufen.

Ich konnte ihnen daraufhin nichts Ordentliches erwidern, da mir dies selbst nicht bekannt ist und war. Dann standen sie auf und gingen wieder zum Tor zurück.

Alsbald hörte ich einen unglaublich schönen Gesang, der Dich über alles pries und verherrlichte. Daraufhin kamen noch viele andere Lichtwesen durch das Tor in den Saal, stellten sich alle rundherum auf und sahen gespannt in Richtung Tor. Plötzlich wurde das Licht aus dem Tor kommend immer heller und strahlender, bis es so stark war, daß ich selbst nichts mehr erkennen konnte. Ich mußte mir sogar die Hände vor die Augen halten, um durch den enormen Glanz nicht blind zu werden. Aber schon während dieser Bewegung kam mein früherer Gesprächspartner zu mir und bedeutete mir, daß ich die Hände ruhig wieder herunternehmen könne, da er mir schon die nötige Stärkung zukommen ließe. Zögernd folgte ich seinem Rat. Tatsächlich war das Licht nicht mehr so grell. Und im nächsten Moment bist Du selbst dann, aus dem Tor kommend, im Saal erschienen.

Alle beugten die Knie vor Dir. Für mich war das momentan etwas komisch, weil ich solche Ehrbezeugungen nicht gewohnt war. So blieb ich in aller Freude und Liebe einfach stehen, wartend auf das Kommende. Du kamst aber schnurstracks gleich zu mir, umarmtest mich und hießest mich auf das Allerherzlichste willkommen. Ich spürte ein unglaubliches Knistern im Saal. Alle schauten gespannt auf mich, was ich jetzt wohl tun würde. Ich aber sagte nur ganz einfach zu Dir, daß ich Dich über alles liebe. Mehr war bei mir nicht drinnen.

Ja, mehr war nicht drinnen. Das aber war für mich die größte Freude, weil Du einfach Du geblieben bist. Ich mag keine Schnörkel, keine Ehrbezeugungen, keine Umwege. Mir ist der direkte Weg am liebsten. So hast Du allen meinen Helfern und Engeln ein herrliches Beispiel einfacher Lebensweise gegeben. Die Liebe ist einfach. Außerdem ließest Du Dich von den äußeren Dingen überhaupt nicht beeindrucken. Nur ich war und bin für Dich wichtig. Alles andere ist null und nichtig. So mag ich es. Weißt Du auch, was dann passiert ist?

Nein, ich weiß nur, daß Du mich bei der Hand genommen hast und mit mir Richtung Tor gegangen bist. Seitdem weiß ich überhaupt nichts mehr. Was ist passiert?

In der wirklichen Welt

Ich habe Dir meine Wirklichkeit gezeigt. Du warst so beeindruckt, daß Du überhaupt nicht mehr zurückkehren wolltest. Darum mußte ich Dir diesmal die Erinnerung nehmen, um Dich in Deinem Dasein nicht zu gefährden. Ich hoffe, Du kannst mir diesen nötigen Schritt verzeihen, sonst wäre es um Deine irdische Existenz geschehen gewesen.

Niemand darf in meine Wirklichkeit, solange noch der letzte Menschengeist einen Trennungsgedanken aufrecht erhält. Ich hoffe, Du kannst mich verstehen. Ihr könnt alle nur gemeinsam zu mir zurückkehren. Aber trotzdem darf ich jedem diese Welt zeigen, solange er sich dann nicht mehr daran erinnern kann.

So haben schon viele Menschen hier vor diesem Tor gestanden und durften einen Blick in meine wirkliche Welt werfen. Aber alle mußten wieder vor das Tor zurückkehren, um völlig gestärkt die Aufgabe auf sich zu nehmen, möglichst vielen Menschen von ihren Erlebnissen und vom letztendlichen Ziel Eures Menschendaseins zu berichten. So habe ich Dich wieder in den Goldenen Saal zurückgebracht, wo Du von allen Anwesenden begeistert und voller Liebe empfangen wurdest. Ich hoffe, es hat Dir diese kurze Reise gefallen.

Was soll ich darauf sagen? Mir fehlen die Worte. Wenn ich diese Dimensionen betrachte, die ich mit Dir in kürzester Zeit zurücklegte, so werden alle Probleme auf dieser Welt so unwichtig, daß mir dafür nicht einmal ein passender Vergleich einfällt. Selbst diese Worte, die ich gerade schreibe, sind in Wirklichkeit völlig unwichtig.

Der schnellste Weg zum Ziel

Für Euch nicht, für Euch nicht. Bedenke, daß viele Menschen, ja alle Menschen dieses Ziel vor Augen haben. Deine zukünftige Aufgabe wird darin bestehen, ihnen dieses Ziel bewußt zu machen und ihnen zu helfen, auch diese Weite des Denkens und Handelns, wie Du sie hast, zu bekommen. Du wirst vielen Menschen die Anleitung geben können, wie sie aus ihrem Trennungsgedanken herauskommen können, wie sie durch alle Welten wieder zu mir zurückgehen können oder wie sie auf schnellstem Wege zu mir in den Goldenen Saal gelangen können. Das alles kannst Du mit Deinen Mitmenschen durchführen. Ich werde Dir auch noch die Übungen für die seelische und geistige Einweihung zeigen, so daß Du auch die nötigen Werkzeuge benutzen kannst, um jeden Menschen dorthin zu bringen, wo Du jetzt warst.

Eine der ersten Übungen ist der Wechsel des Denkens. Du bist kein Körper, Du bist auch keine Seele, sondern Du bist ein unsterblicher und ewiger Geist. Dieser Geist ist der gleiche wie ich bin. Zwischen Dir als Geist und mir als Geist ist kein Unterschied. Der einzige Unterschied, der wirklich nennenswert ist, besteht darin, daß ich Dir eine Umhüllung geschaffen habe, die Ihr jetzt Seele nennt. Mit dieser Seele bist Du anscheinend getrennt von mir, aber in Wirklichkeit nicht, da es in meiner Welt keine Trennungen gibt.

Die Seele besteht aus unzähligen Geistteilchen, die in sich selbst wieder unendlich und ewig sind, weil Endliches und Zeitliches bei mir nicht möglich sind. Die Hülle gibt Dir eine eigene Identität, eine Individualität, die sich aber erst dann zeigen kann, wenn Du von meinem Willen abweichst und Dich im Trennungsgedanken verlierst. Hast Du diesen Trennungsgedanken nicht, so bist Du ein völlig freies und glückliches Wesen für immer und ewig, das machen kann, was immer es will, weil ja mein Wille und sein Wille ewig eins sind und sein werden. Das ist die ewige Freiheit.

Aber indem Du mit vielen anderen Geistern den Weg der Trennung gewählt hast, so wurde diese Seelenhülle für Dich zum finsteren und beinahe lieblosen Gefängnis mit all den Folgen der materiellen Schöpfung. Erst als ich Euch meinen Willen und mein Licht gab, konntet Ihr Euch wieder auf den Weg zurück machen.

Du stehst nun am unmittelbaren Ende dieses Weges. Ja, ich habe Dir sogar schon meine unendliche und ewige Welt gezeigt. Das allen Menschen näherzubringen, ist nun Deine zukünftige Aufgabe. Was hältst Du davon?

Fantastisch. Unglaublich. Schön. Ich bin begeistert. Was soll ich darauf noch sagen? Warum hast Du gerade mich ausgewählt?

Diese Frage hast Du schon ganz am Anfang gestellt. Du bist jetzt dafür nach langer, sehr langer Vorbereitungszeit dazu bereit. So kommt jeder einmal in diese Lage wie Du. Ich gratuliere Dir.

Danke. Ich werde mein Bestes geben. Ich verspreche es Dir.

In Ordnung. Ich helfe Dir.

Welche Bescheidenheit. Ohne Dich geht doch gar nichts. Das habe ich in den vielen Jahren letztendlich erfahren. Und das freut mich sehr. Vielen Dank.

Gut, aber Du solltest jetzt wirklich zum Training gehen. Ich werde Dich begleiten und dabei auch unterstützen.

Wie willst Du das tun?

Ich werde Dich immer wieder aufmuntern, für alle ein gutes Vorbild zu sein. Das genügt mir.

Danke. Mir auch. Bis später.

Bis später.

Nachwort

29. Juli 2002

Habe vielen herzlichen Dank für Deine vielversprechenden Aussagen und Erklärungen. Mit Dir ist es wirklich eine grenzenlose Freude. Ich habe noch eine große Bitte an Dich.

Ja, das weiß ich. Jedenfalls danke auch ich Dir für Deine unermüdlichen Bemühungen, Klarheit, Licht und Liebe in diese Welt zu bringen. Deiner Bitte komme ich sehr gerne nach. Du willst eine kurze Zusammenfassung all des Gesagten für den Geist und für den Körper: Ein gesunder Geist muß frei von allem Gedankenunrat und ein gesunder Körper frei von allen Fremdstoffen sein. So einfach ist die Formel.

Jetzt gilt es nur noch, die schädlichen Gedanken und Stoffe zu bestimmen und anschließend zu eliminieren. Dafür sind die von Dir formulierten fünf Schritte zu beachten, die bei richtiger Anwendung zum sicheren Erfolg führen. Jetzt schlage ich vor, daß Du diese fünf Schritte im Detail erklärst.

Na ja, ich war einmal im Weit- und im Dreisprung auf österreichischer Ebene ganz gut. Aber ich glaube, daß Du es weit besser erklären kannst als ich.

Wenn Dein Wille mit meinem Willen eins ist, was gibt es da noch für ein Problem? Willst Du Dich vor der Arbeit drücken? In der Einheit ist es doch völlig egal, wer was sagt. Die Wahrheit ist und bleibt die Wahrheit. Also beginne bitte, und ziere Dich nicht!

Das sind klare Worte. Ich werde es kurz und einfach machen.

Das würde ich auch.

Wenn Du, liebe Leserin und lieber Leser, wirklich gesund werden willst, so mußt Du anfangs zwei Fragen mit hundertprozentiger Sicherheit beantworten:

1. Willst Du wirklich gesund werden bzw. sein? Ohne Wenn und Aber?

2. Bist Du dafür bereit, alles zu tun, was in Deiner Macht steht, um das angestrebte Ziel wirklich zu erreichen?

Wenn Du diese Fragen mit einem klaren und deutlichen „Ja“ beantwortet hast, dann steht Dir wahrlich nichts mehr im Wege.

Dann brauchst Du nur mehr dem Fünfsprung zu einer optimalen Gesundheit zu folgen.

1. Ändere Dein Denksystem

Dein Denksystem ist in dieser Welt auf Trennung, Egoismus und Genuß aufgebaut. Gegen einen gesunden Egoismus und einen natürlichen Genuß ist überhaupt nichts einzuwenden, wenn beide nicht zum Schaden an anderen oder an Deinem Körper führen. Wird mit irgendeiner Handlung einem anderen Schaden zugefügt, so ist diese Handlung eindeutig als negativ egoistisch einzustufen.

Das Gleiche gilt für den Körper. Wird dem Körper nur aus Genußgründen etwas Unnatürliches und somit etwas Schädliches zugeführt, so basiert das nur auf einem egoistischen Genußwillen.

Unser Denksystem wurde vor ca. 10 000 Jahren korrumpiert, nachdem jemand das Feuer zur Veränderung der Nahrung zum Einsatz brachte. Damit haben sich derjenige und seine Nachahmer vom Naturgesetz getrennt. Diese Situation hat sich bis heute von Generation zu Generation weitervererbt. Die gesamte Evolution der sich getrennt glaubenden Geister ist nur darauf aufgebaut, diese Trennung wieder aufzuheben. Das gelingt aber nur dann, wenn sich jeder bemüht, alle Trennungen in dieser Welt zu eliminieren.

Systematisch läßt sich das folgendermaßen darstellen:

1. Ändere Deine Gedanken dahingehend, daß Du nie die göttliche und damit wirkliche Welt verläßt. Deine materielle Welt ist eine Scheinwelt ohne Bestand und ohne Dauer. Sie existiert nur solange, bis Du wieder aus Deinem Traum erwacht bist.

2. Ändere Deine Gedanken von der Schwäche zur Stärke. Wir haben alles. Wir haben keinen Mangel in der wirklichen Welt. Uns fehlt es nicht an Macht und Kraft.

3. Ändere Deine Gedanken von der Angst zur Liebe. Jemand, der im Glauben des Getrenntseins lebt, hat Angst. Angst hat jedoch keinen Platz für die Liebe.

4. Ändere Deine Gedanken von der Einsamkeit zur Einheit. Nur Menschen, die den Gedanken der Trennung in sich haben, können einsam sein. Merkt Euch das sehr gut. Fühlst Du Dich einsam, so weißt Du, daß Du Dich von Deinem Bruder oder von Deiner Schwester getrennt hast. So entstehen alle heute bekannten psychischen Probleme.

2. Nimm nur gute Gedanken und gute Nahrung auf

Gute Gedanken sind Gedanken der Liebe und der Einheit. Damit existiert keine Angst mehr, keine Wut und kein Zorn. Es gibt keinen Mangel. Gute Nahrung ist nur dann gut, wenn sie naturbelassen und von der Sonne veredelt wurde. Alle künstlichen Veränderungen sind für den Körper nicht geeignet.

Gute Gedanken kann jeder aus der wirklichen, göttlichen Welt beziehen. Wir alle stehen ununterbrochen mit dieser Welt in Verbindung.

Gute Nahrung besteht vorwiegend aus edlen Früchten der Bäume und Sträucher und aus Kräutern und Wurzeln und Gemüsen aller Art.

3. Entferne alle Fremdstoffe aus Deinem Geist und aus Deinem Körper

Fremdstoffe im Geist sind alle Gedanken der Angst, des Mangels, der Kraftlosigkeit, der schlechten Emotionen und der Einsamkeit. Diese Gedanken können durch Gespräche mit Gott oder mit einem seiner Helfer eliminiert werden. Jeder, der den Gedanken der Trennung ausgelöscht hat, ist wieder mit Gott vereint. Damit ist er wie er, weil sie eines Willens sind. Das hebt eine solche Person auf die Stufe eines Stellvertreters. Jeder Mensch sollte sich diese Stufe als Ziel setzen, um seinem Mitmenschen wirkungsvoll helfen zu können.

Körperliche Fremdstoffe sind mit Obst, Gemüse und geeigneten Kräutern leicht zu lösen. Auch Heilerde kann dafür sehr hilfreich sein.

4. Gelöste Fremdstoffe müssen neutralisiert werden

Bei jedem Lösungsprozess werden die schlechten Gedanken bzw. die Fremdstoffe im Körper wieder virulent, das heißt, sie werden aktiv und machen sich manchmal sehr unangenehm bemerkbar. Das ist ganz normal. Gerade in diesem Stadium ist es notwendig, sich mit guten Gedanken aller Art intensiv zu beschäftigen.

Für den Körper ist es ganz wichtig, daß er die gelösten Fremdstoffe mit frischen organischen Mineralstoffen neutralisiert. Dafür eignen sich besonders frische Gemüse aller Art, die auch getrocknet sein können. Bei Nichtbeachtung dieses Punktes kann es zu größeren geistigen und körperlichen Krisen kommen.

5. Ausleiten der neutralisierten schlechten Gedanken und Fremdstoffe

Zum Ausleiten eignen sich für den Körper basische Bäder und basische Anwendungen aller Art. Für den Geist sind das Lesen geeigneter Bücher, Gespräche mit Gleichgesinnten oder mit einem auf diesem Gebiet bewanderten Therapeuten am besten.

Alle Aktionen bedürfen einer gewissen Zeit pro Tag. Sowohl für das geistige als auch für das körperliche Ausleiten sollte man mindestens zwei bis drei Stunden einplanen. Dabei darf auch eine intensive Bewegung nicht zu kurz kommen.

Alle fünf Schritte brauchen nach den derzeitigen Erfahrungen ca. 10 Prozent der schon gelebten Erdenjahre. Die geistigen Entscheidungen sind davon nicht betroffen. Jemand kann sofort die richtigen treffen, oder er/sie braucht noch viele Jahre, Jahrzehnte, Jahrhunderte oder Jahrtausende.

Eines sollte aber nach dem Abschluß der Reinigung zur Gewohnheit geworden sein, das ständige Denken und Leben in Gottes wirklicher Welt. Ist dieses Denken zur Gewohnheit geworden, dann wird es bis zum endgültigen Erwachen aus dem Traum der Trennung nicht mehr lange dauern.

Das wünsche ich jedem meiner Mitmenschen von Herzen.

Sehr gut gesprochen, mein Kind. Jetzt ist es vollbracht. Ich wünsche Dir und allen ein ehrliches und freudiges Gelingen. So sei es.

2. Nachwort

29. Juli 2002

Nun ist unser erstes Werk vollendet. Ich hoffe, es hat Dir Freude und Spaß bereitet.

Danke, das hat es. Es war sehr aufschlußreich. Ich habe dabei sehr viel gelernt.

Bist Du auch dazu bereit zu erzählen, was Du daraus gelernt hast?

Ja, natürlich.

Gut, dann will ich Dich von Deiner Erzählung nicht länger abhalten.

Über meine eigene Vergangenheit so viel zu erfahren, war ein ganz besonderes Erlebnis. Nicht die äußeren Umstände waren das Interessante, sondern die Entscheidungen, welche die nächsten Leben so stark prägten bzw. prägen. „So wie der Baum fällt, so liegt er", trifft hier wohl den Nagel auf den Kopf. Ehrlich gesagt, habe ich schon etwas Bauchweh, wenn ich nur daran denke, wenn Du mir im nächsten Buch die weiteren Leben mit aller Offenheit und Klarheit vor Augen führen wirst. Das wird sicherlich kein Honiglecken. Aber, was soll's. Ich habe schon vieles überstanden. Ich werde auch das meistern.

Ja, das meine ich auch. Du bist hart im Nehmen. Also mache ich mir keine Sorgen darum. Aber ich will Dich nicht unterbrechen.

Ich habe mein Leben sofort nach dieser Erkenntnis über die Entscheidungen umgestellt. Das heißt, daß ich mich dafür entschieden habe, nicht mehr in Trennung zu Dir und allen anderen zu leben. Das mag vielleicht sehr einfach klingen. Aber jetzt kann ich die entsprechenden Schritte in der Praxis unternehmen. Jeder Gipfelsieg beginnt ja auch mit der Entscheidung, den ersten Schritt zu tun.

Es war für mich sehr verblüffend, daß alles um uns herum nur auf diese Entscheidung zur Trennung zurückzuführen ist. Ich habe das in meiner unmittelbaren Umgebung untersucht und mußte feststellen, daß tatsächlich alle Probleme von diesem Trennungsgedanken herrühren.

So mußte ich zusehen, wie die Menschen untereinander um Kleinigkeiten streiten, indem sie sich einfach von der Wahrheit trennen. Auch die Trennung von den Naturgesetzen fällt mir immer stärker auf. Jetzt wird mir erst richtig bewußt, wie bewußtlos wir eigentlich vor uns dahinleben, ohne zu bemerken, wie unser Körper durch die falsche Ernährung und durch Bewegungs-, Luft- und Sonnenmangel immer mehr in einem Säureüberschuß verkümmert.

Eines wurde mir auch sehr klar. Eine radikale Umstellung in mir selbst muß unweigerlich auch zu einer radikalen Veränderung innerhalb meines Lebensraumes führen. Diese Umstellung bringt eine ganze Menge von Problemen mit sich. So ist es mir nicht mehr leicht möglich, ein sogenanntes normales oder triviales Gespräch über irgendein Thema zu führen, ohne dabei ununterbrochen das Bild der Trennung und deren Auswirkungen vor mir zu haben.

Auch über Krankheiten zu sprechen, ist schwierig geworden. Hat man sich vorher noch in der einen oder anderen Krankheit gesonnt, um damit Mitgefühl und Mitleid zu erhaschen, so ist jetzt eine Krankheit eine Ausleitung von Fremd- und Giftstoffen, die ich selbst vorher bewußt oder unbewußt in den Körper hineingebracht habe. Jetzt ist auf einmal das Einführen dieser Gifte eine Sache der Selbstverantwortung. So überlege ich mir jetzt immer vorher sehr genau, was ich dem Körper an Nahrung oder an Umgebung zumuten kann.

Ebenso hat sich meine Einstellung zur Arbeit völlig verändert, weil mir jetzt viele berufliche Arbeiten und auch Freizeitaktivitäten völlig sinnlos vorkommen, wenn man sich das einzige Ziel unseres Erdendaseins vor Augen führt. So ist es für mich auch nicht mehr so einfach, irgendein Gespräch zu führen, weil ich genau weiß, was wir in Wirklichkeit tun sollten. Das erzeugt momentan wiederum nur Probleme, mit denen ich erst einmal fertig werden mußte. Ich betone hier „mußte", denn jetzt habe ich diesbezüglich meine Einstellung grundlegend geändert. Ich möchte nur noch in der wirklichen Welt des Geistes wohnen, in dieser Art denken und handeln, wobei ich meine Aktivitäten ausgerichtet habe, jeder hilfesuchenden und fragenden Person wahrhaft zu helfen.

Am schwierigsten hat sich die Ernährungsumstellung gestaltet. Fallen doch alle Kochkünste und somit kulinarischen Gastronomiegenüsse mehr oder weniger ins Wasser. Der sogenannte gemütliche Teil des Zusammenseins mußte völlig neu organisiert werden. Aus den Kaffeekränzchen mit Torten und Kuchen wurden jetzt Kompositionen aus frischgepreßten Früchten und Gemüsen. Aus den üppigen Freßgelagen mit Schweinebraten und Schnitzel wurden Salatköstlichkeiten und Früchtesteaks. Das einzige, was ich noch nicht in den Griff bekommen habe, sind die Volksfeste. Dort gibt es leider nur Grillhühner, Semmel und Bier. Da muß ich mich leider noch immer selbst versorgen.

Auch das Bergwandern und Radfahren wurde zum reinen kulinarischen Vergnügen. Jetzt habe ich keinen schweren Rucksack mehr, sondern nur mehr ein paar Äpfel oder Bananen mit. Das Trinken hat völlig aufgehört. Unterwegs gibt es eine Menge Wildkräuter und jetzt im Sommer eine Menge Beeren, eine wahre Delikatesse. Diese Umstellung war anfangs auch nicht leicht.

Ich suche jetzt nur noch nach den besten und reifsten Früchten und nach naturbelassenen Gemüsen. Alles andere hat sich mit einem Schlag erübrigt. Dabei ist mir natürlich auch die ungeheure Auswirkung auf unsere Gesellschaft bewußt geworden, da sich viele Berufe einfach wie Nebel in der wärmenden Sonne auflösen werden.

Die gesamte Nahrungsmittelindustrie wird damit ad absurdum geführt. Und im Schlepptau dieser ein Großteil des Güterverkehrs, der Energiewirtschaft und vieler anderer Bereiche. Wir bräuchten weit weniger Strom, weit weniger Gütertransport.

Außerdem erkannte ich auch, daß wir damit auch die Atomkraftwerke abschalten können, weil wir den Strom zum Kochen usw. nicht mehr brauchen. Wenn ich weiter hinausblicke, so sehe ich ein unglaublich schönes Paradies auf uns zukommen, in dem wir alle gesund, bestens versorgt und unglaublich frei sind. Das läßt mich die momentanen Umstellungsprobleme leicht vergessen.

Ich habe bei der Aufarbeitung meiner Vergangenheit auch bemerkt, wie alle Krankheiten durch das Verletzen der Naturgesetze entstanden sind. Der Herzinfarkt am 19. Juni 1983 war eine fatale Säurekatastrophe. Trotz vegetarischer Kost war das Gekochte für meinen Organismus zu sauer. Auch die vielen leckeren Getreidespeisen halfen kräftig mit, den Körper in ein saures Milieu abgleiten zu lassen.

Mir fielen auch die vielen Mandelentzündungen, Hals-, Zahn- und Kopfschmerzen wieder ein, mit größtem Bedauern auch das unverantwortliche Vorgehen des Zahnarztes im Jahre 1964, der mir gleich zwei Backenzähne zog, weil sie kleine schwarze Pünktchen hatten. Somit verlor ich nicht nur zwei Zähne, sondern auch ganz wertvolle Mineralstoffreserven, um die Säuren bei Mineralstoffmangel im Körper neutralisieren zu können.

1967 kam wieder ein körperlicher Tiefschlag, wurden doch von einer aus heutiger Sicht unverantwortlichen Medizin meine Mandeln brutal herausgeschabt. Dabei rutschte der Chirurg mit seiner Schabegabel aus und verletzte so auch noch meine Stimmbänder schwer. Somit war ein ganz wichtiges Organ für die Zwischenlagerung von Fremdstoffen aus meinem Körper entfernt. Anschließend mehrten sich die Halsschmerzen und Rachenkatharre um das Zehnfache.

Heute frage ich mich, wo uns die Medizin hingeführt hat. Von einem Heilen oder Kurieren kann hier keine Rede sein, wenn nur noch im Körper herumgeschnitten wird bzw. mit chemischen Waffen die Zellen und Organe bombardiert werden. Schon mit fünf Jahren mußte ich meinen Blinddarm hergeben. Ich wurde zwar nach meiner Heimgeburt vier Wochen lang, leider zu kurz, gestillt, mußte dann aber das damals auf den Markt drängende Milchpulver mit dementsprechender Kuhmilch in mich aufnehmen. Die daraus entstandenen Blähungen usw. verursachten meiner Mutter viel Kummer.

Alle Speisen wurden außerdem zu dieser Zeit gekocht, so daß es wirklich kein Wunder ist, daß schon mit fünf Jahren mein Blinddarm mit Fremdstoffen so überfüllt war, daß er sich heftig schmerzend meldete. Ein paar Tage fasten hätten genügt, und er wäre wieder sauber gewesen. Aber die übereifrigen Fleischschneider waren leider damals schon wie heute in ihrem Element. Und meine Eltern wußten es leider nicht besser. So lag wieder ein wichtiges Organ im Mülleimer.

Zum Glück waren wir relativ arm, so daß wir aus dem Lebensmittelgeschäft des Vaters aus Kostengründen vorwiegend Obst und Gemüse bekamen. In den 60er Jahren aber brach dann die Zuckerrevolution über uns herein. Die Auswirkungen sind bis heute zu spüren. Im Internat von 1963 - 1971 gab es ohnehin nur Gekochtes.

Zum Glück betrieb ich schon mein ganzes Leben lang viel Sport. So konnte ich dadurch viele Fremdstoffe wieder aus meinem Körper eliminieren. Während meiner Zeit im Spitzensport war natürlich besonders viel Fleisch und Milch angesagt, wurden doch die tierischen Produkte von den Trainern und „Wissenschaftlern“ als besonders wichtige Eiweißlieferanten gepriesen. Nach dem Motto „Fleisch gibt Kraft“, habe ich mir damit eine Menge Sportverletzungen und schließlich 1983 den Herzinfarkt eingehandelt. Jetzt mache ich auch wieder Sport. Nur sind die Verletzungen wie von Zauberhand verschwunden. Der Körper ist weit geschmeidiger geworden und auch wesentlich leistungsfähiger.

Ja, hätte ich es nur damals schon gewußt, dann wäre vieles anders gelaufen. Auch die schwere Allergie von 1993 - 2001 hätte ich mir ersparen können. So konnte ich wochenlang im Frühjahr das Haus nicht verlassen. Die Augenentzündungen waren so stark, daß ich Sonnenbrillen tragen mußte.

Und das alles nach einer notwendigen Operation. Ein damals guter Freund von mir hatte mir bei einem Spiel das Jochbein zertrümmert. Ich wurde vor und nach der Operation mit dem Antiobiotikum „Augmentin“ behandelt. Dabei wurde mein gesamtes Immunsystem zerstört. Ich wäre damals beinahe gestorben. Aber seit der Einnahme nur mehr natürlicher Lebensmittel hat sich die Allergie vollständig verflüchtigt. Das ist wahre Medizin, Medizin nach der Natur Gottes. Ich glaube, Du wirst meine Begeisterung verstehen, wenn ich jemandem davon berichte. Deine Natur hat mich wieder völlig gesund und leistungsfähig gemacht. Dafür danke ich Dir von ganzem Herzen.

Ich danke Dir auch für diese ausführliche Darstellung eines kleinen Teils Deines Lebens. Aber bist Du nicht auch auf Schwierigkeiten gestoßen, davon anderen Menschen zu erzählen?

Nein, überhaupt nicht. Das Unverständnis meiner Mitmenschen macht mir persönlich nichts aus, da ich ja durch Deine Medizin vollständig gesund wurde. Und warum sollte ich mir wegen des Unwillens der anderen graue Haare wachsen lassen? Ich lebe, ich liebe, ich bin begeistert, heiter und fröhlich. Ich lebe mit und in Dir. Ich kann jederzeit in Deinen Goldenen Saal und kann, wenn ich Dich bitte, mit Dir in Deiner wirklichen

Welt spazieren gehen. Um was soll ich mich dann noch bekümmern? Mir ist es völlig gleich, was die Leute sagen, wenn ich nicht das esse und tue, was sie nach wie vor gerne essen und tun.

Manchmal kann ich auch bei solchen Situationen nicht dabei sein, wenn zum Beispiel sehr viel geraucht oder getrunken wird. Aber das macht mir nichts aus. Dafür können diese Leute nicht bei mir sein, wenn ich mit Dir ein Fest im Goldenen Saal feiere oder mit Dir einen langen Spaziergang auf einen hohen Berg mache. Das ist für mich nicht nur eine Entschädigung, sondern der höchste Genuß.

Ich weiß, daß es anderen Menschen bei der Umstellung auf die natürliche Lebensweise nicht so gut geht, weil sie glauben, zum Einzelgänger zu werden. Anfangs mag das sehr wohl richtig sein. Aber das ist der Lauf der Dinge. Zuerst wird man verlacht, wenn man nicht mehr zur gewöhnlichen Masse dazugehört. Dann wird man angegriffen und beleidigt, wenn die Menschen sehen, daß mit Lachen und Heruntermachen nichts zu holen ist. Dann aber wird mit der Zeit die Verwunderung sehr groß, weil die Gesundheit, das Aussehen, die Leistungsfähigkeit und die Heiterkeit eine einfache und überzeugende Sprache sprechen. Das Vorbild ist immer noch das beste Argument.

Ja, da hast Du vollkommen recht. Nur das Vorbild ist der wirkliche Garant für jeden Erfolg. Das betrifft sowohl das Negative wie auch das Positive. Jemand beginnt nur dann zu rauchen, wenn er es bei jemandem gesehen hat, den er auch irgendwie verehrt und nachzuahmen versucht. So ist es auch im positiven Sinne. Wenn Du immer wieder von mir und meiner wirklichen Welt berichtest, so werden Dir immer mehr Menschen nachfolgen wollen, weil sie sehen, wie gut es Dir dabei geht.

So hast Du es ja auch während Deiner sportlichen Laufbahn erlebt. Du hattest Deine Idole, Deine Vorbilder. Sie haben das oder jenes gegessen, das oder jenes trainiert, und Du bist ihnen dabei einfach gefolgt, auch wenn es sich jetzt im Nachhinein als falsch herausstellt. Jeder Mensch folgt irgendjemandem nach. Jeder Mensch hat sein oder seine Vorbilder. Anfangs sind es die Eltern, dann gewisse Mitschüler oder Lehrer, dann vielleicht irgendwelche Idole aus Fernsehen oder Film. So ist es auch im täglichen Leben.

Es wird überall nachgeeifert, ob in der Mode, in der Aussprache, im Charakter und so weiter. Und so wird es auch bei Dir sein. Jede Pionierarbeit ist am Anfang mit diesen Hindernissen behaftet. Die Menschen können es nur schwer glauben, doch mit der Zeit sind die Zeichen nicht mehr zu übersehen. Dann kommt der erste, dann der zweite und so weiter.

Aber ich gebe zu, daß es eine gewisse Durststrecke gibt, die bei den verschiedenen Charakteren unterschiedlich lang ausfallen kann. Stabile Charaktere, die sich mit ihren Zielen zu 100% identifizieren, haben es hier leichter, weil sie nicht mehr darüber nachdenken müssen, sondern durch die Verinnerlichung schon mitten drinnen leben. Labile

Charaktere haben zwar auch Ziele, zweifeln aber am Erfolg. Darum denken sie auch so viel, wälzen die Vor- und Nachteile von einer Seite auf die andere und machen sich im schlechtesten Falle damit völlig fertig. Diese Menschen brauchen von starken Menschen kräftige Unterstützung. Sie werden immer wieder in den Wogen des Alltags untergehen. Aber mit der Zeit werden sie Ihr Schiff auf den tobenden Wellen halten können, bis sich auch die Wellen zu einem ruhigen Wasser verwandeln. Dann haben sie es auch geschafft. Darum ist Deine Tätigkeit so wichtig. Es gibt nur wenige Felsen in Eurer Welt. Du bist einer.

Danke, das hast Du sehr schön gesagt. Jetzt fehlen mir die Worte.

Es ist in Ordnung so. Du hast aber noch einiges aus Deiner Vergangenheit zu erzählen, was hier von Wichtigkeit sein könnte.

Momentan fällt mir dazu nichts ein. Was meinst Du genau?

Nun, es gibt noch einige sehr wichtige Erkenntnisse Deinerseits bezüglich der natürlichen Lebensweise, die Dein Leben mehr oder weniger völlig verändert haben. Willst Du noch mehr Hinweise?

Nein, ich weiß schon, auf was Du hinaus willst. Mir hat es die natürliche Lebensweise jetzt sehr angetan, da ich während unserer Gespräche auf sehr viele Zusammenhänge gestoßen bin, die nicht mehr aus meinem Leben wegzudenken sind. Zum einen habe ich erkannt, daß unser Körper ausschließlich nur pflanzliche Kost braucht. Das ist aus der Evolution leicht erklärbar. Alle tierischen Lebensformen mußten ganz am Anfang ausschließlich auf pflanzliche Nahrung zurückgreifen, da es andere Nahrungsquellen ja nicht gab. Dadurch ist es auch verständlich, daß sich während dieser Zeit diese tierischen Lebensformen perfekt auf diese Kostart eingestellt haben. Diese pflanzlichen Nahrungsstoffe wurden unverändert und unbehandelt aus der Natur entnommen und so verzehrt, wie sie nun einmal sind. Wäre das nicht so gewesen, dann hätten es diese tierischen Lebensformen nie zu einem perfekt funktionierenden Organismus geschafft.

Auch unser Körper ist perfekt und sollte daher von perfekten pflanzlichen Lebewesen erhalten werden, die unbehandelt und nicht verändert in den Körper kommen. Erst dann kann aufgrund des genetischen Codes die optimale Wirkung erzielt werden.

Du hast wirklich viel gelernt. So ist mein Plan. So habt Ihr das alles durchgeführt bzw. von geeigneten Geistern durchführen lassen. Erst mit der erneuten Trennung von meinem Willen oder von meinem Plan habt Ihr Eure Lebensgrundlage nachhaltig verschlechtert. Diese Änderung nennt Ihr bis heute die Erbsünde. Das ist auch völlig richtig, denn die Veränderungen haben sich natürlich auch auf Eure genetische Codierung ausgewirkt. Ihr braucht ungefähr 700 - 1000 Jahre, um alle Veränderungen rückgängig zu machen, wenn Ihr ab heute Euren Körpern nur noch unveränderte natürliche

Lebensformen zuführt. Das wird nicht leicht sein, da schon zu viele Menschen in dieser unnatürlichen Umgebung gefangen sind. Du siehst, daß sich jeder Mensch mit einer unnatürlichen Lebensweise selbst ein zu frühes und bis dorthin sehr schmerzhaftes Grab schaufelt. Der Baum der Erkenntnis fordert seine Opfer.

Und wie kann jemand wieder in den natürlichen Urzustand zurückkommen?

Indem er alles der Natur überläßt. Mein Plan, mein Programm ist perfekt und vollkommen. Für alles ist gesorgt. Nichts wurde vergessen. Was wollt Ihr mit Eurer stückhaften Wissenschaft schon erreichen? Alles, was Ihr bisher erreicht habt, ist eine verbrannte und verseuchte Erde.

In den letzten 10 000 Jahren hat sich nichts Positives auf Eurer geplagten Erde ergeben. Und das nur wegen der falschen Anwendung des wichtigsten Naturgesetzes. Es wird einigen Kampf, einige Überwindung und Anstrengung erfordern, um wieder aus diesem Teufelskreislauf herauszukommen. Aber mit mir geht alles, wie Du ja schon bei Dir und Deinen Leuten sehen kannst.

Außerdem müssen auch alle Organe, Zellen und Körperteile ständig beansprucht werden, da sie sonst ihre Funktionstüchtigkeit einbüßen. Wenn Du etwas machst, dann mache es bis knapp vor die Erschöpfung. Dann hast Du einen Punkt erreicht, wo sich auch ein Wachstumseffekt erzielen läßt. Das gilt für alle Situationen im Leben. Bequemlichkeit und Trägheit haben in meiner Natur nichts verloren.

Das sind wirklich klare Worte. Wenn ich mir das so überlege, so haben wir noch einen gewaltig langen Weg vor uns, um aus unserer Misere herauszukommen. Wir haben uns eine schöne Grube gegraben.

Nun, so schlimm ist es auch wieder nicht. Zwei Dinge sind erforderlich, nicht mehr. Geistig steht Euch nur der Trennungsgedanke im Weg, körperlich die Veränderung Eurer Ernährung. Das ist doch wirklich nicht viel, oder?

Ja, Du hast leicht reden. Es klingt wirklich furchtbar einfach. aber...

... es ist auch so. Alles andere sind nur Ausreden und Ausflüchte, sich von diesen beiden Gedanken nicht verabschieden zu wollen. Das wolltest Du doch sagen, oder?

Oh, ja, nein, Du hast recht. Ich suchte wieder einmal eine Ausrede. Für mich ist das eine wie das andere schon sehr gut im Laufen. Aber wenn ich nur an die vielen anderen Menschen denke, die davon überhaupt nichts wissen und schwerlich je in die Situation kommen werden, Informationen darüber zu bekommen.

Nein, da bist Du wieder auf dem falschen Weg. Jeder hat Zugang zu diesen Informationen. Auch Du hattest sie während der ganzen Zeit. Aber das Weltgedröhne war eben lauter als meine und meiner Helfer Stimme. Ich habe Dir schon immer gesagt, ich bin immer bei Dir. Das gilt auch für alle anderen Menschen. Nur wer nicht hören will, muß eben fühlen. Das ist so bei Euch. Also komme mir nicht mit diesem Unsinn.

Das Gewissen hat jeder Mensch, und das ist eben mein Sprachrohr. Wie oft hast Du von Rauchern und Alkoholikern schon gehört, daß sie sehr wohl wissen, daß das, was sie tun, schädlich für sie und ihren Körper sei. Ist es nicht so?

Ja, da hast Du wieder einmal vollkommen recht. Sie kennen die ungesunden Dinge sehr genau. Nur umstellen will sich keiner. Das sehe ich auch bei der körperlichen Bewegung. Jeder weiß, wie wichtig die körperliche Betätigung ist, aber tun? Es wird zwar bei uns schon wesentlich besser. Aber es fehlt noch sehr viel.

Du solltest irgendwann auch ein Buch über Ernährung und Bewegung des Körpers schreiben. Ich sehe hier einen großen Bedarf.

Das ist eine gute Idee. Würdest Du mir dabei helfen?

Welche Frage? Du weißt doch, ohne mich geht gar nichts.

Schön, wann beginnen wir?

Sofort, wenn Du willst. Aber hast Du nicht noch Erkenntnisse gehabt?

Oh, ja. Sehr viele. Nachdem Du mir die Augen geöffnet hast, habe ich jetzt erst richtig erkannt, in welch schrecklichem Zustand meine Mitmenschen sind, sowohl geistig wie auch körperlich. Ich habe mich manchmal bei größeren Veranstaltungen unter die Leute gemischt, habe einige Fahrten mit der U-Bahn unternommen und mußte immer wieder mit Entsetzen feststellen, wie deformiert die meisten Körper schon sind. Von einem Tempel Gottes ist dabei weit und breit nichts mehr zu bemerken. Auch die älteren Menschen über 50 Jahre machen meist einen greisenhaften Eindruck. Und ab 60 Jahren beginnt sich die Spirale noch schneller nach unten zu drehen. Mir tun die Menschen wirklich leid. Ich habe das vorher gar nicht so beobachten können. Auch im Fernsehen fällt mir das jetzt so stark auf. Was kann man dagegen tun?

Leider hast Du auch hier sehr gut beobachtet. Der körperliche Verfall ist wirklich dramatisch. Auch wenn das durchschnittliche Lebensalter aufgrund verbesserter Umwelthygiene bis vor einigen Jahren gestiegen ist, so ist die Lebensqualität der Menschen drastisch gesunken. Zum Glück hat sich bei Euch jetzt eine Fitness-Welle breitgemacht, die einiges aufhalten kann.

Wenn aber die Ernährungsgewohnheiten nicht radikal umgestellt werden, so werdet Ihr bald ein riesiges Siechenhaus haben mit allen damit verbundenen Konsequenzen. Es freut mich, daß Du das alles jetzt so siehst und mit Deinen Schwestern und Brüdern Mitgefühl hast. Es ist wirklich an der Zeit, heftiger gegen diesen Wahnsinn zu Felde zu ziehen.

Es ist aber leider Eure gesamte Wirtschaft auf dem krankmachenden Prinzip aufgebaut. Solange das Wirtschaftswachstum für Euch der wichtigste Indikator ist, solange werdet Ihr unter diesem Wahnsinn zu leiden haben. Das ist leider ein weltweites Phänomen, da der Geldmoloch sich bis in jeden kleinsten Winkel Eurer Erde ausgedehnt hat.

Aber mache Dir deswegen keine Sorgen. Auch das ist alles in meinem Plan vorhanden. Mit Hilfe des weltweit installierten Kommunikationsnetzes wird es am Ende der Zeiten ein Leichtes sein, alle Menschen mit den richtigen Informationen auszustatten. Im Hintergrund bereite ich schon alles vor. Eure Wirtschaft ist aufgrund ihrer Größe sehr anfällig geworden. Dadurch ist auch die Aggressivität unter den Völkern sehr gewachsen, besonders gegen die Mächtigen und Reichen. Bald wird der Bogen dieser wenigen Menschen überspannt sein, so daß eine weltweite Revolution ausbrechen wird, die den Menschen ihre Grundrechte auf Gesundheit, Freiheit und Gemeinschaft wieder zurückgeben wird.

In vielen Ländern brodelt es schon sehr. Auch militärische und polizeiliche Maßnahmen werden hier wenig ausrichten können. Freiheit ist Euer wichtigster Verbündeter. Nur Ihr seid auf Eurer Erde zur absoluten Freiheit berufen. Niemand kann diese auf Dauer unterdrücken, wie Du ja in der Menschheitsgeschichte immer wieder beobachten kannst. So werden die Menschen bald gewahr werden, daß sie von diesen Geldmächten belogen und betrogen wurden und werden.

An erster Stelle sind hier die Geldmächtigen der Kirchen und der Medizin zu nennen, die es geschafft haben, Euch geistig und körperlich auf völlig falsche Gleise zu lenken. Den meisten Kirchen geht es ohnehin schon sehr schlecht, weil immer mehr Menschen aus diesen Vereinen aussteigen. Aber die Hörigkeit der Medizin gegenüber ist begründet auf einer Urangst, nämlich Schmerzen zu haben bzw. den Körper zu verlieren. Das haben diese Vertreter sehr gut erkannt, daß man mit dieser Angst sehr viel Geld machen und großen Einfluß auf die Menschen gewinnen kann. Doch auch dieser Zug fährt in den nächsten Jahren auf die richtigen Schienen. Dann wird das Theater auch hier rasch zu Ende sein.

Auch das ist wieder ein sehr positives Resultat Eurer Informationsgesellschaft. Darum unterstütze ich alle Bemühungen, das Kommunikationsnetz noch mehr auszubauen.

Auch wenn es da und dort mißbräuchlich verwendet wird, so überwiegen doch die Vorteile bei weitem.

Zeichnest Du da nicht ein zu optimistisches Bild von unserer Zukunft? Wenn ich derzeit die Welt so betrachte, so scheint sie demnächst völlig aus dem Gleichgewicht zu geraten.

Ja, das stimmt schon. Aber ich schaue schon viel weiter in die Zukunft als Du. Du wirst das oben Genannte noch in diesem Jahrhundert erleben. Wenn Du Dich an meine Naturgesetze hältst, dann wirst Du diese Veränderungen auch persönlich noch miterleben. Dir ist ein sehr langes körperliches Leben beschieden, wenn Du bei der natürlichen Ernährung bleibst.

Das ist eine sehr schöne Mitteilung. Ich lebe nämlich sehr gerne und seit einiger Zeit auch sehr gut.

Ja, das ist so. Du hast während des letzten Jahres Deinen Körper schon weitestgehend entgiftet und bist mitten im Wiederaufbau. Aber das merkst Du ja selbst auch sehr genau, oder?

Ja, es ist wunderbar. Habe ich mit 78 kg begonnen, so fiel mein Gewicht innerhalb der ersten 4 Monate auf 63 kg herunter. Das körperliche Aussehen war zu dieser Zeit nicht besonders attraktiv. Aber dann ging es Zug um Zug wieder bergauf. Wie ich dann auch noch diese herrlichen Basenbäder und die organischen Mineralstoffe dazubekommen habe, kombiniert mit dem alles lösenden Entschlackungstee, war der Genesungsprozeß nicht mehr aufzuhalten. Obwohl immer wieder die einen oder anderen ganz kurzen Schmerzkrisen alter Verletzungen und Krankheiten gekommen sind, so überwogen die positiven Erlebnisse alles andere bei weitem.

Interessant waren die für wenige Sekunden und Minuten dauernden Entzündungen im Hals, in den Augen und Ohren. Gerade die Stellen, mit denen ich früher immer wieder die größten Probleme hatte. Aber wie gekommen, so zerronnen. Wie von Geisterhand wurden diese Krankheitsherde geputzt und gefegt, so daß heute von den früheren Beschwerden nichts mehr vorhanden ist. Ich mache meine Bäder natürlich noch immer, den Tee trinke ich ab und zu noch, aber ganz wenig, weil ich keinen Bedarf mehr sehe, und die organischen Mineralstoffe, meine „Wurzelkraft" möchte ich nicht mehr missen, weil sie meinem Körper so viel Kraft gegeben haben und geben. Das alles kombiniert mit frischem Gemüse und Obst, das ist eine wahre und helle Freude.

Das freut mich, daß es Dir dabei so gut geht. Seit Jahrtausenden versuche ich, den Menschen dieses Wissen zu vermitteln. In den urältesten Büchern steht das alles schon geschrieben. Du konntest ja vor kurzem in die Geheimarchive der Himalaja-Bibliotheken Einsicht nehmen. Shilaton hat Dich besonders auf die Stellen aufmerksam gemacht, wo immer wieder auf die Wichtigkeit natürlicher Nahrung hingewiesen wird. Selbst im Alten Testament hat Moses gleich zu Beginn die Wichtigkeit der Nahrung herausgestellt. Auch der Prophet Daniel hat von den Vorteilen dieser Ernährung ausführlich berichtet. Doch was ist in der täglichen Praxis übriggeblieben?

Wie Du ja selbst bei den diversen Versammlungen und in der U-Bahn beobachten konntest, nicht sehr viel. Das ist das Ergebnis Eurer Freiheit. Jedem Menschen geschehe nach seinem Willen. Da Ihr alle Oppositionsgeister aufgrund Eures Trennungsgedankens seid, so wird alles, was von mir kommt, zuerst ins Gegenteil verkehrt. Erst bei Not und Schrecken beginnt Ihr nachzudenken und Euch zu fragen, was da wohl nicht stimmen mag.

Über die Wissenschaft werdet Ihr dann einsichtiger und einsichtiger, bis Ihr dann nach mühevoller und anstrengender Kleinstarbeit herausgefunden habt, daß mein Naturgesetz wohl doch richtig ist. Dann erst beginnt Ihr, aufgrund der großen Not Euer Verhalten langsam zu ändern.

Es passiert aber immer wieder, wenn Ihr dann genesen seid, daß Ihr wieder in Euer altes Muster zurückfallt. Dann beginnt der Kreislauf wieder von vorne. Und so weiter und so weiter. Aber jetzt sind wir wirklich an einem Punkt angelangt, wo große Aussicht auf Beständigkeit besteht. Eine neue Wissenschaft und eine neue Religion werden sich die Hände reichen. Mit dieser zukünftigen Ehe wird auch für Euch und für die gesamte Menschheit die große Wende kommen.

Das sind sehr schöne Aussichten. Aber bis dorthin werden noch Not und Kummer unser Begleiter sein, oder?

Ja, es wird noch viele Millionen, ja Milliarden Tote geben müssen, weil der Reinigungsprozeß nicht anders wird über die Bühne gehen können. Die Sturheit, entschuldige, die Zielstrebigkeit der Menschen ist auch in Richtung Tod und Verderben sehr groß. Trotz bester Bildung werden sich die Menschen mit ihren Genuß- und Suchtmitteln umbringen. So werden besonders in den westlichen Zivilisationen die Menschen vor vollen Tellern verhungern. Sie werden zwar viel essen, aber außer Giften werden sie nichts in ihre Körper bekommen. Da die wirtschaftliche und ökologische Umstellung ihre Zeit braucht, darum werden eben diese vielen Toten zu beklagen sein.

Das klingt nicht sehr schön. Gibt es dafür wirklich keinen anderen Weg?

Ja, sofort auf Gemüse und Früchte umsteigen. Dadurch würdet Ihr Euch immense Energiekosten sparen. Aber mit Eurer Wirtschaft würde es von heute auf morgen sehr schlecht bestellt sein. Das gesamte System müßte über Nacht reformiert werden. Momentan würden viele Menschen ihren Arbeitsplatz verlieren und müßten auf die Äcker und Felder gehen, um dort Ihr Gemüse und ihre Früchte anzupflanzen und zu ernten. Aber das würde die Volksgesundheit mit einem Schlag verbessern. Auch die Fröhlichkeit und die Heiterkeit wären ein nicht zu übersehender Faktor.

Und warum sollte es so nicht gehen können?

Weil Eure von der Wirtschaft und den Gewerkschaften abhängigen Politiker diese Idee nicht umsetzen können. Das wäre für ihre Wiederwahl zu gefährlich. Aber in einigen Jahren wird ein Politiker kommen müssen, der das über Nacht umstellt, da sonst der gesamte Bestand der Menschheit gefährdet ist.

Ist es möglich, dafür schon Vorbereitungsarbeiten zu leisten?

Ja, das machst Du doch gerade. Das ganze Buch gehört dazu. Erst muß das Denken geändert werden. Dann kann alles andere folgen. Ohne Änderung der Gedanken und damit der Ziele, keine Änderung. Verstehst Du das?

Ja, jetzt ist mir alles klar. Nun, dann glaube ich, daß es jetzt genug sein mag, hier mit unserem ersten Buch zu enden. Ich möchte mich bei Dir noch einmal herzlich bedanken, daß Du mir alle diese Informationsquellen geöffnet hast. Bedanken möchte ich mich auch hier bei allen meinen Freunden, Bekannten und Allerliebsten aus dem Dies- und Jenseits, die mir bis heute treu zur Seite gestanden sind und in Zukunft weiterhin treu zur Seite stehen werden.

Ich habe seit unserem offenen Gespräch den Kopf voller großartiger Ideen und Gedanken, die ich mit der Zeit auch umsetzen will. Die geistige und körperliche Gesundheit ist das höchste Gut für uns Menschen. Dafür werde ich kämpfen. Dafür werde ich mich weiterhin begeistern. Dafür werde ich alles tun, um gemeinsam in den Goldenen Saal und in Deine wirkliche Welt zu gelangen. Darum freue ich mich schon auf unsere nächsten Gespräche, die ich Zug um Zug auch auf Papier bringen will. Vielen Dank.

Ich danke Dir für Deine Ausdauer und Dein Engagement. Auch ich verspreche Dir meine allerbeste Unterstützung.

Liebt das Leben, lebt die Liebe. Geht meinen Weg zur Wahrheit. Kommt zurück in meine wirkliche Welt. Kehrt zurück in Euer Paradies. Kümmert Euch nur um das, und wißet, ich gebe Euch alles andere hinzu. So sei es.

Peter Jentschura
Josef Lohkämper
Gesundheit durch Entschlackung
230 Seiten,
über 100 Grafiken
und Abb.,
Fadenheftung,
fester Einband,
€ 22,50 · sfr 37,50
ISBN 3-933874-33-5

Peter Jentschura · Josef Lokämper

Gesundheit durch Entschlackung

Wenn Sie dieses Buch gelesen haben, werden Sie Ihren Körper mit anderen Augen betrachten als bisher, jede körperliche Entwicklung, Krankheit oder Reaktion mit anderen Augen und mit neuem Wissen anschauen.

Ihre langjährige Forschungstätigkeit hat die Autoren zu der Überzeugung gebracht, daß die z.Zt. als unheilbar geltenden Zivilisationskrankheiten nichts anderes sind als mehr oder weniger weit fortgeschrittene Entmineralisierungs- bzw. Verschlackungs- oder Vergiftungsgrade des menschlichen Organismus. Für die Gesamtheit dieser Krankheiten haben die Autoren den Begriff der ZIVILISATOSE geprägt.

Mit einer neu entwickelten, dreistufigen Methode kann jede Entschlackung ohne Komplikation, ohne Fastenkrise, ohne Erstverschlimmerung, ohne Heilkrise und Reaktionsphase durchgeführt werden.

'Gesundheit durch Entschlackung' ist ein Buch, mit dem sich die Möglichkeit eines langen, gesunden, glücklichen Lebens eröffnet.

Peter Jentschura, geb. am 11. April 1941 in Breslau, ist gelernter Drogist und Industriekaufmann. Der Autor entstammt einer schlesischen Drogistenfamilie und hat das Wissen um Kräuter und natürliche Heilweisen sozusagen mit der Muttermilch eingesogen. Zusammen mit Josef Lohkämper war er von 1982 bis 1997 Herausgeber einer Gesundheitszeitschrift. Im Rahmen der redaktionellen Arbeit waren seine Hauptthemen die Erforschung der modernen Zivilisationskrankheiten und wirkungsvolle Entschlackungsmethoden.

Josef Lohkämper, geb. am 3. Sept. 1930 in Essen, ist Drogist und bezeichnet sich gern zusammen mit Peter Jentschura als "Die letzten Druiden". Josef Lohkämper beschäftigt sich seit Jahrzehnten sowohl mit der Erforschung des Pflanzen- und Mineralreiches als auch mit der Erforschung der unterschiedlichen in der Natur vorkommenden Energien. Angefangen von Erdstrahlen, über Steuerungswellen der menschlichen Energetik bis zu der von Wilhelm Reich entdeckten und genutzten Orgonenergie.

Dr. Karl-Otto Heede
Marie-Luise Schicht
Millionen
könnten geheilt werden
270 Seiten,
Fadenheftung,
fester Einband
€ 26,50 · sfr 44,50
ISBN 3-933874-77-7

Dr. Karl-Otto Heede · Marie-Luise Schicht

Millionen könnten geheilt werden

Dieses Buch mit dem vielversprechenden Titel zeigt den Weg zur heilenden Medizin der Zukunft, die den Kranken nicht mehr gefährdet, sondern ihn auf natürliche Weise von seinen Leiden befreit. Vorsorge und Vorbeugung sind nach Meinung der Autoren die besten Garanten für lebenslange Gesundheit.

'Millionen könnten geheilt werden' ist kein billiges Schlagwort, sondern vielmehr die rettende Alternative, der Ausweg aus dem Gesundheitsverfall unserer Tage.

Dr. Karl-Otto Heede und Marie-Luise Schicht geben in ihrem Buch eine Schatztruhe an natürlicher Heilkunst preis, von der Patienten und Behandler nur profitieren können.

Dr. Karl-Otto Heede wurde 1913 in Köln-Mülheim geboren. Er studierte von 1936-1939 an der Heilpraktikerschule in München. Im zweiten Weltkrieg wurde er als Arzt an die russische Front berufen und erlitt dort eine schwere Schußverletzung. Nach seiner Rekonvaleszenz konnte er sein Studium fortsetzen. 1947 erhielt er seine Approbation und arbeitete erfolgreich als Arzt und Heilpraktiker in seiner Göttinger Praxis. Seit 1977 arbeitete er zusammen mit Marie-Luise Schicht an biologischen Krebstherapien und hielt Vorträge in Kanada, Amerika, der Schweiz und Italien. 1979 wechselte er nach Spanien und führte dort eine Finca für biologische Landwirtschaft und eine Praxis für Naturheilverfahren. Dr. Karl-Otto Heede starb 1984 an den Folgen seiner schweren Kriegsverletzungen.

Marie-Luise Schicht wurde 1928 in Amsterdam geboren. Sie studierte Diätlehre und Naturopathie in Frankreich und in der Schweiz, lebte sieben Jahre in Argentinien und arbeitete im Spital für die „Villas Miserias", die Ärmsten der Armen. 1977 lernte Sie Dr. Karl-Otto Heede kennen und arbeitete in seiner Praxis und später in Spanien mit ihm zusammen. Nach seinem Tode reiste sie um die ganze Welt, hielt Vorträge und arbeitete in einer Klinik für Naturheilkunde.
1990 kehrte sie in die Schweiz zurück, arbeitete beim Roten Kreuz und schreibt und übersetzt heute Bücher. Marie-Luise Schicht spricht fünf Sprachen. Sie ist Mutter von vier Kindern.